公平竞争审查制度

——基本原理与中国实践

孙　晋　主编
张亚卿　翟　巍　副主编

中国财经出版传媒集团
经济科学出版社
Economic Science Press

图书在版编目（CIP）数据

公平竞争审查制度：基本原理与中国实践/孙晋主编．
—北京：经济科学出版社，2020.12（2022.1 重印）
ISBN 978－7－5218－1988－5

Ⅰ.①公… Ⅱ.①孙… Ⅲ.①市场竞争－检查－
规章制度－研究－中国 Ⅳ.①D922.294.4

中国版本图书馆 CIP 数据核字（2020）第 205322 号

责任编辑：顾瑞兰
责任校对：郑淑艳
责任印制：邱 天

公平竞争审查制度
——基本原理与中国实践
孙 晋 主编
张亚卿 翟 巍 副主编
经济科学出版社出版、发行 新华书店经销
社址：北京市海淀区阜成路甲 28 号 邮编：100142
总编部电话：010－88191217 发行部电话：010－88191522
网址：www.esp.com.cn
电子邮箱：esp_bj@163.com
天猫网店：经济科学出版社旗舰店
网址：http://jjkxcbs.tmall.com
固安华明印业有限公司印装
710×1000 16 开 21 印张 300 000 字
2020 年 12 月第 1 版 2022 年 1 月第 2 次印刷
ISBN 978－7－5218－1988－5 定价：80.00 元
（图书出现印装问题，本社负责调换。电话：010－88191502）

编撰委员会

编委会成员简介

主编：

孙晋，1971年生，男，安徽金寨人，法学博士，武汉大学法学院教授。2007年9月至2008年8月援疆任新疆大学法学院副院长，2008～2009年伯克利加州大学法学院访问学者，2014～2015年入选国家“双千计划”挂职江苏省镇江市中级人民法院副院长，2019年2～3月在中央党校进修。现为武汉大学与国家发展和改革委员会战略合作共建基地——武汉大学竞争法与竞争政策研究中心主任，武汉大学网络治理研究院执行院长，兼任中国商业法研究会副会长、中国法学会经济法研究会常务理事、武汉市法学会竞争法研究会首任会长、国家市场监督管理总局反垄断专家库专家、湖北省人民政府法律顾问、湖北省公平竞争审查专家咨询组组长、湖北省反垄断与公平竞争审查专家咨询委员会副主任委员。代表性著作有《竞争性国有企业改革路径法律研究》《竞争法原论》《反垄断法——制度与原理》《中国企业法制的演进与变革》《产融结合的金融监管和反垄断规制研究》《中国与世界：竞争法发展研究报告》；在《中国法学》《人民日报》《光明日报》《新华文摘》《中国社会科学文摘》等刊物发表论文150余篇。主持国家社科基金重点项目和一般项目、教育部规划基金项目和后期资助项目、最高人民法院重大司法研究课题、中国法学会部级课题、国家市场监管总局政策研究课题等50余项。

副主编：

张亚卿，男，湖北蕲春人，1996年开始从事律师工作，现为大成律师事务所律师、高级合伙人、中国区知识产权专业委员会理事、武汉办公室竞争与反垄断专业组负责人，江汉大学法学院兼职教授。武汉市法学会竞争法研究会常务副会长兼秘书长，民建武汉市委会经济调研委员会副主任，政协武汉市第十一届委员会委员，湖北省青年联合会第十三届委员会委员，湖北省反垄断与公平竞争审查专家咨询委员会委员，武汉大学竞争法与竞争政策研究中心兼职研究员，亚洲竞争协会（ACA）理事，武汉市市场监督管理局（知识产权局）武汉市知识产权侵权纠纷检验鉴定专家库首批专家、武汉市知识产权专家库首批专家、武汉创业天使导师团创业导师。专注于企业竞争合规、投资并购、反垄断与公平竞争审查法律实务。代表性著作有《海外投资移民实用指南》（法律出版社2019年3月出版，与黄正东、童之伟合作主编）、《跨境并购》（武汉大学出版社 2015 年 7 月出版，与黄正东、商建刚合作主编）、《投资海外——多国专家为你导航》（武汉大学出版社 2013 年 6 月出版，与黄正东合作主编）、《论规模经济与反垄断立法》（经济科学出版社 2007 年 8 月出版，与林红珍合著）、《知识产权法普及读本》（中国地图出版社 2003 年 3 月出版，与吕军合著）。

副主编：

翟巍，男，山东莱州人，华东政法大学经济法学院副教授，硕士生导师，华东政法大学竞争法研究中心执行主任，上海商学院商务部国际商务官员研修基地（上海）客座教授，汉盛律师事务所兼职律师。华东政法大学经济法方向法学博士后，德国美因茨大学反垄断法博士，德国美因茨大学法学硕士，波兰克拉科夫雅盖隆大学法学硕士，华东政法学院法学硕士。上海“消费维权法律专家服务团”团员，上海市法学会竞争法研究会理事、武汉市法学会竞争法研究会常务理事。入选首批“上海青年法学法律人才库”。代表性著作有德文法学独著 *Staatliche Wettbewerbsbeschränkungen in Bezug auf Dienstleistungen von allgemeinem wirtschaftlichem Interesse im Rahmen des EU - Kartellrechts*，中文法学独著《欧盟国家限制竞争行为反垄断规制及对我国启示——基于公共经济利益服务研究视域》《德国循环经济法律制度精解——附德国新旧循环经济法典最新译本》《欧盟公平竞争审查制度研究》。近年来，在《法学》《中国政法大学学报》《法制日报》等刊物发表论文、译文50余篇，主持国家社会科学基金一般项目和中国博士后科学基金一等面上资助项目。

编委会成员（以姓氏拼音为序）：

阿力木江·阿布都克尤木，男，新疆疏附人，新疆大学法学院讲师，新疆法团律师事务所兼职律师；武汉大学法学院博士生，武汉大学竞争法与竞争政策研究中心研究员，中国商业法研究会会员，武汉市法学会竞争法研究会会员。

胡超，男，法律硕士，毕业于华中科技大学法学院、经济法研究学者，区级见义勇为先进分子，公开发表过多篇经济法和竞争法治方面的学术论文，现为湖北省法学会商法研究会理事、武汉市法学会竞争法研究会理事。

黄俊，男，北京大成（武汉）律师事务所律师、权益合伙人，武汉市法学会竞争法研究会常务理事，武汉市青年联合会第十四届委员会委员。执业至今代理各类诉讼仲裁案件数百件，包括在社会上具有一定影响力的反垄断诉讼案件。主要专业领域为：争议解决、公司与并购、破产重整与清算、竞争与反垄断。

谈立群，女，武汉大学法学院博士生，武汉大学竞争法与竞争政策研究中心副研究员，武汉市法学会竞争法研究会会员。

汪改丽，女，上海财经大学法学院博士生，中国法学会会员，研究方向为竞争法学。公开发表《对公平竞争审查“内部审查制”的思考》等论文 8 篇，参与多项省部级课题研究。

王帅，男，武汉大学法学院博士生，武汉大学竞争法与竞争政策研究中心副研究员，武汉市法学会竞争法研究会会员。

王涛，男，长江经济研究院执行院长、楚商传媒总编辑、楚商联合会副秘书长。政协武汉市第十三届委员会委员、湖北省青年联合会第十三届委员会委员、武汉市法学会竞争法研究会理事。湖北省青年企业家协会副秘书长、中国民营研究会理事、湖北省住房改革与发展研究会理事、湖北省和武汉市青年创业导师。主编出版《2006 武汉房地产蓝皮书》《2007 中国武汉房地产发展蓝皮书》《武汉城市圈蓝皮书》三部专著；组织主导编撰《湖北省营商环境报告》《楚商发展报告》《异地湖北商会发展白皮书》《湖北省民营经济发展报告（2014－2015)》等专著。牵头编撰《武汉市民防第十三个五年发展规划（2016－2020 年)》《当阳市工业制造 2025 规划纲要》《武汉市民防专项规划大纲（2016－2030 年)》等行业和地区规划，连续 9 年主导参与《湖北省民营企业 100 强调研报告》。先后参与湖北省人民政府重要文件贯彻落实情况的第三方评估、政协湖北省委主持的《湖北省营商环境》专项调研课题；近年来，发表文章与出版专著总计 180 余万字。曾获评湖北省优秀社会主义事业建设者、楚商最佳编辑奖等荣誉。

徐则林，女，武汉大学法学院博士生，武汉大学竞争法与竞争政策研究中心副研究员，武汉市法学会竞争法研究会会员。在《法学》《当代法学》《法律适用》《西安财经学院学报》《中国市场监管报》等刊物上发表文章10余篇。参与国家社科基金项目、教育部后期资助项目、最高人民法院重大司法研究课题、中国法学会部级课题、国家市场监管总局政策研究课题等10余项。

姚勤，男，北京大成（武汉）律师事务所律师、权益合伙人，大成武汉办公室知识产权专业委员会主任。任湖北省律协网络信息安全委员会委员，武汉市知识产权服务行业协会副会长兼诉讼维权委员会主任，武汉知识产权研究会副理事长，国家知识产权运营公共服务平台高校运营（武汉）试点平台实务指导委员会专家，武汉市市场监督管理局（知识产权局）武汉市知识产权侵权纠纷检验鉴定专家库首批专家，武汉市法学会竞争法研究会理事。

钟瑛嫦，女，武汉大学法学博士，广西壮族自治区高级人民法院二级法官助理，武汉大学竞争法与竞争政策研究中心兼职研究员。公开发表《互联网平台型产业相关产品市场界定新解》《我国政府投资决策制度的反思及补正》等论文。

实施公平竞争审查制度有力维护市场公平竞争*

张穹**

近日（2016 年 6 月，编者注），国务院印发了《关于在市场体系建设中建立公平竞争审查制度的意见》（以下简称《意见》），旨在有效约束政府行为，预防政府行为对市场竞争形成不当影响。这是在我国《反垄断法》实施近 8 年之后，再次对维护市场公平竞争作出重大的制度性安排，是我国完善社会主义市场经济历程中的里程碑事件，将对我国经济社会发展产生重大而深远的影响。

一、维护市场公平竞争是完善社会主义市场经济的核心

《意见》的出台对维护市场公平竞争，完善社会主义市场经济具有重要意义。

历史地看，我国的市场经济从国家垄断的计划经济脱胎而来，虽然已历经 30 多年的转型发展，但政府仍深度参与到微观经济中，在一定程度上造成我国市场呈现出典型的“双面性”特征，即市场不够充分和市场充分的领域存在垄断共存。市场经济实质上是法治经济，通过实施法治，实行公平竞争。《意见》从维护市场公平竞争出发，通过规范政府行为，努力摆脱我国特殊的市场经济发展历程存在的历史负累，是在关键的历史节点作出的历史性选择。这说明政府实施宏观调控减少直接干预，注重间接化，通过经济立法、经济政策和经济杠杆去调节和规范企业的生产经营活动，形成统一的市场规划和一定的市场秩序。因此，从我国经济发展的历程来看，《意见》的出台对于我国进一步发展和完善市

---

* 原文载于《人民日报》2016 年 6 月 21 日。

** 张穹，原国务院反垄断委员会专家咨询组召集人，原国务院法制办副主任，武汉大学兼职教授，武汉大学竞争法与竞争政策研究中心名誉主任。

场经济具有重要的历史意义。

辩证地看，我国发展和完善社会主义市场经济，核心问题是处理好政府和市场的关系，政府和市场是一对辩证关系，二者对立统一，共同服务于经济社会发展。我国发展市场经济的历程主要体现为政府不断向市场让渡权力，不断发挥市场更大的作用，而政府不断回归本位。《意见》从政府和市场辩证关系的角度，建立公平竞争审查制度，约束政府的行为，体现了深度调试政府和市场辩证关系的思路，防止政府行为不当影响市场，特别是影响市场公平竞争，使市场上的优胜者是在真正的市场竞争中产生，而不是在政府决策的办公室里产生，这对于发挥市场配置资源的决定性作用、完善市场经济具有重大的意义。

现实地看，我国《反垄断法》实施近 8 年时间，执法机构着力查处了一批具有广泛社会影响的案件，但从宏观的视角观察，我国目前阶段，创新动力不足、竞争不够充分的问题依然存在，其中一个重要原因就是政府行为对市场公平竞争的不当影响，这就需要在理念和制度层面解决这样两个问题：在政府和市场之间更依赖市场，真正使市场发挥配置资源的决定性作用；在管制和竞争之间更相信竞争，通过竞争激发和保持市场活力。我国发展经济必须坚守市场经济的竞争内核，才能获得长期性、持续性和增长性的发展。因此，《意见》的出台对我国目前经济的转型和发展具有重要意义。

发展地看，我国 30 多年的经济快速发展，在很大程度上得益于在经济领域引入了竞争，多元化的主体活跃了市场，提供了源源不断的发展动力。市场主体通过竞争，增强了创新能力，发展了科技水平，解放了生产力，在市场竞争中立于不败之地。我国轻工产品是一个有着充分竞争的市场，国有企业和民营企业拥有平等的市场主体地位，通过竞争在这一领域（如家电等产品）处在领先的位置。但是，一直以来，政府在市场领域的痕迹明显，政府在众多领域深度参与到市场中，竞争不充分、不平衡的问题突出，我国总体上走了一条政府推进型的经济发展道路，其中存在着政府行为对市场竞争的深度干预，市场缺乏公平有序的竞争就失去了灵魂，如果市场没有竞争这一灵魂，不管其如何庞大和繁荣都难以健康和持久。我国要实现经济的转型和发展，前提是观念的转变，基础是政府的转型，关键是建立竞争有序的市场，不断激发市场主体的创造性，释放出发展的活力。当前，我国需要从宏观和长远的角度认真审视经济政策，政府应当真正成为市场秩序的维护者，而不是市场竞争的参与者。因此，从发展的角度看，《意见》的实施对于赋予竞争政策在整体经济政策中的应有地位，促进回归和坚守市场经济的竞争本质具有重要意义。

二、建立公平竞争审查制度必须具有切实可行的理性精神

制度的核心体现为实事求是、切实可行，《意见》围绕这个内容体现了三个方面的理性精神。

一是科学构建审查制度。我国《反垄断法》制定实施后，基本建立了预防和制止垄断行为，维护市场竞争的制度框架，其中包括了对滥用行政权力排除限制竞争行为的规制，但主要是事后救济，并缺乏必要的硬约束。针对我国行政机关以及法律法规授权的具有管理公共事务职能的组织制定涉及市场主体经济活动的规章、规范性文件和其他政策措施，可能影响市场公平竞争，一直缺乏预防性的制度机制，公平竞争审查制度正是基于这一客观需求而建立，体现了《意见》回应现实需要的理性。在制度构建上，《意见》一方面明确了全口径的审查对象，所有可能影响市场主体经济活动的规章、规范性文件和其他政策措施都进行公平竞争审查，包括行政法规和国务院制定的其他政策措施、地方性法规。另一方面，《意见》明确了公平竞争审查四个方面的客观标准，即市场准入和退出标准、商品要素自由流动标准、影响生产经营成本标准、影响生产经营行为标准，从四个层面列出判断是否影响公平竞争的标准，体现了《意见》注重操作的实践理性。

二是合理安排实施方式。从操作性和可行性角度考虑，《意见》从实际情况出发，选择了自我审查的方式，即政策制定机关在政策制定过程中，要严格对照审查标准进行自我审查。经审查认为不具有排除限制竞争效果的，可以实施；具有排除限制竞争效果的，应当不予出台，或调整至符合相关要求后出台。没有进行公平竞争审查的，不得出台。

同时，考虑到开展公平竞争审查的复杂性，《意见》采取了分步推进实施的方式，即从2016年7月起，国务院各部门和省级人民政府及所属部门均应当在有关政策措施制定过程中进行公平竞争审查。从2017年起，各省级人民政府根

据开展公平竞争审查的情况，总结经验和做法，在本行政区域逐步推开，指导市县人民政府及所属部门开展公平竞争审查。

三是妥善处理相关关系。一方面，《意见》注重处理好与《反垄断法》的关系，《意见》主要是从预防的角度，开展公平竞争审查，防止政府行为对市场竞争的影响，涉嫌违反《反垄断法》的，反垄断执法机构要依法调查核实，并向有关上级机关提出处理建议。另一方面，《意见》注重协调好一般与特殊的关系，对排除限制竞争的政策措施并不是一概否定，而是作出了例外规定，即：为维护国家利益和社会公共利益实施的政策措施，即使具有一定排除和限制竞争的效果，也可以实施。但同时，对例外情况作出严格的规定，需要同时符合三个方面的条件：第一，政策制定机关应当说明其对实现政策目的不可或缺；第二，不会严重排除和限制市场竞争；第三，明确实施时限。并且，政策制定机关要逐年评估相关政策措施的实施效果。实施时限到期或未达到预期效果的政策措施，应当及时停止执行或者进行调整。这体现了《意见》处理好一般与特殊关系的理性精神。

三、实施公平审查制度的生命在于实践

《意见》已经制定出台，科学合理的制度已经构建，关键是抓好实施，使纸面的制度变成生动的实践，在实施中将《意见》的理念、精神和制度落到实处，取得实实在在的效果，有力维护市场公平竞争。

一是做好宣传工作。《反垄断法》实施以来，随着执法的开展和宣传的加强，竞争的理念逐步深入人心，反对垄断、倡导竞争为越来越多的人所认知。《意见》的制定出台是进一步加强竞争倡导和宣传的良好契机，通过宣传使全社会特别是行政机关深刻认识到维护市场公平竞争的必要性和重要性，切实转变观念，自觉维护市场公平竞争。

二是细化相关制度。公平竞争审查制度作为一项新的制度，涉及面广，内容丰富，操作复杂，《意见》虽然已经明确了审查的对象、审查的方式、审查的标准等主要制度内容，但对于实际操作而言，这些制度仍显得比较粗线条，客观需要进一步细化公平竞争审查的内容、程序、方法等，保障制度有效实施。

三是强化社会监督。在实行自我审查的同时，要加大社会监督的力度，通过社会监督促进行政机关进行更为严格的自我审查，形成自我审查和社会监督的良性互动，保证公平竞争审查制度的实施，并逐步过渡到第三方评估审查。

四是加强责任落实。推进《意见》实施的关键在人，要层层抓好责任落实，建立起相关制度机制，做到责任到人，责任可追溯。

五是要抓重点。建立公平竞争审查制度就是要推动国有企业按照市场方向进行改革，建立统一开放、竞争有序的市场体系，使市场在资源配置中起决定性作用。这是工作的重点。

公平竞争审查制度：市场经济走向成熟的重大举措

徐士英*

在我国深化经济体制改革的关键时刻，在维护市场竞争机制的重要法律《反垄断法》实施八周年之际，国务院发布了《关于在市场体系建设中建立公平竞争审查制度的意见》（以下简称《意见》），这是与我国市场经济发展阶段相契合、与经济体制改革节点相呼应的重大举措，对于我国的依法治国和体制改革意义重大。该制度的制定与实施，标志着政府的政策、法规制定将被全面纳入以市场为导向的常态化合规审查，也意味着作为体制顽疾的行政性垄断在规制制度上的日趋完善。更为重要的是，随着这一制度的推进实施，我国竞争政策体系得以基本确立，在处理“政府与市场的关系”问题上向前迈进了一大步。

一、公平竞争审查制度是处理政府与市场关系的政策尺度

我国经济体制改革的过程，实际上就是不断完善政府与市场关系的过程，也是我国竞争政策体系逐步建立的过程。以建立社会主义市场经济体制为目标的一系列经济政策与社会政策的制定与实施，不断改变着国家发展政策的走向和结构。改革初期的要素市场开放、引进竞争机制、发展多元经济等政策，初步构建了我国竞争政策的雏形。随着经济体制改革的深入，国家明确了确立竞争政策基础地位的目标，这为市场在资源配置方面起决定性作用提供了纲领性政策保障。

回顾改革的历程我们可以看到，经济发展的效率是各级政府和产业部门最为关注的核心问题，愿望之急切，政策之灵活，方法之创新，可谓是百花齐放，各

---

* 徐士英，女，华东政法大学教授、博士生导师、华东政法大学竞争法研究中心主任，浙江理工大学特聘教授。

显神通。然而，在发展目标确定之后，对发展的方法和路径进行比较和选择是需要深思的。在改革的初期，不少政府部门通过产业政策、地域保护、补贴优惠、税收减免等方式推动经济的发展，这种政府直接配置资源的方式在获得一定成效的同时却也埋下了不少弊端和隐患。要素市场发展受到影响，市场主体地位差异悬殊，经营者创新能力难以持续强化。市场与政府的边界究竟如何划分，两种配置资源的体制究竟如何评价必须要有明晰的答案。改革已经把全面解决“政府与市场的关系”推到了我们的面前。要素的市场化配置关键在于深化政府配置资源的发展路径，行政权力在市场层面的运行必须得到全面规制，改革政府政策制定的行为已成深化改革的燃眉之急。中央十八大的决议以及此后的一系列政治文件，都提出要在资源配置方面“让市场起决定性作用”“更好地发挥政府的作用”。事实证明，社会经济要持续健康发展，必须要充分发挥市场竞争机制的作用，由市场竞争决定要素资源的流向；“创新驱动”发展战略的实施，要激励市场的每一个主体，通过创新、竞争，达到持续发展的目标。市场主体应当同等获得市场要素，平等开展市场竞争，同等受到法律保护。公平竞争审查制度的出台及其实施，是从根本上厘清政府与市场的关系，从治国理政的高度实施竞争政策的重大举措。公平竞争审查制度是以市场竞争影响为标准，对政府政策（含法规和其他行政规范性文件等）在制定与实施过程中进行审查与评估，为界定政府和市场边界提供了重要的标尺，是我国市场经济体制走向成熟的一项重大举措。

二、公平竞争审查制度是规制行政性垄断的制度创新

我国《反垄断法》中关于禁止行政机关滥用行政权力“制定含有排除、限制竞争内容的规定”的条文，开创了对政策制定行为的竞争法规制之先河，表明《反垄断法》已经不仅仅是对具体的行政行为加以法律规范，而是从国家竞争政策的层面对政府制定政策行为进行规范。然而，《反垄断法》实施以来，关于滥用行政权力排除、限制竞争的行政性垄断案件查处还是十分困难。作为一种事后救济方式，反垄断执法只能在行政性垄断已经发生的情况下，以隔靴抓痒的方式在行政系统内部“建议纠正”。即便行政性垄断行为可能被纠正，但其对市场已经产生的影响和损害却难以得到完全消除。当体制改革进行到了“攻坚战”“深

水区”，某些政府部门对传统体制的依赖更加凸显，常常难以决然摆脱以政府之手配置资源的惯性。对一些特殊领域的深层次改革暴露出某些妥协，更愿意在经济政策和社会政策的制定中找回昔日的自信；因经济下行的压力而自然萌生借助产业政策的力量渡过难关。这些矛盾与纠结的出现，一方面证明了我国竞争政策的影响已经渗透到体制的最深层、最敏感之处，另一方面也表明改革到了最关键的时刻，政府和市场两种体制所代表的观念和原则正在进行直接的冲撞。这正是我国在强化竞争政策基础地位过程中面临的障碍，是最具意义的。《反垄断法》对于行政性垄断规制制度设计的无奈与缺陷，显露了现有制度在规制政府经济权力运行方面的短板，传统的“控权”路径往往事与愿违，限制竞争的政策因其形式的“合法性”便具有了正当性。滥用行政权力损害市场竞争的制度急需探索新的路径和方式。公平竞争审查制度正是这样的创新之举，它的诞生构建成了对行政性垄断完整的规制体系，在竞争政策框架之内形成规制政府限制竞争行为的双翼。一方面，通过实施《反垄断法》，对行政性垄断进行事后的监督与救济；另一方面，通过公平竞争审查制度的实施，以对市场竞争的影响为判断行政行为正当性的标准，实现事先预防事中监督，有效防范排斥限制竞争的政府政策。这不仅将政府的限制竞争行为置于政府经济权力运行的整体目标之下，而且还将把政府经济权力的运行全面纳入国家竞争政策的制度建设之中，这是从根本上解决政府与市场关系的治本之策。

三、公平竞争审查制度是促进政府政策“竞争合规”的常态化工具

竞争合规，原来仅指企业在从事经营活动中需要保持对于违反国家竞争法律方面风险的管理制度。在商业竞争日益激烈的背景下，随着我国竞争法律制度的完善，经营者的“竞争合规”意识正在逐步加强。当前，我国实施创新发展的新战略，目的就是要释放市场活力，激发市场中每一个因子。这就必须减少或改变政府限制竞争的政策与制度，要“清理和废除妨碍全国统一市场和公平竞争的各种规定和做法”，将政府的经济政策与管理行为全面纳入市场运行的轨道，这一任务刻不容缓。但相比之下，政府在“维护竞争机制”方面，不仅意识落后

于市场，制度上也缺乏可操作的规则。由于体制惯性，不少政府部门往往过高估计行政配置资源的作用而忽视市场的效率，政策法规也多着眼于局部短期利益的追求，忽视长久的竞争机制激励。在这样的背景下，对于政府经济权力的运行，以“市场能否有效发挥资源配置的作用”为出发点和标准进行评估与审查，让那些有利于鼓励创新、公平竞争环境建设的政策及时实施，防止或修改那些限制竞争、削弱创新的政策，将是国家治理和依法行政的长久大计。

因此，实施公平竞争审查制度，不是突击运动，更不是权宜之计，而是一项需要长期实行的治国之策，需要形成常态化的制度体系。公平竞争审查不仅是涉及某一项具体的政策法规，而是涉及更为广泛领域的改革与发展，包括国有企业竞争制度、垄断行业改革制度、产业政策竞争化路径等，实现“要让不同所有制企业平等获得生产要素、公平开展市场竞争、同等受到法律保护”的目标。因此，必须建立一系列常规化的具体制度，通过建立立法咨询、决策审议、政策评估、民众监督、教育培训等方式，全方位地规制行政权力的运行，从根本上杜绝产生行政性垄断，使政府行为在“竞争合规”方面的制度建设常态化。

总之，中国现阶段的社会、经济和政治各方面改革都到了必须确立竞争政策基础地位、全面构建国家竞争政策体系的重要当口。国家的顶层设计已然明确，市场在资源配置中起决定性作用；社会民众对“竞争能够促进创新”也已形成共识。无论从制度改革的进程，还是从社会的民意呼声来看，改革政府已成燃眉之急。在这样的时代背景下，将政府的经济政策与管理行为全面纳入竞争政策的视阈，是水到渠成的必然结果。公平竞争审查制度的出台与实施，顺应了中国社会改革深化的客观要求，是国家构建竞争政策体系基本框架的重要一环，其深远意义无论如何评价都不为过。

非常高兴看到以孙晋教授领衔的团队对公平竞争审查制度进行了深入的理论研究和实践操作的探索，书中既有对我国公平竞争审查制度的详尽解读，也有对域外实施竞争审查和评估实践的有益借鉴，更有进一步完善制度建设的积极建议。相信本书的出版，一定会为我国公平竞争审查制度的贯彻实施与全面推进提供极具运用价值的参考，在我国确立竞争政策基础地位的进程中增添一份力量。

前　言

自由公平竞争是市场经济的核心和灵魂。公平竞争审查制度，是新时代维护市场自由公平竞争、确立和强化竞争政策基础地位的制度基石，是防止滥用行政权力排除、限制竞争的创新性顶层设计，是中央深化经济体制改革的重要战略部署，是推进国家治理体系和治理能力现代化的关键途径。

2013 年 11 月，党的十八届三中全会通过了《中共中央关于全面深化改革若干重大问题的决定》，一场关系到我国经济体制深刻变革的序幕就此开启。该决定清晰地阐述了我国建设统一开放、竞争有序的市场体系的重要性，而要落实这一决策部署的核心，就在于通过构建全面的竞争评估体系，消除政府不合理阻碍竞争的制度壁垒，促使政府“简政放权”，避免政府的过度干预行为割裂市场和扭曲竞争，以达到政府干预与自由竞争相结合的最优状态。在明确改革目标的基础上，2016 年 6 月 14 日，国务院正式颁布了《关于在市场体系建设中建立公平竞争审查制度的意见》，要求国务院各部门、各级人民政府及所属部门，以是否限制市场竞争为准则，对政府干预经济活动的政策措施进行实质审查，对不适当的法规规章政策文件和措施进行修改或废止，正式确立了公平竞争审查制度。可执行性与可操作性是制度的生命线，必须要进一步把制度的笼子扎紧一点、扎密一点，如此才不会出现“牛栏关猫”的现象。2017 年 10 月 23 日，国家发展改革委、财政部、商务部、工商总局、国务院法制办联合印发了《公平竞争审查制度实施细则（暂行）》，从审查机制和程序、审查标准、例外规定、社会监督、责任追究等方面对公平竞争审查制度相关规定进行了解释和细化，标志着我国公平审查制度进入精细化实施阶段。党的十九大报告提出：“全面实施市场准入负面清单制度，清理废除妨碍统一市场和公平竞争的各种规定和做法，支持民营企业发展，激发各类市场主体活力。”党的十九届四中全会通过的《中共中央关于坚持和完善中国特色社会主义制度、推进国家治理体系和治理能力现代化若干重大问题的决定》系统阐述了公平竞争制度逻辑架构，强调“建设高标准市场体系，完善公平竞争制度”“强化竞争政策基础地位，落实公平竞争审查制度”等。2020年5月11日，《中共中央 国务院关于新时代加快完善社会主义市场经济体制的意见》明确要求：“全面落实公平竞争审查制度。完善竞争政策框架，建立健全竞争政策实施机制，强化竞争政策基础地位。强化公平竞争审查的刚性约束，修订完善公平竞争审查实施细则，建立公平竞争审查抽查、考核、公示制度，建立健全第三方审查和评估机制。统筹做好增量审查和存量清理，逐步清理废除妨碍全国统一市场和公平竞争的存量政策。建立违反公平竞争问题反映和举报绿色通道。加强和改进反垄断和反不正当竞争执法，加大执法力度，提高违法成本。培育和弘扬公平竞争文化，进一步营造公平竞争的社会环境。”这标志着公平竞争审查制度在我国新时代加快完善社会主义市场经济体制中担当更加重要的责任。

成熟的社会主义市场经济体制必须强化竞争政策的基础地位乃至决定地位。市场经济的核心是公平竞争，只有竞争是自由和公平的，才能实现要素的自由流动、资源的有效配置和企业的优胜劣汰。竞争性政策是实现公平竞争的基本制度，是以创造公平市场竞争环境为目标选择，规范市场竞争主体行为的制度安排。公平竞争审查制度是强化竞争政策基础地位的主要制度保障和重要实现路径。通过公平竞争审查，才能以公平竞争为标尺、以竞争政策为基础来协调统领其他相关经济政策，才能构建高标准的统一、开放、竞争、有序的现代市场体系，才能推进要素市场制度建设和优化劳动、资本、土地、知识、技术、管理、数据等生产要素市场运行规则，才能加强资本市场基础制度建设和健全具有高度适应性、竞争力、普惠性的现代金融体系，才能实现要素价格市场决定、流动自主有序、配置高效公平的政策体系，才能最大限度地减少乃至取消政府的审批、最大限度地减少对资源的直接配置行为、最大限度地减少对市场竞争机制的破坏和扭曲。唯有如此，才能实现竞争性发展；唯有竞争性发展模式，才能在国内市场最大化资源配置效率和最优化社会财富分配，在全球市场与急剧变革的国际经贸规则相向而行达成最大共识，最大程度地减少规则抵牾和贸易摩擦。

如此重要的公平竞争审查制度，自2016年施行至今，取得的成绩有目共睹。但毕竟乃新生事物，制度自身尚有诸多不足，实践当中暴露了诸多问题，也遭遇了社会广泛质疑：公平竞争审查制度自我审查机制的社会信任度不高；部分地区制度实施进展较慢，难以落地；审查范围不够全面，一些政府部门遗漏部分应当审查的政策措施，一些政府部门直接将审查范围限定为规章、规范性文件，将其他政策措施排除在外；审查工作不够规范，未按照基本流程开展审查，没有形成明确的书面审查结论，审查未留痕；未征求利害关系人意见或者向社会公开征求意见，反馈机制欠缺；第三方评估尚未完全落实，自我审查的质量有待提高；存在滥用例外规定的情况；程序规则上的公众参与和公开透明还做得不好。出现这些问题既有主观原因也有客观原因，由于制度激励机制缺失和责任机制不严以及各地 GDP 竞争，导致政府及其职能部门主观上不愿意认真审查；由于对制度的理解不到位和审查能力欠缺等原因，导致客观上不能够很好地落实制度。实践中暴露的这些问题，充分说明制度本身亟须加强和完善。

本书系统梳理了公平竞争审查制度生发与建构的基本原理和中国逻辑，归纳了在实践中发现的制度自身缺陷和制度环境问题，并积极探索制度完善与加强实施的中国路径。本书主编于 2016 年 10 月国家发展和改革委员会原价监与反垄断局在杭州召开的委托课题汇报会上就主张，要变公平竞争审查制度的“软法”属性为“硬法”属性——该制度的有效落实，需要最终完善制度顶层设计，实现该制度从规范性文件向法律的升华，从“软约束”上升为“刚性约束”，以严厉的法律责任作为制度有效实施的坚强保障，辅以激励性机制倡导。2019 年 10 月 23 日公布的《优化营商环境条例》明确规定：“制定与市场主体生产经营活动密切相关的行政法规、规章、行政规范性文件，应当按照国务院的规定进行公平竞争审查。”初步实现了该制度的法治化和“刚性约束”，但该条例毕竟是行政法规，权威性和规范力度还远远不够，必须把该制度融入《反垄断法》之中。这种融入不仅具有理论上的应然性，也具有制度衔接和一体化操作需求的紧迫性。将公平竞争审查制度融入《反垄断法》，能实现公平竞争审查制度法治化和反垄断法的优化，从根本上化解公平竞争审查制度和反垄断法各自“单兵作战”、谁都不能有效规制行政性垄断的尴尬，二者“珠联璧合”之后，形成制度合力，既可以实现公平竞争审查制度对政府干预市场的刚性约束，又有利于进一步树立《反垄断法》的“经济宪法”地位，还有利于节约立法资源、减少执法成本和守法成本，从而减少制度成本。希望在本书的助力下，这个学术主张在不久的将来成为现实。

目　录

第一章　公平竞争审查制度本体论

第一节　公平竞争审查制度的缘起

公平竞争审查制度，是新时代厘清市场与政府边界防止滥用行政权力排除、限制竞争的创新性顶层设计，是中央深化经济体制改革的重要战略部署，是推进国家治理体系和治理能力现代化的重要途径，是法治政府建设的重要抓手。党的十九大报告提出："全面实施市场准入负面清单制度，清理废除妨碍统一市场和公平竞争的各种规定和做法，支持民营企业发展，激发各类市场主体活力。"党的十九届四中全会明确提出，强化竞争政策基础地位，落实公平竞争审查制度。实施公平竞争审查制度是党中央、国务院深化经济体制改革的重大决策部署。很显然，公平竞争审查制度是竞争政策的主要制度载体，是强化竞争政策基础地位的主要路径依赖。[①] 公平竞争审查制度在我国近几年来的实务中已经得到了较为充分的发展，日趋成熟，在理论上也得到了极大的完善。本节对该制度的兴起根源进行学理和实践的追溯和梳理，以期对本书其后部分内容奠定坚实基础。

一、逻辑起点：确认市场公平竞争

作为市场经济的核心，竞争能够带来效率和繁荣，是经济效率与社会福利的基本保障。建设统一开放、竞争有序的市场体系，是使市场在资源配置中发挥决

① 孙晋：《习近平关于市场公平竞争重要论述的经济法解读》，载《法学评论》2020年第1期。

定性作用的基础。

根据著名的经济法“双手并用”原理，“有形之手”和“无形之手”是政府和市场配置资源的两种基本方式。完全偏向任何一方都会导致经济走向垄断状态，分别是市场垄断和行政性垄断。市场垄断造成的市场壁垒并不可怕，随着科技的进步最终大都可以得到消解，“只有政府施加的法律限制才构成真正的进入障碍”①，因为它依靠公权的强制力保证实施。受自身能力或信息不足的限制，行政机关的执法、立法机关的立法和司法机关的司法解释都可能在不同程度上损害市场竞争。因此，任何公权力都应当受到适当的监督和制约，以保证其正当性，特别是不应在经济领域限制市场机制的发挥。因此，政府和市场两种手段相互配合，进而形成更加系统、更加科学、更加有效的资源配置方式是完善社会主义市场经济的必由之路。

党的十八届三中全会《中共中央关于全面深化改革若干重大问题的决定》明确指出：“经济体制改革是全面深化改革的重点，核心问题是处理好政府和市场的关系，使市场在资源配置中起决定性作用和更好发挥政府作用。”如何处理好政府和市场的关系，既能使市场在资源配置方面发挥决定性作用，又能更好地发挥政府的作用（其中包括政府在促进和保障公平竞争方面的作用）?② 解决这一问题的方案是，建设统一、开放、竞争、有序的市场体系，使市场主体的经营活动更加便捷、自由和公平。这些要求都离不开一个市场要素，即自由和公平竞争的市场环境。在已然明确建立和实行市场经济体制的语境下，保护市场主体自由和公平地竞争就当然成为政府的重要职责之一，包括建立和实施良好的竞争制度、制定完善的竞争政策以及推进科学合理的竞争倡导等一系列净化竞争环境的措施，多角度、全方位、深层次保护市场主体可以通过市场进行公平竞争的利益。这些措施与传统的通过公权力直接干预市场活动不同，它旨在顺应经济发展的规律，同时，预防和制止妨碍市场秩序的有害行为，将市场主体的行为规范在合理的范围内，既不伤害市场自身的功能，又不使公权力过度干预。公平竞争审查制度便是其中最为关键和有效的制度措施，它通过约束政府行为，将公平竞争的理念贯穿到各类相关制度之中，进而正确界定政府与市场的关系，使两者在资源配置上相互配

① 张占江：《中国法律竞争评估制度的建构》，载《法学》2015 年第 4 期。
② 张守文：《公平竞争审查制度的经济法解析》，载《政治与法律》2017 年第 11 期。

合，正是将“双手并用”原理妥善运用、又极力克服“双手失灵”的典范。

二、政策基础：产业政策转向竞争政策

竞争政策和产业政策的关系一直是经济学界、法学界、反垄断执法机构以及行业监管机构在理论和实务中关注的重点内容。

产业政策有两种：功能性产业政策和选择性产业政策。功能性产业政策主要指政府通过提供人力资源培训、研发补贴等形式提高产业部门竞争力的政策，这种类型的产业政策通常没有特定的产业指向；选择性产业政策指政府通过主动扶持战略产业和新兴产业，缩短产业结构的演进过程，以实现经济赶超目标，更加强调政府在资源配置中的作用。其常见做法是，政府有意在部门、产业或企业之间重新配置资源，依据两种不同的原则来针对单个公司或产业。一是“挑选赢家”，即支持那些具有巨大潜力的产业或企业；二是“帮助输家”，即支持陷入困境的企业和产业。① 目前，我国最大的损害竞争的因素不是企业，而是不合理的政策安排。

竞争政策，从广义上讲，是为维持和发展竞争性市场机制所采取的各种公共措施，乃“促进竞争”之竞争政策。在促进经济发展、统领经济政策、保障经济运行等方面发挥着重要作用。② 从具体制度构成看，竞争政策与产业政策存在一些不一致之处。竞争政策包括竞争法律制度，其中所强调的对经营者合并控制制度与产业政策所重点关注的培养规模经济以增强本国国际竞争力存在一定程度的冲突。更为重要的是，竞争政策特别关注政府在竞争方面的决策及其程序，是产业政策经常忽视的。竞争政策强调政府应当公平地对待参与市场资源配置的所有经营者以完善政府与市场关系的竞争中立政策，也与重点扶持单个行业或者少数企业的产业政策存在某种程度的冲突。

在改革开放初期，我国从计划经济体制向社会主义市场经济体制转轨过程中面临着艰巨的改革与发展任务，为了使改革开放得以顺利进行，政府采用较多的

---

① ［美］威廉·科瓦西奇、［英］林至人、［英］德里克·莫里斯：《以竞争促增长：国际视角》，中信出版社2017年版，第165页。

② 徐士英：《中国竞争政策论纲》，载《经济法论丛》2013年第2期。

产业政策是十分必要的。但随着经济体制改革的不断深化，全国统一的市场基本形成，市场机制的调节作用在范围和程度上越来越大，这时候，以政府的手段发展市场，达到促进部门或地方经济发展的目的，便逐渐成为我国建立统一开放、竞争有序的市场体系的障碍。其原因在于，统一开放、竞争有序的市场体系是市场在资源配置中起决定作用的基础。①

《中华人民共和国反垄断法》（以下简称《反垄断法》）出台，首次在法律层面明确提出了“竞争政策”。此后，政府在制定公共政策中的反竞争行为日益被人们所广泛关注，对政府的各项经济政策与经济立法行为进行审查和清理成为竞争政策的重要内容。从《中共中央、国务院关于深化体制机制改革加快实施创新驱动发展战略的若干意见》提出“强化竞争政策和产业政策对创新的引导”，到《第十二届全国人民代表大会第三次会议关于2014年国民经济和社会发展计划执行情况与2015年国民经济和社会发展计划的决议》要求“把产业政策和竞争政策有机结合起来”，到《国务院批转发展改革委关于2015年深化经济体制改革重点工作意见的通知》提出“促进产业政策和竞争政策有效协调，建立和规范产业政策的公平性、竞争性审查机制”、《国务院批转国家发展和改革委员会关于2016年深化经济体制改革重点工作意见的通知》要求“研究制定公平竞争审查制度，完善产业政策与竞争政策的协调机制”，再到《中共中央、国务院关于推进价格机制改革的若干意见》明确“加强市场价格监管和反垄断执法，逐步确立竞争政策的基础性地位”，一系列的举措标志着我国产业政策与竞争政策的关系由原来的产业政策为强势政策，调整为以竞争政策优先、产业政策与竞争政策兼容和互补的公共政策体系。② 公平竞争审查制度也随着竞争政策地位的明晰而逐渐浮出水面。

公平竞争审查制度强调的与市场经济相适应的公平与竞争正是产业政策的不足，所以为满足中国当前经济持续健康发展特别是经济体制改革的需要，建设统一开放、竞争有序的市场竞争环境，通过审查政府在经济领域的公共政策对竞争的影响，将对化解产能过剩、激励创业创新起到积极的推动作用，有利于充分发挥产业政策对经济的积极作用。

---

① 吴汉洪：《对我国建立公平竞争审查制度的认识》，载《中国价格监管与反垄断》2016年第8期。

② 于良春、张伟：《产业政策与竞争政策的关系与协调问题研究》，载《中国物价》2013年第9期。

三、法律基础：事前规制行政性垄断的必要性和可行性

目前，我国对行政性垄断的行为主要通过《反垄断法》进行规制。该法第八条规定，“行政机关和法律法规授权的具有管理公共事务职能的组织不得滥用行政权力，排除、限制竞争”；第五章专章规定了行政性垄断的各种具体表现形式，为我国查处实践中大量存在的行政性垄断行为提供了法律依据。另外，新修订的《中华人民共和国行政诉讼法》（以下简称《行政诉讼法》）第十二条也将“滥用行政权力排除或限制竞争”列为行政诉讼的受案范围。然而，这两部法律规定对行政性垄断的规制仍存在诸多不足之处。实践证明，公平竞争审查制度对弥补上述法律的不足具有可行性。

（一）公平竞争审查制度事前规制行政性垄断的必要性

第一，《反垄断法》和《行政诉讼法》对行政性垄断的规制范围有限。《行政诉讼法》第五十三条规定，公民、法人或其他组织就“滥用行政权力排除、限制竞争”的案件提起行政诉讼时，可以一并请求对行政行为所依据的国务院部门和地方政府及其部门制定的规范性文件进行合法性审查，但此处的规范性文件并不包含规章及规章以上效力的行政法规或者行政机关制定、发布的具有普遍约束力的决定、命令。因此，《反垄断法》和《行政诉讼法》对存在排除、限制竞争及破坏市场经济影响的行政法规、规章以及行政机关制定、发布的具有普遍约束力的决定、命令等的规制表现得无能为力。

第二，《反垄断法》和《行政诉讼法》对行政性垄断的规制缺乏合理性审查。因为，合法性并不是准确认定行政性垄断的唯一标准。一方面，判断行政行为是否构成行政性垄断，在很多情况下无法从行为本身是否具有合法性作出直接判断；另一方面，部分具有合法性而欠缺合理性的行政行为，也将产生破坏市场秩序，限制、排除竞争的消极后果。《反垄断法》和《行政诉讼法》并没有将未滥用行政权力但也产生“排除、限制竞争”效果的行政行为纳入行政性垄断的规制范围。现有这些行政性垄断规制中普遍忽略合理性审查的另一个不利后果是，会使形式“合法”而实质排除、限制竞争的行政行为免受反垄断规制，导

致我国行政性垄断的规制效果大打折扣。

第三，《反垄断法》对于行政性垄断的规制属于“事后规制”，即使能够及时有效地规制行政性垄断，其对于市场经济秩序的破坏、对其他市场主体利益的损害也都已经发生，而对于损害的弥补，有的需要承受大量的额外负担方可恢复，而有的损害，比如市场秩序的损害后果是无法具体计算的，有的甚至是不可完全恢复的。

总而言之，我国目前行政性垄断规制中《反垄断法》及《行政诉讼法》存在不足，迫切需要公平竞争审查制度对其进行有力补充。

（二）公平竞争审查制度事前规制行政性垄断的可行性

公平竞争审查制度的建立和实施，可以有效防止政府过度或不当干预市场经济的行政性垄断行为，保障市场经济中资源配置的效益最大化和效率最高化。具体而言，公平竞争审查规制行政性垄断的有效性体现在以下三个方面。

第一，审查对象更加广泛。公平竞争审查扩充了行政性垄断的违法审查对象的范围，将审查对象分为两类：一是行政机关和法律、法规授权的具有管理公共事务职能的组织（以下简称“政策制定机关”）制定的，涉及市场主体经济活动的规章、规范性文件和其他政策措施；二是行政法规和国务院制定的其他政策措施和地方性法规。总结来说，公平竞争审查制度既可以对正在制定中的行政法规和地方性法规、部门规章、政策措施及现行的政策措施进行审查，将可能产生的排除、限制竞争效果的规定扼杀于萌芽状态，也可以对不符合要求部分进行相应调整，有效预防、规制行政性垄断行为，最大限度地减少行政性垄断对市场竞争的不利影响，清除市场壁垒，为商品和要素在市场中的流动提供通畅渠道。

第二，关注行政性垄断的合理性审查。公平竞争审查制度从“市场准入和退出标准”“商品和要素自由流动标准”“影响生产经营成本标准”以及“影响生产行为标准”四个方面，确定了公平竞争审查制度 18 个“不得”的审查标准。其中，部分审查标准关注行政行为是否产生了“排除、限制竞争”的效果，明确了合理性审查在行政性垄断规制中的重要地位。同时，公平竞争审查制度对于没有“滥用行政权力”但却产生“排除、限制竞争”效果的行政行为也能够进行审查，有效弥补了《反垄断法》的不足。此外，公平竞争审查制度还规定了适用例外情形。对于保障国家文化、经济、国防安全或者实现社会保障目的、社会公共利益等不可或缺的政策措施，只要不会产生严重的排除、限制竞争效果，允许在一定时期内实施。这些内容都体现了公平竞争审查制度在行政性垄断规制中对于合理性因素的考量。①

第三，形成行政性垄断的“事前预防”机制。公平竞争审查制度通过对行政机关制定中的政策措施进行公平竞争审查，从源头防范行政性垄断行为的产生，恰好可以弥补《反垄断法》“事后”规制行政性垄断的不足。公平竞争审查制度“事前预防”与《反垄断法》“事后监督”的有机结合，有利于实现对行政性垄断的全面、有效规制，最大限度地减少政府对于微观经济的过度、不当干预，确保资源配置在市场经济中的决定性作用得到充分发挥。

四、发展历程：制度的萌芽、形成和建立

（一）公平竞争审查制度的萌芽

早在 1980 年，国务院发布的《关于开展和保护社会主义竞争的暂行规定》明确，“开展竞争必须打破地区封锁和部门分割……不得禁止外地商品在本地区、本部门销售”。2001 年，国务院《关于禁止在市场经济活动中实行地区封锁的规定》要求，“建立和完善全国统一、公平竞争、规范有序的市场体系，破除地方保护……任何地方不得制定实行地区封锁或者含有地区封锁内容的规定”。此后，开始在全国范围内部署开展专门针对“行政审批制度”的清理改革工作。尤其是，2001 年国务院批转《关于行政审批制度改革工作实施意见的通知》，要求“不符合政企分开和政事分开原则、妨碍市场开放和公平竞争以及实际上难以发挥有效作用的行政审批，坚决予以取消……凡是通过市场机制能够解决的，应当由市场机制去解决”。②

2013 年以后，我国政府更加强调市场竞争机制的维护，并把市场机制的完善、政府与市场关系的规范提升到未来中国经济转型发展出路的高度。在此要求

---

① 朱静洁：《我国行政性垄断的公平竞争审查规制研究》，载《价格理论与实践》2017 年第 6 期。

② 向立力：《中国公平竞争审查制度的理论梳理、制度基础与机制完善》，载《法治研究》2017 年第 3 期。

下，各地方和行业主管部门也付出了极大的努力，主动约束权力，避免对市场机制的不当干预。[①] 2013 年，党的十八届三中全会《中共中央关于全面深化改革若干重大问题的决议》要求“废除妨碍全国统一市场和公平竞争的各种规定和做法”，这是我国经济体制改革的重大突破。2014 年，党的十八届四中全会《中共中央关于全面推进依法治国若干重大问题的决定》重申了这一主张，“使市场在资源配置中起决定性作用和更好发挥政府作用……清理有违公平的法律法规条款”。

（二）公平竞争审查制度的形成

2015 年以来，公平竞争审查制度已经成为党中央、国务院在经济体制改革方面高度关注的内容。2015 年 3 月 13 日，《中共中央 国务院关于深化体制机制改革加快实施创新驱动发展战略的若干意见》中首次提出：要打破各地惯用的区域保护行为，对妨碍形成和发展全国统一市场的政策规定进行清理和废除，纠正地方政府违法违规补贴行为和行政性垄断行为，探索实施公平竞争审查制度。2015 年 5 月 8 日，《国务院批转发展改革委关于 2015 年深化经济体制改革重点工作意见的通知》要求：协调产业政策和竞争政策在实践应用中的关系，对产业政策进行公平和竞争性审查。2015 年 6 月 11 日，《国务院关于大力推进大众创业万众创新若干政策措施的意见》进一步明确：由国家发展和改革委员会和法制办牵头，对妨碍创业发展的制度和规定要逐步进行清理和废除，加快出台公平竞争审查制度。2015 年 10 月 12 日，中共中央、国务院在《关于推进价格机制改革的若干意见》中再次强调：协调竞争政策与产业政策和投资政策等之间的关系，实施公平竞争审查制度，逐步确立竞争政策的基础性地位。2016 年 3 月 25 日，《国务院批转国家发展和改革委员会关于 2016 年深化经济体制改革重点工作意见的通知》督促研究制定公平竞争审查制度的进程。2016 年 3 月，第十八届全国人大第四次会议通过《中华人民共和国国民经济和社会发展第十三个五年规划纲要》，将“加快形成统一开放、竞争有序的市场体系，建立公平竞争保障机制，打破地域分割和行业垄断，着力清除市场壁垒，促进商品和要素自由有序流动、平等交换”作为“健全现代市场体系”的总要求，明确指出“健全竞争政策，完

---

① 向立力：《中国公平竞争审查制度的理论梳理、制度基础与机制完善》，载《法治研究》2017 年第 3 期。

善市场竞争规则，实施公平竞争审查制度”。

（三）公平竞争审查制度的建立与完善

2016 年 4 月 18 日，中央全面深化改革领导小组第二十三次会议重点强调：从维护全国统一和公平竞争市场的角度出发，建立公平竞争审查制度，并明确审查对象，审查标准包括市场准入和退出标准、商品和要素自由流动标准、影响生产经营成本标准、影响生产经营行为标准等四项，审查方式为自我审查与外部监督相结合，消除排除和限制市场竞争行为滋生的土壤。要建立健全公平竞争审查保障机制，加强社会监督。对涉嫌违反公平竞争审查标准的，依法查实后要作出严肃处理。这次会议进一步提出公平竞争审查制度实体内容的重点，具有更加明确的指导意义。

2016 年 6 月 14 日，国务院正式颁布了《关于在市场体系建设中建立公平竞争审查制度的意见》（以下简称《意见》），明确规定国务院各部门、各省级人民政府及其部门从 2016 年 7 月起，均应对拟定政策进行公平竞争审查，这标志着我国公平竞争审查制度的诞生。《意见》规定了审查对象、审查方式、审查标准、实施步骤和保障措施等内容，对规范政府行为竞争合规、维护市场主体公平竞争具有十分重要的意义。随后，国家发展和改革委员会印发《关于贯彻落实〈意见〉委内工作程序》，要求其所属各厅、司、局、室对正在拟定的政策进行公平竞争审查。为了更好地实施该机制，国家发展和改革委员会牵头建立了公平竞争审查工作部际联席会议。之后，我国除港澳台之外的其他所有省级行政单位都已经将《意见》进行转发，在本行政区域范围内实施，其所属大多数政府机构已将公平竞争审查纳入现有的合法性审查。2017 年 10 月 23 日，国家发展和改革委员会等部门研究制定并印发了《公平竞争审查制度实施细则（暂行）》（以下简称《实施细则》），分别从审查机制和程序、审查标准、例外规定、社会监督、责任追究等方面予以细化。2019 年 2 月 12 日，国家市场监督管理总局发布《关于发布公平竞争审查第三方评估实施指南的公告》（以下简称《实施指南》），为政策制定机关在开展公平竞争审查第三方评估时提供了参考。随着理论研究的深化和实践经验的积累，《实施细则》目前正在修订之中。《意见》以及《实施细则》与《实施指南》推动着公平竞争审查制度不断健全与完善。

第二节　公平竞争审查制度的内涵

一、公平竞争审查制度内涵的分析路径

市场经济的灵魂在于竞争，而现代市场经济体系对于公平竞争更是有着天然迫切的需求，只有承认市场在资源配置中的决定性作用，大力构建公平竞争环境，打造健康活力的市场平台，为各类经济主体充分发挥作用提供必要条件，市场在资源配置中起决定性作用才得以体现。而资源的有效配置除了发挥市场的基础作用外，还要依靠有形之手的调控，来实现经济法上的国家干预。如何优化政府角色，塑造政府与市场作用互补，处理好政府与市场的关系，是各国关注的热点。其目的都是实现市场主体和政府主体在各自的轨道上各司其职、互为补充，使国家经济平稳有序运行。竞争中立原则和公平竞争审查制度从根本目的上都是通过约束政府行为，保障市场主体的公平竞争，以建立统一开放、竞争有序的现代市场体系，也都体现了反行政性垄断的价值取向。因此，我国应该通过内外并重提升制度竞争力，构建符合中国国情的竞争中立制度体系。我国不仅应该加强竞争立法和相关制度完善，以规范政府行为，推动国有企业改革，直接保护市场主体的公平竞争；同时，也应当建立体现公平竞争审查的相关制度；[①] 并通过积极参与国际市场关于竞争中立规则的制定和解释，掌握规则话语权，进一步提高国际竞争力。[②] 由此可见，公平竞争审查制度是竞争政策不可或缺的重要组成部分，它更多体现在对制度“事后规范和限制”的完善和补充，为我国实施竞争中立规则提供制度土壤。因此，对公平竞争审查的内涵界定是制度研究的起点。

（一）我国学术界对公平竞争审查制度的定义

在我国，由于已颁布的《意见》中并没有对公平竞争审查制度进行确切定

---

① 张守文：《公平竞争审查制度的经济法解析》，载《政治与法律》2017 年第 11 期。

② 黄颖慧：《国际经济新秩序下的竞争中立规则及我国对策研究》，华东政法大学博士学位论文，2018 年。

义，故目前我国对公平竞争审查制度还未形成统一、确定、权威的定义。尽管如此，依据现已出台的相关文件，有不少学者仍对此概念作出了简要分析。如应品广认为："竞争审查制度是专门的部门行使评估的权力，包括对立法草案或者将要出台的政策进行审查，或者对已经出台的法律及政策进行审查，从而找出这些文件是否具有限制竞争的可能性。"① 芦加人认为："公平竞争审查是指对政府制定相关公共政策的事前审查机制，旨在从维护公平竞争的角度，对拟定中的政府公共政策进行审查，防止其不合理地限制市场竞争，破坏市场机制的正常运行。"② 黄勇等认为："公平竞争审查制度就是针对政府管得过多，市场竞争受到一定限制的现实问题，为各类市场参与者更加平等、公平参与市场竞争提供保障的制度。"③ 向立力认为："公平竞争审查制度的实质是政府对自身权力的一种内部性约束制度，表达了国家决策机关对市场固有的竞争秩序的敬畏。"④ 李慧敏认为："公平竞争审查制度，在有些国家也被称为竞争评价制度，是为了防止政府行为对市场竞争的不合理干预，对拟定中的政府公共政策进行事前审查，评估其对市场竞争状况产生的影响，根据评估结果对政策进行相应调整的制度。"⑤ 张占江认为："公平竞争审查制度是由竞争主管机关对存量和增量政策或措施进行审查评析，力争实现竞争损害程度最小的一种替代方案。"⑥ 孙晋、袁野则认为："公平竞争审查制度在某种程度上就是顶层设计对行政立法的一种规则控制。"⑦ 杨力一认为："产业政策的公平竞争审查机制本质上是一种竞争规则。"⑧ 以上种种来自学术界专家学者的看法，莫衷一是，不胜枚举，在此不多作赘述。

---

① 应品广：《竞争政策视角下行政性垄断规制新模式：从"事后救济"到"事前控制"》，载《江西财经大学学报》2016 年第 4 期。

② 芦加人：《基于规范行政立法行为的公平竞争审查制度完善路径》，载《江汉论坛》2017 年第 11 期。

③ 黄勇、吴白丁、张占江：《竞争政策视野下公平竞争审查制度的实施》，载《价格理论与实践》2016 年第 4 期。

④ 向立力：《中国公平竞争审查制度的理论梳理、制度基础与机制完善》，载《法治研究》2017 年第 3 期。

⑤ 李慧敏：《日本竞争评价制度考察及对我国公平竞争审查制度的相关建议》，载《经济法论丛》2017 年第 2 期。

⑥ 张占江：《公平竞争审查制度原理》，载《竞争法律与政策评论》2016 年第 2 期。

⑦ 孙晋、袁野：《共享经济的政府监管路径选择：以公平竞争审查为分析视角》，载《法律适用》2018 年第 8 期。

⑧ 杨力一：《论产业政策法的公平竞争审查机制》，载《金融理论与教学》2017 年第 3 期。

（二）国外对公平竞争审查制度的定义及相关竞争政策的规定

国内外对于公平竞争审查的研究经历了不同的年代和时代背景，出现了各式各样不同的观点。公平竞争审查制度在国际层面又称为竞争评估制度。[①] 在成熟的竞争审查制度的国家中，竞争评估能够带来显著的社会效益和经济效益。

澳大利亚为了促进本国的经济发展，决定参照经济合作与发展组织（OECD）的竞争评估机制的内容，并结合本国的实际情况制定符合国情的国有企业竞争中立政策。为了保证竞争评估机制发挥持续性的影响，澳大利亚政府还建立了竞争评估的常态机制。这一机制的实施，对澳大利亚的经济发展起到了显著的作用。[②] 澳大利亚于20世纪90年代就产生了公平竞争审查制度。虽然晚于欧盟，但是其制度的流程非常周密，即新法监管影响评估程序，不仅审查对象广泛，而且审查内容非常详尽，对维护市场竞争秩序有着良好的促进作用。

欧盟国家于1956年的《斯巴克报告》中就已经确立了国家援助控制制度。该制度与我国的公平竞争审查制度相似，它是指国家给予企业一些优惠政策，但这个制度的建立早于我国公平审查制度半个多世纪。具体而言，是由成员国自我审查制定出来的政策是否出现国家援助的情形，如果不属于，则不需要审批即可实施，如果属于，则必须提交欧盟委员会审查作出决定。[③]

经济合作与发展组织（OECD）是最为积极推动竞争评估的国际组织，其并不对各国政策开展公平竞争审查工作，但通过《竞争评估工具书》，OECD为各国开展公平竞争审查提供了充分的意见与参考。工具书认为，竞争评估的深入程度应与潜在竞争的危害程度成正比，法律、规章制度和条例、各项政策均可以成为竞争评估的对象。《竞争评估工具书》中列出了一份竞争核对清单，建议决策者们应根据该清单中的问题依次回答是或否，从而对政策是否限制、阻碍竞争进行初步审查。在OECD的影响和推动下，不少国家借鉴了其工具书中的内容在本国开展公平竞争审查。[④]

---

① 汪改丽：《公平竞争审查制度对经济发展的作用》，载《知与行》2016年第9期。

② 黄颖慧：《国际经济新秩序下的竞争中立规则及我国对策研究》，华东政法大学博士学位论文，2018年。

③ 李洪宇：《我国公平竞争审查制度研究》，天津大学硕士学位论文，2017年。

④ 房佩华：《我国公平竞争审查制度与反垄断法的完善》，暨南大学硕士学位论文，2018年。

在美国，公平竞争审查的对象：一是法律及其草案；二是中央政府发布的规范性文件及其草案；三是地方性法规及其草案。在分工上，由反托拉斯现代化委员会来审查法律以及规范性文件。美国现存两个公平竞争审查主体：一是联邦贸易委员会，管辖的范围是立法机关、州和联邦对市场准入设置阻碍的法律和法规；二是司法部，主要针对的是联邦贸易委员会审查范围以外的规章制度。

新加坡的竞争评估则采取内部审查制，主要由制定该政策的机关负责开展。同时，新加坡设立有竞争委员会，主要通过给予政策制定机关进行公平竞争审查的指导和建议发挥作用，一般不会主动对政府出台的政策进行审查。公平竞争审查工作上，其主要进行两项工作：一是制定《竞争评估指南》；二是在政策制定机关提出请求后对其提出的有关竞争问题进行回答并提供意见与建议。①

关于竞争中立政策方面的研究实践，各国也成果丰硕。作为最早提出竞争中立理念并付诸实践的国家，“澳版”竞争中立政策的范围针对所有企业之间的竞争，而非仅仅针对国企与私企；它指导下的政府可以实施多种非中立性干预措施，而非排除政府任何非中立性干预。② 这对我国政府在推动新兴产业发展、加快国企改革步伐、引导产业布局等方面有一定参考价值。

OECD 作为最早研究国企与私企之间公平竞争问题并且颇具影响力的国际组织，它指出竞争中立政策实施的关键在于明确国有企业的商业目标和非商业目标，因履行非商业目标接受政府支持的国有企业行为并不违背竞争中立原则。但是，它没有对竞争领域普遍存在的形式与实质公平一旦分野该如何具体抉择作出说明。

现行全球贸易规则由 WTO 框架下的各项多边贸易协定构成，核心宗旨在于促进世界贸易自由化，现行的国际贸易规则却始终被美国左右，在此情形下，“美版”竞争中立政策应运而生。它主要以中国等国家普遍存在的国企为目标，在美国与其他国家竞争中保护美国利益。一方面，积极推动他国自由贸易，为本国商品和资金打开市场；另一方面，加强本国产业保护，抑制别国竞争。③ 例如，美国在其主导的 TPP 和美欧共同协商的 TTIP 中，纳入“国有企业”和“指

① 房佩华：《我国公平竞争审查制度与反垄断法的完善》，暨南大学硕士学位论文，2018 年。
② 丁茂中：《竞争中立政策研究》，法律出版社 2018 年版，第 23 页。
③ 王婷：《竞争中立：国际贸易与投资规则的新焦点》，载《国际经济合作》2012 年第 9 期。

定垄断”到竞争中立约束范畴，进一步扩大了竞争中立的适用范围。虽然TPP因特朗普退出而夭折，但是美国企图通过国际贸易战压制中国的意图没有变。虽然我国现有的法律法规并没有直接规定竞争中立规则，但面对纷繁复杂的国际形势，我国政府应该全面廓清竞争中立的概念，准确把握基本定位，破除经济改革中妨碍公平竞争的藩篱，避免落入国际贸易保护主义的陷阱。作为竞争政策的重要组成部分——公平竞争审查制度，为我国实施竞争中立规则提供了制度条件，对其全面剖析更具现实意义。

众多专家学者从不同角度对公平竞争审查制度的概念和系统要素进行了阐述，虽然他们在概念界定上有些许争议，但为进一步准确剖析该制度的内涵与外延打下了坚实基础，提供了充足论据。众所周知，对概念的清晰定义不仅是深入理论研究的需要，也是立足实践长足发展的要求。因此，对公平竞争审查制度的概念进行准确解读是研究制度的工作起点。具体而言，分别从语言学的角度分析公平竞争审查制度的语义①和从法学角度分析公平竞争审查制度所涵盖的内容是本书可行途径之一。下文将对此作出具体分析。

二、语言学视阈下公平竞争审查制度的内涵

概念作为理论研究的出发点，对深化认知公平竞争审查制度有着举足轻重的作用。从语言学角度分析公平竞争审查制度的语义是精准掌握制度内涵的第一步。由字面上看，公平竞争审查制度分别由“公平”“竞争”“审查”“制度”四个部分组成。前三者分别构成公平竞争审查制度的目标、价值与行为方式，“制度”从概念上看更多是一种行为准则和运作模式的概括，其行为价值的意义与其他三者相比不太凸显。因此，从语言学角度分析公平竞争审查制度仍从“公平竞争”与“审查”着眼。

（一）目标与行为方式的结合

“公平”作为法的基本价值之一，在现代市场经济社会的重要性不言而喻，法的价值属性具有多元化特性，而公平正义的实现正是法所追求的终极价值。关

① 申惠文、侯志强：《公平竞争审查制度的语言学进路》，载《南阳理工学院学报》2019年第1期。

于公平正义理论的发展脉络梳理，具有里程碑意义的是美国哈佛大学教授约翰·博德利·罗尔斯在其《政治自由主义》一书中对正义的第一原则与第二原则的阐释。他认为正义原则是存在位阶的，且第一原则优先于第二原则，即自由原则优先于正义原则，而在第二原则中，平等的正义优先于效率。这种对公平正义的理论阐释为驳斥部分地方政府片面追求经济效率，以行政手段不当干预地区经济，损害公平统一市场竞争环境的行为奠定了法学意义上的坚实理论支撑。[①] 这也为现代社会关于公平与效率的持久之争提供了极具价值的参考。在市场经济日益繁荣的今天，"公平"在法的价值中地位可见一斑。从价值层面来看，公平竞争审查制度强调的"公平"更偏向于一种工具论，即通过规则的制定，促进利益主体的合理实现，并使竞争充分而有效地展开。[②]"竞争"作为"垄断"的反义词，在市场经济体制中处于核心地位，是市场经济的最高权威。但是如何防止缺乏竞争或过度竞争造成的垄断，这在实践上需要适度把控。此时，以"公平"来形容和修饰"竞争"体现了制度的核心需求，实现了形式与实质的高度统一。从目标层面来看，公平竞争审查制度旨在建立统一开放、竞争有序的现代市场体系。"公平竞争"在语义上直接表述了制度的目标。

"审查"一词则直接表述了制度的行为方式。即通过约束政府行为，对政府干预经济的各项制度安排、公共政策或措施，根据一定的标准，提前予以分析、评价和审查。逐步清理和废除其中妨碍统一市场和公平竞争的部分。由"公平竞争"构成的目标和"审查"作为行为方式，将行为方式和目标指向相结合，不仅从语义上形成了完整的表达，也是一个概念的必要组成部分。由此，可以将公平竞争审查制度定义为：在竞争政策逐步确立的基础上，通过约束政府行为，对政府干预经济的各项制度安排、公共政策或措施，根据一定的标准，提前予以分析、评价和审查，逐步清理和废除其中妨碍统一市场和公平竞争的部分，以保障市场主体的公平竞争，建立统一开放、竞争有序的现代市场体系。

（二）形式与实质的结合

公平竞争审查制度的定义在语义角度同样达成了形式与实质的结合。从形式

① 汪飞宇：《我国公平竞争审查制度研究》，天津工业大学硕士学位论文，2018 年。
② 李彦：《论公平观念的价值意义》，载《中州学刊》1996 年第 6 期。

上看，“公平竞争审查”直观地表述了制度的形式，通过目标管理与行为方式的结合达成统一，而“制度”从概念上看更多是一种行为准则和运作模式的概括。公平竞争审查制度在形式上凸显“公平”与“竞争”，将社会主义市场经济的核心需求表露无遗，并用“制度”的形式加以固定，以期通过顶层设计对抽象行政行为进行规则控制。从实质上看，公平竞争审查制度是规制抽象行政性限制竞争行为领域的创新之举，通过制度规范政府行为，保障公平竞争，推动实施创新驱动发展，促进全国统一市场建立都是其应有之义。但作为一种冲突解决机制，公平竞争审查制度如何找准自身立法定位，厘清法律属性，激发制度功能，则与竞争政策能否贯彻落实、竞争法权威地位能否充分体现息息相关，使制度朝着法治化方向发展是大势所趋。立足当下，公平竞争审查制度语义剖析是研究制度各项指标的起点，也是准确理解制度内涵的必要途径。

三、经济法视阈下公平竞争审查制度的内涵

（一）公平竞争审查制度的发展历程

2016 年 4 月 18 日召开的中央全面深化改革领导小组第二十三次会议审议通过了《关于建立公平竞争审查制度的意见》，于 2017 年 10 月 23 日由国家发展改革委、财政部、商务部、工商总局和国务院法制办联合印发了《实施细则》。梳理公平竞争审查制度的发展历程，发现其早已多次出现在中央文件中。如 2015 年的《关于深化体制机制改革加快实施创新驱动发展战略的若干意见》中，就首次提出要建立公平竞争审查制度；在《关于推进价格机制体制改革的若干意见》中首次明确提出“实施公平竞争审查制度，逐步确立竞争政策的基础性地位”；在国务院批转国家发展和改革委员会文件《关于 2015 年深化经济体制改革重点工作的意见》中，提出“促进产业政策和竞争政策有效协调，建立和规范产业政策的公平性竞争性审查机制”；在 2016 年第十八届全国人大第四次会议通过的《中华人民共和国国民经济和社会发展第十三个五年规划纲要》中提出“要健全竞争政策，完善市场竞争规则，实施公平竞争审查制度”；2016 年公平竞争审查制度被正式提出建立后，更是在 2016 年 12 月出台的《关于同意建立公平竞争审查工作部际联席会议制度的函》中提出“同意建立公平竞争审查工作

部际联席会议制”；在 2017 年 7 月印发清理存量工作方案等，为实施《实施细则》出台做准备。政府短时间内频频出台的文件中都有关于公平竞争审查制度的规定，由此可见其重要性与实施的势在必行。

（二）公平竞争审查制度的基本内容

公平竞争审查制度是在竞争政策逐步确立的基础上，对政府干预经济的各项制度安排、公共政策或措施，根据一定的标准，提前予以分析、评价和审查，以维护市场公平竞争。其基本内涵可以从审查对象、审查方式、审查标准、例外规定四个方面加以概括。

1. 审查主体

《意见》中规定的公平竞争审查制度的审查主体是“行政机关和法律、法规授权的具有管理公共事务职能的组织”，并将这类主体统称为政策制定机关。根据《立法法》的规定，国务院制定行政法规、“部委行署”[①] 可以制定部门规章、设区以上的地方政府可以设定地方性法规。按照《意见》和《立法法》的规定，这些行政主体在制定市场竞争政策的过程中，要求其实行自我审查。因此，这类的行政主体就是制定政策的审查主体。根据《意见》规定，未经自我审查的政策不得出台。因此，政策制定的机关也就是政策审查的主体。而为了防止政策制定机关监守自盗，《意见》中还加入了“在条件成熟时组织开展第三方评估”。也就是说，在以后的审查过程中，如果审查主体认为自己难以保证审查结果的完整性或者是为了审查更加客观、公正，可以引入第三方审查主体。这种审查主体设定在制度实施初期具有一定程度的科学性。这是因为在短期内迅速组建起具有专业性且执法经验充足的审查机关存在相当程度的困难，与此同时，规章等规范性政策存量巨大、耗时多，需耗费大量人力、物力、财力，不利于政策落实，而在部门或者政府内部自行组建，进行自我审查则兼具经济效益与较高可行性，因此，目前由政策制定部门内部设定审查主体虽然不能面面俱到，但具有一定的可取性。

2. 审查对象

公平竞争审查制度的审查对象是指各地区、各部门以及法律法规授权的具有

---

① 部委行署是指国务院各部、委员会、中国人民银行、审计署和具有行政管理职能的直属机构。

管理公共事务职能的组织，在制定市场准入、产业发展、招商引资、招标投标、政府采购、经营行为规范、资质标准等涉及市场主体经济活动的规章、规范性文件和其他政策措施时，应当进行公平竞争审查；对行政法规和国务院制定的政策措施、政府部门负责起草的地方性法规，由起草部门在起草过程中进行公平竞争审查，未经公平竞争审查不得提交审议。《意见》将审查的对象集中在涉及市场主体经济活动领域规章以下的文件或者政策措施，符合我国目前的立法现状。在我国，规章以下的文件和政策措施数量多且制定主体专业素养参差不齐，所以其作为审查的对象具有现实意义。

3. 审查方式

从《意见》中可以看出，政策制定机关在政策制定过程中，要严格对照审查标准进行自我审查，在条件允许的情况下可以请求第三方进行审查。形式上按照“自我审查 + 外部监督”的方式进行审查。即公平竞争审查制度的审查方式是指在政策制定过程中，政策制定机关应当进行事前自我检查，国家发展和改革委员会等部门对此加强指导，同时加强信息公开，强化社会监督。由于审查的对象数量多而且涉及面广，这种模式不仅能有效降低审查成本，提高公平竞争审查制度的实施效率，而且能够在源头上抑制限制竞争政策的出台，保障市场公平竞争，符合我国现实的国情需要。

4. 审查标准

《意见》中明确从市场准入和退出、商品和要素自由流动、影响生产经营成本、影响生产经营行为 4 个大类标准进行审查，并制定了“18 不得”的详细标准，为制度的实施奠定了基础。① 在审查标准细化的几大板块中，市场准入和退出标准将直接影响进入市场经营者的数量，决定市场的竞争程度；商品和要素流动标准反映了只有充分发挥市场竞争作用，促进商品和要素在地区间的自由流动，才能实现资源配置效益最大化和效率最优化；影响生产经营成本标准则体现了成本和价格决定经营者利润这一现实，因此有关政策措施如税收优惠、财政补贴、低息贷款一旦影响经营者生产成本和价格，就会改变经营者之间竞争条件；影响生产经营行为标准主要反映在政府机关不得强制经营者从事垄断行为，或者

---

① 《国务院关于在市场体系建设中建立公平竞争审查制度的意见》政府信息公开专栏，http://www.gov.cn/zhengce/content/2016-06/14/content_5082066.htm?from=groupmessage&isappinstalled=0。

为经营者从事垄断行为创造便利条件，破坏市场公平竞争。

5. 例外规定

《意见》还对例外情形进行了明确规定，指出以下情形的政策措施，如果具有排除和限制竞争的效果，在符合规定的情况下可以实施：第一，保障并维护国家安全，有利于加强国防建设的；第二，以扶贫救助、解决温饱为目的的社会保障行为；第三，实现能源资源节约、生态环境保护等公益行为；第四，法律法规提及的其他情形。同时，《意见》明确，对于围绕公平竞争审查而制定与实施的政策措施，各级政府及其部门在清理规范性文件时，也要对政策措施对市场环境及公平竞争产生的影响进行客观评估与分析。① 即为促进欠发达地区经济发展，提高当地人民生活水平实施的政策措施，或者为维护国家利益和社会公共利益实施的政策措施，即使具有一定的排除和限制竞争效果，也可以实施，政策制定机关要逐年评估上述政策措施的实施效果，未达到预期效果的政策措施，应当及时停止或者进行调整。

第三节 公平竞争审查制度的价值

明确公平竞争审查制度的价值所在，即需要厘清制度本身存在的“必要性”问题，只有回答了制度“为什么存在”这个问题，才能真正体现法的价值是保障权利主体实现正当诉求的功能和属性这一初衷。② 探求公平竞争审查制度在多元价值体系中所维护的基本价值是什么，以及这些基本价值在现有法律体系下是如何体现的，是本章节需要论证的重点。众所周知，市场经济是一种受法制保障的竞争经济，竞争在市场经济体制中处于核心地位，是市场经济的最高权威。竞争机制是否得到充分良好的发挥，关乎市场能否在资源配置中起决定性作用，关乎市场机制能否高效运行，关乎国民经济能否又好又快发展。在以发展动能转换和国家治理现代化为主要特征的新时代背景下，构建一个自由、公平、有序、健

---

① 《国务院关于在市场体系建设中建立公平竞争审查制度的意见》政府信息公开专栏，http://www.gov.cn/zhengce/content/2016-06/14/content_5082066.htm?from=groupmessage&isappinstalled=0。

② 张文显：《法学基本范畴研究》，中国政法大学出版社1993年版，第193页。

康的市场环境，为竞争机制蓬勃发展提供沃壤是当下研究的重要议题，因此，确立竞争性政策基础性地位已经成为历史的必然选择。作为竞争政策实施的关键路径——公平竞争审查制度，其重要性日渐受到瞩目。在秩序价值层面，它是在规制抽象行政性限制竞争行为领域的创新之举，由反垄断执法机构或其他机构通过分析、评价拟定中或现行公共政策可能或已经产生的竞争影响，提出不妨碍政策目标实现而对竞争损害最小替代方案的制度。① 其旨在解决政府因过度干预或者不合理干预而损害竞争的问题，以保障各类市场主体平等使用生产要素，公平参与市场竞争，体现了维护竞争秩序是公平竞争审查制度的基础价值所在。在自由价值层面，公平竞争审查制度作为反垄断制度建设中的重要一环，无论是从以公平竞争审查手段推进政府规制治理体系完善的新动力角度出发，还是从其保护市场参与主体自由、公平竞争权的角度出发，又或是从国家治理结构安排的制度革新等角度出发，意义都不言而喻。② 在公平价值层面，公平竞争审查制度旨在竞争政策逐步确立的基础上，通过约束政府行为，对政府干预经济的各项制度安排、公共政策或措施，根据一定的标准，提前予以分析、评价和审查，逐步清理和废除其中妨碍统一市场和公平竞争的部分，以保障市场主体的公平竞争，建立统一开放、竞争有序的现代市场体系。而公平正义的实现正是法所追求的终极价值。

一、公平竞争审查制度的秩序价值

市场不是万能的，有其天然局限性。要想构建一个自由、公平、有序、健康的市场环境，如何正确把握政府在市场运行中的介入程度，合理处理二者关系就变得十分重要。一方面，当市场失灵已经出现或者初露端倪时，政府进行适时干预，以便更好地解决市场出现的问题；另一方面，政府的过度干预也会影响市场作用的发挥，起到适得其反的效果。我国在探索如何正确处理政府与市场的关系上经过了漫长艰难的考验，最终成功由计划经济向市场经济转轨，由政府主导培

---

① 黄勇、吴白丁、张占江：《竞争政策视野下公平竞争审查制度的实施》，载《价格理论与实践》2016 年第 4 期。

② 汪飞宇：《我国公平竞争审查制度研究》，天津工业大学硕士学位论文，2018 年。

育市场变为市场决定资源配置。发挥市场在资源配置中决定作用的基础实现途径是严格限制政府干预范围①，处理好政府与市场这两只“有形的手”和“无形的手”在资源配置中的关系。

公平竞争审查制度通过构建政策机关事前进行的公平竞争审查与反垄断执法机构进行的事后监督双重机制②，以此来实现政府调控与市场作用互补，达到优化政府角色、保护合法竞争、维持市场竞争秩序的目的。而竞争秩序本身包含自由、公平、效率、秩序等价值③，这些价值的实现更离不开统一开放、竞争有序的市场竞争体系。“任何社会的法，总意味着某种理性和秩序”。④ 与建立在契约自由、私权绝对、人格平等等法律原则基础上的传统的民法秩序不同，经济法领域中的各项制度安排更多地表现为国家对社会经济生活的干预，如《反垄断法》《中华人民共和国反不正当竞争法》（以下简称《反不正当竞争法》）等的颁布，又如竞争中性原则与公平竞争审查制度的确立，从本质上看都是通过约束政府行为，保障市场主体的公平竞争权。即“公平竞争就是要保证公民个人或企业参与竞争的地位平等和机会均等”。⑤ 作为一种冲突解决机制，尽管公平竞争审查制度在规范政府行为、保障市场主体公平竞争权、维持市场秩序良好运行、保护社会公共利益等诸多价值层面皆有义务，但是秩序价值仍然在制度价值中占据首要地位。这是由于“竞争”作为“垄断”的反义词，在市场经济体制中处于核心地位，是市场经济的最高权威。如何防止缺乏竞争或过度竞争造成的垄断，在实践上需要通过秩序维持来进行适度把控。因此，公平竞争审查制度的价值判断不仅体现在竞争政策与其他经济政策、社会公共政策之间要遵循竞争优先⑥，以维护秩序与保护竞争公平，同时，它也是顶层设计者在某种程度上对行政立法的一种规则控制⑦，以有力规制抽象行政性限制竞争行为，保障市场经济秩序高效运

① 丁茂中：《竞争中立政策研究》，法律出版社2018年版，第3页。

② 李青：《中国竞争政策的回顾与展望》，载《中国价格监督与反垄断》2018年第7期。

③ 游钰：《反垄断法价值论》，载《法制与社会发展》1998年第6期。

④ 沈宗灵：《法理学》，高等教育出版社1994年版，第46页。

⑤ 戴龙：《日本反垄断法研究》，中国政法大学出版社2014年版，第230页。

⑥ 向立力、俞四海：《公平竞争审查制度的理论梳理与完善建议》，载《中国价格质量监管与反垄断》2017年第3期。

⑦ 孙晋、袁野：《共享经济的政府监管路径选择——以公平竞争审查为分析视角》，载《法律适用》2018年第7期。

行。因此，秩序价值成为公平竞争审查制度的重要价值之一。

二、公平竞争审查制度的成本价值

公平竞争审查制度规定政策制定机关在制定规范性法律文件时，根据行政机关是否滥用行政权力排除、限制竞争这一准则对文件进行审查，防止其不合理地限制市场竞争，破坏市场竞争机制运行。

首先，公平竞争审查制度在一定程度上节约了行政成本，体现了其成本价值。这种“自我审查 + 外部监督”的审查方式本质上是指政策制定机关应当进行事前自我检查，政府市场监督管理部门等部门对此加强指导，同时加强信息公开，强化社会监督。由于审查的对象数量多而且涉及面广，这种模式不仅能有效降低审查成本，提高公平竞争审查制度的实施效率，而且能够在源头上抑制限制竞争政策的出台，保障市场公平竞争，符合我国现实的国情需要。它既有利于及时发现错误，防止危害产生，又有利于节约行政成本。如若没有公平竞争审查制度这一道前置“阀门”，未经公平竞争审查制度“筛选”的政策规范，在之后的实施过程中发现有违法现象或者是有损害市场竞争秩序的因素存在，行政机关不仅需要将该文件修改或者废止，在必要的时候需要举行听证，由于行政机关的过错造成当事人损失的，还可能要赔偿，这样既浪费行政成本，降低行政效率，又不利于政策落实。

其次，公平竞争审查制度有利于节约司法成本。现阶段我国公平竞争审查制度的审查采取了“自我审查为主、有关机关指导备案、社会监督补充”的多元复合模式①，并且在探索“条件成熟时组织开展第三方评估”的方式上进行诸多尝试，力争从源头上减少政策措施反竞争性，避免和减少因此导致的行政诉讼，减少不必要的司法资源的浪费。

最后，公平竞争审查制度节约了社会成本。一项制度的实施势必会影响到不特定主体的行为活动。由于政策措施影响的客体是不确定的多数人，所以如果存在不合法或者不合理就会造成社会成本的增加。② 作为在规制抽象行政性限制竞

---

① 孙晋、孙凯茜：《我国公平竞争审查主体制度探析》，载《湖北警官学院学报》2016 年第 4 期。
② 李洪宇：《我国公平竞争审查制度研究》，天津大学硕士学位论文，2018 年。

争行为领域的创新之举，公平竞争审查制度同时也是实施反垄断战略的重要途径，增强了行政机关政策规范的科学性与威慑力，节约了社会成本。

三、公平竞争审查制度的自由价值

公平竞争审查制度所体现的对自由价值的保护和追求与市场经济自身的特性有着天然的紧密关联。市场经济是通过市场竞争来配置资源，竞争是市场经济的活力所在，而竞争的前提是自由。经济法植根于市场经济环境，市场经济的一大特征是市场经营活动参加者的经济自由和独立的经济利益。经营者的经济自由表现在各种经营决策，即在经济活动中的各种资源配置的自主性。① 其不但包括自由决定是否进入市场和如何开展自己的市场经营活动，也包括选择市场活动地域或范围上的自由。然而，一方面，市场经济为经济自由和经济利益提供了条件；另一方面，因为单个经营者享有巨大的经济自由，当其盲目追求经济利益的最大化时，恰恰又会导致整个社会经济的无序和低效。市场经济不可避免的缺陷即“市场失灵”由此而生。阻碍、破坏经济自由和经济利益中最危险、最基本的因素就是垄断。保持市场有效运行需要借助国家发挥其社会经济职能对市场进行调节。“国家作为全社会最高代表，它最权威，最有力量，只有它堪当此大任。”②在我国，则主要由国家授予政府实施调节经济的具体职能。被称为“经济性宪法”的《反垄断法》也应运而生，它脱胎于市场经济体制，意欲于从经济角度通过对政府在调节经济中的权力规范，来保障公民的经济自由和经济利益。

公平竞争审查制度是反垄断立法制度建设中的重要一环，也是竞争政策发展的成果。如果说公平竞争审查制度中强调的“公平”价值更偏向于一种工具论，即通过规则的制定，促进利益主体的合理实现，并使竞争充分而有效地展开，那么其所体现的“自由”价值则是市场经济运行的基础。公平竞争审查制度在优化政府角色、完善市场规则、保障市场主体公平自由竞争权上不可或缺，对促进市场主体良性竞争、推动建立全国统一市场意义重大，它有效弥补了《反垄断法》规制政府干预行为的不足，能够更好地实现对行政权的规范和控制。反过来

---

① 阮赞林：《论反垄断法在经济法体系中的宪法性地位》，载《法律社会学评论》2015 年第 6 期。

② 漆多俊：《经济法基础理论》（第三版），武汉大学出版社 2007 年版，第 20 页。

看，《反垄断法》的实施也离不开公平竞争审查制度，二者都是在自由市场体制之下产生并服从于市场体制的。不仅如此，反垄断法律制度的生成和发展离不开其所处的政治、经济、社会等背景以及在诸多背景之下的利益博弈。秩序、自由、公平等都是反垄断法追求的重要价值，自由价值在反垄断价值体系中占据至关重要的位置。[①] 这也正是公平竞争审查制度所具备的自由价值的应有之义。

四、公平竞争审查制度的公平价值

法的价值属性具有多元化特性，而公平正义的实现正是法所追求的终极价值。"公平"作为法的基本价值之一，在现代市场经济社会的重要性不言而喻。从目标层面来看，公平竞争审查制度旨在建立统一开放、竞争有序的现代市场体系。"公平竞争"在语义上直接表述了制度的目标。从价值层面来看，与在市场经济体制中处于核心地位的"竞争"不同，公平竞争审查制度强调的"公平"价值更偏向于一种工具论，即通过规则的制定，促进利益主体相关利益的合理实现，并使竞争充分而有效地展开。[②]然而，如何防止缺乏竞争或过度竞争造成的垄断，这在实践上需要适度把控。此时，以"公平"来形容和修饰"竞争"体现了制度的核心需求，实现了形式与实质的高度统一。

反垄断法律制度建设中的各项规章制度，致力于维护宪法框架下公民各项经济权利，如经济自由、经济民主、经济平等，这也是制度价值维度里"公平"价值的法律依据。《反垄断法》侧重于从经济角度对政府在调节经济中的权力规范，保障公民的经济自由和经济利益，通过对市场机制作用的维护，从而实现保证国家之手对经济生活的适当控制，代表了国家强制力对经济现实的干预。而公平竞争审查制度以尊重市场为原则，通过对政策制定机关制定干预经济的规章、规范性文件以及其他政策措施进行审查，以审核行政机关是否存在滥用行政权力排除、限制竞争的行为，从而调整政府不当干预市场竞争的行为。公平竞争审查制度所体现的公平原则不仅存在于形式，更要求具有实质意义。它从源头上破除限制市场竞争的制度障碍，逐步弱化地方保护、区域封锁的程度，消除行业壁

① 汪飞宇：《我国公平竞争审查制度研究》，天津工业大学硕士学位论文，2018 年。

② 李彦：《论公平观念的价值意义》，载《中州学刊》1996 年第 6 期。

垒、企业垄断，使市场主体进入和退出市场更加自由，商品和要素流通更加灵活。①

公平竞争审查制度是市场经济中经营者公平竞争权的保障，它的构建，侧重于纠正因政府行为对经营者公平竞争权造成的损害。在市场经济中，政府通过不正当地行使行政权力，对企业经营加以特殊保护或进行强制干预，不仅与公平竞争的理念相悖，更从本质上抹杀了市场的竞争精神与机会公平，挫伤了创新动力。而公平竞争审查制度的设立，旨在防范政府出台限制经营者自由交易的政策措施，并逐步剔除现行妨碍竞争和遏制创新的制度约束，保证市场经营者自由交易和公平竞争的权利，从一定意义上保证了市场主体参与竞争的起点公平。这也是制度构建对“公平”的实质需求。②

第四节　公平竞争审查制度架构

公平竞争不仅是市场经济的基本原则，而且是市场机制高效运行的重要基础。③ 前面所述，市场和政府关系的正确处理是我国经济体制改革的核心问题。市场和政府关系的处理，应是以使市场在资源配置中起决定作用和更好发挥政府的作用作为主线。④ 公平竞争审查制度是党中央、国务院部署的优化营商环境、推动经济高质量发展的一个重要举措，是以全面规范政府行为为目标的一项顶层制度安排，是在国家治理体系现代化建设中有效协调政府与市场关系的重大创新性制度安排，是我国在确立竞争政策基础性地位过程中迈出的关键一步，是我国建设全国统一开放、竞争有序市场体系的重要举措。

由此在探讨公平竞争审查制度的架构之前，有必要界定公平竞争审查制度的范围。从体系解释视角来看，公平竞争审查制度是属于竞争法律制度的子制度体系，而公平竞争审查制度又属于公平竞争制度子制度类型之一。竞争制度的外延范畴包括竞争经济制度、竞争政治制度、竞争法律制度，其中的竞争法律制度涵

---

① 张玉洁：《公平竞争审查制度构建的价值维度与实践进路》，载《学习与实践》2018 年第 6 期。
② 孙晋、李胜利：《竞争法原论》，法律出版社 2020 年版，第 220 页。
③ 蔡梦晓：《国家发改委：已为政府行为列出了负面清单》，新华网，2016 年 7 月 7 日。
④ 吴汉洪：《对我国建立公平竞争审查制度的认识》，载《中国价格监管与反垄断》2016 年第 8 期。

盖反垄断法律制度、反不正当竞争法律制度、国家投资法律制度等。[①] 反垄断法律制度与国家投资法律制度均涵摄公平竞争的理念，共同构成狭义公平竞争制度的有机组成部分。而从广义上界定，公平竞争审查制度还可以涵盖反不正当竞争法律制度的若干内容。我们在这里探讨的公平竞争审查制度的架构，是狭义上的公平竞争审查制度，是指反垄断法律制度与国家投资法律制度范围之内的公平竞争审查制度。

"架构"是表明制度各部分排列顺序、具体机制及各要素之间相互关系的一种模式，是整个制度的"框架"。一个国家的治理方针、理念、方式、方法及成果，都与制度架构息息相关。公平竞争审查制度的制度架构，是指在与"规范政府行为，防止出台排除和限制市场竞争的各类政策型措施"有关的实体规则和程序规则之间厘定确保制度有效运行的制度"框架"。根据《意见》和《实施细则》的规定内容，我国公平竞争审查制度架构由设立模式、实施模式、审查对象、审查机制、责任保障机制等内容所组成。

一、设立模式

（一）设立模式的选择

"模式，即指明责任主体应当通过何种模式进行公平竞争审查工作"。[②] 根据《意见》规定，公平竞争审查对象包括政策制定机关制定市场准入、产业发展、招商引资、招标投标、政府采购、经营行为规范、资质标准等涉及市场主体经济活动的规章、规范性文件和其他政策措施、行政法规和国务院制定的其他政策措施和地方性法规。可见，公平竞争审查制度的审查主体涉及多种审查主体。当某种活动存有多元主体参与时，组织性的规制必须清楚告知潜在的参与者应当通过何种方式进行有序参与。若有必要把由多元化责任主体组成的审查责任归纳为一种模式，可以称为公平竞争审查制度的设立模式。从世界各国现行公平竞争审查制度设立模式来看，公平竞争审查制度的设立模式分为独立设立模式和混合设立

① 翟巍：《欧盟公平竞争审查制度研究》，中国政法大学出版社，2019 年版，第 1 ~ 2 页。
② 丁茂中：《公平竞争审查制度研究》，法律出版社 2019 年版，第 18 ~ 19 页。

模式。独立型模式是指不依附于或不内置于其他制度，而自成体系的设立模式。混合型模式是指公平竞争审查制度不具有自成体系，而是依附于或内置于其他制度。

我国公平竞争审查制度的设立模式：在现行法律体系基础上，以《宪法》作为立法模式选择的核心基础，以《反垄断法》作为公平竞争审查制度设立的基础性法律依据，以《意见》和《实施细则》为核心制度规定的公平竞争审查制度体系框架下，创设以“公平竞争审查”冠名的独立型的审查模式。当然，我国公平竞争审查制度选择建立独立型审查模式并不是无缘无故、没有任何法律依据的制度建设，相反，其制度选择基础性法律依据包括《宪法》和《反垄断法》。

（二）设立模式选择的价值取向

1. 实现政府经济权力的制约

中国经济正处于由计划经济向社会主义市场经济转型过程中，“市场经济的二重性加重了社会转型期的各种矛盾的复杂性，使权力制约问题的研究在中国式的市场经济模式中具有极为重要的理论意义和现实意义”。①从我国经济体制改革的推进历程和20余年的市场经济构建实践来看，改革转型的推进模式是政府主导的“自上而下”渐进模式。在这种“自上而下”推行模式中，国家调节市场的驱动力和范围不是由市场的缺陷程度来确定，而是由政府对市场缺陷的认识程度及当时政府干预经济的能力而决定，并已形成“大政府——小市场”的市场经济格局。当政府管理经济的这种职能遇到“市场失灵”状态，资源配置不会由市场决定，反而直接由行政手段分配，乃至垄断资源的情况屡见不鲜，并由权力失范造成的“政府失灵”隐患难以消除。由此可知，政府在管理经济、调节市场当中权力过大或越位必然会导致市场原有的正常秩序的破坏。因此，通过对政府干预市场经济权力的界定，并由有效的监督机制来制约政府不当干预经济的行为，使市场在资源配置中发挥决定性作用是必要的。

如何实现对政府经济权力的制约并划定其边界，核心是实现法治基础上的“规则之治”，遵循竞争性、合法性、政府调节适度、政府调节中立、政府调节

① 林喆：《权力腐败与权力制约》，山东人民出版社2009年版，第203页。

公共性等原则，加强相关实体法对政府经济权力的约束，在政府经济权力行使时要充分考量并维护公共利益和相关主体的利益，及时对政府经济权力进行审查、矫正和救济。[①] 因此，在全面深化经济体制改革和全面推进依法治国背景下建立实施的公平竞争审查制度，既是对政府经济权力运行进行审查和矫正的重要机制，又是制约政府经济权力的监督机制。这一制度通过确定政府干预市场的权力边界、规范政府管理经济的行为，不仅有效保护市场主体的合法权益，而且从经济法的控权功能角度提供了一个具体可行的路径和明确的标准。[②]

2. 实现权利的有效保障

学术界把公平竞争审查制度对于权利保障作用分为保障市场主体平等参与权和公平竞争权、保障市场主体在法律允许框架内自主决定进退市场、保障市场主体在法律制度规定范围内便捷地参与监督和提出异议等三个方面。但本书认为，对于正处在经济转轨时期的中国经济来说，建立公平竞争审查制度的核心作用在于，参与经济活动的个体在《宪法》上规定本身经济权利不受来自政府的不当限制的特殊保护作用上。由于公平竞争审查制度能不能有效保障个体宪法经济权利，取决于政府在多大程度上放松对经济的管制、在多大程度上让位于个体的经济自由、在多大程度上界定和限制政府对经济的干预。[③] 因此，据前面所述的公平竞争审查制度实现政府经济权力制约价值取向的论断，通过建立公平竞争审查制度不仅对政府不当干预经济行为进行规制，进而也能实现不同经济成分所组成的多种经济主体的权利同样受到《宪法》规定的经济权利自治的保护。

（三）设立模式选择的法律依据

1. 《宪法》

《宪法》条文中虽然没有明文规定实施公平竞争审查制度的相关规定，但从法律体系层面的分析可知，《宪法》相关条款是建立公平竞争审查制度的法律基础。比如，《宪法》第五条第一款规定：中华人民共和国实行依法治国，建设社

---

① 孙晋：《经济法视角下政府经济权力边界的审读——以政府职能转变为考察中心》，载《武汉大学学报》（哲学社会科学版）2014 年第 2 期。

②③ 王贵：《论我国公平竞争审查制度构建的基准与进路》，载《政治与法律》2017 年第 11 期。

会主义法治国家。众所周知，法治政府是法治中国建设的关键环节，这一点在党的十八届三中全会通过的《中共中央关于全面推进依法治国若干重大问题的决定》中明文要求：深入推进依法治国，加快建设法治政府。依法治国的推进和法治政府的建设，本身就要求政策制定部门在用权过程当中，必须积极采取各种措施确保自身的行为不得违反《反垄断法》的行政性垄断规定。从上文表述可推理，虽然《宪法》中没有规定要求建立公平竞争审查制度，但是《宪法》作为根本大法，是我国任何一项制度建设的首要法律依据，理所当然也是我国选择独立型审查模式的公平竞争审查制度的最核心法律依据。

2.《反垄断法》

《反垄断法》条文中没有直接规定建立公平竞争审查制度，但在第四条规定："国家制定和实施与社会主义市场经济相适应的竞争规则，完善宏观调控，建立健全统一、开放、竞争、有序的市场体系"。如用法律条文解释方法中的论理解释方法解释该规定可发现，立法者已从建立健全统一、开放、竞争、有序的市场体系角度为公平竞争审查制度的建立提供了法律依据。[①] 并且公平竞争审查本质上也是一种竞争规则，与《反垄断法》立法目的高度统一。所以《反垄断法》是建立公平竞争审查制度的主要法律依据。《反垄断法》第三十七条规定了行政机关不得滥用行政权力，制定含有排除、限制竞争内容的规定，对行政规定作出明文规制。

二、实施模式

公平竞争审查制度是一项涉及面广、审查对象政策性强的全新制度设计。公平竞争审查制度能不能落地生根，能不能全面"激活"并发挥作用，关键要看制度安排中的实施机制。若有一个良好的实施机制并抓好落实，譬如，有关部门切实抓好《意见》的贯彻落实，并及时总结经验探索制度的自我完善，就能确保公平竞争审查制度全面落地生根、"激活"以及发挥政策审查中的"筛子"作用。

公平竞争审查制度实施涉及中央到地方的多级职能不同政府部门。若没有建

① 朱凯：《对我国建立公平竞争审查制度的框架性思考》，载《中国物价》2015 年第 8 期。

立一个新的协调机制，各部门之间的工作责任人得不到有效的协调，就易出现部门之间责任推卸或审查不全的状态。由此，为避免政策制定者在开展自我审查时不按制度要求履行审查责任，而导致制度达不到预期的目标，必然会需要协调机制的支撑。国务院着眼我国公平竞争审查工作开展的实际情况，通过建立公平竞争审查工作部际联席会议制度方式，统筹协调推进国务院层面的公平竞争审查工作，并对制度在全国范围实施进行宏观指导。国家发展改革委、财政部、商务部、工商总局和国务院法制办印发的《实施细则》中规定，地方各级人民政府公平竞争审查联席会议或相应的协调机制，统一负责本地区的公平竞争审查工作。

（一）联席会议职责

1. 部际联席会议的职责

根据国务院办公厅发布的《国务院办公厅关于同意建立公平竞争审查工作部际联席会议制度的函》内容，部际联席会议有以下四项基本职责：（1）在国务院领导下，统筹协调推进公平竞争审查相关工作。对公平竞争审查制度实施进行宏观指导，协调解决制度实施过程中的重大问题；（2）加强各地区、各部门在公平竞争审查制度实施方面的信息沟通和相互协作，及时总结各地区、各部门实施成效，推广先进做法和经验；（3）研究拟定公平竞争审查制度实施细则，进一步细化审查标准，明确审查程序，推动工作不断完善；（4）完成国务院交办的其他事项。

2. 地级联席会议的职责

在国务院发布的《国务院办公厅关于同意建立公平竞争审查工作部际联席会议制度的函》内容中没有规定地方政府职能部门联席会议制度。但是，《实施细则》第四条规定：地方各级人民政府建立的公平竞争审查联席会议或者相应的工作协调机制负责统筹协调本地区的公平竞争审查工作。从《实施细则》的规定可知，地级联席会议的主要职责包括：协调推进本地区公平竞争审查相关的工作，总结上一年度本地区的公平竞争审查工作开展情况及向上级联席会议报告，细化本地区的审查工作程序，完成上级联席会议和本级政府交代的与公平竞争审查相关的其他工作任务。

（二）工作规则

联席会议根据工作需要定期或不定期召开全体会议，由召集人或召集人委托副召集人主持。成员单位可以提出召开全体会议的建议。研究具体工作事项时，召集人或召集人委托的副召集人可召集部分成员单位参加会议，也可邀请其他部门和专家参加会议。联席会议以纪要形式明确议定事项，经与会单位同意后印发有关方面并抄报国务院。重大事项要及时向国务院报告。在联席会议召开之前，由联席会议办公室组织召开联络员会议，研究讨论联席会议议题和需提交联席会议议定的事项及其他有关事项。

（三）工作要求

发展改革委要会同财政部、商务部、工商总局等部门切实做好联席会议各项工作。各成员单位要密切配合、相互支持、形成合力，认真落实联席会议议定事项，充分发挥联席会议作用，形成高效运行的长效工作机制，推动公平竞争审查制度平稳有效实施。联席会议办公室要及时向各成员单位通报情况。

不容忽视的是，国务院办公厅发布的《国务院办公厅关于同意建立公平竞争审查工作部际联席会议制度的函》内容中并没有规定地方各级联席会议制度的工作规则、工作要求。从公平竞争审查制度架构和《实施细则》内容可知，制定者着眼于各个地区的公平竞争审查的工作任务、审查存量和增量、具体任务分配上存在较大的差距，没有在中央政府立法层面统一规定各地级联席会议的工作规则和要求，反而赋权各级政府自由裁量。但是，地方各级联席会议作为本地区公平竞争审查工作的协调机制，在工作职责、工作规则、工作要求上既要从本地区工作实践出发作出规定，又要与部际、上一级公平竞争审查工作联席会议的工作职责、工作规则及要求保持一致，不能作出违反部际公平竞争审查工作制度权威的规定。

三、审查对象

（一）审查对象的确立原理

我们在探讨公平竞争审查制度的审查对象之前，要确定一个核心概念，也就是国家竞争制度保护的对象是什么？从宽泛的意义上理解，竞争制度保护对象应该是一国境内的整体经济效率、所有合法经营者和消费者的利益。这一点我们可以从公平竞争审查制度的上位法《反垄断法》的相关条款中看出。《反垄断法》第一条规定：为了预防和制止垄断行为，保护市场公平竞争，提高经济运行效率，维护消费者利益和社会公共利益，促进社会主义市场经济健康发展，制定本法。简言之，一个国家竞争制度的首要保护对象是竞争机制。

公平竞争审查制度作为我国竞争制度中的一项具体制度安排，在保护对象上要与竞争制度保护的对象保持一致性。换言之，维护经济效率、保护市场主体和消费者利益是公平竞争审查制度保护的对象。政府在制定和执行竞争制度时，若做不到中立，考虑特定地区或企业利益作出决定，会导致滥用公权力破坏市场的竞争机制。著名德国竞争法学家艾哈德认为："一种竞争的经济制度是所有经济制度中最经济的，同时又是最民主的制度。政府只要在需要支持竞争机械论的时候插手到这个市场就好了，或者在不可能实现全面竞争的时候，出面监督这个市场就好了。"① 由此，公平竞争审查制度的审查对象，是政府在维护市场竞争秩序过程中，旨在维护公平竞争而审查出台或即将拟定出台的公共政策，防止其不合理地限制市场竞争，破坏市场机制的正常运行。②

（二）审查对象

根据《意见》和《实施细则》相关规定，公平竞争审查制度的审查对象是中央和地方政府部门制定有关经济管理的所有公共政策。具体包括：政策制定机关制定市场准入、产业发展、招商引资、政府采购、经营行为规范、资质标准等涉及市场主体经济活动的规章、规范性文件和其他政策措施；行政法规和国务院制定的其他政策措施、地方性法规，起草部门应当在起草过程中进行公平竞争审查。若要按类型分类，公平竞争审查制度的审查对象包括：行政法规、部门规章、地方政府规章、规范性文件和其他政策性文件等。

---

① ［西德］路德维希·艾哈德：《来自竞争的繁荣》，祝世康、穆家骥译，商务印书馆 1983 年版，第 121～122 页。

② 朱凯：《对我国建立公平竞争审查制度的框架性思考》，载《中国物价》2015 年第 8 期。

（三）审查标准

“标准”是衡量事物的准则，本质在于对事物的界定。我们在公平竞争审查制度中适用的“审查标准”是在“标准”基础之上的衍生，同样应当具备标准之衡量功能。法学界对“审查标准”一词的定义并不一致，我们在探讨公平竞争审查标准时，首先要界定“审查标准”的定义，其次要规定具体“审查标准”的内容，否则容易使论述背离主题并出现交叉和混淆。

我国著名法学家罗豪才教授主编的《中国司法审查制度》中使用过“审查的标准”一词，书中主要是把我国《行政诉讼法》所列举出来的判决条件作为标准来看待。① 此后，“有学者将‘审查标准’与‘合法性审查标准’混同，未能区分行政诉讼原则与标准之间的界限，也未明晰审查标准定义”。②

我们在公平竞争审查制度中谈的“审查标准”，是指根据公平竞争审查制度的相关法律依据授权开展审查工作的主体，在针对涉及市场经济活动的规章、规范性文件和其他政策措施进行影响评估时所参考的指标及遵循准则的集合或统称。根据《意见》的规定，公平竞争审查制度“审查标准”包括市场准入和退出、商品和要素流动、生产经验成本、生产经营行为四大类18种标准。

四、审查机制

确定合理审查评估方式是公平竞争审查制度能不能审出政府干预市场行为存在不合理影响市场公平竞争问题的关键因素。只要建立一个结构合理、成本较低、短期内投入使用的审查机制，才能最大限度地发挥公平竞争审查制度的价值。从国际上看，竞争评估和审查一般有两种配置模式，即外部审查模式和内部审查模式。③ 按照已经公布的总体要求和基本原则，我国目前公平竞争审查的核心机制是自我审查，即由政策制定机关担任审查者，以审查者自身制定的涉及市场主体经济活动的规章、规范性文件和其他政策措施为被审查对象，对政策措施

① 罗豪才：《中国司法审查制度》，北京大学出版社1993年版，第324～344页。
② 张步洪：《行政诉讼程序规范与判例创新》，人民法院出版社2001年版，第268～287页。
③ 王贵：《论我国公平竞争审查制度构建的基准与进路》，载《政治与法律》2017年第11期。

当中具有排除、限制竞争效果的内容进行自查自纠。

（一）自我审查机制

按《意见》和《实施细则》相关规定，要求政策制定机关在日常工作过程中制度化地承担自我审查责任。当然，确立自我审查为核心审查方式并非无缘无故，反而有着深刻法律及社会缘由。

1. 由我国法治建设需求所决定

《反垄断法》第三十二条规定：行政机关和法律、法规授权的具有管理公共事务职能的组织不得滥用行政权力，限定或者变相限定单位或者个人经营、购买、使用其指定的经营者提供的商品。《反垄断法》第三十三条规定：行政机关和法律、法规授权的具有管理公共事务职能的组织不得滥用行政权力，实施下列行为，妨碍商品在地区之间的自由流通：（1）对外地商品设定歧视性收费项目、实行歧视性收费标准，或者规定歧视性价格；（2）对外地商品规定与本地同类商品不同的技术要求、检验标准，或者对外地商品采取重复检验、重复认证等歧视性技术措施，限制外地商品进入本地市场；（3）采取专门针对外地商品的行政许可，限制外地商品进入本地市场；（4）设置关卡或者采取其他手段，阻碍外地商品进入或者本地商品运出；（5）妨碍商品在地区之间自由流通的其他行为。《反垄断法》第三十四条规定：行政机关和法律、法规授权的具有管理公共事务职能的组织不得滥用行政权力，以设定歧视性资质要求、评审标准或者不依法发布信息等方式，排斥或者限制外地经营者参加本地的招标投标活动。《反垄断法》第三十五条规定：行政机关和法律、法规授权的具有管理公共事务职能的组织不得滥用行政权力，采取与本地经营者不平等待遇等方式，排斥或者限制外地经营者在本地投资或者设立分支机构。《反垄断法》第三十六条规定：行政机关和法律、法规授权的具有管理公共事务职能的组织不得滥用行政权力，强制经营者从事本法规定的垄断行为。《反垄断法》第三十七条规定：行政机关不得滥用行政权力，制定含有排除、限制竞争内容的规定。简言之，从《反垄断法》以上条文可以看出，《反垄断法》立法时已对行政性垄断作出了很全面的规定，这些规定既能有效弥补以往规范政府经济行为的行政法规立法位阶低、行政性垄断规制作用不明显的困境，又为公平竞争审查制度基于《反垄断法》要求政策制定机关开展自我审查提供法律依据，更为我国社会主义市场经济体制的发展发挥积极的作用。①

党的十八届四中全会通过了《中共中央关于全面依法治国若干重大问题的决定》，并要求“深入推进依法行政，加快建设法治政府”。决定指出：“严格执法责任，建立权责统一、权威高效的依法行政体制，加快建设职能科学、权责法定、执法严明、公开公正、廉洁高效、守法诚信的法治政府。”我们从《中共中央关于全面依法治国若干重大问题的决定》中的法治政府的相关要求可以看出，政策制定机关在用权过程中必须积极采取各种措施确保自己使用的经济管理权不得违反《反垄断法》的第三十二至三十七条款的内容。由此可知，《意见》直接要求“政策制定机关在政策制定过程中，要严格对照审查标准进行自我审查”是由我国现有的依法治国制度框架和法治建设的实践需求所决定的。

2. 由我国公平竞争审查工作实践需求所决定

现行国家公平竞争审查模式基本可划分为政策制定机关自我审查、竞争执法机构审查、政策制定机关与竞争执法机构共同审查、外部专业机构审查等模式。② 从我国公平竞争审查制度的审查对象来看，其审查的公共政策具有涉及主体较多，所涉及的政策文件数量众多、种类繁多的特点。若要新建一个部门或指定已有的某个部门专门开展此项审查工作，既要求较长制度构建时间成本及昂贵的制度运行经费，又不利于在经济体制转型中制度供给层面的效率提高及短期内实现制度投入使用的目标。政策制定机关对自己制定和实施的政策以及拟定中的政策，不仅比其他任何机构或部门更为了解，而且审查结果的运行效果也更直观。与此同时，政策制定者从立项至公布的任何一个时间节点都可进入审查，充分利用自己掌控的相关资料及专业人员优势，以较低的运行成本在短期内“激活”制度。由此，自我审查模式凭借这些优势，最终在公平竞争审查制度中确定为核心审查机制。

（二）外部审查机制

怎么协调政府与市场的关系，这不仅是我们国家的问题，还是所有市场经济

① 钟真真：《反垄断法对行政性垄断规制与不足》，载《中国工商管理研究》2008 年第 4 期。

② 郑和园：《公平竞争审查制度中自我审查的理论逻辑及实践路径》，载《价格理论与实践》2017 年第 12 期。

国家需要解决的问题。在市场经济发达国家和地区也会制定各种类型的公共政策，这些政策当中也存在大量的限制竞争的政策。比如，在自然垄断行业为保障效率和安全而采取准入限制、价格管制等。[①] 由于这些公共政策往往会催生垄断、降低资源配置效率，为有效防止消极后果的产生，发达国家和地区已建立与本国和本地区法律制度相适应的竞争审查制度。这些国家和地区设立的审查机制当中外部审查机制占的比例相对多一点。外部审查机制是指政策制定机制之外某一个国家机关专门负责各级政府部门拟定的管制政策竞争评估。比如，韩国政府政策协调办公室（KFTC）负责依据《竞争评估指南》和《拟实施管制措施影响评估指南》，对各级政府部门拟定的管制政策开展竞争评估。

即便我国在审查机制的选择上考虑我国法治建设需求及审查实践，将自我审查确定为核心的审查机制，还是通过制度中设计外部监督机制的模式，为外部审查机制的适用提供了法律依据。根据《意见》《实施细则》及《实施指南》的规定，相当于外部审查机制的第三方评估机制被设定，它在公平竞争审查制度中具有补充性、矫正性和再审查性作用。自我审查机关应及时全面地公开公平竞争审查报告，为外部审查机制的监督作用发挥提供便利。

五、保障机制

现代国家权力理论强调权责统一的原则，主张政府及其职能部门所行使的公共权力应承担相应的责任。[②] 权力与责任之间有着相辅相成的关系，任何一个制度成败在于制度能不能将把权力和责任均等分配。因为责任是对权力的限制和约束，权力越大，随之而生的责任也越大。[③] 公平竞争审查制度作为我国构建现代化经济体系中一项重要制度，责任机制的合理分配是制度全面启动的关键因素。公平竞争审查制度的责任保障机制作为一套保障政策制定机关涉嫌未进行公平竞

---

① 周智、高朱凯：《对我国建立公平竞争审查制度的框架性思考》，载《中国价格监管与反垄断》2016 年第 1 期。

② Walter Schmitt Glaeser, Der freiheitliche Staat des Grundgesetzes: eine Einführung [M]. Tübingen: Mohr Siebeck, 2012: 131.

③ 崔永东、李振勇：《从检察权属性看检察责任制度的构建问题》，载《湖北大学学报》（哲学社会科学版）2017 年第 4 期。

争审查或者违反审查标准出台政策措施的约束与惩戒机制，包括责任履行、责任监督和责任追究三个环节。

1. 责任履行

责任履行是公平竞争审查制度责任机制建设的核心内容和基本前提，主要是指公平竞争审查制度所规定的政策制定机关按照制度要求履行自我审查责任的过程。根据《意见》第五条第四款及《实施细则》第二十一条、第二十三条、第二十四条规定，公平竞争审查制度所涉及的责任分为：政策制定机关及时开展自我审查责任、上级机关对政策制度机关的监督责任、政策制定机关的补救审查责任三个类型。

2. 责任监督

政策制定机关责任监督是指有关单位或个人对涉嫌未进行公平竞争审查或者违反审查标准出台政策措施的行为进行监督，政策制定机关或者政策制定机关的上级机关对监督结果进行合理运用的系统过程。

3. 责任追查

责任追究是责任评价的反馈与修正。监督检查是根据政策制定机关自我审查责任的履职情况，对“追谁的责”“追什么样的责”“追多大的责”等问题进行明确，通过对政策制定机关在自我审查责任履行中的不作为、慢作为、乱作为等失职行为进行行政责任追究，进一步明确和健全公平竞争审查制度责任体系，推进政策制定机关更好地履行自我审查责任。

六、制度架构存在的问题

公平竞争审查制度的出台实施是我国市场经济体制建设中的一大进步，其在竞争机制基础性地位的确立上具有很高的制度价值。但是，我们在充分肯定我国公平竞争审查制度的社会价值基础上，也要清楚地意识到其在制度架构上客观存在的不足，主要体现在以下几个方面。

1. 审查主体不全面

从公平竞争审查制度主要渊源《意见》的内容来看，负有审查责任的主体可以分两种类型，即规章、规范性文件和其他政策措施、地方性法规的起草部门。在我国市场经济体制下，对市场经济活动主体的竞争行为产生影响的权力主体不限于制度要求的以上政策制定主体。比如，A 市 B 区市场监督管理局上级部门是区政府，区政府可通过制订区内经济发展计划的形式对区市场监督管理局的市场监督管理规范性文件产生直接的影响。由此，现行的公平竞争审查制度的审查主体不能限于政策制定机关，反而所有能够影响市场公平竞争的权力部门都应成为制度审查的责任主体。①

2. 审查方式的局限性

根据《意见》规定，自我审查方式被选为核心的审查方式。虽然国务院在制度机制设计当中，以要求政策制定机关做好信息公开工作方式为社会监督提供便利，再使用社会监督方式达到自我审查机制的制衡目的，但是由于整个社会竞争意识欠缺、制度规定监督机制不健全、专业人士不足等原因，实践中社会监督机制无法发挥预期的作用。对此，有学者指出：为有效克服“内部自我审查”的局限性，根据我国的国情找到合适的方式加强社会监督的作用，逐步探索适合我国自身特点的公平竞争审查制度。②

3. 审查标准不严谨

根据《意见》的规定，公平竞争审查制度“审查标准”包括市场准入和退出、商品和要素流动、生产经营成本、生产经营行为四大类 18 种标准。国务院在“审查标准”上以列举方式规定四大类 18 种具体标准，再使用一个兜底条款，即《意见》第三条第三款、第四款中指出“没有法律、法规依据，各地区、各部门不得制定减损市场主体合法权益或者增加其义务的政策措施；不得违反《反垄断法》，制定含有排除、限制竞争内容的政策措施”的方式达到审查标准最大化的目的。但是，由于公平竞争审查制度实施环境尚不成熟、制度架构中的“审查标准”中国实践经验欠缺等原因，一部分影响市场公平竞争的政府行为仍然得不到国务院所要达到的限制效果。

---

① 丁茂中：《公平竞争审查制度研究》，法律出版社 2019 年版，第 12 页。

② 徐士英：《国家竞争政策体系进步确立的标志——有感于公平竞争审查制度的实施》，载《中国价格监督与反垄断》2016 年第 7 期。

七、制度架构完善展望

（一）扩展审查主体的范围

虽然在公平竞争审查制度的相关法律依据中已经明确确定了制度审查对象及其相应的审查主体，但从依法治国的基本方略以及市场经济对法制经济的贡献规律来看，可能直接影响经济领域公平竞争的所有公权力都要纳入公平竞争审查制度的审查对象。[①] 只有将可能直接影响经济领域公平竞争的所有公权力纳入公平竞争审查制度的审查对象并辅以行为考量，才能达到制度确立最终所要达到的公平竞争目标。因此，在制度后期的发展中，基于制度运行的实践效果和经验积累，需要调整审查对象及审查主体的范围，将具有破坏市场公平竞争秩序的权力来源纳入制度考量范围之内，既要强化制度在竞争机制保护中的作用，又要把所有具有破坏市场竞争秩序、限制市场在资源配置中基础性地位的相关因素从源头根治。

（二）拓展审查方式

就公平竞争审查制度审查方式的拓展而言，属于外部监督机制的第三方评估本身也属于在《意见》中选用的审查机制。但是，《意见》中对外部审查机制的第三方评估没有作出直接说明，而是要求国家发展改革委、国务院法制办、商务部、工商总局会同有关部门抓紧进行细化处理。[②] 从制定者的制度设计意图可知，第三方评估毫无疑问是我国建设公平竞争审查制度的必要审查机制。从国家市场监督管理总局发布的 2018 年市场监管部门制止滥用行政权力排除、限制竞争行为典型十六期案例的公告内容来看，涉嫌排除、限制竞争行为的政策制定主体较为多样化，既有不同级别的政府及其部门，也有具有管理公共事务职能的组织。各级公平竞争审查主体以《意见》为基础在全国范围内推进公平竞争审查制度的全面启动，并在审查实践中不断摸索引入第三方评估机制的适用。由此可

---

① 丁茂中：《公平竞争审查制度研究》，法律出版社 2019 年版，第 31 ~ 32 页。

② 丁茂中：《公平竞争审查制度研究》，法律出版社 2019 年版，第 26 ~ 27 页。

知，第三方评估引入公平竞争审查制度是最有效的审查方式的拓展。

（三）扩展审查标准

对于公平竞争审查制度而言，潜在的“缝隙”或者“空缺”必然将会导致公平竞争出现“洼地”现象。① 所以，公平竞争审查制度审查标准的扩展、内容外延的完整至关重要。以公平竞争审查制度为主要法律渊源的《意见》以列举四大类18种标准再加一个兜底条款的方式对公平竞争审查制度的标准作出了详细规定。但是，由于审查对象涉及范围过宽及模糊性原因客观上并非尽善尽美，因此审查实践中探索建立更为完备的公平竞争审查制度标准很有必要。《实施细则》正在修订中。

第五节　公平竞争审查制度的法律定位

公平竞争审查制度的核心原则是竞争中性原则，该制度的基本功能是有效协调“市场调节”与“国家（政府）规制”之间的二元关系，使市场力量与国家（政府）力量在资源配置领域各归其位，相互之间形成良性平衡关系。依据经合组织（OECD）的观点，“最大化有效竞争的程度是实现最优经济增长即社会福利最大化的根本”。② 基于秩序自由主义（ordoliberalismus）的基本理念，一国抑或一个国家联盟的内部市场实现完全竞争状态是理想模型；其原因在于，完全竞争可以导致去中心化的富有效率的资源配置，进而鼓励创新，实现社会福利最大化。③ 然而，在各国或国家联盟所属的内部市场领域，正常运行的市场竞争机制不仅可能被由经营者实施的经济垄断行为所干扰与损害，而且可能被由国家公权力机关所施行的限制竞争行为扭曲与侵害。在例外情形

---

① 丁茂中：《公平竞争审查制度研究》，法律出版社2019年版，第24～25页。

② 经合组织（OECD），《竞争评估工具书——第1卷：原则》（版本2.0），www.oecd.org/competition/toolkit，第32页。

③ See Demary，Vera/Rusche，Christian，Zwischen Kooperation und Wettbewerb-Industrie 4.0 und europäisches Kartellrecht-，22. Mai 2017，www.iwkoeln.de，S. 6. 参见［德］乌尔里希·施瓦尔贝、丹尼尔·齐默尔：《卡特尔法与经济学》，顾一泉、刘旭译，法律出版社2014年版，第23～24页。

下，国家联盟个别公权力机关亦可能施行扭曲与损害联盟内部市场竞争机制的限制竞争行为。

国家公权力机关施行限制竞争行为属于全球性问题。它既发生在欧盟、美国、德国、法国、澳大利亚等发达市场经济区域，又出现于以我国为代表的新兴市场经济区域。为了遏制乃至消弭国家与国家联盟公权力机关所实施的扭曲与损害市场竞争机制的限制竞争行为，以确保市场在资源配置中发挥决定性作用，各国与国家联盟构建了形式意义与实质意义的公平竞争审查制度。总括而言，公平竞争审查制度是在当今世界大多数国家抑或国家联盟所普遍存在的一种制度性公共产品。在本质意义上，公平竞争审查制度属于对作为“有形之手”的国家（政府）抑或国家联盟维护公平竞争固有职责的确认、维持与促进的制度。① 尽管各国与国家联盟的公平竞争审查制度在制度属性层面存在显性差异，但此类制度无疑都彰显与内置了“竞争中性”的基本理念。此外，以经合组织（OECD）为代表的若干国际组织亦创设了具有框架性、倡导性与指南性的公平竞争审查制度。

从词源学角度分析，公平竞争概念的英语对应概念为“fair competition”，法语对应概念为“compétition juste”，德语对应概念为“fairer Wettbewerb”。基于概念的语法结构分析，公平竞争概念中所述的“公平”彰显的是工具论价值，它作为限定词形容与限制核心词“竞争”。② 从宽泛意义上分析，公平竞争概念内涵可作如下界定：“人类社会不同利益主体之间为了追逐有限的经济目标而进行的一切符合法律和道德准则的活动的总称”。③ 公平竞争蕴含以下三项特质：首先，公平竞争是在对市场信息发现和利用基础上的创新性竞争；其次，公平竞争是一种生产性的竞争，而不是分配性的竞争；最后，在公平竞争框架下，竞争起点应当具有平等性，竞争过程（机会）应当具有均等性，而竞争结果应当具有对称性。④

① 翟巍：《欧盟公平竞争审查制度研究》，中国政法大学出版社 2019 年版，第 18 页。

② 彭海斌：《公平竞争制度选择》，商务印书馆 2006 年版，第 53 页。

③ 彭海斌：《公平竞争制度选择》，商务印书馆 2006 年版，第 59 页。

④ 彭海斌：《公平竞争制度选择》，商务印书馆 2006 年版，第 59 ~ 60 页。

经济基础决定上层建筑，而公平竞争构成市场经济的基本原则。[①] 由于现代经济法制度系奠基于市场经济基础之上，因而市场经济固有的公平竞争价值观亦在现代经济法制度所涵摄的竞争法律制度中获得多元样态的显性宣示或隐性表达。进一步而言，公平竞争理念不仅内置于形式意义与实质意义的公平竞争审查制度之中，而且广泛渗透于现代市场经济国家抑或国家联盟的经济、政治、社会、文化制度之中。基于宏观制度体系解释的视角，大多数市场经济国家抑或国家联盟的公平竞争审查制度应被视为公平竞争制度的下属子制度之一，而公平竞争制度又属于竞争法律制度的子制度类型之一。[②] 从制度属性的宏观视角区分，竞争制度外延范畴包括竞争经济制度、竞争政治制度与竞争法律制度等。其中，竞争法律制度涵盖反垄断法律制度、国家援助规制法律制度、反不正当竞争法律制度等。由于反垄断法律制度与国家援助规制法律制度都系统性涵摄公平竞争的理念，它们又可构成狭义的公平竞争制度的有机组成部分。从广义角度界定，公平竞争制度还可以涵盖反不正当竞争法律制度的若干内容。[③]

从公平竞争制度规制对象视角分析，公平竞争制度可以在学理意义上细分为"公平竞争促进制度"与"公平竞争审查制度"。前者规制对象为经济垄断行为或不正当竞争行为，而后者规制对象为国家限制竞争行为。[④] 以欧盟法律制度为例，欧盟反垄断法律制度规制经济垄断行为（包括垄断协议行为、滥用市场支配地位行为、具有排除或限制竞争影响的经营者集中行为）与国家限制竞争行为（主要表现形式为行政性垄断行为）。其中，规制经济垄断行为的反垄断法律制度构成属于学理意义上的"公平竞争促进制度"组成部分。与"公平竞争促进制度"相对应，欧盟学理意义上的"公平竞争审查制度"主要包括国家援助规制法律制度以及规制国家限制竞争行为的反垄断法律制度构成。[⑤]

"现代的市场经济和市场体系，是公平竞争以及构建公平竞争审查制度的前提和基础。"[⑥] 具体言之，在现代市场经济领域，不仅市场机制存在固有缺陷与

---

① 武汉市汉阳区人民政府：《区人民政府关于在市场体系建设中建立公平竞争审查制度的通知》，2018 年，第 2 页。

②③ 翟巍：《欧盟公平竞争审查制度研究》，中国政法大学出版社 2019 年版，前言第 1 页。

④⑤ 翟巍：《欧盟公平竞争审查制度研究》，中国政法大学出版社 2019 年版，前言第 2 页。

⑥ 张守文：《公平竞争审查制度的经济法解析》，载《政治与法律》2017 年第 11 期。

失灵情形，而且国家规制亦具有不可避免的失序与失灵情形，因此，只有遵循经济法的“双手并用”原理，将作为“无形之手”的市场机制与作为“有形之手”的国家（政府）规制有机结合，确保市场与国家（政府）两大资源配置系统之间形成相辅相成的契合关系，才能持续性确保市场资源获得最优化配置，从而实现经济效益最大化乃至社会公共利益最大化的目标。①

从实然角度而言，我国公平竞争审查制度的创设依据直接渊源于《反垄断法》（《反垄断法》第八条与第三十二条至三十七条）；但从应然角度而言，我国公平竞争审查制度在理念、价值与具体实施层面又需要超越《反垄断法》范畴。② 我国《宪法》第十五条规定：“国家实行社会主义市场经济。国家加强经济立法，完善宏观调控。国家依法禁止任何组织或者个人扰乱社会经济秩序。”依据《宪法》第十五条的字面表述，任何组织或者个人都不得扰乱社会经济秩序，此处所述的“任何组织或者个人”既包括实施或者可能实施经济垄断行为与不正当竞争行为的经营者主体，又涵盖实施或者可能实施行政性垄断行为的政策制定机关。因此，我国《宪法》第十五条可被视为公平竞争审查制度的宪法性依据条款。在我国《宪法》顶层设计统摄之下，反垄断法律制度与公平竞争审查制度构成《宪法》第十五条的具体化、精细化与可操作性化的实施制度。其中，以《反垄断法》为圭臬的反垄断法律制度属于普通法律制度，而公平竞争审查制度创设起源于效力位阶较低的规范性文件制度，在《优化营商环境条例》第六十三条里得到立法层面的加强，修订中的《反垄断法》可能增设公平竞争审查条款。

我国《宪法》第十一条规定：“在法律规定范围内的个体经济、私营经济等非公有制经济，是社会主义市场经济的重要组成部分。国家保护个体经济、私营经济等非公有制经济的合法的权利和利益。国家鼓励、支持和引导非公有制经济的发展，并对非公有制经济依法实行监督和管理。”该条规定可被视为间接确立竞争中性原则的宪法性依据条款，而竞争中性原则被界定为我国公平竞争审查制度的核心内容与基本准则。具言之，在竞争中性原则的统摄下，我国政策制定机关应当依托公平竞争审查制度的具体要求，依法平等对待国有经济、民营经济、外资经济与混合所有制经济实体；政策制定机关既不应单纯依据国有经济的所有

①② 张守文：《公平竞争审查制度的经济法解析》，载《政治与法律》2017 年第 11 期。

权属性而给予国有经济实体不当的竞争优势，又不应仅仅凭据非国有经济的所有权属性而强加给非国有经济实体不当的竞争劣势。基于此，作为规范性文件制度的我国公平竞争审查制度亦应被厘定为《宪法》第十一条的显性化、具体化与实操化表现形式。

第二章　公平竞争审查制度域外论

第一节　域外公平竞争审查制度的多元定位与样态

当今世界大多数国家与国家联盟均不同程度地创设形式意义或实质意义的公平竞争审查制度。这些国家与国家联盟包括澳大利亚、美国、加拿大、日本、德国、法国、英国、意大利、爱尔兰、希腊、瑞士、捷克、丹麦、芬兰、立陶宛、西班牙、挪威、荷兰、乌克兰、俄罗斯、土耳其、韩国、以色列、越南、墨西哥、阿根廷、秘鲁、巴西、哥伦比亚、南非、哥斯达黎加与欧盟。[①] 除此以外，经合组织（OECD）亦创设框架性、倡导性、指南性的公平竞争审查制度，该制度创设目的是为世界各国建构与完善公平竞争审查制度提供参考模式。

由于各国、国家联盟以及国际组织在宪法秩序、经济发展水平、法律制度架构、历史文化传统、域外环境影响等多元指标领域存在显性差异，因而由此多元指标所塑造成型的各国、国家联盟以及国际组织的公平竞争审查制度亦呈现多元化样态。譬如，欧盟及欧盟初始成员国所创设的公平竞争审查制度的主要规制对象为公权力机关（涵盖立法机关与行政机关）施行的具有排除、限制竞争影响的偏向于保护本国企业或本地区企业的国家援助行为；而俄罗斯等经济体制转轨国家的公平竞争审查制度通常内置于竞争法律制度之中，其主要规制对象为行政机关与经过授权或者委托承担行政机关职能的其他机构或组织所实施的具有排

① See OECD, "Country reviews of competition policy frameworks", http: //www. oecd. org/daf/competition/countryreviewsofcompetitionpolicyframeworks. htm, last visited: Dec. 16, 2019.

除、限制竞争影响的偏向于保护本国国有企业的行政行为。

从宽泛意义上解释，公平竞争审查制度所规制的主体范畴为国家公权力主体与国家联盟公权力主体；该类制度所审查与豁免的对象不仅包含由国家与国家联盟的行政机关所实施的限制竞争行为，而且涵盖由国家与国家联盟立法机关、司法机关所实施的限制竞争行为。[①] 基于公平竞争审查制度横向比较视角，尽管世界上只有极少国家或国家联盟创设以“公平竞争审查”或类似名称冠名的形式意义上的独立的具有法律制度或政策制度属性的公平竞争审查制度，但实质意义上的公平竞争审查制度是在世界大多数国家与国家联盟普遍存在的一种制度性公共产品，这类实质意义的公平竞争审查制度涵盖体现竞争中性原则的各类碎片化、分散化与隐性化的制度构成。

总体而言，关于公平竞争审查制度的设立模式具有两种基本类型：其一为独立型设立模式，该模式以澳大利亚为典型代表。独立型公平竞争审查制度具有不依附于或不内置于其他制度而自成独立体系的基本特征。值得注意的是，即使在创设独立型公平竞争审查制度的国家或国家联盟，在独立型公平竞争审查制度以外的其他制度中亦可能蕴含体现竞争中性原则的制度构成。其二为混合型设立模式，该模式以欧盟为典型代表。混合型公平竞争审查制度不具有自成体系的特征，而是依附于或内置于其他制度；换言之，该类型公平竞争审查制度既可能属于某一制度的构成部分，又可能属于某几项制度各自相关构成部分的汇总。

不容忽视的是，关于独立型与混合型设立模式的区分仅仅具有相对意义，随着经济、政治、法律、文化、国际交往层面的情势演进，世界各国、国家联盟、国际组织所创设的公平竞争审查制度的制度架构、类型区分、评判标准、实施机制本身具有动态演变的基本特征。从历史背景、客观现状、创设理念与功能定位而言，关于公平竞争审查制度的两种设立模式之间没有根本意义上的优劣之分。各个国家、国家联盟、国际组织都应当综合考虑本国（本联盟、本组织）的经济发展阶段、公权力运行机制、现有法律制度框架、国际条约约束等因素，选择最契合自身法律架构与客观需求的公平竞争审查制度设立模式。

就世界范围而言，具有典型特征与广泛影响的域外公平竞争审查制度模式包括澳大利亚模式、经合组织（OECD）模式、欧盟模式与俄罗斯模式。其中，澳

① 翟巍：《欧盟公平竞争审查制度研究》，中国政法大学出版社2019年版，第18页。

大利亚公平竞争审查制度模式具有综合性、系统性与全面性的典型特征，而经合组织（OECD）模式具有框架性、倡导性、指南性的典型特征。欧盟公平竞争审查制度呈现超国家性与混合性特征，该制度主要由欧盟国家援助规制法律制度与欧盟附属性国家限制竞争行为规制制度构成。欧盟实质意义公平竞争审查制度的创设与发展对于德国、法国、意大利、波兰、希腊等欧盟成员国各自公平竞争审查制度的演进产生直接与持续的渗透性影响。俄罗斯具有实质意义的公平竞争审查制度内置于竞争法律制度之中，它主要规制由经济体制转轨后遗症所导致的以政企不分、政经不分、政资不分为表征的行政性垄断行为。

一、澳大利亚模式

澳大利亚公平竞争审查制度隶属于澳大利亚综合性竞争政策体系。就基本定义而言，澳大利亚综合性竞争政策是指在任何经济部门中影响竞争的所有政府政策。它的外延范畴不仅涵盖限制竞争的政策，而且包括促进竞争的政策，其所涵盖对象远远超出传统的反垄断法范畴。[①] 1991 年 11 月，在南澳首府阿德莱德召开的行政首脑会议达成决议，该决议主张澳大利亚需要构建一项整体统一且具有一致性的国家竞争政策，该政策即为澳大利亚综合性竞争政策的初始形式。依据该次会议决议，综合性竞争政策应包括以下主要原则：（1）在市场上没有任何一个成员能够从事违反公众利益的反竞争行为；（2）无论企业组织形态，所有市场成员必须适用同样的市场规则；（3）对于某些可能有利于公共利益的反竞争行为，必须通过适当的透明化程序证明其有利于公共利益的特质。[②]

基于上述主要原则，澳大利亚综合性竞争政策涵盖以下基本内容：（1）禁止限制或反对竞争的行为；（2）自由国际贸易政策；（3）所有生产要素自由流动政策；（4）取消不合理的限制竞争的政府管制；（5）改革不适当的独占结构；（6）保障对于关键设施的适当进入机制；（7）保障公平竞争环境，例如取消扭

① 孔祥俊：《反垄断法原理》，中国法制出版社 2001 年版，第 98 页。参见翟巍：《欧盟国家限制竞争行为反垄断规制及对我国启示——基于公共经济利益服务研究视域》，法律出版社 2016 年版，第 231 页。

② 肖竹：《竞争政策与政府规制——关系、协调及竞争法的制度构建》，中国法制出版社 2009 年版，第 92 页。参见翟巍：《欧盟国家限制竞争行为反垄断规制及对我国启示——基于公共经济利益服务研究视域》，法律出版社 2016 年版，第 231 ~ 232 页。

曲竞争的政府补贴，政府保持竞争中立；（8）分离产业管制与产业经营。[①]

现行澳大利亚公平竞争审查制度以竞争中性原则为圭臬，其制度构成呈现层级化、精细化与实操化特征。在国家竞争立法层面，澳大利亚制定《竞争与消费者法》，该法律所包含的竞争法律规定同等适用于澳大利亚包括国有企业在内的所有类型企业。[②] 在国家竞争政策层面，澳大利亚联邦政府与州政府基于共识达成协议，这两层级政府在澳大利亚境内协同施行一致的竞争中性政策，而澳大利亚联邦政府与州政府亦各自制定了相应的竞争中性政策与准则。[③] 澳大利亚竞争中性政策聚焦于实现以下子目标：（1）抵消由于政府所有权（国家所有权）而导致的公共部门相对于私营部门所获得的净竞争优势；（2）确保公共资源得到尽可能有效的利用；（3）提升政府商务活动的整体绩效；（4）改善政府商务活动的透明度与问责制，依照与私营部门具有可比性的成本标准厘定政府商务活动的成本；（5）为“机构经理评估政府商务活动交付方式”设置更优良的基础架构。[④]

二、经合组织（OECD）模式

在经合组织（OECD）公平竞争审查制度框架下，竞争中性原则构成竞争法与竞争政策的一项基本原则。基于该项基本原则的要求，企业应当依托其自身优势参与竞争，而不应当由于其所有权归属或国籍而被获得不正当优势。[⑤] 依据经合组织（OECD）的官方观点，在若干情形下，各国政府可能通过影响市场运作

---

① 孔祥俊：《反垄断法原理》，中国法制出版社2001年版，第98页。参见翟巍：《欧盟国家限制竞争行为反垄断规制及对我国启示——基于公共经济利益服务研究视域》，法律出版社2016年版，第232页。

② OECD，“Roundtable on Competitive Neutrality in Competition Enforcement”，Note by Australia，16－18 June 2015，http：//www.oecd.org/officialdocuments/publicdisplaydocumentpdf/？cote＝DAF/COMP/WD(2015) 19&docLanguage＝En，p. 2，last visited：December 15，2019.

③ OECD，“Roundtable on Competitive Neutrality in Competition Enforcement”，Note by Australia，16－18 June 2015，http：//www.oecd.org/officialdocuments/publicdisplaydocumentpdf/？cote＝DAF/COMP/WD(2015) 19&docLanguage＝En，pp. 2－3，last visited：December 15，2019.

④ OECD，“Roundtable on Competitive Neutrality in Competition Enforcement”，Note by Australia，16－18 June 2015，http：//www.oecd.org/officialdocuments/publicdisplaydocumentpdf/？cote＝DAF/COMP/WD(2015) 19&docLanguage＝En，p. 3，last visited：December 15，2019.

⑤ OECD，“Competitive neutrality in competition policy”，http：//www.oecd.org/daf/competition/competitive-neutrality.htm，last visited：December 15，2019.

方式损害自由竞争。一方面，它们可以经由制定采购规则、税收规则或监管制度的路径，导致私营企业相对于国家控股企业或受到国家支持的企业而言处于竞争劣势；另一方面，各国政府可以在市场领域直接提供商品或服务，从而直接参与市场竞争，亦可以通过由国有企业或国家控股企业在市场领域提供商品或服务的方式，间接参与市场竞争。基于此，确保公平的竞争环境是保障竞争机制正常运作的关键前提。①

在公平竞争审查制度框架下，经合组织（OECD）着力于创设与完善竞争评估制度，厘定符合实操性标准的竞争评估分析方法，通过定性分析与定量分析的方式审查各国限制竞争的态势，进而提出具有国别化属性的整改建议与改革建言。② 竞争评估的本质目的是："分析政策的净效应，并找到其他达到相同目标但限制性较小的候选政策。"③ 为了实现竞争评估的前述目的，《经合组织（OECD）竞争评估工具》厘定以下三项评估步骤：（1）初步评估；（2）全面评估；（3）分析候选政策。④

三、欧盟模式

欧盟并未创设以"公平竞争审查"冠名的系统性法律制度，但是欧盟具有实质意义上的公平竞争审查制度，该制度属于欧盟竞争法律制度的有机构成部分。欧盟实质意义上的公平竞争审查制度主要包括两项基本制度构成：（1）欧盟国家援助规制法律制度；（2）欧盟附属性国家限制竞争行为规制制度。欧盟规制国家限制竞争行为的公平竞争审查制度主要涵盖《欧盟运行条约》第 38 条、第 42 条、第 93 条、第 106 条、第 107 条、第 108 条、第 109 条以及相应的规范性法律文件，其中，《欧盟运行条约》第 106 ~ 109 条为核心条款。⑤

---

① OECD, "Competitive neutrality in competition policy", http://www.oecd.org/daf/competition/competitive-neutrality.htm, last visited: December 15, 2019.

② 孙晋、詹昊：《中国与世界：竞争法发展研究报告（2017 年卷）》，法律出版社 2018 年版，第 423 页。

③④ 孙晋、詹昊：《中国与世界：竞争法发展研究报告（2016 年卷）》，法律出版社 2017 年版，第 389 页。

⑤ Vgl. Witt, Beihilfenrecht, http://hwb-eup2009.mpipriv.de/index.php/Beihilfenrecht, last visited: August 14, 2018.

依据欧盟委员会《关于援助法现代化的通讯》（边码2）的规定，欧盟内部市场（欧盟单一市场）是欧盟实现可持续性增长的最重要保障。欧盟为了建构有效运行的欧盟内部市场（欧盟单一市场），必须设置两项制度性工具：其一，创设相应规则，以建立一个没有国界的单一的综合市场；其二，创设涵盖国家援助规制法律制度的竞争政策体系，以确保欧盟内部市场的运作不会由于企业反竞争行为或成员国反竞争行为（偏袒特定经营者而损害其他经营者的行为）而受到扭曲。① 其中，确保欧盟内部市场的运作不会由于成员国反竞争行为而受到扭曲的国家援助规制法律制度属于欧盟实质意义公平竞争审查的核心制度构成。

四、俄罗斯模式

经由计划经济体制向市场经济体制转轨的国家通常存在以政企不分、政经不分、政资不分为表征的行政权力滥用与不当适用问题。因此，俄罗斯与其他东欧经济体制转轨国家的立法机关都将行政性垄断行为纳入竞争法律制度的规制范畴。② 具体言之，俄罗斯与其他东欧经济体制转轨国家均创设了内置于或依附于竞争法律制度的实质意义的公平竞争审查制度，这类制度在显性或隐性层面彰显了竞争中性原则。

譬如，俄罗斯的《保护竞争法》包含精细性与系统性的关于行政性垄断行为规制的基本内容，并全面厘定行政性垄断行为的主要表现样态，因而该法被普遍视为关于行政性垄断行为规制立法的经典范例。③ 该法规制行政性垄断行为的诸项条款应被视为隐含意义与实质意义上的公平竞争审查制度的构成条款。依据俄罗斯《保护竞争法》第三章第十五条规定，受规制的行政性垄断行为实施主体的外延范畴非常宽泛，不仅包括俄罗斯联邦行政机关、联邦各部门行政机关、地方政府机关以及经过授权或者委托承担上述机关职能的其他机构或者组织，而

---

① Europäische Kommission, Mitteilung der Kommission an das Europäische Parlament, den Rat, den Europäischen Wirtschafts-und Sozialausschuss und den Ausschuss der Regionen: Modernisierung des Beihilferechts /* COM/2012/0209 final */, Rn. 2. 参见翟巍：《欧盟公平竞争审查制度研究》，中国政法大学出版社 2019 年版，第 117 页。

② 孔祥俊：《反垄断法原理》，中国法制出版社 2001 年版，第 846 页。

③ 翟巍：《欧盟国家限制竞争行为反垄断规制及对我国启示——基于公共经济利益服务研究视域》，法律出版社 2016 年版，第 214 页。

且涵盖政府预算外基金与俄罗斯联邦中央银行。①

俄罗斯立法机关在《保护竞争法》第十五条与第十六条中，通过具体列举方式清晰厘定“俄罗斯联邦行政机关、联邦各部门行政机关、地方政府机关以及经过授权或者委托承担上述机关职能的其他机构或组织、政府预算外基金和俄罗斯联邦中央银行”被禁止实施的行政性垄断行为类型。②该法关于行政性垄断行为的禁止性规定主要涵盖四部分细分内容：（1）除非有联邦法律的相反规定，行政主体不得通过立法或者采取其他措施来妨碍、限制和排除竞争；（2）除非联邦法律有相反规定，行政主体不得在俄罗斯境内和地方政府所辖地域内进行具有妨碍、限制或排除竞争影响的授权行为；（3）除非联邦法律、联邦总统的法令以及联邦政府的决定有相反的规定，或相关企业被授权享有行政机构的职能和权力，否则行政机关的职能不得与企业职能相混同；（4）除非俄罗斯联邦法律、联邦总统法令以及俄罗斯联邦政府的立法有相反规定，否则行政机关之间以及行政机关与企业之间不得订立妨碍、限制和排除竞争的协议或者从事具有此种影响的协调行为。③ 基于上述细分内容可知，俄罗斯《保护竞争法》关于行政性垄断行为的禁止性规定聚焦于市场竞争领域合理界定“市场调节”与“国家（政府）规制”之间的二元关系，此类规定一方面可确保市场力量在资源配置领域发挥核心与关键作用，另一方面可保障行政主体根据比例原则的要求依法介入与干预市场领域。

第二节　澳大利亚的公平竞争审查制度

20 世纪末，面对本国日益严重的政府反竞争行为及其所带来经济逐渐下行的压力，澳大利亚在全国范围内制定和实施了“国家竞争政策”（National Competition Policy，NCP），通过利用以竞争为核心的市场机制极大激发了市场潜力和释放了市场活力，进而推动经济快速高质量发展，其在 OECD 成员国中的经济位次也急剧攀升。公平竞争审查制度是澳大利亚国家竞争政策的核心内容之一，其

① 王晓晔：《反垄断法》，法律出版社 2011 年版，第 313 ~ 314 页。

② 王晓晔：《反垄断法》，法律出版社 2011 年版，第 314 页。

③ 王晓晔：《反垄断法》，法律出版社 2011 年版，第 314 ~ 315 页。

旨在规范政府有关行为，防止其出台排除、限制市场竞争的政策措施，达到维护市场经济平稳运行和确保竞争机制充分发挥的效果。通过设置“政府干预市场之手”的前置审查程序，科学设定审查对象、机构职责、标准及流程，并辅以竞争激励和竞争评估机制为保障，澳大利亚构筑了一个体系严密、流程规范、内容合理、契合实际的公平竞争审查制度，在国内培育出高度竞争的市场体制。

目前来看，澳大利亚是全世界范围内在公平竞争审查制度上取得成就最为突出的国家，业已成为各国争相学习和参考的典范。

一、澳大利亚开展公平竞争审查的背景

澳大利亚积极推动和实施“国家竞争政策”，最主要的原因来自经济方面的压力。在20世纪60~80年代，澳大利亚是一个严重依赖政府经济管制的国家，联邦及各州政府在电信、自来水、燃气、石油、水路、公路、铁路等国家经济发展的核心领域开设了诸多经济实体负责专项经营，并在其《贸易行为法》中对上述垄断行为予以反竞争豁免。曾经的澳大利亚经济凭借政府管制的先天优势，在较短时间内得以集中各种资源实现快速发展，无论经济发展速度抑或整体总量均处于世界前列。随着国内市场体系的逐步建立，管制经济模式的弊端也逐渐突显，政府过度干预市场以及各州之间相互的贸易保护、政府下属的经济实体享受税收豁免或企业补贴等反竞争行为层出不穷，导致国内市场竞争不畅，严重阻碍国内统一竞争市场体系的发展。在此背景下，澳大利亚政府开始重视市场竞争的作用，试图推行一些放松管制的经济措施，如全面削减关税（1973）、实施与美元挂钩的浮动利率制度（1983）、消除外汇管制、推动政府商业企业公司化、放松对运输和电信行业的行业管制等，[①] 但效果并不明显，政府及其所属企业的反竞争行为仍然大量存在。至1990年，澳大利亚在OECD的经济位次已经从1950年的第五位下降到第十五位。[②] 面对经济日渐下行的压力，政府意识到随着国际竞争的加剧，一些过去由国家垄断的行业在贸易政策放开之后受到了巨大的冲

① 郑鹏程、黎林：《澳大利亚公平竞争审查中的竞争支付制度及其启示》，载《价格理论与实践》2017年第11期。

② 叶高芬：《澳大利亚行政性垄断规制经验及其启示——基于“国家竞争政策”的解读》，载《中国社会科学院研究生院学报》2015年第3期。

击，诸多领域对于竞争的不当限制已经严重拖累了国家经济的整体发展。[①] 此后，为彻底扭转经济颓势，减少政府对竞争的限制进而保障市场充分竞争，澳大利亚联邦及各州政府在全国层面推行统一的竞争政策上逐渐达成一致，并于1991年开始采纳综合性的全国竞争政策改革措施。该竞争政策确立了四项原则：（1）市场参与者不得从事有悖于公共利益的反竞争活动；（2）只要可能，应对所有市场参与者（不分所有制）实行统一的政策和法规；（3）对有益于公共利益的反竞争行为应进行有效且透明的评价和审查；（4）改革现行政策，逐步取消不必要的贸易和竞争障碍，逐步形成统一市场。[②] 为使国家竞争政策改革措施得到充分认可和有效实施，1992 年 10 月，澳大利亚联邦政府总理基廷成立了以澳大利亚行政管理研究院院长弗莱德·赫尔姆教授（Fred Hilmer）为首的国家竞争政策独立调查委员（也称 Hilmer 委员会），负责对全国的竞争政策开展调查。1993 年 8 月，赫尔姆教授提交了包括改革不公正限制竞争的管制、改革公共垄断结构以促进竞争、限制垄断价格等为主要内容的调查报告。后几经讨论和修改，1995 年 4 月 11 日，由联邦、州政府组成的澳大利亚政府理事会最终通过了以赫尔姆报告为基础的全国性竞争政策和相关改革的方案。

1995 年，澳大利亚联邦政府及各州通过的“国家竞争政策”主要包含三个协议：《竞争原则协议》（Competition Principles Agreement）、《行为准则协议》（Conduct Code Agreement）和《执行国家竞争政策和相关改革的协议》（Agreement to Implement the NCP and Related Reforms）。其中，《竞争原则协议》规定了国家竞争理事会的人事任命和工作计划安排；除此之外，还在政府对工商企业的监管（协议第 2 条）、竞争中立的政策和原则（协议第 3 条）、公共垄断的结构改革（协议第 4 条）、立法审查（协议第 5 条）、利用重要基础设施提供的服务（协议第 6 条）等方面作出了规定和说明。《行为准则协议》则主要明确了澳大利亚竞争与消费者委员会的人员任命和今后竞争法的修正程序以及重要的任命和协议要取得联邦和多数州及区的支持等内容。《执行国家竞争政策和相关改革的协议》主要规定了联邦政府将根据国家竞争理事会对各州及地区实施竞争政策的

① 周丽霞：《澳大利亚竞争政策及其审查机制给我国带来的启示》，载《价格理论与实践》2016 年第 9 期。

② 高维和、殷华、张懿玮：《国际“竞争中立”国有企业条款与中国实践》，格致出版社、上海人民出版社 2019 年版，第 22 页。

评估报告支付相应竞争款的内容。

作为澳大利亚全国性竞争“一揽子”政策的一部分，联邦及各州政府在方案中也对《贸易行为法》无法规制政府性经济实体和政府反竞争行为及只关注商品和服务贸易等市场对象的缺陷内容进行了修订，形成了《竞争政策改革法案》，以配合《贸易行为法》的实施。在改革法案中，澳大利亚政府将竞争行为准则延伸到整个经济活动，剥夺政府在一些领域内的反竞争豁免权。此外，改革法案还将之前的贸易行为委员会和价格监督局合并成竞争与消费者委员会（ACCC），组建了竞争政策的建议和顾问机构——国家竞争理事会（NCC）。

作为澳大利亚推行国家竞争政策重要机制的公平竞争审查制度则主要被设计在《竞争原则协议》之内，该制度要求审查机构彻底、独立和透明地审查澳各级政府通过的政策性文件及立法机关通过的法律文件，以确保国家竞争政策在全国范围内的有效施行。

二、澳大利亚公平竞争审查制度的基本架构

澳大利亚在实施国家竞争政策时为有效限制政府颁布反竞争文件创造性地构建了一套完整的公平竞争审查制度，从本质上讲，公平竞争审查制度是规制政府反竞争行为的事前程序，是从“源头”阻断政府反竞争后果的重要举措。澳大利亚的公平竞争审查制度从建立之日起，在短短几年内就审查了上千部法律法规，有效遏制了政府限制竞争行为的产生，有力地执行了国家竞争政策，形成了极具特色的制度体系。仔细分析它的制度，我们不难发现在其取得辉煌成绩的背后离不开规划者们体系严密、流程规范、内容合理、契合实际的设计思路。本节将着重分析和呈现它的基本框架，探究其中深层次的理路和脉络。

（一）公平竞争审查的依据

公平竞争审查的依据即为设计和实施公平竞争审查制度的合法性来源。根据合法性来源的性质及效力层级，一般有宪法来源、一般法律来源、行政法规来源、部门规章来源等区分，当然也会存在一定的交叉重叠。此外，根据有无明确的审查条款内容，可分为形式意义上的合法性来源和实质意义上的合法性来源。

澳大利亚的公平竞争审查制度有以下合法性来源的基础。

1. 宪法

澳大利亚联邦宪法第九十二条第一款规定“征收统一关税后，州际的贸易、商业和往来，不论经内陆运输或经海上运输，应完全自由”。而根据法院解释，该条所指的贸易不限于货物交易，其目的是消灭州际边界之间的税收、歧视性负担，消灭州际贸易上的优惠，从而实现州际自由贸易。澳大利亚是一个联邦制国家，在宪法中明确禁止州政府对州际贸易的限制具有重要意义，“在法院被赋予执行宪法条款的背景下，这些规定对推动州际之间或地区之间的商贸自由，防止地方保护主义，起到了重要作用”①。虽然在澳宪法中并未明确对公平竞争审查制度作出设计和安排，但其上述条款规定对后来反对联邦及州政府设置竞争障碍并对其开展立法审查却起到了实质意义上的推动作用，宪法第九十二条第一款也成为澳公平竞争审查制度宪法性来源的核心条款内容。

2. 国家竞争政策

1995 年，澳大利亚联邦及各州政府一致决定在全国范围内实行统一的竞争政策，并签订了三个竞争协议，其中的《竞争原则协议》第五条就对在澳全国开展竞争立法审查作了明确规定，该条款也是澳大利亚公平竞争审查制度的核心条款，属于形式意义上的合法性来源依据。具体而言，第五条第一款规定了立法审查的审查范围和指导原则；第三款和第四款规定了审查的时间表；第七款和第八款对缔约方协商和国家审查作了规定；第九款对审查程序进行了说明。虽然上述内容仅为一些原则性的要求，但却创设了立法审查的制度框架，为进一步出台公平竞争审查指引及实施细则奠定了基础。

（二）公平竞争审查的目标对象

公平竞争审查的目标对象即为公平竞争审查制度的审查范围。根据审查对象的性质，可分为立法对象、行政对象和司法对象；根据行为的类型，可分为不正当竞争行为对象和垄断行为对象；根据审查时间点的不同，可分为增量对象和存量对象。依据《竞争原则协议》第五条第一款，澳大利亚公平竞争审查制度的审查对象可分为以下几类。

---

① 孙晋、王贵：《论政府反竞争行为综合规制的路径建构》，载《中南大学学报》（社会科学版）2017 年第 1 期。

首先，从审查对象的性质看，既包括立法文件也包括行政管理文件。《竞争原则协议》第五条第一款规定包括法律、条例、立法文件和行政管理文件在内的所有“立法”活动均不得限制竞争。可见，澳大利亚立法审查的对象基本上涵盖了行政和立法机关等公权力部门的所有立法限制活动。

其次，从审查对象的类型看，澳大利亚的审查制度确立了不同于我国的类型化区分。[①] 澳大利亚国家竞争理事会在 1999 年的《国家竞争政策立法审查准则》中提出了七个主要的限制竞争的立法类型：管理公司或个人进入或退出市场；控制价格或生产水平；限制货物和服务的质量、水平或地点；限制广告和宣传活动；限制生产过程中使用的价格或投入类型；可能给企业带来重大成本；或为一些公司提供了优于其他公司的优势。

最后，从立法审查实施的时间点看，既包括实施前的立法文件（存量），也包括实施后的立法文件（增量）。此外，澳大利亚的立法审查对存量文件的审查时间作了原则性截止安排：各缔约方应于 1996 年 6 月前制定出审查时间表，并酌情在 2000 年前进行修改（后来由澳大利亚政府理事会将之延长到了 2005 年）；此后，每至少间隔 10 年须进行一次系统审查。[②]

（三）公平竞争审查的责任主体

公平竞争审查制度的责任主体即为应由哪些机构负责立法审查。首先为各州独立的审查小组。根据《竞争原则协议》的立法审查要求，联邦及各州政府应当承诺对各自限制竞争的立法活动进行审查，《国家竞争政策立法审查准则》则作了具体规定，要求各级政府在国家竞争理事会指导下任命独立的审查小组负责立法审查工作，并对审查小组的人员组成、专业知识等作了详细说明。[③]

---

① 我国在《关于在市场体系建设中建立公平竞争审查制度的意见》之审查对象的部分进行了类型化举例，包括市场准入、产业发展、招商引资、招标投标、政府采购、经营行为规范、资质标准等涉及市场主体经济活动的行为。

② 澳大利亚国家竞争政策官网：“Competition Principles Agreement”第 5 条第 3 款、第 4 款、第 6 款，载 http：//ncp. ncc. gov. au/docs/Competition%20Principles%20Agreement,%2011%20April%201995%20as%20amended%202007. pdf，最后访问日期：2019 年 10 月 11 日。

③ 澳大利亚在确保任命最佳审查小组成员时在以下几个方面进行了严格筛选：独立于政策制定机关的财政和人事关系；熟悉竞争政策原则；了解所审查的立法；拥有评估立法如何限制竞争的经验；拥有评估竞争限制如何损害经济的经验；拥有评估限制竞争所带来的益处和所造成的损失方面的经验；知悉与审查对象相关的经济、社会信息，包括行业结构和利益攸关方；拥有运用经济知识分析正在审查的问题的能力；拥有及时对所审查的问题进行成本效益分析的能力。

其次为国家竞争理事会。作为1995年《竞争政策改革法案》中新成立的机构，国家竞争理事会负责对全国竞争政策提供建议和咨询，在一些情况下也可作为州际间国家层面的立法审查机构。[①] 与此同时，为了确保各缔约政府积极执行竞争政策和立法审查要求，联邦政府应保障国家竞争理事会在设立审查、任命适当的审查小组、确保严格遵守职权范围和确保质量控制方面发挥重要作用。《竞争原则协议》对其人员任命程序作了专门规定，《国家竞争政策立法审查准则》则对其人员组成作了相应说明。[②] 此外，国家竞争理事会还负责对全国各级政府的立法审查工作进行评估，并以此为基础向联邦提出对各州支付相应竞争款的激励建议。

（四）公平竞争审查的标准及例外

1. 公平竞争审查的标准

公平竞争审查的标准即为开展公平竞争审查工作时所依据的“参照物”。根据标准详细程度的差异可分为原则标准和具体标准，澳大利亚的公平竞争审查制度主要涉及原则标准。而澳大利亚公平竞争审查的原则标准为公共利益，《竞争原则协议》第五条第一款明确规定了所有的限制不能损害公共利益。对于如何理解“公共利益”，原则协议第一条第三款作了解释，主要包括：衡量某一特定政策或行动方针的收益是否高于该政策或行动方针的成本；某一特定政策或行动方针的优势或者合理性是否确定；是否是实现既定政策目标的最有效手段。上述三个方面的认定还需要进一步从与生态可持续发展有关的政府立法和政策方面酌情考虑，它们涵盖：包括公共服务在内的社会福利和社会公平；与职业健康和安全、劳资关系、准入和公平等事项有关的政府立法和政策；包括就业和投资增长

① 澳大利亚国家竞争政策官网：“Competition Principles Agreement”第5条第8款，载http://ncp.ncc.gov.au/docs/Competition%20Principles%20Agreement,%2011%20April%201995%20as%20amended%202007.pdf，最后访问日期：2019年10月13日。

② 原文大意为：委员会应由具有经济全局视野的财政部或国务院等政府部门的代表领导；应排除所有利益集团对委员会的任何干扰（但应鼓励委员会在编写审查的职权范围之前与利益集团协商）；以及向公众提供其职权范围和任何其他与审评过程和安排有关的文件。此外，还应考虑吸纳负责立法审查的有充足经验的部门人员；以及每个竞争政策管辖区派一名代表参与以确保遵守审查原则和标准。详见澳大利亚国家竞争政策官网：“Guidelines for NCP legislation reviews”，载http://ncp.ncc.gov.au/docs/LEGu-001.pdf，最后访问日期：2019年11月2日。

在内的经济和区域发展；一般消费者或某一类消费者的利益；澳大利亚企业的竞争力；资源的有效分配等六个方面。①

2. 公平竞争审查的例外

公平竞争审查的例外即为应被审查的限制性规范文件因满足特定条件不仅不会被禁止反而还会继续颁布实施的情形。《竞争原则协议》对澳大利亚公平竞争审查的例外情形作了三个方面的规定：首先，待审查的立法文件对竞争所作的限制收益必须要高于所造成的损失；其次，所作出的立法限制必须是不可避免的；最后，文件的制定机关必须提供可证明的证据。只有同时满足上述三个条件，澳大利亚的立法审查机关才能准许限制例外。

（五）公平竞争审查的模式及方法

1. 公平竞争审查的模式

作为国家（政府）履行公平竞争职责的确认、维持与促进手段，公平竞争审查制度虽然仅被极少数国家以“公平竞争审查”或类似冠名的制度形式所创设，但实质意义上的公平竞争审查制度是在世界大多数国家普遍存在的一种制度性公共产品。② 在设立模式上，澳大利亚的公平竞争审查制度由《竞争原则协议》第五条以专门的“立法审查”条款所规定，属于形式意义上的公平竞争立法审查模式。在实施模式上，澳大利亚的公平竞争审查制度由各级独立的审查小组负责立法审查，国家竞争理事会负责全国竞争政策执行的指导、监督、评估和咨询工作（也承担全国层面的立法审查职责），形成独特的审查小组独立审查和专门委员会外部监督的实施模式，既能充分发挥审查小组专业性和高效性的审查优势，又能以外部监督的方式对之加以限制，保障审查的效果，从而达致效率和经济成本的共同最优状态。

2. 公平竞争审查的方法

公平竞争审查是一项复杂的工作，需要审查人员和指导人员掌握一定的专业方法。首先，清单对照排除法。澳大利亚作为形式意义上实施公平竞争审查制度

① 澳大利亚国家竞争政策官网：“Competition Principles Agreement”第 1 条第 3 款，载 http：//ncp.ncc.gov.au/docs/Competition% 20Principles% 20Agreement,% 2011% 20April% 201995% 20as% 20amended% 202007.pdf，最后访问日期：2019 年 10 月 19 日。

② 翟巍：《欧盟公平竞争审查制度研究》，中国政法大学出版社 2019 年版，第 18 页。

的国家，其在实施程序中制定了审查清单，便于审查人员对照入座，当立法文件符合清单上所列举的情形且不存在例外条件时应及时要求其进行修改或者禁止颁布。[①] 其次，定性与定量相结合的分析方法。澳大利亚在进行审查之前已预先对常见的审查对象按照性质进行了类型化分类，当开展立法审查时首先根据对象的性质将之划分到不同性质的分类中，完成“定性”步骤；然后按照限制影响的程度确定审查的优先次序，由高到低依次进行审查，完成“定量”步骤，根据定性和定量的程序完成对应的审查工作。最后，收益—成本分析方法。澳大利亚在进行公共利益判断时将修改或禁止的标准认定为“对公共利益产生的收益小于限制本身的成本”；在进行特殊限制效果评估时也要求评估机关恪守收益—成本标准，可以说该方法在澳大利亚的立法审查制度中普遍存在且不可或缺。

（六）公平竞争审查的程序

澳大利亚政府为确保审查工作的顺利实施，除了以创设专门审查制度的法律形式对全国的立法审查工作予以确定之外，还出台竞争立法审查指南等文件进一步明确审查实施的具体程序。根据《国家竞争政策立法审查准则》要求，澳大利亚的立法审查程序分为三个主要阶段：建立审查机制、进行审查和执行审查建议。

首先，在建立审查机制阶段，欲使立法审查的功能得到有效发挥，需要提前进行科学且合理的机制设计。在此阶段，澳大利亚主要围绕建立独立的指导委员会、选择适当的审查模式、拟订详细的职权范围、确保选出最佳的独立审查小组和保障利益相关者参与的透明进程等内容进行设计。

其次，在进行审查阶段，为保证立法审查制度的严格实施，澳大利亚专门制定了立法审查实施步骤：澄清目标→确定对竞争限制的性质→分析限制的影响→分析效益和成本→考虑替代方案。其中，要以确定目标，按所处理问题的类型对目标进行分类，按优先次序、审查一致性和相关性评估目标的审查顺序，完成“澄清目标”的步骤；按照确定限制的性质，将其分类为常见类型，描述即时影响方面的限制并按限制程度排列优先次序的要求完成“确定对竞争限制的性质”

---

① 澳大利亚《国家竞争政策立法审查准则》对立法审查实施程序中的确立审查阶段、进行审查阶段和执行审议建议阶段均制定了相当详细的实施标准，以便于相关人员顺利开展审查工作。

的步骤；按照确定限制的利弊，详细考虑使用一致的经济框架，在“无立法”的情况下如何改变目前“有立法”的情况的标准完成“分析限制的影响”的步骤；通过收集数据，估计关键参数，处理关键不确定性，计算效益和成本，进行敏感性测试的流程完成“分析效益和成本”的步骤；按照评估立法的目标是否可以通过，是否存在有利于竞争的替代办法，提出建议并编写审查报告完成“考虑替代方案”的步骤。

最后，在执行审查建议阶段，要将相关立法审查信息及时通知公众、公布报告；如果立法审查执行未完成，则需要 NCC 及时介入重点关注该限制问题并评估如何支付竞争款；除此以外，还可制定日落条款，并安排二次审查，也可聘请专家处理实际问题。

整体而言，澳大利亚的立法审查机制并非仅仅关注审查的实施阶段，而是将实施前的制度设计和实施后的审查监督和建议与之统一协调起来，构筑一个相互配合互为补充的有机审查程序，从而保障了立法审查制度的真正落实和推行。

（七）公平竞争审查的配套机制

澳大利亚的公平竞争审查制度是一个各方有机配合的系统工程，不但包含立法审查的本体制度，还设计了众多配套机制辅助实施，其中，代表性机制包括立法限制推定机制、审查评估机制和审查激励机制。

立法限制推定机制主要由《竞争原则协议》第五条第五款予以规定，该条款要求协议的缔约政府在提出限制竞争立法提案的同时，还须提供该立法符合立法限制例外条件的充分证据，未提供相应证据的立法文件应被推定为竞争限制文件。立法限制推定机制将未限制竞争的证明责任划归到文件制定机关（举证责任倒置），以敦促其认真履行限制竞争的排查职责，从源头遏制限制竞争的文件出台，与此同时，也便于审查指导机关根据相应的证据材料监督立法审查例外实施的情况。

审查评估机制是指导委员会监督各级政府落实竞争政策情况的机制。澳大利亚实行行政区划下独立的审查小组模式，但基于联邦制的现实国情，审查小组易受到各缔约政府的影响，从而产生审查机构对地方政府制定的文件弱化审查的情况，造成区域性的竞争限制，不利于全国统一市场的形成，而通过授权全国指导委员会对各缔约政府落实竞争政策情况进行评估，可以较好地实现对全国竞争政策执行情况的统一领导和监督，从而推动竞争政策在全国范围内的真正实施。

审查激励机制是澳大利亚在立法审查制度实施过程中的独创性机制，联邦政府通过对及时履行竞争承诺的地方政府支付竞争款进行竞争奖励，激励各级政府积极落实竞争政策。审查激励机制由《执行国家竞争政策和相关改革的协议》所确认，在该协议中，各缔约政府同意联邦政府根据国家竞争理事会对各政府履行竞争政策的评估报告分三个时间阶段（1997 年 7 月 1 日之前；1999 年 7 月 1 日之前；2001 年 7 月 1 日之前）分别支付竞争款，虽然各阶段的具体支付要求有所不同，但均围绕按照既定的时间路线执行政府间的竞争政策、执行电力、天然气、水力和铁路公路运输竞争协议等内容设置支付条件。除此之外，协议还约定若某一缔约政府未完全履行竞争审查承诺，其对应的竞争支付款将由联邦政府保留。支付竞争款机制从内部破解审查机关的审查惰性，通过财政补助的方式分担地方政府进行公平竞争审查的成本与风险，化阻力为动力，极大激励各缔约政府积极开展立法审查工作。截至 2005 年，澳大利亚各级政府已完成对所有立法的评估和修改，总计发现 1800 多项限制竞争的法律文件，并对其中 85% 的文件进行了修订或废止。[①]

三、澳大利亚公平竞争审查制度的经验及启示

从公平竞争审查制度的实践路径来看，澳大利亚在其公平竞争审查制度上已经形成了体系化、结构化、步骤化的行动逻辑与实践策略，对于近些年来才开始推行公平竞争审查制度的我国而言，澳大利亚完备成熟的建设经验对构建我国自身的公平竞争审查制度无疑具有重大的理论与实践意义。

（一）适当扩大审查对象，提高审查制度的覆盖范围

依据我国国务院《意见》，我国公平竞争审查制度的审查对象为“行政机关和法律、法规授权的具有管理公共事务职能的组织制定市场准入、产业发展、招

① 郑鹏程、黎林：《澳大利亚公平竞争审查中的竞争支付制度及其启示》，载《价格理论与实践》2017 年第 11 期。

商引资、招标投标、政府采购、经营行为规范、资质标准等涉及市场主体经济活动的规章、规范性文件和其他政策措施”及“行政法规和国务院制定的其他政策措施、地方性法规”，对行政机关限制市场竞争的抽象性行为作了审查规定，但并未对立法机关的竞争限制行为作出审查安排，从而产生无法有效审查立法机关竞争限制行为的漏洞。众所周知，立法机关的限制竞争行为一般具有效力上的普遍性和适用范围上的全域性，其对市场竞争所造成的损害并不亚于行政机关限制竞争所产生的损害，因此，公平竞争审查制度理应对所有可能产生市场竞争限制损害的规范性文件进行审查。澳大利亚的《竞争原则协议》对其立法审查制度的审查对象作了明确规定，包含立法机关制定的法律、法规及行政机关的政策性文件在内的所有规范性文件均为审查的对象，任何限制市场竞争的立法文件均应接受竞争限制审查，在其国内实现了对行政机关和立法机关涉及市场竞争限制文件的审查全覆盖，有效促进了市场内生产要素的自由流动和市场主体的自由竞争。

因此，对公权力机构（主要指行政机关和立法机关）及其部门限制竞争的规范性文进行公平竞争审查既是正确处理政府与市场关系的要求，也是社会主义市场经济内在发展的本质需求。当前，针对我国因未将立法机关所制定的法律纳入公平竞争审查制度范围而无法有效规制立法机关限制市场竞争行为的缺陷，可以借鉴澳大利亚对所有限制竞争的规范性文件进行审查的做法，及时将法律纳入我国公平竞争审查的对象范围，实现对公权力机构及其部门限制竞争行为的审查全覆盖。

（二）完善审查责任主体，建立审查评估和激励机制

我国公平竞争审查制度实行的是政策制定机关自我审查模式，按照“谁制定、谁审查”的原则开展公平竞争审查工作，政策制定机关是首要的责任主体。此外，根据《实施细则》，国家发展改革委、原国务院法制办、财政部、商务部、原工商总局会同有关部门组成国家层面的公平竞争审查工作部际联席会议，对全国公平竞争审查工作进行宏观指导。同样，各地方政府组成相似的联席会议或工作协调机制（统称联席会议），负责本地区的公平竞争审查工作，因此，各级联席会议也是我国竞争审查的责任主体。相较于澳大利亚专门组建独立的竞争

审查机构，我国的政策制定机关或者联席会议在性质上始终属于政府行政机关，对同属行政机关所作的规范性文件不可避免会形成审查“惰性”，陷入“该审不审、能改不改”的“囚徒困境”陷阱。此外，由于缺乏像澳大利亚国家竞争理事会那样强有力的指导和外部监督评估机构以及必要的中央政府竞争奖励机制，我国政策审查机关往往并不热衷于审查与本机构利益相冲突的规范性文件，使竞争审查的实质效果大打折扣。因此，完善我国审查责任主体，建立审查评估和激励机制，可以有效促进公平竞争审查制度的实施，具体可围绕以下几个方面展开。

首先，针对我国行政机关自我审查积极性不高且缺乏独立监督机构的现实，根据《反垄断法》第九条的规定①，在指导和监督机构的设置上完全可从公平竞争审查工作部际联席会议转向由我国国务院反垄断委员会负责全国公平竞争审查的指导和监督工作。当然，完成这一目标还需要确保国务院反垄断委员会的独立性，以及改变当前只关心反垄断而忽视不正当竞争的职能。通过完善国务院反垄断委员会对全国公平竞争审查的指导和监督职能，可以实现对政策制定机关自我审查的外部监督，从而推动公平竞争审查制度的实施。

其次，建立审查评估机制。独立的评估机制对于我国政策制定机关自我审查模式的监督至为重要，也正基于此，国家市场监督管理总局于 2019 年 2 月 12 日发布了《实施指南》。公告对第三方评估实施中所涉及的适用范围和评估内容、评估机构的选择、评估程序和方法、评估成果及运用、保障措施和纪律要求等作了规定，在建立审查评估机制上取得了质变的进步。但是，也应理性地看到，第三方评估机制仍由政策制定机关主导，评估机构受其委托开展评估工作（排除利益相关人的启动权利）。虽然受到客观公正、公开透明、注重实效等原则的要求约束，但评估机构仍无法避免政策制定机关对其工作的“干扰”，真正独立透明的评估机制尚待进一步完善。

---

① 《反垄断法》第九条原文为：国务院设立反垄断委员会，负责组织、协调、指导反垄断工作，履行下列职责：

（一）研究拟订有关竞争政策；

（二）组织调查、评估市场总体竞争状况，发布评估报告；

（三）制定、发布反垄断指南；

（四）协调反垄断行政执法工作；

（五）国务院规定的其他职责。

最后，应根据我国国情建立竞争激励机制。我国幅员辽阔，区域经济发展水平参差不齐，在全国范围内实施统一的审查标准，难免会导致市场经济发育程度较高的地区普遍受益较多，而市场经济发育差的地区可能会产生损害高过受益的情况，其推动公平竞争审查的阻力就越大，在此情况下，各地区推动公平竞争审查的步骤就有所迟缓。受澳大利亚竞争激励机制的启发，我国可以在中央政府的协调下通过确立“谁受益、谁承担”的地区财政转移支付和增加竞争审查的干部考核标准及绩效奖励等方式建立我国的竞争激励机制。

（三）明确法律依据，加强审查制度的体系化建设

竞争政策是澳大利亚实施的一系列旨在解决其国内大量存在的地区及行业壁垒等限制竞争问题，促进市场生产要素自由流动和市场主体自由竞争的一揽子竞争措施的总称，它是在联邦、各州及地方政府达成三项协议的基础上形成的，是市场机制优先适用的政策，其效力地位高于一般法律。另外，为了配合国家竞争政策的实施，澳大利亚还修改了其竞争法——《贸易行为法》并于 1995 年通过了《竞争政策改革法》。此外，国家竞争理事会作为独立指导和评估机构也是依据《竞争政策改革法》所建立。因此，从全局上看，澳大利亚的竞争政策改革是上升到了法律层面来设计、实施和执行，作为其国家竞争政策核心制度之一的立法审查制度也普遍具有这一特征，它可以审查包括联邦议会制定的法律和州议会制定的法律在内的全部规范性文件。

竞争审查制度的实施需要明确的法定授权，目前，我国的公平竞争审查制度在性质上仅仅被视为国务院的政策性措施，远没有上升到法律的层面，面对法律的竞争限制存在着审查不能的天然缺陷。此外，受限于其效力，我国公平竞争审查制度的实施无法做到有法可依，也难以保证其强制性、责任性和程序性。因此，从法律层面对我国的公平竞争审查制度予以确认已成为其未来实施的必然要求，而该授权理应由我国“经济宪法”之称的《反垄断法》来承担，公平竞争审查制度也理应成为《反垄断法》的重要内容之一。

当前，我国公平竞争审查制度还存在体系化建设不够完备，与其他制度缺少一定的契合度和宏观配合的问题。我国的公平竞争审查制度在本质上是规制政府限制竞争行为的制度，在竞争审查的实施过程中不可避免地会面临政府与市场关

系的处理、产业政策与竞争政策关系的处理、合法性审查与公平竞争审查关系的处理、与竞争法体系关系的处理等一系列的难题，解决上述问题需要有宏观的公平竞争视野，亦需要密切加强和相关制度之间的协调与配合，共同构筑符合我国社会主义市场经济发展要求的公平竞争审查体系。

（四）补充审查标准，采用科学的审查方法

澳大利亚的立法审查制度在《竞争原则协议》中以公共利益为原则性审查标准，并在立法审查指南中列举详细的具体标准配合实施。该模式的优势在于既能依靠具体标准处理常见的立法审查问题，也能利用原则性标准解决一些尚未遇到的“疑难杂症”，充分使得其审查效果最大化。此外，通过运用定性与定量的分析方法，澳大利亚将待审查的立法文件按照限制竞争程度的高低依次排序，率先审查竞争损害程度高的文件，从而将限制竞争的市场损害降至最低。这一经验也值得我国借鉴。

当前，我国公平竞争审查的标准采用的是列举式体例，在《意见》中，国务院将审查标准划分为市场准入和退出标准、商品和要素自由流动标准、影响生产经营成本标准和影响生产经营行为标准四大类 18 小类标准，但远无法满足市场中政府限制竞争的认定需求。后来，为了进一步明确审查标准，国家发展改革委等五部门联合印发《实施细则》，将公平竞争的审查标准细化为四大类 18 中类 45 小类，基本上涵盖了市场中常见的政府限制竞争行为。但对于一些罕见的规范性文件类型，上述细化后的审查标准仍然无法做到“对照审查”，并且对于切除自身“利益蛋糕”的公平竞争审查制度而言，政府“创造”新的竞争限制内容并非仅存有理论的可能。面对此情形，补充原则性审查标准就显得尤为重要，也使各地方政府出于不同动机而颁布限制竞争的政策性文件时不敢“钻空子”，社会公众及利益相关者也可据此进行审查监督。

我国幅员辽阔，经济发育程度在各区域亦有所不同，在从计划经济体制向市场经济体制过渡的过程中，我国政府一直发挥着重要作用。对于审查机构而言，短时间内审查如此繁多复杂的政策性文件是一项艰巨且耗时的任务，也必然会面临审查优先次序的选择问题，此时不妨参照澳大利亚的经验将待审查的文件进行竞争限制程度排序，然后按照影响程度的高低顺序开展竞争审查。此过程需要优

先确定待审查文件的性质（定性），评估对市场竞争的影响程度（定量），然后再根据影响程序依次进行审查，从而将限制竞争程度高的文件对市场产生的损害降至最低。

第三节 OECD的公平竞争审查制度

OECD 倡导的公平竞争审查制度，又称为竞争评估制度。竞争评估（competition assessment）是指竞争主管机构或者其他专门机构通过审查和评价正在制定中的或者现行的法律、法规和政策可能对竞争产生的影响，在不影响达到预期政策目标的前提下寻求减少或者消除对竞争的潜在危害的替代方案或者确认其无效的制度或者过程。[①] 竞争评估不仅有利于一国经济的可持续发展，还能通过预防歧视性管制政策补充现行多边贸易和投资规则，从而促进公平竞争的国际贸易环境。[②] OECD 较早地关注管制政策对市场竞争所带来的负面影响，通过一系列的文件为其成员国提供竞争评估的统一参考框架，它包括了评估实体规则和程序规则的详尽说明，被很多国家和地区所广泛采纳和引用。实施竞争评估最具有代表性的国家有澳大利亚、韩国、日本、美国、新加坡，虽然它们采取的评估方式有所差异，但均制定了自己的竞争评估工具书，它们是在 OECD 竞争评估框架的指导下展开评估，并且要求政府组织或机构在管制中要执行竞争评估。

1995 年，OECD 发布了《OECD 理事会关于提高政府监管质量的建议》，促进了关于监管议案和可行替代方案的使用收益—成本分析的制度建构。这个建议推动了成员国政府对这些问题的思考，深入了解监管影响评估的内在含义。在之后的十几年里，OECD 在对成员国实践的分析基础上，发布了众多与构建监管影响评估制度有关的文件。

OECD 在 1997 年的管制改革报告中就指出，在没有明确证据表明这样的管制是实现公众利益的必要手段时，政府应首先确认并废除限制竞争的政策措施。

---

① OECD, Competition Assessment Toolkit Volume III: Operational Manual, at http://www.oecd.org/daf/competition/COMP_ Toolkit_ Vol. 3_ ENG_ 2015. pdf, Aug. 18, 2016.

② 徐明妍：《OECD 竞争评估工具及其推广》，载孙晋：《中国与世界：竞争法发展研究报告（2016年卷）》，法律出版社 2017 年版，第 388 页。

在 2005 年的《管制质量与绩效的指导原则》报告中，OECD 建议，对于即将新拟或已经存在的管制措施或法规，应该对其进行竞争评估。报告同时指出，各经济管制都应该被废止，除非这些措施可以被明显证明是提供广泛公众利益的最佳工具。当政府为了追求合法的社会和经济利益而实施管制时，应谨记竞争给国民经济和消费者带来的效益。在大多数情况下，竞争的市场可带来较高的经济福利，则规章制度的竞争评估自然也将产生显著效益。

为了增强竞争评估的可操作性，OECD 专门颁布了《竞争评估工具书》(2007)（建议所有成员国采纳工具书规定的方法和程序）、《关于竞争评估的建议案》(2009)、《竞争评估指南》(2010)、《竞争评估原则》(2010)、《竞争评估步骤》(2010) 等文件，阐明了竞争评估范围、方法、流程等制度要素，补充了更多的案例、竞争对经济发展的积极作用和对竞争核对清单更加详细的介绍。2015 年，OECD 颁布了竞争评估工具书第三卷《竞争评估工具书 · 操作手册》，阐明了竞争评估的方法和流程，为成员国制度的构建提供参考。①

一、评估概况

（一）评估对象

《竞争评估工具书 · 原则》明确规定，可用于以下三个方面：(1) 法律、规章制度和条例。可进行竞争评估的政策包括法律、规章制度和条例，并不是所有的管辖区都将法律作为竞争评估潜在对象。值得一提的是，实行竞争评估最成功的管辖区域同时也是应用了法律竞争评估的管辖区域。(2) 现行政策和新政策。一些政府对现行政策和新政策都进行竞争评估，这是促进市场竞争的最有效方式，但这需要有巨大的政治意愿。其他政府则只对新政策实行竞争评估。(3) 全国性政策、地区性政策和本地政策。在全国范围内、地区范围内或当地范围内实施竞争评估可以在经济范畴找到依据。具体而言，可以对所有可能产生过度限制竞争作用的政策进行竞争评估。产生这些限制作用的政策有的是全国性

---

① 王一平：《简析竞争推进的域外实践及对我国实施公平竞争审查制度的借鉴意义》，载《中国价格监管与反垄断》2017 年第 2 期。

的，有的是地区性或本地的。比如，不利于出租车竞争的政策往往属于本地政策，不利于消费者的职业监管制度往往也是地区性政策。有相关的案例表明，可对全国性和地区性的政策都实行竞争评估。① OECD 认为，竞争评估的对象涵盖了所有拟订中的和现行的所有法律及法律位阶以下的各种法规和公共政策。

（二）评估主体

OECD 认为，为了确保政策制定者考虑政策的竞争效应，应该要求制定政策的政府部门实行竞争评估。如此，可以确保政策制定者在合适的时机里考虑与竞争效应相关的问题，而这些问题对于及时与有效制定政策是非常有必要的。但是，除非有第三方对其工作进行审核，“一线”政策制定者可能并不会很严肃地看待竞争评估。审核工作可以由监管监督人、竞争评估专家（如竞争机构派出的有关人员），或者由以上两种人结合的专家组来承担。另外，实行超出竞争核对清单要求的综合的竞争评估要求具备竞争分析和市场定义等相关能力。因此，在某些国家，竞争机构对具有经济影响的新法规或规章制度通常在其实施之前进行审核。

同时，审查机构的独立性也是非常重要的。例如，澳大利亚竞争评估的成功很重要的一个原因就是审查机构的独立性，其 1995 年成立的国家竞争委员会就是一个独立机构，独立于负责审核新规章制度的管理监督办公室和竞争机构。让竞争机构或其他政府部门参与竞争评估不应该阻碍政府日后在竞争法下进行的合法行为，竞争评估是基于竞争效应的预测之上的，而预测在现实生活中往往会低估竞争危害或高估竞争效益。

（三）评估标准

OECD 竞争评估的标准根据程序的不同而有所区别。

初步评估阶段的标准包括了四大类 15 项：一是限制供应商的数量或经营范围：（1）授予某供应商提供商品或服务的特许经营权；（2）确立颁发营业执照或经营许可证制度；（3）对某些类型的供应商提供商品或服务的能力进行限制；

① OECD：《竞争评估工具书·原则》，http：//www. oecd. org/daf/competition/98765436. pdf，2019 年 8 月 9 日访问。

(4）大幅提高市场的进入或退出成本；（5）对公司提供产品或服务、资本投资和劳务供应能力设置地域壁垒。二是限制供应商的竞争能力：（1）控制或影响商品和服务的价格；（2）限制供应商进行广告宣传或市场营销的自由；（3）设置有利于某些供应商的产品质量标准或者设置过度超前的产品质量标准；(4）大幅提高某些供应商的生产成本（尤其是对市场新进入者和现有企业进行区别对待）。三是打击供应商参与竞争的积极性：（1）创建自我管理或联合管理的体制；（2）要求或鼓励供应商披露产量、价格、销售额或成本的信息；(3）对特定行业或特定供应商给予一般竞争法的豁免。四是对消费者可获信息及其选择的限制：（1）限制消费者的选择能力；（2）通过直接或间接增加更换供应商的成本来限制消费者选择供应商的自由；（3）从根本上改变消费者进行高效购买所需的信息。

深入评估的标准则是依据SCP范式，分析法律制度自身及其与市场结构、市场行为等因素的交互作用是否严重损害了竞争。

二、竞争评估的程序

（一）初步评估

OECD根据不同司法辖区的经验，将法律对竞争限制作类型化归纳，形成《应用于识别限制竞争法律的核对清单》（简称《OECD竞争核对清单》，见表2-1）；反过来再通过核对清单快速发现限制竞争的法律。之所以选择这样的方法，是因为根据一系列问题的回答："竞争核对清单"来表明拟执行的法规政策可能对竞争的巨大不利影响；制定法律的机构往往不具备专业的竞争知识，而简单、明了的核对清单可以帮助法律制定者在法律制定的初始阶段就重点关注法律对竞争产生的潜在影响，确保其在制定法律之初发现问题，并主动避免。竞争评估的过程给监管者和立法者提供了分析的框架以减轻或避免潜在的竞争问题。同时，竞争评估还可以通过帮助确定可能的备选方案以减少或消除对竞争的潜在危害，而不影响预期政策目标的达到。

只要对核对清单中所列的任一项目的回答是"是"，即意味着法律限制了竞争，需要对该法律进行深入的评估。相反，对核对清单中所列项目的回答都是

“否”，则意味着法律没有限制竞争，无须进行深入的评估。

表 2－1　　OECD 竞争核对清单

评估维度	评估项目	评估结果	
		是	否
限制供应商的数量或经营范围	授予某供应商提供商品或服务的特许经营权		
	确立颁发营业执照或经营许可证制度		
	对某些类型的供应商提供商品或服务的能力进行限制		
	大幅提高市场的进入或退出成本		
	对公司提供产品或服务、资本投资和劳务供应能力设置地域壁垒		
限制供应商的竞争能力	控制或影响商品和服务的价格		
	限制供应商进行广告宣传或市场营销的自由		
	设置有利于某些供应商的产品质量标准或者设置过度超前的产品质量标准		
	大幅提高某些供应商的生产成本（尤其是对市场新进入者和现有企业进行区别对待）		
打击供应商参与竞争的积极性	创建自我管理或联合管理的体制		
	要求或鼓励供应商披露产量、价格、销售额或成本的信息		
	对特定行业或特定供应商给予一般竞争法的豁免		
对消费者可获信息及其选择的限制	限制消费者的选择能力		
	通过直接或间接增加更换供应商的成本来限制消费者选择供应商的自由		
	从根本上改变消费者进行高效购买所需的信息		

资料来源：OECD：《竞争评估工具书 · 原则》，http：//www. oecd. org/daf/competition/98765437. pdf，2018 年 6 月 10 日访问。

（二）深入评估

深入评估旨在判断法律对竞争限制的合理性。所谓合理性，是指法律所选择的制度方案以最小的竞争损害实现了既定的目标。判断的基础就是依据 SCP 范式，分析法律制度自身及其与市场结构、市场行为等因素的交互作用是否严重损害了竞争。然后，再审查是否实现了既定目标、是否还有对竞争损害更小的替代方案。这是一种“目标”与“手段”之间的权衡，而不是对法律目标本身的质疑。

深入评估一般可以分两个步骤展开。

第一步，分析法律对竞争的影响效果。依据产业经济学不断修正的 SCP 范式，分析制度因素直接或间接产生的竞争影响，从而确认法律是否严重损害了竞争。同时，关注法律实施的效果（即市场的实际表现）是否与既定的目标相吻合。如果法律没有实现既定目标，却导致了对竞争的严重损害，则该项法律规则就是不合理的；相反，如果法律实现了既定目标，但也导致了对竞争的损害，则要进一步审查有无对竞争损害更小的替代方案。

第二步，分析替代方案对竞争的影响效果。竞争是实现资源配置最优化的基本途径。为了纠正市场失灵，哪怕政府对竞争的限制不可避免，也应该仔细权衡选取对竞争损害最小的方案，或采取一些辅助的措施来减轻对竞争的损害。此部分的分析，旨在预估替代方案对竞争的影响，并将替代方案竞争影响的预估结果与原来方案的竞争影响结果相比较，看是否真的能够减少对竞争的损害。如果替代方案不能减少对竞争的损害，原来的方案就是合理的；如果替代方案减少了对竞争的损害，原来的方案就是不合理的。还要注意的是，替代方案可能不止一种，故我们需要针对个案在不同替代方案中的优劣进行比较，选择对竞争损害最小的那一种。①

（三）事后评估

应定期对经过竞争评估的政策措施进行事后评估，以评估在审查过程后选择的方案是否达到了预期的效果，是否是最合适达到预期效果的政策措施。这使评估主体能够确定可能出现的错误和原因，从而改进竞争评估过程。

竞争评估不可避免地涉及对所审查的政策备选方案对竞争可能产生的影响作出假设，因此每种方案的实际成本和收益都存在一些不确定性。只有一段期间之后，我们才能看出，在解决排除限制竞争问题的同时，所选择的方案是否最适合实现目标。

理想情况下，评估人员通过将所选选项的结果与评估时考虑的所有备选方案进行比较来执行此步骤。但是，这样的分析可能过于复杂和耗时，因此通常会选择一个反事实：如果没有进行竞争影响评估，就应该采用这种选择；当原来的竞争评估涉及一项后来被改变的现有政策时，反事实应该是该政策被取消的延续；当评估涉及一个新的政策时，分析应该包括比较所选择的政策与最初提出的政策

---

① 张占江：《中国法律竞争评估制度的建构》，载《法学》2015 年第 4 期。

的效果。为了确保分析是公正和客观的，事后评估的主体应当区别于原来评估的主体。事后评估的结果也可能受到自作出决定以来所经过的时间长短的影响。如果时间过短，可能就没有足够的数据来正确估计所选方案的所有影响。如果时间过长，就很难将政策的影响与可能影响该部门的其他事件分开。对于充满活力和创新的行业尤其如此，因此，需要在这两种相反的效果之间取得平衡。事后评估的期限，应当以首次评估后 2 ~3 年最为适宜。①

第四节 欧盟的公平竞争审查制度

虽然欧盟法律制度体系并未内置形式意义的系统化的公平竞争审查制度，也就是说，在以《欧盟条约》《欧盟运行条约》为核心的欧盟法律体系框架下，欧盟并未单独创设以“公平竞争审查”冠名的具有独立性与系统性的法律制度，但从学理意义与实质意义上分析，欧盟存在具有混合型特征的公平竞争审查制度，该项制度主要包括两项基本制度：（1）欧盟国家援助规制法律制度；（2）欧盟附属性国家限制竞争行为规制制度。

依据《欧盟条约》第 3 条第 3 款以及第 27 号备忘录的规定，在《里斯本条约》生效以后，欧盟应构建与维持一个不受扭曲的竞争体制。② 基于防止“扭曲竞争机制行为”目的而颁布生效的欧盟基本法律条款包括《欧盟运行条约》第 101 条至第 102 条、第 106 条至第 109 条等条款。③ 其中，《欧盟运行条约》第 101 条至第 102 条属于规制传统经济垄断行为（垄断协议行为与滥用市场支配地位行为）的核心条款，而以《欧盟条约》《欧盟运行条约》为核心的欧盟基本法律及规范性法律文件都包含若干体现公平竞争审查理念的法律条款，其中最具典型意义的代表性条款即为《欧盟运行条约》第 106 条至第 109 条。具言之，《欧盟运行条约》第 106 条构成欧盟附属性国家限制竞争行为规制法律制度的核心条款，而《欧盟运行条约》第 107 条至第 109 条及《欧盟运行条约》第 38 条、第

---

① Competition Assessment Toolkit, http://www.oecd.org/daf/competition/COMP_ Toolkit_ Vol.3_ ENG_ 2015.pdf, 2019 年 8 月 11 日访问。

②③ Kahl, Wolfgang, Die Kompetenzen der EU in der Energiepolitik nach Lissabon, EuR 2009, Art. 26 AEUV, Rn. 27.

42 条、第 93 条构成欧盟国家援助规制法律制度的核心条款。

欧盟实质意义的公平竞争审查制度主要规制对象是欧盟成员国公权力机关实施的扭曲与侵扰欧盟内部市场竞争机制的各类国家限制竞争行为。譬如，《欧盟运行条约》第 106 条第 1 款规定："成员国在涉及公共企业与获授特许权或独占权的企业时，不得采取或维持违反诸条约，尤其是违反第 18 条、第 101 条至第 109 条规定的措施。"[①] 基于《欧盟运行条约》第 106 条第 1 款规定，"被禁止的国家措施（国家限制竞争行为）"具有两项特征：其一，该类措施是由欧盟成员国所采取的违反《欧盟条约》与《欧盟运行条约》相关条款规定的国家措施；其二，该类措施是欧盟成员国采取的对于公共企业与获授特殊权利的企业产生法律上或事实上影响的国家措施。[②]

在欧盟法律制度框架下，"国家限制竞争行为"概念中所嵌合的"国家"应当予以宽泛诠释。此处所述的"国家"不仅涵盖欧盟成员国及其下属行政区域的公权力机关，而且应当包括欧盟各官方组织机构；而在以往，"国家"通常依据文义解释方法被严格厘定为欧盟各成员国公权力机关。[③] 与之相适应，《欧盟条约》与《欧盟运行条约》文本意义上的"成员国"亦应作宽泛解释。此处所述的"成员国"不仅包括欧盟成员国，而且涵盖欧盟领域内成员国下属的州、省、市、镇或者其他的区域主体。[④]

依据实施主体的职能类型区分标准，国家限制竞争行为的外延范畴不仅包括欧盟成员国行政机关实施的限制竞争行为（具体与抽象行政性垄断行为），而且涵盖欧盟成员国立法机关、司法机关实施的限制竞争行为。由于《欧盟运行条约》第 106 条第 1 款的立法宗旨是为了避免欧盟成员国基于自身国家利益、区位

---

① 《欧盟运行条约》第 106 条第 1 款英文版本内容如下："In the case of public undertakings and undertakings to which Member States grant special or exclusive rights, Member States shall neither enact nor maintain in force any measure contrary to the rules contained in the Treaties, in particular to those rules provided for in Article 18 and Articles 101 to 109."

② Faull, Jonathan/Nikpay, Ali, The EC Law of Competition, New York, 1999, pp. 277 – 278; Hochbaum/Klotz, in: von der Groeben, Hans/Schwarze, Jürgen (Hrsg.), Kommentar zum Vertrag über die Europäische Union und zur Gründung der Europäischen Gemeinschaft, Band 1, 6. Auflage, Baden-Baden, 2003, Art. 86 EG, Rn. 40.

③ Frenz, Walter, Handbuch Europarecht, Band 3, Beihilfe-und Vergaberecht, Berlin/Heidelberg, 2006, S. 25.

④ Vgl. Hochbaum/Klotz, in: von der Groeben, Hans/Schwarze, Jürgen (Hrsg.), Kommentar zum Vertrag über die Europäische Union und zur Gründung der Europäischen Gemeinschaft, Band 1, 6. Auflage, Baden-Baden, 2003, Art. 86 EG, Rn. 21.

利益或民族利益而采取损害欧盟利益的国家措施（国家限制竞争行为），因而在遵循这一立法宗旨的前提下，《欧盟运行条约》第 106 条第 1 款所禁止的欧盟成员国国家措施（国家限制竞争行为）应被作出宽泛解释。此类国家措施不仅应当包括欧盟成员国制订法律、法规与规范性法律文件的行为，而且应当涵盖欧盟成员国的行政执法行为与事实行为。[①] 在例外情形下，国家限制竞争行为外延范畴还应涵盖欧盟官方组织机构实施的限制竞争行为。须注意的是，在欧盟公平竞争审查法律实践中，尚未出现以欧盟官方组织机构为受规制主体的典型法律案例。

就概念属性而言，国家援助概念属于欧盟法范畴下的基础概念，它构成欧盟国家援助规制法律制度的核心概念之一。基于欧盟法视角，国家援助概念特指欧盟成员国通过优待某些企业或某些生产部门的方式，直接提供或利用成员国资源提供的具有扭曲竞争影响或危险的任何类型的直接性或间接性优势，并且此类优势妨碍或可能妨碍欧盟各成员国之间的贸易。[②]

《欧盟运行条约》第 107 条属于欧盟国家援助规制法律制度的最核心法条，它从“应当禁止、应当豁免与可以豁免”三个层面区分界定了国家援助规制的不同法律后果。《欧盟运行条约》第 107 条规定如下：

“（1）除诸条约规定的例外措施外，成员国给予或利用成员国财源以任何形式给予的，在优待某些企业或某些产品生产的情况下，扭曲或威胁扭曲竞争的任何一项援助，如果此项援助已妨碍影响到各成员国之间的贸易，则此项援助就与内部市场相抵触。

“（2）与内部市场相一致的援助有以下几种：（a）给予个体消费者的具有社会性的援助行为，条件是此项援助不得因产品的产地而有所区别；（b）为弥补因自然灾害或突发事件而造成的损害所提供的援助；（c）为经济受分裂影响的联邦德国特定地区提供的援助，此种援助是弥补分裂所造成的经济损失所必需的。在委员会建议下，理事会可在《里斯本条约》生效 5 年后通过颁布决定的方式使本项内容失效。

---

① Wiedemann, in: Wiedemann, Gerhard, Kartellrecht, 2. Auflage, München, 2008, § 2, Rn. 12b; Jung, in: Calliess, Christian/Ruffert, Matthias (Hrsg.), EUV/EGV, Kommentar, 3. Auflage, München, 2007, Art. 86 EGV, Rn. 18.

② Wiki, Beihilfe (EU), Stand: 03. 05. 2018.

“（3）可被认定为与内部市场相一致的援助有以下几种：（a）为促进生活水平异常低下或严重失业地区的经济发展而提供的援助，以及基于地区的结构、经济与社会状况而为促进本条约第349条涉及地区经济发展所提供的援助；（b）为推动关涉共同欧洲利益的重要计划实施而提供的援助，或者为补救成员国经济生活遇到的严重干扰而提供的援助；（c）为促进某些经济活动或经济领域的发展而提供的援助，这些援助对于贸易条件的改变不得抵触共同利益；（d）为促进文化发展和文化遗产保护而提供的援助，这样的援助不得在抵触共同利益的程度上妨碍影响联盟贸易与竞争条件；（e）其他种类的援助，这些援助经委员会提议，由理事会通过颁布决定的方式予以确定。”①

依据《欧盟运行条约》第107条第1款的规定，除了诸条约（特指《欧盟条约》与《欧盟运行条约》）规定的例外措施以外，成员国或利用成员国财源以任何形式给予的，在优待某些企业或某些产品生产的情况下，扭曲或威胁扭曲竞

① 翟巍：《欧盟公平竞争审查制度研究》，中国政法大学出版社2019年版，第39-40页。

《欧盟运行条约》第107条英文版本内容如下：

“1. Save as otherwise provided in the Treaties, any aid granted by a Member State or through State resources in any form whatsoever which distorts or threatens to distort competition by favouring certain undertakings or the production of certain goods shall, in so far as it affects trade between Member States, be incompatible with the internal market.

“2. The following shall be compatible with the internal market:

(a) aid having a social character, granted to individual consumers, provided that such aid is granted without discrimination related to the origin of the products concerned;

(b) aid to make good the damage caused by natural disasters or exceptional occurrences;

(c) aid granted to the economy of certain areas of the Federal Republic of Germany affected by the division of Germany, in so far as such aid is required in order to compensate for the economic disadvantages caused by that division. Five years after the entry into force of the Treaty of Lisbon, the Council, acting on a proposal from the Commission, may adopt a decision repealing this point.

“3. The following may be considered to be compatible with the internal market:

(a) aid to promote the economic development of areas where the standard of living is abnormally low or where there is serious underemployment, and of the regions referred to in Article 349, in view of their structural, economic and social situation;

(b) aid to promote the execution of an important project of common European interest or to remedy a serious disturbance in the economy of a Member State;

(c) aid to facilitate the development of certain economic activities or of certain economic areas, where such aid does not adversely affect trading conditions to an extent contrary to the common interest;

(d) aid to promote culture and heritage conservation where such aid does not affect trading conditions and competition in the Union to an extent that is contrary to the common interest;

(e) such other categories of aid as may be specified by decision of the Council on a proposal from the Commission.”

争的援助，如果此项援助已妨碍影响到各成员国之间的贸易，则此项援助就与建构、维持内部市场的要求相抵触。[①] 在一般情形下，任何符合《欧盟运行条约》第 107 条第 1 款所禁止行为基本特征的措施都应当被纳入“国家援助”概念的外延范畴。[②] 在欧盟国家援助规制法律制度框架下，国家援助行为可以被细分为两种类型：其一，由欧盟成员国所提供的完全无偿的援助；其二，由欧盟成员国所提供的国家援助呈现有偿性特征，接受援助的主体必须给付相应的对价，但与国家援助所带来的市场价值相比，接受援助的主体必须给付对价的市场价值偏低。[③]

由《欧盟运行条约》第 107 条第 1 款文本表述可知，一项具有援助性质的行为必须同时具备四项构成要件，才构成在一般意义上应当予以禁止的国家援助行为。这四项构成要件分别为：（1）援助行为由国家实施，或者援助行为系通过利用国家财源的方式得以实施；此处的国家主要指称欧盟成员国；（2）援助行为具有优待某些企业或者优待某些产品生产的影响；（3）援助行为具有扭曲竞争机制的现实影响，或者援助行为具有扭曲竞争机制的可能性；（4）援助行为的影响溢出单一欧盟成员国的边界，即：援助行为对于欧盟成员国之间的贸易产生影响。不容忽视的是，如果一项具有援助性质的行为没有具备上述任何一项构成要件，那么该项援助行为就不构成欧盟国家援助规制法律制度禁止的国家援助行为。[④] 反之，如果一个欧盟成员国拟定实施的一项行为同时符合《欧盟运行条约》第 107 条第 1 款规定的四项构成要件，那么该项行为通常应当被禁止，但在符合法定豁免前提条件的情形下，该欧盟成员国亦可以合法实施该项行为。[⑤]

① 《欧盟运行条约》第 107 条第 1 款英文版本内容如下：“Save as otherwise provided in the Treaties, any aid granted by a Member State or through State resources in any form whatsoever which distorts or threatens to distort competition by favouring certain undertakings or the production of certain goods shall, in so far as it affects trade between Member States, be incompatible with the internal market.”

② Europäische Kommission, Mitteilung der Kommission-Unionsrahmen für staatliche Beihilfen zur Förderung von Forschung, Entwicklung und Innovation, OJ C 198, 27. 6. 2014, Rn. 16.

③ Wiki, Beihilfe (EU), last visited: September 3, 2018.

④ BMWi, Handbuch über staatliche Beihilfen, Handreichung für die Praxis von BMWi-EA6, Stand: Januar 2016, S. 10 f.

⑤ BMWi, Handbuch über staatliche Beihilfen, Handreichung für die Praxis von BMWi-EA6, Stand: Januar 2016, S. 11.

在欧盟国家援助规制法律制度框架下，涉及国家援助行为类型化豁免的法律渊源可以被细分为五部分：其一，作为基本条款的《欧盟运行条约》第 107 条第 2 款与第 3 款；其二，以欧盟委员会颁布的《区域援助指南 2014－2020》[①] 为代表的关于区域援助豁免的规范性法律文件；其三，以《在适用〈欧盟运行条约〉第 107 条与第 108 条情形下关于宣告某些类型援助与内部市场相兼容的第 651/2014 号条例》[②] 为代表的一般性集体豁免条例；其四，以《委员会关于〈欧盟运行条约〉第 107 条与第 108 条适用于最低限度援助之第 1407/2013 号条例》[③] 为代表的"最低限度条例"；其五，欧盟关于普遍经济利益服务领域国家援助规制的次位法法律体系（"Almunia"系列法律文件）。

依据《欧盟运行条约》第 3 条第 1 款 b 项的授权性规定，欧盟享有规制联盟内部国家援助行为的法定权限。[④] 基于该规定，在为欧盟内部市场的运作确立必要竞争规则的层面，欧盟享有独占性权限，而此规定所表述的竞争规则范畴涵盖国家援助规则。例外情形是，依据《欧盟运行条约》第 346 条第 1 款 b 项的规定，在防卫与安全领域，欧盟规制国家援助行为的权限受到欧盟成员国一定程度的制约与限制。[⑤]

---

① Europäische Kommission, Leitlinien für Regionalbeihilfen 2014－2020, (2013/C 209/01).

② European Commission, Commission Regulation (EU) No 651/2014 of 17 June 2014 declaring certain categories of aid compatible with the internal market in application of Articles 107 and 108 of the Treaty, OJ L 187, 26. 6. 2014, pp. 1－78.

③ Verordnung (EU) Nr. 1407/2013 der Kommission vom 18. Dezember 2013 über die Anwendung der Artikel 107 und 108 des Vertrags über die Arbeitsweise der Europäischen Union auf De-minimis-Beihilfen.

④ 《欧盟运行条约》第 3 条第 1 款英文版本内容如下：

"The Union shall have exclusive competence in the following areas:

(a) customs union;

(b) the establishing of the competition rules necessary for the functioning of the internal market;

(c) monetary policy for the Member States whose currency is the euro;

(d) the conservation of marine biological resources under the common fisheries policy;

(e) common commercial policy."

⑤ 《欧盟运行条约》第 346 条第 1 款英文版本内容如下：

"The provisions of the Treaties shall not preclude the application of the following rules:

(a) no Member State shall be obliged to supply information the disclosure of which it considers contrary to the essential interests of its security;

(b) any Member State may take such measures as it considers necessary for the protection of the essential interests of its security which are connected with the production of or trade in arms, munitions and war material; such measures shall not adversely affect the conditions of competition in the internal market regarding products which are not intended for specifically military purposes."

在欧盟实质意义的公平竞争审查制度实施框架下，欧盟委员会与欧洲法院①之间存在相辅相成的合作关系。一方面，欧盟委员会被定位为欧盟公平竞争审查执法机构，因而它在欧盟实质意义的公平竞争审查制度实施中扮演主导性与主动性角色，具有宽泛化与强势化的公平竞争审查执法权限，而欧洲法院主要发挥修正欧盟委员会不当执法行为的辅助作用。另一方面，在欧盟实质意义公平竞争审查制度实施框架下，欧盟委员会有可能在规制国家限制竞争行为中作出错误决定或者出现执行程序错误。在欧盟委员会发生这类执法瑕疵情形下，其失范行为可以经由“无效之诉”（nichtigkeitsklage）和“不作为之诉”（untätigkeitsklage）程序最终由欧洲法院予以纠正。这一矫正程序设立的法律依据在于，按照《欧盟条约》第 19 条第 1 款的规定②，欧洲法院被明确界定为解释与适用以《欧盟条约》与《欧盟运行条约》为核心的欧盟法律体系的司法机关。具言之，欧洲法院是确保欧盟实质意义的公平竞争审查制度得以精准与有效实施的欧盟最高司法机关，它具有判定“一项国家限制竞争行为是否应予禁止抑或豁免”的最终法定权限。

如前所述，欧盟国家援助规制法律制度构成欧盟实质意义的公平竞争审查制度的核心。该援助规制法律制度不但在欧盟所辖领域内得以全面与充分实施，而且还获得一定程度的域外适用空间。1992 年，作为欧盟前身的欧共体（European Community）与欧洲自由贸易联盟（European Free Trade Association）③ 签署《关于建立欧洲经济区的条约》。依据该条约，欧共体的内部市场应当向欧洲自由贸

---

① 欧洲法院在 1952 年根据《巴黎条约》设立。1993 年，《马斯特里赫特条约》生效，欧洲联盟正式成立，但欧洲法院没有如同其他机构一样改变名称。2009 年 12 月 1 日，《里斯本条约》生效，欧洲法院的官方名称从“欧洲各大共同体法院”（Court of Justice of the European Communities）变更为“欧洲法院”（Court of Justice），初级法院（原讼法院）（Court of First Instance）则更名为普通法院（General Court）。而欧盟法院（Court of Justice of the European Union）成为统合欧洲法院与普通法院以及专业法院的法院。参见［法］德尼·西蒙：《欧盟法律体系》，王玉芳、李滨、赵海峰译，北京大学出版社 2007 年版，第 190－195 页。

② 《欧盟条约》第 19 条第 1 款英文版本内容如下：“The Court of Justice of the European Union shall include the Court of Justice, the General Court and specialised courts. It shall ensure that in the interpretation and application of the Treaties the law is observed.”

③ 欧洲自由贸易联盟（European Free Trade Association，EFTA）又称“小自由贸易区”。1960 年 1 月 4 日，奥地利、丹麦、挪威、葡萄牙、瑞典、瑞士和英国在斯德哥尔摩签订《建立欧洲自由贸易联盟公约》，即《斯德哥尔摩公约》。该公约经各国议会批准后于同年 5 月 3 日生效，欧洲自由贸易联盟正式成立，简称欧贸联，总部设在日内瓦。参见互动百科，“欧洲自由贸易联盟”词条，http：//www.baike.com/wiki，最后访问日期：2018 年 8 月 14 日。

易联盟成员国开放；与此同时，欧洲自由贸易联盟成员国具有义务遵循欧共体涉及内部市场的法律，而国家援助规制法律制度构成欧共体涉及内部市场的法律制度之一。由此推导可知，如果欧洲自由贸易联盟成员国实施的国家援助行为与欧盟内部市场产生实质意义上的关联，那么欧盟国家援助规制法律制度亦可适用于规制此类国家援助行为。①

除上所述，欧盟已经与若干具有加入欧盟意向的国家签署《联合协议》。依据此类协议，这类具有加入欧盟意向的国家应当规整本国法律制度，实现本国法律制度与欧盟法律制度的同质化。基于此，这类具有加入欧盟意向的国家也逐步在本国法律制度架构下移植了欧盟国家援助规制法律制度的基本内容，并将其付诸实施。②

第五节 美国的公平竞争审查制度

美国是世界上最早关注反竞争行为的国家，也是最早制定反垄断成文法的国家（1890 年的《谢尔曼法》），悠久的反垄断历史孕育了美国浓厚的竞争文化。在《谢尔曼法》制定初期，美国国内反竞争的重心以规制经济性垄断为主，主要面临的问题是：一些大企业通过兼并或联合其他企业而形成的托拉斯垄断组织，它们凭借强大的经济实力控制着产品的生产、销售和价格，以不正当手段排挤其他企业，严重影响经济自由竞争。此时的美国正处于市场经济的发育阶段，政府的反竞争问题尚未引起足够的关注。与此同时，美国联邦制下的各州在其疆域内拥有宪法上赋予的管理经济的权力，州政府履行经济管理职能的行为并未被视作违反了市场的竞争规则。在上述背景下，美国的反垄断法未将经济性垄断和行政性垄断区分开来，即便后来出现了众多政府反竞争行为，美国也依然遵循着统一规制的立法传统，在不改变成文法文本条款的前提下，通过司法判例的形式灵活性地将任何违反市场竞争规则的行为都纳入了其反垄断法的规制范围内。随着市场经济的逐渐发展，要求自由竞争的呼声使得市场内政府限制竞争的行为引

①② Witt, Beihilfenrecht, http: //hwb-eup2009. mpipriv. de/index. php/Beihilfenrecht, last visited: August 14, 2018.

起了理论界与实务界的重点关注，一些针对政府政策性措施的竞争审查和判例也逐渐多了起来，形成了美国独特的公平竞争审查制度。

整体上看，虽然美国尚未专门且针对性地创设以“公平竞争审查”冠名的系统性法律制度，但是在实际运行的过程中却真实存在实质意义上的公平竞争审查体系。异于其他国家，美国的公平竞争审查制度依赖于软化的竞争政策和相关的司法判例来实施，在规制美国各级政府的反竞争行为方面发挥着重要的作用。

一、美国推行公平竞争审查制度的背景

美国反垄断法规制政府反竞争行为的历史悠久，而具有实质意义上的公平竞争审查制度则融合于美国具体规制政府反竞争行为的程序之中，并且深深体现着美国独特的竞争审查背景。

从独特的竞争文化背景上看，美国是一个崇尚自由和公平竞争的国家，又因建国较晚缺少类似我国和欧洲深受封建行政影响的传统，长期以来，其国内对任何政治和经济权力的集中、危害竞争的行为都时刻保持着高度警惕。也正基于此，当19世纪末美国经济进入资本主义垄断阶段，应运而生的托拉斯组织与其固有的自由贸易、公平竞争观念形成冲突，并威胁到其市场经济的基本架构时，美国能及时作出应有的反应，制定出世界上第一部反托拉斯成文法。除此之外，美国的反垄断模式并未区分经济性垄断和行政性垄断，虽然美国在1890年制定《谢尔曼法》后主要致力于对市场主体垄断的规制，但《谢尔曼法》中所指的“任何人”（即英文“person”）并没有排除政府机关，因此在实践中自然可以将政府机关作为《谢尔曼法》的调整对象。①

从独特的司法判例传统上看，“三权分立”政治体系下的美国司法制度对政府权力发挥着长期的制衡作用。当市场主体因政府的竞争限制性行为而受损失时，其可直接向法院提起诉讼要求停止损害并赔偿相应的损失。对于州政府而言，由于联邦制下美国各州拥有宪法赋予的经济管理权，使得美国司法系统在规制政府反竞争行为上有着一个动态变化的过程。从1943年帕克诉布朗（Parker v. Brown）案所确立的“州行为理论”（State Action Doctrine）下美国反托拉斯法

① 徐士英：《竞争政策研究——国际比较与中国选择》，法律出版社2013年版，第171页。

对州政府限制竞争的行为予以普遍豁免到在加利福尼亚酒类零售商诉米德科铝公司（California Liquor Dealers v. Midcal Aluminum）一案中联邦法院对州政府限制竞争行为予以附条件规制，体现着美国司法系统对政府限制竞争行为规制态度的转变。作为判例法国家，美国每一个政府反竞争判例都意味着是一次具有示范意义的公平竞争审查过程。

美国行政机关实施公平竞争审查源于20世纪70年代开始的“放松管制”运动。受美国1929年经济大危机以及二战后国家亟须经济建设的影响，20世纪中叶“凯恩斯主义”在美国极度盛行，政府对经济进行了强有力的干预和管制，但随着70年代通胀经济危机的到来以及市场经济的逐步完善，管制经济理论逐渐走下神坛，在“新自由主义”思潮影响下，美国开始了“放松管制”运动，市场竞争重新得到重视，竞争政策的基础性地位也得以重新确立。与此同时，美国反托拉斯局和联邦贸易委员会在此背景下开展了竞争审查运动，对美国联邦政府及州政府的经济措施进行公平竞争审查，并提出进一步的竞争建议。虽然该运动并不是长期的制度性要求，对行政机关而言也并不具备强制性，但仍对限制美国政府出台反竞争经济措施起到积极影响。

受独特的竞争文化、司法判例传统和政府放松管制运动的影响，美国的公平竞争审查制度在形成路径、价值取向和制度安排上都显著异于其他国家，造就了其别具一格的公平竞争审查模式。

二、美国公平竞争审查制度的内容

美国公平竞争审查制度具有显著的实质意义特征，本节将通过体系化梳理呈现其制度的主要内容。

（一）公平竞争审查的对象

在审查对象的性质上，首先是法律，亦即美国国会通过的具有直接影响经济领域公平竞争问题的规范性文件。在美国的实践中，对法律的公平竞争审查基本上表现为合宪性（宪法中的竞争条款）审查、合法性（竞争法律）审查以及司法判例等形式。其次为联邦政府和州政府颁布的涉及市场公平竞争的规范性文件，包括政府规章和经济性举措等。针对该类型的审查，主要依赖美国两大竞争执法机构——司法部和联邦贸易委员会开展审查工作，在政府部门出台相关经济政策的过程中提出竞争性建议。最后是各级法院的司法判例。美国作为一个判例法国家，其司法系统的反竞争判例有时可能对市场产生限制竞争的影响，但整体上美国司法判例大多都得到了认可和遵守，对之进行竞争审查的情况并不多见。

在审查对象的存在领域上，美国实行稳步推进战略，重点从医疗、州际服务与贸易等领域向其他领域扩展，以关键领域为推手积累审查经验，逐步提高审查的覆盖面。

（二）公平竞争审查的责任主体

在外部体系上，美国是一个以“三权分立”为基础建构其政治制度的国家，立法、司法和行政机关相互制衡，彼此可制约对方出台限制竞争的文件，此时，当制约方以限制竞争为由约束被制约方出台反竞争文件时，制约方就成为美国实质意义上公平竞争审查的责任主体。除此之外，“政策制定部门应当是公平竞争审查的首要责任主体”。[①] 在未形成明确的公平竞争审查制度下，无论是权力机关，还是行政机关，抑或是司法机关，均应当承担审查自身颁布的规范性文件是否符合竞争要求的初步责任。因此，从权力制衡和政策制定角度的广泛意义上讲，美国公平竞争审查的责任主体有三类：立法责任主体、行政责任主体和司法责任主体。

需要特别指明的是，虽然美国立法机关和司法机关在外部制衡和自我初步审查的过程中发挥着重要作用，但考虑到竞争审查的专业性以及权力制衡的必要性，美国在实践中还形成了由司法部（DOJ）和联邦贸易委员会（FTC）组成的竞争执法机构负责全国的竞争审查工作的格局。《美国联邦贸易委员会法》赋予FTC 审查权限，其主要对立法机构、州或联邦对进入市场设置障碍的法律法规（包括现行的和新的法律及其草案、联邦政府发布的规范性文件及其草案、地方性法规及其草案、条例）进行竞争审查并提出意见，而 DOJ 的竞争审查权则来源于联邦司法部组织法中关于其反托拉斯职能的条款以及其他管制产业的制度规定。政府进行限制或管制活动之前应先获得司法部部长的建议，司法部有权主动

---

① 丁茂中：《公平竞争审查制度研究》，法律出版社 2019 年版，第 54 页。

搜集信息进行审查并出具审查意见，其审查活动大多针对的是其他联邦机构和部门。[①] 限于美国联邦制的国情，在州层面，州司法部也可审查各州政府限制竞争的规范性文件。[②]

（三）公平竞争审查的依据

作为一个尚未明确公平竞争审查形式制度的国家，美国在开展实质竞争审查时所依据的授权来源具有多样性。首先，美国联邦宪法。例如，美国宪法第 9 条规定，各州不得对州际贸易征收关税或对一方当事人给予不正当的经济优惠（保障州际贸易自由流通条款）；第 8 条规定，联邦政府有权管理州际经济贸易等职权（规制各州政府地方保护主义的宪法条款）。其次，美国反托拉斯法。美国反托拉斯法相当于是美国的竞争法，其并非仅指 1890 年制定的《谢尔曼法》，而是包含《谢尔曼法》《克莱顿法》和《联邦贸易委员会法》为主体的成文法律及其后续修订条款[③]在内的法律规范的总和。再次，美国的竞争政策。20 世纪 70 年代开始的“放松管制”运动重新确立了美国竞争政策的基础性地位，市场竞争得到重视，美国实施了包括国企私有化改制、减少财政补贴、政府竞争性采购等诸多符合市场经济发展的举措，两大竞争执法机构也开展了试探性的竞争审查工作。最后，法院司法判例。美国是一个判例法国家，法院所做出的每一个判例都

---

① 孙晋、孙凯茜：《我国公平竞争审查主体制度探析》，载《湖北警官学院学报》2016 年第 4 期；张玉洁、李毅：《公平竞争审查制度构建的价值维度与实践进路》，载《学习与实践》2018 年第 6 期；张雅：《公平竞争审查主体模式探究》，载《齐齐哈尔大学学报（哲学社会科学版）》2018 年第 5 期。

② ［美］赫伯特·霍温坎普：《联邦反托拉斯政策：竞争法律及其实践》（第三版），许光耀、江山、王晨译，法律出版社 2009 年版，第 653 页。

③ 修订条款具体包括：（1）1936 年的《鲁宾逊—帕特曼法》修改了《克莱顿法》第 2 条关于价格歧视的规定，使之更为严格，成为小商业者的保护伞。（2）1938 年的《惠勒—李法》对《联邦贸易委员会法》作了进一步补充，可以视为美国反托拉斯法对 20 世纪 30 年代兴起的消费者保护运动的回应。《联邦贸易委员会法》第 5 条仅禁止“不公正的竞争方法”，《惠勒—李法》则加入“欺骗性的行为或活动”亦为禁止对象，尤其强调禁止企业登载虚假广告，使该法适用于直接对消费者产生有害影响的商业行为。（3）由于《克莱顿法》第 7 条仅禁止购买股票方式的反竞争性兼并，从而产生了法律上的漏洞，很多企业仍通过购买对方资产的方式规避法律而迂回达到兼并目的，1950 年的《塞勒—凯弗维尔法》对这一条作了修正：禁止一切形式的减少竞争的合并，不论是通过购买股票还是收购资产。（4）1975 年的《马格纳森—莫斯联邦贸易委员会改进法》强化联邦委员会的功能与权限，将《联邦贸易委员会法》第 5 条内容进一步扩大到“商业中的或影响商业活动的”行为。（5）1976 年的《哈特—斯各特—鲁迪南反托拉斯改进法》建立了联邦并购前通报程序，成为《克莱顿法》第 7 条 A 款。参见张世明：《美国与欧洲竞争法的差异与联系》，载《政法论丛》2014 年第 4 期。

可成为未来法院据以援引的规范来源，对于约束政府颁布限制竞争的规范性文件具有强制力。

（四）公平竞争审查的标准及例外

从宏观层面看，美国开展公平竞争审查的标准及例外是一个动态的变化过程，而该标准的形成和变动显著受到当时经济思潮和司法判例的影响。

美国公平竞争审查的标准在制度初期以本身违法原则为主。此阶段，在对公权力机构的规范性文件进行审查时多以是否符合宪法或者竞争法等法律竞争条款的文本要求为主要审查标准，只要待审查文件违反了相关条款的规定即可要求其进行修改、禁止颁布或者宣告无效，而无须考虑该文件出台的具体背景、实施效果等客观要件。本身违法原则简化了审查的标准和流程，具有易于操作和执行的优点，但也存在界定过于严苛，忽视竞争效果而导致竞争秩序受损的弊端。从 20 世纪 70 年代起，美国反托拉斯法受到芝加哥学派“市场行为或绩效决定市场结构”理论的影响，它们主张宽松的反托拉斯政策，号召将判断竞争损害的认定标准从竞争主体的市场结构转移到市场行为上。在此学说下，认定公权力机构的规范性文件是否存在限制竞争的影响时需要综合考虑包括受影响人市场地位、经济实力、文件目的等具体事实和实施效果，该界定思路常被称为“合理原则”，而并不以规范性文件是否违反相关竞争条款作为唯一标准，这使得审查流程更具科学性和合理性，迎合了当时美国鼓励创新、追求经济效率和发展知识经济的需求。

在公平竞争审查的例外上，美国呈现出从普遍豁免到附条件豁免的历程特点。从联邦层面看，美国联邦政府的规范性文件可以较好地通过联邦竞争执法机构及三权制衡机制实现竞争审查，并不常出现存在大量限制竞争的规范性文件的情况。而对于各州及地方政府而言，基于联邦制的政治体制，各州在美国宪法的授权下拥有较为广泛的经济管理职能，容易产生州政府经济举措与联邦竞争法之间的管辖冲突。在早期，美国司法系统处理该冲突时遵循州政府行为不受联邦竞争法规制的原则，并形成了“州行为理论”，使得州政府在联邦竞争法上获得普遍豁免。后来，随着市场经济的发展，州政府的普遍豁免原则容易导致州内市场主体过度凭借州政府权力实施垄断及不正当竞争等损害市场竞争的行为，产生地区壁垒保护和行业垄断等情况。针对此现象，美国法院通过加利福尼亚酒类零售商诉米德科铝公司（California Liquor Dealers v. Midcal Aluminum）一案，对“州行为理论”的适用进行了一定的限制，限制条件主要包括两个方面：第一，受指控的州行为是由一项“明确表达”的州管制政策授权的；第二，该州政策所授权的所有私人行为，都应受到适当的政府管制机构的“积极监管”。① 法院并对“州政府”进行了限缩解释，将其主体界限划定在“州政府、州立法机关和州最高法院及其合法代理人”的范围内，而不包括地方政府。

（五）公平竞争审查的配套机制

首先，司法审查机制。美国并非像传统国家那样单纯依靠行政机关或者竞争执法机关全权负责公平竞争审查事宜，美国的各级法院通过司法程序也可对公权力机关的规范性文件开展竞争审查，并且该司法审查的判例结果具有终局性的影响（上诉案件除外）。作为判例法国家，美国的司法判例一经生效即具备法律适用的效力，虽然属于事后审查的性质，但通过先例示范方式对未来类似判例和政府行为亦能发挥事前指导与审查的功能。

其次，竞争审查救济机制。美国反托拉斯法允许市场相关利益主体在因政府出台限制竞争的规范性文件而遭受损失时通过私人诉讼的方式起诉政策制定机关，要求其停止竞争损害行为并赔偿相应损失，以通过司法途径实现受损主体利益补偿的目标。“美国的司法审查模式更多地鼓励私人对垄断及其他排除、限制竞争的行为提起诉讼，并主要依靠司法力量施行包括竞争法在内的竞争政策。”②

最后，竞争审查责任机制。美国在设置私人竞争诉讼机制时也将“三倍惩罚性赔偿”原则应用到政府出台规范性文件从而产生限制市场竞争效果的情形中，政府除非出于正常的经济履职目的，否则在任何故意或者非正常地颁布竞争限制文件而致利益相关人受损的情况下，该相关人均可通过法院向政策制定机关提请

---

① ［美］赫伯特·霍温坎普：《联邦反托拉斯政策：竞争法律及其实践》（第三版），许光耀、江山、王晨译，法律出版社2009年版，第816页。

② 孙晋、钟原：《竞争政策视角下我国公平竞争审查豁免制度的应然建构》，载《吉首大学学报》（社会科学版）2017年第4期。

“三倍惩罚性赔偿”的要求。[①]“惩罚性赔偿”的责任机制一方面可以有效约束政策制定机关谨慎出台限制竞争的规范性文件，另一方面也激励利益相关者及时提起诉讼获取赔偿，实现对公权力机关的外部约束和监督。

三、美国公平竞争审查制度的经验及启示

从本质出发，美国的公平竞争审查制度因缺乏明确的实体性规范并未呈现出形式制度的显著特点，而是广泛融合于美国合宪性审查、合法性审查、政府竞争政策和国家司法判例的程序之中，这种“软化”安排符合美国长期以来的竞争文化传统和政府运行习惯。虽然与我国的具体国情有所不同，但其一些审查经验和机制仍对我国构建体系化的公平竞争审查制度起到重要的借鉴作用。

（一）加强审查制度的体系化建设，完善司法监督、民事救济和审查责任机制

美国实质意义上的公平竞争审查制度并非仅是一种行政性事前审查，为保证竞争审查效果，美国以司法审查做兜底，并辅以民事救济和审查责任机制予以保障，构建了一个全方位的公平竞争审查保障体系。我国在《意见》中也明确指出，要健全公平竞争审查保障措施，但主要围绕实施竞争政策、完善政府守信机制、加强执法监督等方面予以健全，缺少一定的司法保障和民事救济等措施。首先，在我国未来公平竞争审查制度的体系化构建中，司法保障与监督显得尤为重要，它可以有效对行政机关出台限制竞争的规范性文件形成制约并通过利益相关者的诉讼事实对其出台的规范性文件作出违法认定。[②] 其次，民事救济对于弥补

---

① 美国《谢尔曼法》和《克莱顿法》等法律均有惩罚性赔偿的规定，其中《克莱顿法》第 4 条指出“任何因反托拉斯法所禁止的事项而遭受财产或营业损害的人，可在被告居住的、被发现的、或有代理机构的区向美国区法院提起诉讼，不论损害大小，一律给予其损害额的三倍赔偿、诉讼费和合理的律师费”。虽然在美国行政性垄断司法审判实践中判决政府承担三倍惩罚性赔偿的情形十分罕见，但自始至终都存在惩罚的理论可能，对美国政府出台限制竞争的规范性文件起到重大的威慑作用。

② 现阶段，依据我国《行政诉讼法》第十三条的规定，行政法规、规章或者行政机关制定、发布的具有普遍约束力的决定、命令等抽象性行政行为具有不可诉性，不是司法审查的对象。依据第五十三条的规定，各级法院只能通过起诉人提交的附带审查申请对其合法性予以审查（审查对象仅限命令、举措等规范性文件，不包括行政法规、地方性法规和规章等），并且依据第六十四条的规定，法院即使认为其不合法时也仅能向制定机关提出建议。

因政府出台限制竞争的规范性文件而受损的市场主体利益同样具有积极意义。当前，我国《行政诉讼法》规定，起诉人只能就特定事实所依据的规范性文件提请司法附带审查，《反垄断法》也并未就私人行政诉讼进行专门的制度化设计，上述现状不利于受损主体的利益救济，应当对此进行尝试性构建进而维护市场主体的合法利益。最后，我国目前的审查责任追究机制还不健全。《意见》仅提出对违反规定的政策制定机构作出严肃处理，对存在严重行为的相关人员追究其党纪政纪责任甚至送交纪检监察机关，但并未规定其对市场受损主体承担何种经济责任，毫无疑问这将是一个充满挑战和极具思考的架构问题。

（二）注重竞争倡导，培育市场竞争文化

竞争倡导也称竞争推进，它是在竞争执法外一系列为促进竞争而采取的有效措施和制度，被认为是竞争政策两大支柱之一（竞争法的实施则是另一支柱）。[①] 而竞争文化的培育则是一种从文化观念和价值取向等深层意识入手来实现公众参与、促进公平竞争审查制度实施的基础性工具。[②] 二者的有机结合有利于竞争文化在全社会的普及和“软着陆”，激发社会公众关注公平竞争的热情，增强社会机制的监督作用，促进政策制定机关维护市场竞争的意识自觉。相较于硬性化的竞争实施，通过竞争倡导培育竞争文化的途径拥有软性化的巨大优势，它不具有类似于竞争执法那样的强制力，但却能以内在更加有效的形式提前引导市场各主体作出符合公平竞争要求的市场行为，化解潜在的竞争限制风险，进而削减政府审查和企业合规成本，提升市场经济的运行效率。

长期以来，我国受封建社会自给自足和计划经济分配制的思想影响，导致在我国本土难以天然生成培育竞争文化的土壤，其亦成为当下发展市场经济并落实市场在资源配置中起决定性作用的重要阻碍。随着改革开放的持续推进，党和国家对政府与市场的关系进行了科学把握和精准阐释，使竞争意识在市场各主体间得以蔓延开来。然而，进行竞争倡导和培育竞争文化是一个需要多方努力、相互联动的长期过程，基于我国的现实，政府应当在此环节发挥更加重要的引导作

---

① 徐士英：《竞争政策视野下行政性垄断行为规制路径新探》，载《华东政法大学学报》2015 年第 4 期。

② 王贵：《论我国公平竞争审查制度构建的基准与进路》，载《政治与法律》2017 年第 11 期。

用。公平竞争审查制度的设立与实施过程，也是政府自觉践行公平竞争要求、引导市场行为的过程，更是充分体现培育社会竞争文化的过程。首先，政府机关作为公平竞争审查的执行者，应在解读和落实竞争审查目标、方式和相关政策时，主动强化自身的竞争意识，扮演好市场竞争管理者的角色，为维护市场竞争秩序保驾护航。其次，注重提升审查人员的专业素养，着力解决市场发展中影响公平竞争秩序的疑难问题，坚决打破地区封锁和行业垄断，清除市场壁垒，促进商品和要素在全国范围内的自由流动，通过专业、科学、针对性的执法活动展现政府维护市场公平竞争的决心。最后，要加强公平竞争审查制度的宣传和政策讲解工作，以典型案例和学术研讨活动为重要推手增强社会公众的知悉度，以网络和新闻媒体为中介提高宣传的社会覆盖面，进而为公平竞争审查制度实施营造良好的舆论氛围和工作环境。

（三）强化学科交叉研究，促进与经济学的深度融合

“反托拉斯与主流经济学说总是有着密切的联系”。① 无论是古典经济学（追求自由竞争与效率）、新古典经济学（边际成本革命），还是凯恩斯主义（政府管制与国家干预）、哈佛学派（结构主义）、芝加哥学派（行为主义）等经济理论，都对同时期美国的竞争政策产生过重大影响。美国竞争审查标准（本身违法标准向合理标准过渡）和豁免情形（管制理论下政府豁免、自由竞争理论下豁免限制）的动态变化也深深印刻着经济学的影子。可以说，美国反托拉斯法的发展史亦是经济学介入美国国家竞争政策的融合史。

公平竞争审查制度作为约束我国政府干预市场之手的重要机制，既是推进经济体制改革、贯彻依法治国、实现创新驱动发展与释放市场主体活力的客观需要，也是尊重市场、竞争优先，加快构建统一开放、竞争有序市场体系的本质要求。它的建立与实施是一项长期性、系统性和复杂性的综合工程，涉及法学、经济学和公共政策等诸多领域，需要各方专业人才的密切配合并强化相关学科的交叉研究，其中以价值的创造、转化和实现的规律为研究对象的经济学在保障竞争审查的效果上无疑会起到甚为关键的重要作用。以经济学方法在竞争审查制度中

① ［美］赫伯特·霍温坎普：《联邦反托拉斯政策：竞争法律及其实践》（第三版），许光耀、江山、王晨译，法律出版社2009年版，第64页。

的运用为例：首先，在对竞争效果进行评估时首先需要运用科学计算方法，使用规范的统计数据，对相关资料和信息进行量化整理，科学把握政策措施对市场竞争的影响程度，完成初步的量化评估过程；其次，在量化评估的基础上，通过汇总、梳理、提炼、归纳相关资料和信息，运用经济统计学的基础理论，对政策措施影响市场竞争情况、制度实施情况等形成客观的定性评估结果；最后，在最终作出审查评估结果之前，以成本—效益分析为标准，可对量化的竞争损害与因政策出台所取得的其他效益进行经济成本分析，审查是否存在豁免或者减轻处罚的情况，最大限度地减少政策措施对市场经济竞争秩序造成的损害。

第六节 TPP 的公平竞争审查制度

由美国主导、亚太地区 12 国①参与谈判的跨太平洋伙伴关系协定（Trans-Pacific Partnership Agreement，TPP）是一个具有雄心、全面、高标准的区域贸易协定，意在引领 21 世纪的国际贸易规则。它不仅包含货物、投资和服务等传统协定议题，也涵盖了一些当前热门的诸如政府采购、竞争政策、知识产权、劳工和环境等议题，并予以深化和升级。此外，它还涉及监管一致性、国有企业和指定垄断、中小企业、透明度和反腐败等新议题。上述内容的制定和提出将对全球自由贸易协定产生深远的影响。

作为一个国家间区域性的经济协定，TPP 与美国等国家的法律制度一样并不存在以“公平竞争审查”冠名的系统性法律制度，但却在其庞杂的协定文本中鲜明地凸显出具有实质意义的公平竞争审查内容②，成为规范各缔约国开展公平竞争审查的“硬约束”。当然，TPP 并不像一个国家本身那样拥有实施公平竞争

① 12 国分别为：美国、日本、澳大利亚、文莱、加拿大、智利、马来西亚、墨西哥、新西兰、秘鲁、新加坡和越南。2017 年 1 月 23 日，美国总统特朗普签署行政命令，正式宣布美国退出 TPP，目前共 11 个签署国。

② 例如，TPP 协定第 25 章“监管一致性”的第 4 条和第 5 条规定，各缔约国为实现监管措施的一致性可建立协调及审查程序或机制，针对正在制订的监管措施的影响进行评估；又如协定第 16 章“竞争政策”要求各缔约国制定或者维持国内的竞争法律以禁止各种违反市场竞争的行为，并确保法律的实施；再如协定第 17 章“国有企业和指定垄断”规定，各缔约国政府对其国内企业应保持非歧视性、非商业性支持和高度透明的“竞争中立”态度，等等。

审查的具体机构，但其通过在协定文本中进行框架化的程序性设定，推动各缔约国依靠本国的实施机制开展公平竞争审查工作，从而协调各缔约国的统一行动以减少区域内国家间的贸易与商业往来因缔约国政府的反竞争管制措施所产生的竞争损害。

一、TPP 推行公平竞争审查制度的背景

TPP 积极制定具有公平竞争审查实质内容的协定条款有着复杂的背景。根本原因是受到全球经济贸易进入发展新阶段和以美国为首的发达国家在经济领域面临发展中国家强势挑战的叠加影响。自 21 世纪以来，全球经济贸易发生了重大变化，国际贸易壁垒由传统边境（at the border）壁垒（如关税或者配额）逐渐向边境后的（behind the border）国内监管措施壁垒转化（如竞争政策、市场准入和技术壁垒等）。[①] 在此阶段，得益于科技进步以及自由贸易协定下关税等交易成本的降低，产品内的分工模式开始盛行起来，产品的生产阶段和环节也逐渐遍布全球，生产要素等基础单元也随同向利润最大化地区转移，各国边境内的资源流动变得更加频繁，而以边境间协调规则为主要内容的经贸组织在处理当前贸易新问题时愈显力不从心[②]，全球贸易开始呼唤新的规则体系。与此同时，凭借长期贸易利润的积累、国民教育普及所带来的高素质人力资源、全球贸易的政策优惠及隐蔽的国内管制措施等优势，广大发展中国家的经济实力不断得到增强，在世界经济领域的话语权也得以提升，使得国内经济一直保持低速增长的美国等西方发达国家倍感压力。它们迫切需要改变当前对其愈加不利的全球贸易规则，并考虑利用其成熟的市场经济体制在金融服务、竞争政策、知识产权、劳工、环境等领域对发展中国家发难，通过设计严标准、高覆盖的贸易规则，重塑世界经贸体系，进而抢夺全球经济话语权。其直接原因则是承担发达国家重塑世界贸易规则重任的世界贸易组织（WTO）“多哈回合谈判”进展极为缓慢甚至陷入停滞状态，导致西方发达国家利用 WTO 框架扭转当前对其愈加不利的贸易局面的幻

---

① 张姣：《自由贸易协定国际监管合作规则：发展动向与实证分析》，载《武大国际法评论》2017 年第 6 期。

② 中国社会科学院世界经济与政治研究所国际贸易研究室：《〈跨太平洋伙伴关系协定〉文本解读》，中国社会科学出版社 2016 年版，第 1 页。

想彻底破灭，在此情形下，它们不得不另辟蹊径，开始专注于通过双边或区域性的多边自由贸易协定来实现其“公平竞争”的贸易目标。

TPP 起初并不是由美国主导。2002 年，新西兰、智利和新加坡首先在墨西哥 APEC 峰会上就建立自由贸易协定（Free Trade Agreement，FTA）举行了谈判，文莱于 2005 年 4 月加入谈判。同年 7 月，上述四国签订了“跨太平洋战略经济伙伴关系协议”（TPSEP），由于该协议的初始成员国为四个，故又称为“P4 协议”，这是 TPP 协定的雏形。2009 年 11 月 14 日，美国总统奥巴马在其亚洲之行中正式宣布美国将参与 TPP 谈判，强调将以此促进美国的就业和经济繁荣，凭借其强大的政治、军事和经济影响力，美国开始主导 TPP 进程与发展。此后，协定谈判国不断扩大，最终于 2015 年 10 月 5 日，美国、日本、澳大利亚等 12 个国家成功结束“跨太平洋伙伴关系协定”（TPP）谈判，达成 TPP 贸易协定（还需要成员国国内立法部门的批准通过方可正式生效）。①

虽然美国在 2017 年退出了 TPP，但其主导的协定内容和标准却基本上被保留了下来。美国参与并主导 TPP 协定文本的制定，充分体现了其重返亚太争夺区域经济话语权的经济野心，为使其能够继续保持在亚太地区的经济影响力，美国迫切需要对亚太发展中国家不符合自由和公平贸易规则的国内管制措施开刀，倒逼它们进行市场化改革，降低甚至完全放开准入门槛，以便为其国内金融、服务、贸易等跨国企业和利益集团的对外扩张铺平道路。在此背景下，体现美国等发达国家经济意志的竞争政策、监管一体化、国有企业和指定垄断、政府采购等内容受到推崇，而发展中国家出于深化市场改革、借鉴发展经验和吸引发达经济体投资等目的，对之也并不完全排斥。基于上述现实，大量具有公平竞争审查实质内容的 TPP 协定文本被制定出来，对协调各缔约国统一行动、促进区域经济一体化和降低政府管制措施所造成的竞争损害起到积极的推动作用。

二、TPP 公平竞争审查制度的内容

TPP 协定在大量的章节设计中展现出了具有实质意义上的公平竞争审查内

---

① 360 百科：《TPP》，载 https：//baike. so. com/doc/5018858-5244510. html，最后访问日期：2019 年 11 月 11 日。

容，但从本质上而言，公平竞争审查制度涉及一个国家的内部主权，因而TPP的相关内容多为“程序性”要求。当然，欲从繁杂的协定文本中解析TPP公平竞争审查机制并非易事，运用“提取公因式”的方法来获取其“最大公约数”的策略亦非上乘。因此，本节将通过对最能体现竞争审查内容的章节文本进行分析和研判来窥探TPP公平竞争审查制度的主要内容。①

（一）公平竞争审查的对象

在性质上，TPP的竞争审查对象包括两个方面：首先，各缔约国法律。TPP协定文本第16章“竞争政策”第1条规定，每一缔约方应通过或维持禁止反竞争商业行为的国家竞争法，以提高经济效率和消费者福利，并应确保这些法律符合亚太经合组织的原则，努力将本国竞争法适用于其领土内的所有商业活动，以加强竞争和监管改革。上述规定表明，TPP要求各缔约国制定和维持国内的竞争法律，并确保对所有反竞争的商业行为予以有效规制，当国内法律无法达到上述目标和要求时，就须进行一定的“审查”和调整。此外，协定也鼓励各缔约国依据其国内的审查机制开展审查工作，鉴于日本、韩国、澳大利亚等成员国已将法律纳入其国内的竞争审查制度之中，法律成为TPP竞争审查的对象也是理所应当。其次，各缔约国政府的规范性文件（包括经济举措、竞争政策、规章、命令等），且规范性文件是TPP竞争审查的主要对象。TPP协定文本主要涉及各缔约国对外贸易的内容，而该内容的制定主要由各国政府来完成，政府的管制措施等规范性文件将会是自由贸易协定的重要障碍，对其开展竞争审查的程度也将是TPP协定能否得以有效实施的关键。

此外，TPP协定作为一个宽领域和全覆盖的贸易协定，它的审查对象的范围也将更加广泛。根据协定第25章“监管一致性”第3条、第4条之规定，每一

---

① 通过对TPP文本的分析和研判，并结合当前学界的主流认识，可以发现：TPP公平竞争审查的内容主要存在于其第16章“竞争政策”、第17章“国有企业和指定垄断”、第25章“监管一致性”、第26章“透明度和反腐败”等章节中。当然，在第7章“卫生和植物卫生措施”、第8章“技术性贸易壁垒”、第15章“政府采购”等章节中也会涉及一部分。此外，根据“监管一致性”章节的规定，各缔约国审查的范围需要由各缔约国自行确定，因此缔约国各自审查的管制范围亦有所不同。本节重在通过主次分明的文本解析和研判来呈现TPP公平竞争审查内容的全貌。协定英文版全文参见美国贸易代表办公室官网：TPP Full Text，载https：//ustr.gov/trade-agreements/free-trade-agreements/trans-pacific-partnership/tpp-full-text，最后访问日期：2019年11月13日。

缔约方应在协定对其生效之日起一年内迅速确定并公布其所涵盖的管制措施的范围，以便建立协调或者审查机制。对缔约国国内管制措施进行竞争审查必将涉及该国的主权问题，协定因而采取了较为灵活的态度，在制定明确的“程序性”要求以外，赋予各国在划定竞争审查管制范围上拥有一定的决定权，从而妥善处理了自由贸易与缔约国主权之间的冲突。基于上述权利，各缔约国可以自主划定进行竞争审查的管制范围，既包括协定文本涵盖的章节，也可另行明确协定以外的内容。可以说，TPP 竞争审查对象涵盖的范围相当广泛，也因国家的不同而具有较大的灵活性和不确定性。

（二）公平竞争审查的责任主体

TPP 的公平竞争审查机制既需要协调各缔约国之间的审查工作，又需要对各国国内管制措施一致性作出安排，使得其竞争审查的责任主体出现了国内和国外两层划分。

在国内责任主体上，根据协定文本第 25 章“监管一致性”第 4 条之规定，加强各缔约国国内良好而又协调的机构间合作可以促进该国国内监管措施的一致性，因此各缔约国有必要建立一个国家或者中央的协调机构。根据各缔约国各自不同的协调机构，相关的审查责任主体亦有所不同，例如，澳大利亚的责任主体是完全独立于行政部门的国家竞争理事会（NCC），韩国是它的竞争执法机构——公平贸易委员会（KFTC），新加坡则是其政策制定机关。

在国外责任主体上，根据协定文本第 25 章“监管一致性”第 6 条之规定，TPP 出于协调各缔约国之间管制政策的一致性、便于彼此的交流与合作的目的，设立了一个由各缔约国政府代表组成的监管一致性委员会，负责各国间管制措施一致性的实施和运作事宜。

（三）公平竞争审查的标准及例外

TPP 公平竞争审查的标准及例外因其审查对象的广泛性、灵活性和不确定性而呈现出多样性的特点，个体审查的标准和例外极其繁杂。其又因参与竞争审查的国家数量众多，各国的发展水平和政治及体制结构存在较大差异，需要遵循的审查标准及例外也有着巨大的不同。考虑到上述现实，TPP 对其公平竞争审查的标准及例外只作了程序性规定。

1. 在审查标准上，TPP 的几个普遍适用标准

（1）透明度标准。考虑到国内措施会产生贸易上的管制负外部性问题以及国外市场主体对一国国内管制措施存在天然知悉不足的现实，督促管制措施制定国及时公布相关措施的实施细节对于便利国际贸易显得尤为重要。因此，TPP 极其看重审查机制的透明度问题。例如，要求各缔约国在协定生效 1 年内及时迅速地公布其管制审查的适用范围，对其国内自身的审查机制和流程说明也要及时向公众公布，并在可行的情况下在网上提供上述信息，加强各缔约国之间的交流与合作等规定充分体现透明度的标准要求。

（2）非歧视性标准。非歧视性标准包含两个方面的内容：一是国民待遇标准，二是最惠国待遇标准。国民待遇标准是指东道国对在本国境内从事社会经济活动的外国自然人、法人提供不低于本国自然人、法人所享有的民事权利。最惠国待遇是指某一缔约国若给予第三国某种贸易优惠待遇，该国的另一方 TPP 缔约国即时获得相同的优惠待遇。非歧视性标准使得 TPP 各缔约国在协定的国际贸易内享受同等贸易待遇，对不符合此标准的管制措施开展审查，有利于各缔约国进行公平竞争。

（3）一致性标准。TPP 专设第 25 章“监管一致性”的内容，足见其对各缔约国管制措施一致性的重视。它在第 2 条中明确监管一致性是指在规划、设计、发布、应用及评估监管措施时，采用良好的监管实践，以促进实现国内政策目标的过程，并认为政府之间的监管合作有利于实现上述目标，可以促进国际贸易和投资、经济增长及就业。

2. 在审查标准的例外上，TPP 的一般条款和例外条款

（1）一般条款。TPP 例外的一般条款规定具有普遍适用性，具体而言，包含信息披露和传统知识、文化表达等方面的内容。第 29 章第 7 条规定了信息披露的条款内容，即信息披露审查不得违反缔约国国内法律或妨碍执法，不得违反公共利益，亦不得损害特定公共或私营企业的合法商业利益。第 29 章第 8 条规定了传统知识和传统文化表现形式的条款内容，即在各缔约方承担国际义务的前提下，各缔约方可制定适当措施，尊重、保存和促进传统知识和传统文化表现形式。

（2）例外条款。例外条款即为不具有普遍适用性而需要在特定情形下作出特殊安排的条款。因 TPP 协定涉及 12 个国情不一的缔约国，它的审查标准的例外条款内容也较为丰富。具体而言，TPP 协定从第 29 章第 1 条到第 6 条分别规定了：国民待遇和市场准入、原产地规则和程序、纺织品、海关管理和贸易便利化、动植物检验检疫、技术壁垒、国有企业和指定垄断等一般例外条款（第 1 条）；不得违背安全利益的安全例外条款（第 2 条）；不得在一方出现严重的国际收支平衡或财政困难或财政困难威胁时，阻止该方采取或维持对经常账户交易的付款或转账的限制性措施的临时保障措施（第 3 条）；必要条件下允许缔约国采取税收管制的税收措施（第 4 条）；允许缔约国为保护公众健康对烟草产品采取管制的烟草控制措施（第 5 条）；为保障新西兰毛利人对其土地和文化的拥有权而确立的“怀唐伊条约”（第 6 条）。

（四）公平竞争审查的依据

与责任主体类似，TPP 公平竞争审查的依据也具有成员国国内规定和 TPP 协定文本两个方面的依据来源。第一，TPP 协定的有关文本条款是首要来源。“作为国际条约，《TPP 协定》直接约束的是各缔约国。”[①] TPP 协定经由各缔约国国内程序通过并签订以后就具备了法律效力，并且除法律保留的内容以外，该协定条款较国内法律具有优先适用性。而 TPP 第 16 章“竞争政策”、第 25 章“监管一致性”等涉及竞争审查的条款成为其实施竞争审查的首要依据。第二，各缔约国国内的规范性依据。TPP 协定规定了各缔约国在进行公平竞争审查时具有相当大的灵活性，它的实施依赖于各国国内的审查机制，导致在国内依据来源上各缔约国亦有所不同。例如，澳大利亚的国内来源主要是法律和竞争政策，日本则是以法律和行政规章及条例为主。[②]

（五）公平竞争审查的程序及方法

TPP 公平竞争审查的程序主要通过第 25 章“监管一致性”第 4 条来予以明

---

① 刘瑛：《〈跨太平洋伙伴关系协定〉国有企业章节的中国应对》，载《东方法学》2016 年第 5 期。

② 李慧敏：《日本竞争评价制度考察及对我国公平竞争审查制度的相关建议》，载《经济法论丛》2017 年第 2 期。

确。TPP 协定允许各缔约国因发展水平和政治及体制结构的差异来设计自己独特的审查机制，但各缔约国的审查机制应该包括以下审查程序：（1）建立一个确保可有效协调和审查拟议涵盖的监管措施的程序或机制，并成立一个国家或中央层面的协调机构；（2）自协定生效之日起 1 年内迅速确定并公布其审查机制所涵盖的管制措施范围；（3）审查拟议的所涵盖的监管措施并在作出决定前要先考虑效益和成本的量化对比、替代性方案的可行性、对中小企业的影响等因素，再根据审查结果提出建议；（4）加强国内机构之间的协商和协调，以查明可能的管制重叠和重复；（5）不违反法律和条例的前提下，缔约方应确保相关监管机构向公众提供关于新涵盖的监管措施的信息，并在可行的情况下在网上予以公布；（6）缔约方应定期审查其所涵盖的监管措施，并以适当的方式提前发布未来一年合理预期内拟审查的管制措施信息。

TPP 公平竞争审查的方法主要通过第 25 章“监管一致性”第 5 条来予以明确。TPP 协定允许各缔约国因体制、社会、文化、法律和发展环境等方面的差异而可能产生不同的具体监管办法，除此之外，应确保在各自的竞争审查中采用以下审查方法：（1）成本—效益量化分析法。缔约国应当对管制措施的成本及产生的效益进行量化分析，以此作为是否进一步审查及寻找替代方案的依据。（2）替代分析法。当措施成本高于产生的效益时，应当找寻管制措施的替代方案，并以包括是否可提升效益以及加强防范风险等内容为标准，对备选方案可有效实现预定政策目标进行论证。（3）综合分析法。公平竞争审查机制是一个复杂的系统工程，需要综合分析措施制定机关在当前的条件下获取科学、技术、经济等信息的难易程度以及拟议措施对中小企业的潜在影响等因素，在此基础上，作出理性客观的审查判断意见。

（六）公平竞争审查的配套机制

TPP 公平竞争审查制度的实施需要妥善处理各缔约国主权与区域国际贸易规则之间的冲突，为此，它设置了一些配套保障机制来实现整个自贸区范围内各国监管措施的一致化，以有效促进各国竞争政策的协调执行。

1. 合作协调机制

依据 TPP 第 16 章“竞争政策”第 4 第和第 5 条规定，TPP 极其重视各成员国在竞争政策领域上的交流与合作，认为通过分享各自不同的制定、执行竞争政策的经验，有利于推动整个 TPP 区域竞争政策的成熟。例如，鼓励各成员国在竞争政策领域开展合作，交流关于制定竞争政策的信息；鼓励成员国之间进行官员交换，并就特定问题提供咨询或培训；鼓励加强竞争宣传方面的信息和经验的交流，以培育国家的竞争文化。

2. 透明机制

TPP 认为，竞争政策的足够透明有利于成员国之间进行贸易往来。因此，它要求各缔约国尽可能确保其竞争执法政策的透明，重视亚太经合组织竞争法和竞争政策数据库在提高国家竞争法、竞争政策和执法活动透明度方面的价值；应当事人请求，成员国应及时提供竞争执法的相关信息，并就相关豁免如何影响贸易和投资行为作出说明；成员国应公布相关竞争处罚的决定依据等。

3. 争端解决机制

TPP 竞争审查制度涉及各成员国的国家主权，依靠传统国际纠纷解决机制不利于激发和调动成员国实施竞争政策的积极性。因此，TPP 协定文本明确规定，该协定的争端解决机制不适用于第 16 章的竞争政策条款和第 25 章的监管一致性条款，相关的冲突解决需要依赖各成员国彼此间的日常合作、协调与互信行动。

三、TPP 公平竞争审查制度的经验及启示

TPP 作为一个具有高标准、宽领域、全覆盖和面向 21 世纪特点的区域经济协定，代表着现阶段世界自由贸易协定的最高水平，其有关公平竞争审查的内容也反映了当前及未来相当长的时期内发达国家在重塑世界经贸规则中的呼声和要求。虽然我国并未加入 TPP，但开展相关研究将对我国持续推进对外开放、提升政府反竞争行为规制水平和及时进行风险防范起到积极作用。毫无疑问，TPP 的公平竞争审查内容并不会因为美国的退出而丧失生命力，相反，基于其将长期存在的预判，积极开展相关研究，汲取发达经验，提前做好未雨绸缪的工作应是我国的理性选择。

（一）继续完善公平竞争审查制度，加强国际合作，关注涉外经贸问题

我国自 2016 年以来通过出台《意见》《实施细则》《实施指南》等文件相继

建立了公平竞争审查制度、明确并细化了实施实施细则和建立了第三方评估实施机制，这对于提高公平竞争审查质量、确保审查效果、完善制度规则体系、推动审查制度深入实施具有重要的意义。然而，由于缺乏一定的国际视野，我国的公平竞争审查制度在面对当前发达国家意图将之国际化并在自由经济贸易协定中强推高标准的竞争政策而形成冲击和挑战时，普遍存在应对不及、规制不够和审查不力的问题，这将对我国妥善协调国内管制措施与国际贸易新规则之间的冲突造成影响。

我国是一个贸易大国，高度依赖国际经济规则开展对外贸易活动，与此同时，我国也是一个市场正在逐步发育成熟的发展中国家，国家的经济政策和管制措施在发展经济与对外贸易中占有举足轻重的位置。面临日渐增多的要求对国家管制措施进行竞争审查的国际呼声，我国政府应当结合国内经济改革的步骤作出一定的回应。一方面，积极为国际贸易出现的新问题找寻应对方案，坚决禁止出台对外贸易中妨碍商品和要素自由流动的政府反竞争措施，继续完善竞争审查制度，为我国企业参与国际竞争保驾护航。例如，针对我国竞争审查制度在审查对象上只审查国内涉及市场主体经济活动的政策措施①的弊端，应当适度作出调整，在审查对象上关注涉外经贸问题，以提高我国公平竞争审查的透明度和竞争政策实施的宣传力度，展现我国维护市场公平竞争的决心。另一方面，恪守国家底线，充分利用国际贸易规则维护我国的核心利益，通过竞争审查机制适当扩大符合国家利益的管制豁免界限，果断地将国家科学合理的管制措施纳入豁免审查的范围。

（二）深化供给侧改革，坚持竞争中立，规范政府行为

TPP 高标准的公平竞争审查制度将对我国政府的管制措施形成较大的外部压力，对我国提升对外开放水平和积极参与国际贸易产生不利影响。但从另一角度讲，高标准的竞争审查机制也会对我国政府、国有企业、竞争政策和市场化改革形成倒逼态势，有助于强化市场在资源配置中的决定性地位，重视市场竞争的作用，从而推动我国经济的高质量发展。具体可从以下几个方面着重实施。

---

① 国家市场监督管理总局价格监督检查和反不正当竞争局：《公平竞争审查制度学习读本》，中国工商出版社 2019 年版，第 87 页。

首先，坚持深化以市场为导向的供给侧结构性改革。当前，我国正处于经济增长速度换档期、结构调整阵痛期、前期刺激政策消化期的“三期叠加”阶段，尊重市场规律、充分发挥市场在资源配置中的决定性作用成为我国未来必须坚持的方向和准则。① 坚持供给侧改革，要及时淘汰落后产能，依靠竞争与创新实现企业的转型升级，通过制度革新降低经济运行成本，进而提升供给效率和质量，在满足人民需求的同时实现国民经济的结构调整与更新换代。

其次，坚持竞争中立，推进我国国有企业市场化改革。国有企业在国际贸易中常常成为发达国家抨击和遏制我国对外贸易政策的“借口”，不利于我国国有企业实施“走出去”战略，对海外并购和业务往来产生影响。其实，TPP 要求政府对国有企业实施非歧视性和非商业性支持，放宽市场准入并强调运行透明度等条款内容与我国当下推进国企改革，以“竞争中性”对待国有企业的态度不谋而合。对此，我们应该继续坚持竞争中性原则，推行以政企分开、政资分开、特许经营、政府监管为主要内容的国企市场化改革，区别自然垄断环节和可竞争环节，放开竞争性业务，推动公共资源配置的市场化，并促进国企监管过程的公开化和透明化，提升监管效率，接受社会公众监督。

最后，重视市场竞争的作用，规范政府干预市场的行为，确立竞争政策的基础性地位，实现我国经济政策由产业政策主导向竞争政策主导的转变。市场在资源配置中起决定性作用，就是要重视市场竞争的作用，尊重市场运行规律。与此同时，也要求政府转变职能，在出台涉及市场的规范性文件时自觉接受公平竞争审查，坚决剔除阻碍市场竞争和扭曲市场价值的因素，以维护市场运行秩序。

（三）加强国内自贸区建设，积累先进经验，为国际接轨留足空间

当下，虽然我国并未加入 TPP 协定，但我国与 TPP 缔约国经贸往来频繁，极易受到其公平竞争审查和竞争政策所带来的影响。面对未来国际贸易必将严格推行高标准的公平竞争审查机制的趋势，其所产生的冲击亦无法避免，而强制进行直接吸收和消化，则可能会导致不可估量的灾难。考虑到 TPP 高标准的公平竞争审查机制在一定程度上可以倒逼我国完善自身的公平竞争审查制度，对之加以

---

① 王帅：《我国垄断性国有企业规制的反垄断法回应》，载《石家庄铁道大学学报》（社会科学版）2019 年第 3 期。

分析和研究，吸取合理的先进经验，有助于我国在提升公平竞争审查制度的实施水平、防范潜在风险和预备应对方案的同时实现与国际贸易规则稳步接轨的目标。

肩负着在新时期加快政府职能转变、创新管理模式、促进贸易和投资便利化，为全面深化改革和扩大开放探索新途径、积累新经验的重要使命的自由贸易试验区[①]在适用 TPP 高标准竞争审查和竞争政策的规定上具有先天优势，这种高度契合性使得其理应成为我国实施高标准公平竞争审查和竞争政策的重要平台。通过在自贸区实施以公平竞争审查和负面清单准入为主要内容的竞争中立措施[②]，探索我国与国际贸易规则相接轨的行政管理体制，积累局部带动和先行示范的审查经验，为日后我国在全国范围内推行高标准审查制度和未来融入国际贸易规则制定体系、争夺经贸话语权和占领贸易制高点奠定基础。

第七节　韩国的公平竞争审查制度

一、制度概况

韩国的公平竞争审查制度又称为竞争评估制度。韩国《规制垄断与公平交易法》第 63 条就有关于竞争评估的类似规定，“行政机关在制定或者修订以限制竞争事项为内容的法令时，应当事先与公平交易委员会进行协商；行政机关在制定或者修订以限制竞争事项为内容的惯例规则、告示时，应当事先向公平交易委员会通报，公平交易委员会可以向行政机关提出纠正限制竞争事项的意见”。1997 年，韩国在《行政规制基本法》中引入了规制影响评估制度，目的是限制不必要的政府规制或者鼓励对合理规制的出台与执行。2004 年，韩国建立了立法优先咨询制度。具体做法是，政策制定机关在制定含有可能排除、限制竞争的适用

---

① 张占江：《中国（上海）自贸试验区竞争中立制度承诺研究》，载《复旦学报》（社会科学版）2015 年第 1 期。

② 孙晋、徐则林：《竞争中立在中国自由贸易港的法律实现——以海南自贸港为中心展开》，载《法律适用》2019 年第 17 期。

于全国范围的法案时，必须提前向公平交易委员会（KFTC）咨询意见。竞争评估制度作为规制影响评估制度的组成部分，于2009年以制定《竞争评估指南》的形式正式建立。韩国政府政策协调办公室修订《拟实施管制措施影响评估指南》，明确要求各级政府部门拟订的管制政策必须接受KFTC的竞争评估。KFTC有权对管制政策是否限制竞争发表意见，并提出整改建议或竞争损害更小的替代方案。

总体来看，韩国的竞争评估制度是以OECD的竞争评估制度为蓝本。在评估实体制度和评估程序上借鉴了OECD的做法，并结合本国国情进行立法和实施。

二、评估框架

（一）评估对象

由于韩国的竞争评估制度是其规制影响评估制度的组成部分，所以其评估对象遵循后者的规定。即根据《行政规制基本法》第2条规定，评估的对象是"国家或地方自治团体为实现特定的行政目的，而以限制国民权利或附加义务为内容在法令等或条例、规则中作出规定的事项"。由此可见，韩国竞争评估的对象包括了所有的政府行政规制。[①] 这一评估对象范围的确定也并非一开始就确定下来的，它经历了从对全国性的正在拟定或修订的法律进行评估，到扩大为全国性的地方性法律的逐步放宽的过程。

（二）评估方式

KFTC主导韩国的竞争评估过程，实施对初步评估结果的审核和对重大复杂管制政策的深度评估，有权对目标政策发表是否限制竞争的意见，并提出整改建议或竞争损害更小的替代方案。规制部门也在初步评估中发挥作用，它起到减轻KFTC工作量和评估压力的作用，使KFTC可以将主要资源和精力用于更为重要的深度评估上，但它并不能最终决定评估结果。竞争执法机构与管制机构在竞争

① 朴益洙、金银玉：《韩国公平交易委员会在规制改革中的作用及其现状（译文）》，载孙晋：《中国与世界：竞争法发展研究报告（2016年卷）》，法律出版社2017年版，第417页。

评估中有着良好分工和合作。这种由竞争执法机构主导，并和规制部门一起对公共政策进行竞争评估的方式被称为“外部评估制”，这样的评估方式主要从各方面利益出发，通过竞争评估的相关程序性安排，推动公共政策制定机关与公平竞争审查部门相互配合以维护公平竞争市场环境。①

（三）评估效力

KFTC 虽然掌握竞争评估的主动权，但是它出具的评估意见不具有法律约束力，政策制定机构没有必须接受的义务，可作为政策制定的参考。

三、评估程序

KFTC 根据《竞争评估工具书》制定了竞争影响核对清单。核对清单明确了竞争评估的程序和标准。评估过程分为两个阶段（如图 2－1 所示），即初步评估与深入评估。②

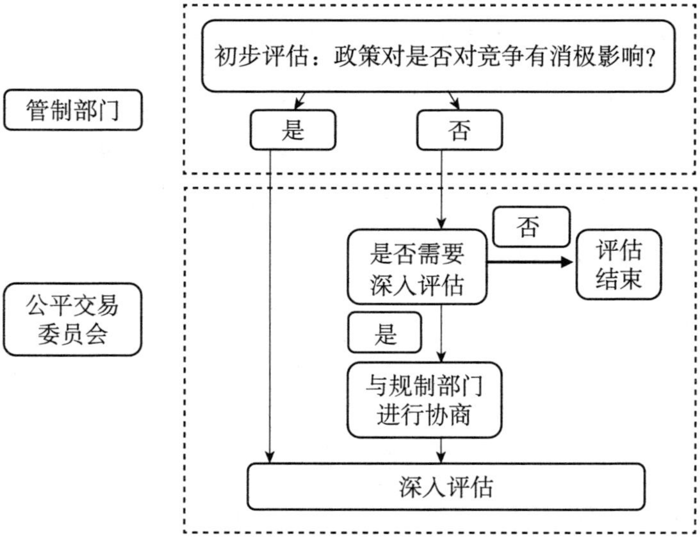

图 2－1　韩国竞争评估步骤

① 侯璐：《我国公平竞争审查机制的构建及其完善》，载《价格理论与实践》2016 年第 7 期。
② 朴益洙、金银玉：《韩国公平交易委员会在规制改革中的作用及其现状（译文）》，载孙晋：《中国与世界：竞争法发展研究报告（2016 年卷）》，法律出版社 2017 年版，第 420 页。

（一）初步评估

初步评估由管制部门进行，与 OECD 的做法类似，按照核对清单（见表 2－2）中所列的四个问题逐一进行肯定或否定的回答，并简述理由。

表 2－2 韩国竞争影响核对清单

评估维度	评估项目	评估结果	
		是	否
限制供给者的数量或范围	赋予或强化排他性权利或形成/强化排他性权利		
	制定限制供给者数量的限制		
	以经营为条件而引入批准/许可程序或强化该条件		
	限制特定类型的供应者的供给商品或服务的能力		
	大幅增加进入或退出的费用		
限制供给者的竞争能力	控制或影响商品和服务的价格		
	限制销售商品和服务的自主性		
	限制对商品和服务的广告的自由		
	制定关于商品品质的标准，使特定供应者得到比其他供应者更为有利的条件或对品质的标准是否超出了大多数消费者所希望的标准		
	与其他供应者相比是否大幅增加了特定供应者的生产费用		
减少了供给者的竞争激励	新设了自主或共同的规制措施		
	要求/促进供给者间交换关于生产量、价格、销售额、成本等信息		
	对特定产业或供给者适用了竞争法上的豁免		
限制消费者选择或所得信息	限制消费者选择或更换商品、供应者的能力		
	限制提供给消费者确切及有用的信息		

初步评估包括以下评估标准维度：是否限制供给者的数量或范围、是否限制供给者的竞争能力、是否减少了供给者的竞争激励、是否限制消费者选择或更换供应者的能力以及限制向消费者提供信息。一旦符合任何一种标准，就会交由 KFTC 进行下一步的深度评估；如果不符合任何一种标准，那么将由 KFTC 审核该初步评估的结论，并决定是否有必要进入深入评估阶段。

以下对核对清单所确定的标准维度进行扩展介绍。①

1. 是否限制供给者的数量或范围

这一条款是对新的或者潜在的竞争者进入市场的可能性和退出市场的可能性进行评估和检验。新进企业或者潜在新进企业可以对现有企业造成无形的竞争压力，有助于市场创新和增强市场活力。因此，直接或间接限制经营者数量或者经营范围的政府规制应当成为竞争评估的对象。具体情形包括：（1）是否为了商品和服务的供给而向特定的经营者赋予或强化排他性权利或形成/强化排他性权利。（2）是否制定限制供给者数量的条款。（3）是否以经营为条件而引入批准/许可程序或强化该条件。（4）是否限制特定类型的供应者的供给商品或服务的能力。（5）是否大幅增加进入或退出的费用。

2. 是否限制供给者的竞争能力

从需求者角度出发，对所涉商品和服务的价格、品质和生产费用等方面进行审查。供应者通常以有限的需求者为对象，围绕价格、品质、多样性等层面进行竞争。但是，规制可能会限制供应者从竞争者处夺取消费者需求而进行竞争的能力。具体情形包括：（1）是否控制或影响商品和服务的价格。（2）是否限制销售商品和服务的自主性。例如，限制个别经营者的生产或销售量，限制特定商品的贩卖，规制商品贩卖的方式以及零售商的营业时间，折扣销售的次数或期限等。（3）是否限制商品和服务的广告自由。（4）是否制定关于商品品质的标准，使特定供应者得到比其他供应者更为有利的条件或对品质的标准是否超出了大多数消费者所希望的标准。（5）与其他供应者相比是否大幅增加了特定供应者的生产费用。

3. 是否减少了供给者的竞争激励

这一条款主要是指是否降低市场主体与其他经营者积极竞争的意愿或诱因。经营者应在价格、数量、质量等多个方面进行竞争以促进市场进步。一旦经营者的竞争意愿被弱化，产品或者服务将在价格、种类、质量等多个方面遭受损害。竞争意愿被弱化的原因，通常是管制设定供应者可以回避竞争的明示或暗示的约定或具有支配地位的经营者强化了阻碍竞争的能力。具体情形包括：（1）是否

① 吴汉洪、权金亮：《日本、韩国的竞争评估制度及对中国的启示》，载《中国物价》2016 年第 4 期。

新设了自主或共同的规制措施。例如，阻止个别会员降低价格的行为，切断新的经营者的进入等。（2）是否要求或促进供给者间交换关于生产量、价格、销售额、成本等信息。（3）是否对特定产业或供给者适用了竞争法上的豁免。欲适用竞争法上的豁免必须具有明确及恰当的理由。

4. 是否限制消费者选择或更换供应者的能力，限制向消费者提供信息

这一条款主要以消费者的角度检证规制案是否对竞争产生负面影响。当消费者可以自由选择自身所需的商品及服务时，竞争才会起到有效的作用。限制消费者选择或更换供应者的能力，限制向消费者提供信息往往造成供需双方信息不对称，进而损害消费者利益和社会整体利益。具体情形包括：（1）是否限制消费者选择或更换商品、供应者的能力。（2）是否提供给消费者确切及有价值的信息。

（二）深入评估

在深入评估阶段，KFTC 将进一步分析限制竞争内容是否具有合理原因、是否具有其他显著的公共利益、是否存在竞争损害更小的替代方案等问题。这是一个价值判断过程，没有一个既定的、标准的、普遍适合于对任何公共政策进行评估的方法。基于此，只能结合市场竞争理念，根据个案进行判断。以下五个基本步骤可以提高判断的针对性和准确性：（1）充分了解政策意图；（2）界定政策发挥作用的相关市场；（3）明确该相关市场内的竞争状态；（4）对政策在该相关市场可能产生的影响作全面分析；（5）寻求对竞争机制损害最小的替代政策。

KFTC 认为，这五个基本步骤中，最关键的是第四步——对政策在该相关市场可能产生的影响作全面分析，这个步骤的分析结果将直接影响整个深入评估的结果。这里，韩国采用不断修正的 SCP 范式的分析路径，虽然市场结构和企业行为两者谁先因为受到公共政策的影响而发生改变不固定，但这种改变一定会影响另一方，最终两者都会发生改变。因此，只要对政策实施后相关市场的结构以及企业行为的改变作出预测，进而与当前的情况进行比对，就可以推断政策可能对竞争产生的影响。①

---

① 向立力：《竞争推进的理论与制度研究》，华东政法大学博士学位论文，2012 年，第 104 页。

第三章　公平竞争审查制度运行论

第一节　公平竞争审查制度的启动

公平正义是人类社会的终极价值追求。公平竞争审查是伴随着市场经济的发展和公平竞争意识的觉醒而逐步向前迈进的。在全球一体化大势不可逆的大背景下，公平竞争正逐步成为全世界共识，开展公平竞争审查是实现这一共识的重要手段。总体而言，越发达国家越重视，越落后地区越忽略，二者在一定的程度上呈现出正相关关系。

重视公平竞争的发达国家和地区，竞争环境就越公开、公平、透明，其市场化水平就越高，市场配置资源的能力越强，竞争越充分，市场活力越强，市场主体的投资动力和潜力释放越充分，经济社会发展水平就高，综合竞争力越强。

一、公平竞争审查启动动因

启动公平竞争审查的核心动因是为了促进公平竞争，激发市场活力。

按照问题导向思维，所有的制度建设都是为了解决实际问题。启动公平竞争审查的主要原因是市场出现了地方分割、行业垄断等不公平的竞争现象，并且这种壁垒和枷锁抑制了生产力的释放，阻碍了时代进步。

综合国内外发展实例和我国市场经济发展现状，我们认为，当前推动公平竞争审查的主要动因有以下三点。

（一）破除地方市场分割

随着竞争的加剧，世界经济格局和国内地区间的竞争格局都在加速变革，有些变革甚至是颠覆性的。不同主体之间为了巩固各自的竞争优势，人为制造屏障和信息隔离带，降低了资源配置效率，影响了人们对美好生活追求的福利。推进公平竞争审查，规范涉及财政补贴、地方技术标准和政府采购等领域的地方分割和保护，可以起到三个重要作用。①

第一，有助于提高资源配置效率。现有研究表明，由于政府保护引起的地区分割，降低了资源配置效率。如果本地企业轻易就可以获得政府采购订单，它也就不会关注提升其产品质量和服务，而持续改进生产技术的外地企业，则很难进入或会被挤出本地市场。推进公平竞争审查可以打破区域商品和服务贸易壁垒，允许外地经营者参加本地招投标活动，有利于形成公开的价格和质量竞争环境，其结果是：最有效率的企业将赢得市场，同等的资源投入将会有更高的产出。

第二，有利于各地激活跨区域投资活动。通过公平竞争审查，破除地方分割和地方保护，让地方企业暴露在全国公平激烈的市场竞争下，为了适应竞争，获得比较竞争优势，地方企业区域经济的发展思路必然同本地的资源禀赋联系起来，因地制宜谋求发展，这将缓解地方产业结构趋同的问题。同时，当各地有重复投资倾向的时候，产品价格就会拉低，投资活动会相应转移到投资成本更低、销售需求最旺的地方，市场主体会自然找到更适合的领域投资。

第三，有利于激发创新活力，丰富消费选择，增加人民福利。事实证明，竞争越激烈、越充分的市场，企业为了赢得竞争，就必须投入更多的人财物进行自主创新，通过技术创新，增加产品的差异度，通过提高服务质量，来提升企业的核心竞争力。同时，由于更充分的竞争，产品的丰富程度将大大增加，消费者有更多机会买到低价高质的产品，消费选择更丰富。

（二）打破垄断和既得利益链

当前，改革已经进入深水区，难点是要打破长期以来形成的市场垄断和既得

---

① 何振宇、周亚莹：《地方市场分割与公平竞争审查制度》，载《竞争法律与政策评论》2016 年第 00 期。

利益。尤其是在推进供给侧改革的过程中，许多新经济、新模式的出现，无疑会打破现有市场利益格局，挑战原有市场主体长期形成的行业垄断地位和权威，从而导致两者之间的矛盾和竞争对抗。

这种纵深改革，除了领导干部要敢于担当、勇于作为之外，还需要有系统性的制度支撑，全面深化改革就是刮骨疗伤，是刮阻碍社会公平正义之骨，疗社会公平正义缺失之伤，推进公平竞争审查正是其中一项重要的政策工具。

（三）优化营商环境，激发民营经济活力

历经40多年的改革推进，我国民营企业地位有了很大的提升，但相对于国企，其在竞争中仍然面临许多隐性壁垒和不公平待遇。坚持公有制经济和非公有制经济权利平等、机会平等、获得信息平等、规则平等、公平竞争，受法律同等保护是对市场经济发展规律认识的深化，是对以前对非公有制经济态度的自省，是长期以来经验教训的总结。

近年来，中央出台一系列政策组合拳，习近平总书记在多个重要场合多次明确发声，力挺民营经济，号召弘扬优秀的企业家精神。

2016年3月4日，习近平总书记在民建、工商联界委员联组会发表了题为“毫不动摇坚持我国基本经济制度，推动各种所有制经济健康发展”的讲话，他在讲话中回顾了我国基本经济制度的形成、发展和深化的过程。党的十五大把“公有制为主体、多种所有制经济共同发展”确立为我国的基本经济制度，明确提出“非公有制经济是我国社会主义市场经济的重要组成部分”。党的十六大提出“毫不动摇地巩固和发展公有制经济”“毫不动摇地鼓励、支持和引导非公有制经济发展”。党的十八大进一步提出“毫不动摇鼓励、支持、引导非公有制经济发展，保证各种所有制经济依法平等使用生产要素、公平参与市场竞争、同等受到法律保护”。

党的十八届三中全会提出，公有制经济和非公有制经济都是社会主义市场经济的重要组成部分，都是我国经济社会发展的重要基础；公有制经济财产权不可侵犯，非公有制经济财产权同样不可侵犯；国家保护各种所有制经济产权和合法利益，坚持权利平等、机会平等、规则平等，废除对非公有制经济各种形式的不合理规定，消除各种隐性壁垒，激发非公有制经济活力和创造力。

党的十八届三中全会明确提出，“让市场在资源配置中起决定性作用，更好地发挥政府的作用”。要更好地发挥市场的作用，就必须更公平地对待各市场竞争主体，市场经济本身就是平等经济，各市场主体以平等的身份参与市场竞争，这个平等的身份就是市场参与者，除此之外，没有其他任何身份。各市场主体按照同一规则（市场规则，如价值规律，供求规律、竞争规律等），有同等机会开展经济活动。更好地发挥政府的作用，就是政府更公平地对待各市场竞争主体，创造更加公平的竞争环境并更好地维护，更严格平等地保护各竞争主体的合法权益，从而激发市场活力，挖掘发展潜能，完成高质量发展。

党的十八届四中全会提出，要“健全以公平为核心原则的产权保护制度，加强对各种所有制经济组织和自然人财产权的保护，清理有违公平的法律法规条款”。党的十八届五中全会强调，要“鼓励民营企业依法进入更多领域，引入非国有资本参与国有企业改革，更好激发非公有制经济活力和创造力”。

这正是全力推进公平竞争审查制度启动实施的重要目的之所在。

二、公平竞争审查启动的历程

由于历史人文、社会制度、政治体制、法治构架、经济社会发展水平和发展阶段、人们认知习惯和水平的不同，世界各国对公平竞争重视程度截然不同，公平竞争审查启动时间、推进效率和完善程度也千差万别。

总体来看，西方资本主义国家市场经济启动早，公平竞争意识更强，公平竞争立法和审查工作启动都相对要早。

（一）世界上主要国家和地区公平竞争启动情况

美国早在1890年就制定了《谢尔曼法》，成为世界上最早进行公平竞争立法的国家，欧盟1956年开始引入相关机制，前面章节均作了详细阐述，不再赘述。

我国的公平竞争审查从1980年开始启蒙，并逐步完善，但真正启动实施的标志性事件是2016年《意见》的发布，2016年可以看作中国公平竞争启动的元年（见表3－1）。

表 3－1　　世界上主要国家公平竞争审查启动实施时间表

国家和地区	启动时间	标志性事件
美国	1890 年	制定《谢尔曼法》
欧盟	1956 年	“斯巴克报告”中确立国家援助控制制度
澳大利亚	1991 年	阿德莱德行政首脑会议决议，国家竞争理事会（NCC）成立
韩国	1997 年	在《行政规制基本法》中引入了规制影响评估制度
	2009 年	制定了《竞争评估指南》
中国	1980 年	国务院发布《关于开展和保护社会主义竞争的暂行规定》
	2001 年	国务院批转《关于行政审批制度改革工作实施意见的通知》
	2007 年	颁布《反垄断法》
	2016 年	发布《国务院关于在市场体系建设中建立公平竞争审查制度的意见》
	2017 年	发布《公平竞争审查制度实施细则（暂行）》

（二）中国公平竞争审查启动的两个重要时间点

我国公平竞争审查制度的启动必须抓住两个重要时间点：一个是 1979 年，党的十一届三中全会，邓小平主导推动改革开放；另一个是 2013 年，党的十八届三中全会，习近平主导推动全面深化改革。

第一个时期是市场规则建立和唤醒期，也是公平竞争意识的培育期。随着改革开放的“一声惊雷”，中国从计划经济时代跨入市场经济时代，社会主义市场竞争的画卷逐步拉开。随着 40 多年改革探索逐步深入，市场主体的规则意识，人民群众的权利意识、民主意识、参与意识、公平意识不断增强，对社会不公问题反映越来越强烈，地方封锁逐渐破除，市场机制逐步建立。这一时期，我国推动了一系列有益的改革探索，为当下推进的公平竞争审查奠定了基础。

第二个时期是公平竞争审查的启动和实施推进期。随着 2013 年党的十八届三中全会突破性地提出中国改革“升级”“全面深化改革”的全新主张，一场以促进社会公平正义为出发点和落脚点，以制度建设、公正司法、依法治国为重要保证，以实现公有制经济与非公有制经济公平竞争、推进全球治理体系变革，实现国际公平正义为目标的改革全面推进，公平竞争审查由此成为深化改革之“重器”，得到自上而下的全面推动，并不断通过政策细化加码，层层夯实。

正如习近平总书记所言：“全面深化改革必须以促进社会公平正义、增进人民福祉为出发点和落脚点，”“如果不能给老百姓带来实实在在的利益，如果不能创造更加公平的社会环境，甚至导致更多不公平，改革就失去意义，也不可能持续。”

正是在这样的大基调下，公平竞争审查得到重视和持续深化。党的十九届四中全会明确提出，强化竞争政策基础地位，落实公平竞争审查制度。实施公平竞争审查制度成为党中央、国务院深化经济体制改革的重大决策部署（见表3－2）。

表3－2　　中国公平竞争审查政策推进情况

发文时间	发文部门	文件名称	摘　要
2007年8月30日	中华人民共和国	《反垄断法》	预防和制止垄断行为，保护市场公平竞争，提高经济运行效率
2014年6月4日	国务院	《国务院关于促进市场公平竞争维护市场正常秩序的若干意见》	
2016年6月14日	国务院	《国务院关于在市场体系建设中建立公平竞争审查制度的意见》	明确公平竞争审查的要求、原则、审查对象、方式、标准等
2016年11月4日	中共中央、国务院	《关于完善产权保护制度依法保护产权的意见》	
2017年10月23日	国家发展改革委、财政部、商务部、工商总局、国务院法制办	《公平竞争审查制度实施细则（暂行）》	进一步细化明晰公平竞争审查细则
2017年12月5日	国家发展改革委、财政部、商务部	《2017－2018年清理现行排除限制竞争政策措施的工作方案》	
2018年2月28日	中共中央	《中共中央关于深化党和国家机构改革的决定》	将指导实施公平竞争审查制度的职能调整至市场监管总局
2018年11月8日	国务院办公厅	《国务院办公厅关于聚焦企业关切进一步推动优化营商环境政策落实的通知》	
2019年2月12日	国家市场监管总局	《国家市场监督管理总局关于发布公平竞争审查第三方评估实施指南的公告》	
2019年9月6日	国务院	《国务院关于加强和规范事中事后监管的指导意见》	
2019年10月22日	国务院	《优化营商环境条例》	制定与市场主体生产经营活动密切相关的行政法规、规章、行政规范性文件，应当按照国务院的规定进行公平竞争审查
2020年5月9日	市场监管总局、国家发展改革委、财政部、商务部	《市场监管总局等四部门关于进一步推进公平竞争审查工作的通知》	

三、公平竞争审查启动现状

我国公平竞争审查自1980年启蒙，但真正启动的标志性事件是2016年《意见》发布。2016年是中国公平竞争正式启动的元年；2017－2019年是政策措施的细化完善和公平竞争审查全面实施年，先后发布了《实施细则》和《评估指南》；2019－2020年是公平竞争审查启动实施的加速年。截至2018年的现状如下。

（一）自上而下逐层推进

我国公平竞争审查启动是自上而下逐层逐步实施的。2016年7月起，国务院各部门、各省级人民政府及所属部门开始在有关政策措施制定过程中进行公平竞争审查。国家发展和改革委员会、原国务院法制办、商务部、原工商总局会同有关部门，开始建立健全工作机制，指导公平竞争审查制度实施工作，并及时总结成效和经验，推动制度不断完善，在条件成熟时组织开展第三方评估。各省级人民政府抓紧研究制定具体工作措施和办法。

2017年开始，在市县级人民政府及工作部门开展公平竞争审查，这也标志着公平竞争审查开始在全国全面铺开。

（二）制度措施不断完善

2018年，国务院和市场监管总局联合有关部委，采取以下六项措施推进公平竞争审查在全国深入实施。

1. 调整部际联席会议组成

根据机构改革、部门职能调整和人员变动等情况，由市场监管总局向国务院请示调整公平竞争审查工作部际联席会议召集人、副召集人及成员，保障部际联席会议的正常运转，强化统筹协调作用。国务院批准同意，召集人为市场监管总局局长张茅，办公室设在市场监管总局。

2. 进一步完善制度规则

制定《实施指南》，拟经公平竞争审查部际联席会议第二次全体会议审议通过后发布。研究起草适用例外规定、责任追究等配套文件。探索建立公平竞争审查考核机制，推动各地将公平竞争审查纳入行政绩效考核。

3. 组织开展重点督查并督促整改

以公平竞争审查部际联席会议名义，随机选择 8 个部门和 5 个省（区、市）开展重点督查，抽查相关政府部门 2017 年以来出台的文件，对其中违反审查标准的发函督促整改。

4. 扎实推进存量政策清理

组织各地区、各部门贯彻落实《2017－2018 年清理现行排除限制竞争政策措施的工作方案》，重点清理现行政策措施涉及地方保护、指定交易、市场壁垒等的内容。发函督促各地区、各部门完成清理工作，将有关情况向社会公示、接受社会监督。

5. 深入研究特定领域公平竞争审查问题

与工业和信息化部、民航局等部门深入交流，共同研究新能源汽车、民航航线等领域的公平竞争审查问题，深入分析相关政策对市场竞争的影响，将制度进一步做实做细。

6. 持续加强宣传培训

举办三期全国性培训班，对部际联席会议、各省级联席会议成员单位进行业务培训，提高公平竞争审查工作能力。深化“中国公平竞争审查与欧盟国家援助控制”对话机制，与欧盟委员会竞争总司联合举办中欧竞争周，共同起草对话机制运行情况年度报告。积极参加各类研讨会，宣传公平竞争审查制度最新进展成效，不断扩大制度的国际影响力。

（三）实施成效逐步显现

在中央一系列政策措施的强力推进下，2018 年，公平竞争审查工作取得突破式进展。具体成效体现在以下四个方面。

1. 制度落实全面推开

截至 2018 年底，国务院各部门、所有省级政府、98% 市级政府、85% 县级政府已部署落实了第三方审查。市县落实比例与 2017 年底相比分别提高了 5 个百分点和 36 个百分点。其中，北京、天津、河北等 17 个省（区、市）实现省市县三级全覆盖。

2. 审查工作扎实开展

2018 年，各地区、各部门共对 31 万份增量文件进行了审查，比 2017 年增长 154%，对其中 1700 余份文件进行了修改完善，比 2017 年增长 157%，审查效果进一步显现；对 82 万份存量文件进行梳理，清理 2 万余份含有地方保护、指定交易、市场壁垒内容的文件，有效预防和纠正了一系列排除、限制竞争的问题，促进了统一开放、竞争有序的市场体系建设。

3. 机制建设持续优化

相关部门和地方持续优化工作机制，规范审查流程，强化监督约束，保障审查工作取得实效。市场监管总局发文专项部署，建立自我审查、专业支持、程序把关相结合的工作机制，并优化办文系统将公平竞争审查作为必经流程，进一步强化程序约束。工业和信息化部建立由业务司局初审、产业政策司复核的审查机制，加强审核把关。商务部在内网发文管理系统中增加“公平竞争审查”选项，从文件批转程序上加强把关。天津、浙江将公平竞争审查纳入依法行政考核，由联席会议办公室对各委办局落实制度情况进行评判打分。江苏强化联席会议办公室协查机制，协助省级部门、市县政府对疑难文件进行审查。湖南探索公平竞争审查约谈机制，由省联席会议办公室对违反公平竞争审查制度的相关单位进行约谈并督促整改。福建建立工作落实台账和“每月一通报”机制，要求各级联席会议办公室按月报送工作进展，并抄送省政府办公厅和各市县政府。广州市越秀区积极探索第三方评估，委托法律顾问协助审查并出具书面的审查建议等。

4. 制度理念不断深入

公平竞争审查制度的深入实施起到了良好的竞争倡导作用，进一步增强了各级政府部门的市场意识和公平竞争理念。2018 年以来，多个部门印发文件，从公平竞争审查的角度对本部门、本行业、本系统相关工作提出要求，涉及自贸区建设、区域协调、钢铁去产能、促进民营经济发展等多个方面，体现出公平竞争审查制度理念不断深入，影响不断扩大。

四、公平竞争审查启动实施过程中的问题

公平竞争审查制度是我国新近引入的制度，自 2016 年正式启动以来，取得

了不错的成绩，但也存在着思想认识不到位、有关制度理解不准确、工作能力不适应、监督问责不严格等系列问题，具体包括以下七个方面。

一是落实进度不够平衡。目前，仍有2%的市级政府和15%的县级政府尚未启动，影响了全面覆盖目标的实现。已落实的地区，不同部门的工作质量和成效差距较大。

二是审查范围不够全面。遗漏审查问题普遍存在，一些地方直接将审查对象限定为规章和规范性文件，将其他政策措施排除在外。

三是审查工作不够规范。完全将公平竞争审查纳入合法性审查，没有体现公平竞争审查的任何痕迹。开展审查仅征求相关部门意见，没有征求利害关系人意见，更没有向社会公开征求意见。

四是审查质量有待提升。一些文件经过审查仍然含有排除限制竞争的内容，存在程序空转、工作形式化问题。一些政府部门滥用例外规定，对明显不符合适用条件的政策措施随意适用。

五是审查专业人才不足。公平竞争审查大多没有专人、专岗、专责，没有兼具经济学、竞争法、行政法知识素养的人才队伍，反竞争政策措施识别能力不足，理解片面，出现偏差。

六是审查工作经费没有安排专门的财政预算，委托第三方和聘请专家没有必要的经费支持。

七是审查监督机制不健全。行政监督、监察监督、司法监督、社会舆论等全方位监督机制尚未建立。

五、近三年公平竞争审查工作目标与重点

公平竞争审查是一项新的重要工作，也是一个系统工作。需要高位统筹，多方协调推进。连年连续发文，充分显示出工作的重要性和工作难度。

（一）工作目标

按照市场监管总局、国家发展改革委、财政部、商务部四部委2020年5月9日联合发布的《关于进一步推进公平竞争审查工作的通知》，提出最新的工作目

标是：用3年左右时间，基本建成全面覆盖、规则完备、权责明确、运行高效、监督有力的公平竞争审查制度体系，制度权威和效能显著提升，政策措施排除、限制竞争问题得到有效防范和制止。在此基础上，根据完善社会主义市场经济体制、建设高标准市场体系的要求，进一步完善和发展公平竞争审查制度，为从源头上打破行政性垄断，建设统一开放、竞争有序的市场体系，打造市场化、法治化、国际化的营商环境提供更加有力的制度保障。

（二）工作重点

要持续抓好公平竞争审查制度落实工作，需要进一步健全审查规则，研究出台适用例外规定、责任追究等配套措施，强化公平竞争审查制度落实情况的专项督查，加强公平竞争审查理论研究和业务培训，加强组织保障。具体要做到以下几个方面。

1. 健全审查规则

一是完善审查范围。凡涉及市场准入、产业发展、招商引资、招标投标、政府采购、经营行为规范、资质标准等有关市场主体经济活动的规章、规范性文件、其他政策性文件以及“一事一议”形式的具体政策措施，均要纳入公平竞争审查范围。各地区、各部门要结合工作实际，从制定主体、公文种类、管理事项等方面，进一步明确和细化纳入公平竞争审查范围的政策措施类别，确保全面覆盖、应审必审。

二是细化审查标准。进一步充实和细化公平竞争审查标准内容，将妨碍平等便利退出市场、以奖补方式变相指定交易和实行地方保护、影响平等使用生产要素、实施歧视性监管等市场主体反映比较强烈的情形纳入审查标准要求。严格适用例外规定的具体情形和条件，强化监督评估要求，严禁滥用例外规定。研究制定行业性公平竞争审查规则，梳理和细化重点行业和领域存在的妨碍统一市场和公平竞争的典型问题、具体表现和认定标准，切实增强审查工作的针对性和有效性。

三是优化审查方式。在严格落实“谁制定、谁审查”原则的基础上，鼓励有条件的地方实行机关内部统一审查，或者由内部业务机构初审后提交特定机构复核。探索建立重大政策措施会审制度，对拟以地方各级人民政府名义出台的政策措施，鼓励由本级市场监管部门会同起草部门在起草过程中进行公平竞争审查，丰富审查工具和方法，强化定量评估分析，提升审查的专业化、精细化水平。

四是推行第三方评估。鼓励各地区、各部门委托高等院校、科研院所、专业咨询机构等进行公平竞争审查，充分评估政策措施对市场竞争的影响。对于拟适用例外规定的、对社会公共利益影响重大的、部门意见存在较大分歧的，以及被多个单位或个人举报涉嫌违反公平竞争审查标准的政策措施，要优先考虑引入第三方评估，保障审查质量和效果。

2. 完善工作机制

一是定期开展评估清理。各地区、各部门要按照市场监管总局、国家发展改革委、财政部、商务部《关于开展妨碍统一市场和公平竞争的政策措施清理工作的通知》的要求，对已经公平竞争审查出台的政策措施进行一次全面评估，经评估认为具有排除、限制竞争效果的要予以废止或者修改。2020 年 1 月 1 日以后出台的政策措施要定期评估清理，可以每三年组织一次，或者在定期清理规章和规范性文件时一并进行，及时发现和纠正实际运行中产生的排除、限制竞争问题。

二是建立政策措施抽查机制。市场监管总局每年牵头组织一次政策措施抽查，检查有关政策措施是否履行审查程序、审查流程是否规范、审查结论是否准确等。对市场主体反映比较强烈、问题比较集中、行政性垄断问题多发的行业和地区，要进行重点抽查。抽查结果应及时反馈给被抽查单位，并以适当方式向社会公开。对抽查发现的排除、限制竞争问题，被抽查单位要及时认真整改。各地要结合工作实际，建立本地区政策措施抽查机制。

三是健全举报处理和回应机制。对涉嫌违反公平竞争审查标准的政策措施，任何单位和个人可以向政策制定机关的上级机关或者本级及以上市场监管部门举报。上级机关经核查属实的，要责令政策制定机关整改，对整改不及时或者不到位的要依法依规严肃追究有关人员责任。本级及以上市场监管部门可以向政策制定机关或者其上级机关提出整改建议，整改情况要及时向有关方面反馈。

四是加强信息化技术运用。鼓励将公平竞争审查作为必经程序纳入公文办理系统，实现全程留痕和可回溯管理。探索建立公平竞争审查数据库，创新运用大数据等技术，将审查标准程序化、规范标准化、识别自动化，加强对审查数据的统计分析，有效识别违反审查标准的问题，切实提高审查实效。

3. 加强组织保障

一是强化组织领导。各地区、各部门要从深化“放、管、服”改革、优化营商环境、推动高质量发展的战略高度，充分认识公平竞争审查制度的重要意义，作为贯彻《优化营商环境条例》的重要举措抓好落实。各地区、各部门要高度重视、加强领导，结合本地区、本部门实际进一步完善公平竞争审查工作机制，明确职责分工，细化具体措施，确保各项要求落实到位。

二是加强统筹协调。各地特别是市县两级政府要根据机构改革情况及时调整本级公平竞争审查工作联席会议组成，确保联席会议高效运转，充分发挥统筹协调和监督指导作用。建立健全信息报送、情况通报、统计分析、规范指导等工作机制，加强横向协同、上下联动。各级联席会议办公室每年要及时汇总形成本级公平竞争审查工作总体情况，报本级人民政府和上一级联席会议办公室，并以适当方式向社会公开。

三是狠抓能力建设。各地区、各部门要高度重视公平竞争审查能力建设，配齐配强审查工作人员力量，确保与审查工作任务相适应。建立健全定期培训和工作交流制度，多形式开展业务学习和经验交流，强化政策解读、共性问题研究和典型案例分析，全面提升审查工作能力和水平，扎实推进审查队伍专业化建设。

四是强化监督考核。推动将公平竞争审查制度落实情况作为有关督查工作的重要内容，并视情况纳入依法行政、法治政府建设等考核体系。对成效显著、落实得力的要表扬推广，对进展缓慢、推进不力的要及时督促整改，对工作中出现问题并造成不良后果的要依法依规严肃处理。强化社会监督，引导市场主体积极举报妨碍统一市场和公平竞争的政策措施，为进一步推进公平竞争审查工作营造良好环境。

第二节　公平竞争审查制度的实施

一、公平竞争审查制度的实施介绍

“法律的生命在于实施”，这对于公平竞争审查制度而言同样适用。2016 年 6

月，为规范政府有关行为，防止其出台排除、限制竞争的政策措施，逐步清理废除妨碍全国统一市场和公平竞争的规定和做法，国务院专门出台了《意见》，宣告了公平竞争审查制度在我国的正式建立。整体上看，公平竞争审查制度是我国确立竞争政策基础性地位的一项重要举措，是从源头上厘清政府与市场边界，规范政府行为，防止滥用行政权力排除限制竞争的顶层设计①，它有利于与《反垄断法》形成规制行政性垄断行为的合力，从而实现维护市场公平竞争的目标。然而，囿于《意见》的框架性和原则性，它并没有详细规定公平竞争审查制度的实施机制，导致在制度的落实中暴露出一些问题，影响了制度的全面实施。

为了解决公平竞争审查制度中存在的实施问题，并进一步提升其实施成效，2017 年 10 月，经国务院同意，国家发展和改革委员会、财政部、商务部、原工商总局、原国务院法制办联合印发了《实施细则》，它分别从审查机制和程序、审查标准、例外规定、社会监督、责任追究等方面予以了细化。《实施细则》是公平竞争审查制度具体实施的纲领性文件，对推动其全面实施具有重要意义。

本节将结合《意见》和《实施细则》的相关内容，就我国公平竞争审查制度的实施框架进行介绍，以呈现其实施的基本机理。

二、公平竞争审查制度的实施框架

“探索实施竞争评估制度，离不开竞争评估体系的构建，这涉及评估对象的选择、评估内容的确定以及评估主体的设置三个核心组成部分。”② 这也是我国公平竞争审查制度实施的主要内容。除此之外，为了保障公平竞争审查制度的有序实施，提升审查质量，确保审查效果，《实施细则》也对实施程序、保障措施等进行了规定，它们也成为我国公平竞争审查制度实施的重要组成部分。至此，实施对象、实施主体、实施内容（方式、标准、例外等）、实施程序和保障措施构成了我国公平竞争审查实施的全部内容，它们也较为明了地解决了“实施什么、谁来实施、如何实施以及实施保障”的问题，增加了现实中的可操作性。

---

① 孙考利、刘澜晶：《如何保障公平竞争审查制度更好地实施》，载《中国市场监管报》2019 年 12 月 17 日第 5 版。

② 王健：《政府管制的竞争评估》，载《华东政法大学学报》2015 年第 4 期。

（一）公平竞争审查制度的实施对象

公平竞争审查制度的实施对象即为该制度运行实施的目标客体。整体上看，目前我国公平竞争审查制度的实施对象存在着两种不同性质的划分：一种是以起草部门和审议部门是否为同一部门为标准；另一种则是以公平竞争审查制度建立的时间界限为标准。

在第一种分类标准下，《意见》和《实施细则》将公平竞争审查制度的实施对象分为两类：一类是政策制定机关制定市场准入、产业发展、招商引资、招标投标、政府采购、经营行为规范、资质标准等涉及市场主体经济活动的规章、规范性文件和其他政策措施；另一类是行政法规和国务院制定的其他政策措施、地方性法规。这两类审查对象的重要区别之一是，前者的起草部门与审议部门通常合一，后者的起草部门与审议部门基本分离。① 因此，可以说，我国的公平竞争审查制度的实施对象涵盖了来自行政机关的具有排除、限制竞争效果的行政法规、地方性法规、规章、规范性文件和其他政策措施，主要针对的是行政机关的抽象性限制竞争行为。

这一对象的设定具有重大现实意义。虽然《反垄断法》专设第五章规制“滥用行政权力排除、限制竞争”的行为，第八条“行政机关和法律、法规授权的具有管理公共事务职能的组织不得滥用行政权力，排除、限制竞争”和第三十七条“行政机关不得滥用行政权力，制定含有排除、限制竞争内容的规定”也对政府行政性垄断行为作了规定，但《反垄断法》的执法活动仅针对具体的行政性垄断行为事实。此外，根据《行政诉讼法》第十三条的规定，行政法规、规章或者行政机关制定、发布的具有普遍约束力的决定、命令等抽象性行政行为具有不可诉性，未纳入人民法院司法审查的范围。依据《行政诉讼法》第五十三条的规定，各级法院只能通过原告提交的附带审查申请对其合法性予以审查（审查对象仅限命令、举措等规范性文件，不包括行政法规、地方性法规和规章等），并且依据第六十四条的规定，法院即使认为其不合法时也仅能向制定机关提出司法建议。《反垄断法》和《行政诉讼法》的相关规定表明，当前，我国规制政府机关的行政性垄断行为时存在着一定的缺陷，即只能对行政机关的具体性

① 时建中：《强化公平竞争审查制度的若干问题》，载《行政管理改革》2017 年第 1 期。

限制竞争行为予以规制，而对危害更大、波及更广的抽象性限制竞争行为却“力有不及”，并且在处罚结果上，因反垄断执法机构只拥有行政建议权而导致行政机关自身无足够压力去改正。随着公平竞争审查制度将行政机关具有排除、限制竞争效果的抽象性行政行为纳入审查的实施对象，它将会与《反垄断法》等形成合力，实现对行政性垄断行为的全面规制。

在第二种分类标准下，《意见》和《实施细则》将公平竞争审查制度的实施对象也分为了两类：行政机关在公平竞争审查制度建立之前已出台的政策称之为“存量政策”，建立之后出台的政策称之为“增量政策”。《意见》和《实施细则》虽然着力规范新出台的政策（即增量政策），但对于产生排除、限制竞争效果的“存量政策”，公平竞争审查制度审查主体也会对其一并审查。毫无疑问，自公平竞争审查制度建立之日起，行政机关出台影响市场公平竞争的政策措施时均须进行公平竞争审查，没有进行审查的不得出台，这是对行政机关增量政策开展审查的原则性和必须性要求。除此之外，由于过往的经济体制和政府过多干预市场的传统，现实经济中还存在着大量来自行政机关具有排除、限制市场竞争效果的存量政策，对此不加以有效规制，“市场在资源配置中起决定性作用”就无法得到根本保障。正是基于此，《意见》和《实施细则》对“存量政策”也作了相应的规定。《意见》中指出，要“破立结合，在规范增量政策的同时，坚持分类处理、不溯及既往，逐步清理废除妨碍全国统一市场和公平竞争的存量政策”。这是对我国公平竞争审查制度开展“存量政策”审查的总体要求和基本原则。当然，考虑到“存量政策”的产生和形成有着复杂的原因，对之进行审查也应遵循科学的方法，掌握分寸、稳步推进就显得尤为重要。根据“有序清理存量”的要求，《意见》提出，按照“谁制定，谁清理”的原则，政策制定部门要对照公平竞争审查标准，对现行政策措施区分不同情况，有序清理和废除各项妨碍市场公平竞争的政策措施。首先，对市场主体反映强烈、问题暴露比较集中、影响比较突出的规定和做法，要尽快废止；其次，对以合同协议等形式给予企业的优惠政策，以及部分立即终止会带来重大影响的政策措施，要合理地设置过渡期，留出必要的缓冲空间，对相关市场主体的影响要降至最低；最后，对已兑现的优惠政策，坚持不溯及既往，切实保障市场主体的合法权益。至此，公平竞争审查制度在审查范围上形成了对增量政策严格审查，防止出现新的排除和限制市场竞争的内容，而对存量政策坚持审慎推进，通过分类处理、区别对待的方式争取在较短的时间内清理到位的特点。

综上所述，我国公平竞争审查制度的实施对象在类型上涵盖了众多来自行政机关的抽象性反竞争行为，在范围上囊括了既有的存量政策和拟出台的增量政策，从而实现了对行政机关“横向”和“纵向”反竞争行为的全面规制。

（二）公平竞争审查制度的实施主体

公平竞争审查制度的实施主体即为负责实施公平竞争审查制度的责任主体。由于我国公平竞争审查制度实行的是“谁制定，谁审查”的自我审查模式，作出具有反竞争限制效果的抽象性行为的行政机关理应是最主要的实施主体。除此之外，根据我国的实际情况，行政机关并非是公平竞争审查制度的唯一实施主体，法律法规授权的具有管理公共事务职能的组织也可作为审查制度的实施主体，《实施细则》将之统称为“政策制定机关”。

然而，作为“政策制定机关”的行政机关及相关组织由于部门众多、类型繁杂，使得我国公平竞争审查制度的实施主体也呈现出多样态的特征。为了便于规范，更为了促进制度的实施，对公平竞争审查制度的实施主体进行特定化和针对性的内容设定愈显重要。根据《实施细则》总则部分的相关内容，当前我国公平竞争审查制度的实施主体具体形成了以下三大类。

其一，制定市场准入、产业发展、招商引资、招标投标、政府采购、经营行为规范、资质标准等涉及市场主体经济活动的规章、规范性文件和其他政策措施的政策制定机关。依照“谁制定，谁审查”的原则要求，上述政策制定机关在其各自职权范围内负责公平竞争审查的实施工作。此外，由于我国经济的牵涉面越来越广泛，单一的行政主体往往无法实现对社会经济的全面管理，需要各个职能部门之间进行一定的协调与配合，这就使得上述政策措施的制定主体更加倾向通过联合的形式出台措施，进而形成单一的制度实施主体和联合的实施主体两类划分。考虑到这一现实，《实施细则》对此进行了相应的内容设计。当单一行政主体及相关组织制定产生市场竞争限制的政策措施时，该单一行政主体及相关组织当然地成为实施主体，这已无须赘言。但当多个部门联合制定出台相关的政策措施时，则可能会产生由某一部门负责实施还是由所有部门都参与实施的分歧，对此如若规定不清，会对制度实施产生重大的不利影响，乃至直接左右着实施的成效，因此对之须加以明确。《实施细则》第二条第三款对此作了相应的规定，明确指出“以多个部门名义联合制定出台的政策措施，由牵头部门负责公平竞争审查，其他部门在各自职责范围内参与公平竞争审查”，进而形成了牵头部门为主，其他参与部门为辅的责任划分。

其二，负责制定行政法规、国务院的政策措施和负责起草地方性法规的起草部门。在我国，一些行政机关负责起草的规范性文件最终能否获得颁布和实施并非由该起草机关所决定，而是由其上级行政机关或者立法机构来决定，即上文在论述实施对象时提到的起草机关与审议机关相分离的情形，这一情形集中体现在行政法规、国务院政策措施和政府部门负责起草的地方性法规上。以行政法规为例，根据《中华人民共和国立法法》《中华人民共和国国务院组织法》和国务院《行政法规制定程序条例》的相关规定，国务院行政法规制定需要经历立项、起草、审查、决定与公布、解释等程序。在起草阶段，行政法规可由国务院的一个部门或者几个部门具体负责起草工作，也可以确定由国务院法制机构起草或者组织起草。而在决定与公布阶段，行政法规草案须由国务院常务会议审议，或者由国务院审批。再如地方性法规①，根据《贵州省地方立法条例》的相关规定，省人大常委会、省人民政府、省高级人民法院、省人民检察院、省人民代表大会各专门委员会均可作为地方性法规的起草机关提出法规案，但对于当前公平竞争审查制度重在解决行政机关的抽象性竞争限制问题的价值功能而言，来自政府部门起草的地方性法规才是制度所欲关注的重点。又根据《贵州省人民政府起草地方性法规草案和制定省政府规章程序规定》的相关内容，省级人民政府起草法规草案时往往由具体政府部门或者政府法制办负责起草工作。在法规决定阶段，草案须由省人民政府全体会议或者常务会议审议决定，并提请省人民代表大会或者其常务委员会审议。对于设区的市或州在制定地方性法规时，也应遵守上述程序。

上述特殊状况反映在实施主体上就呈现出由起草机关负责实施还是由审议机关负责实施的冲突。起草机关负责实施能够确保公平竞争审查制度在落实过程中

---

① 由于《立法法》对地方性法规仅作了原则性规定，实践中具体程序内容由各地方政府进行专门安排。这一部分将以贵州省为例，参照了《贵州省地方立法条例》《贵州省人民政府起草地方性法规草案和制定省政府规章程序规定》等相关文件的内容。

的高效和专业，因为通常情况下，起草机关比审议机关会更加了解规范性文件所涉及的内容。而由审议机关负责实施则可保证政策措施在审查中的公正与透明，因为相较于起草机关，审议机关会更少地受到执行政策所带来的利益干扰。《实施细则》第三条对此进行了明确规定，“对行政法规和国务院制定的政策措施、政府部门负责起草的地方性法规，由起草部门在起草过程中进行公平竞争审查”。这不仅限定了地方性法规的审查范围（仅审查由政府部门负责起草的地方性法规），还明确了当起草部门和审议部门不一致时，由起草部门作为制度的实施主体。

其三，各级人民政府建立的公平竞争审查联席会议或者相应的工作协调机制。由于政府管理经济的某些不合理方式是长期形成的状态，对于“初出茅庐”的公平竞争审查制度而言，改变上述状态可谓困难重重。又鉴于其自我审查为主的实施模式，来自不同政府部门之间的利益交叉与冲突势必会对公平竞争审查制度的实施形成较大的阻碍。因此，建立一个有效的指导和协调机构或者机制就很有必要。2016 年 12 月 22 日，为切实加强对公平竞争审查工作的协调指导，推进公平竞争审查制度有效落实，国务院办公厅通过《关于同意建立公平竞争审查工作部际联席会议制度的函》，同意建立由国家发展改革委牵头的公平竞争审查工作部际联席会议制度。① 2019 年改由国家市场监督管理总局牵头。在地方层面，地方各级人民政府建立公平竞争审查联席会议或者相应的工作协调机制（联席会议），牵头单位是市场监督管理局。

（三）公平竞争审查制度的实施内容

公平竞争审查制度的实施需要实施主体按照一定的方式并依据一定的标准对实施对象开展审查工作，在此过程中，所按照的方式和依据的标准等就是本节所言的主要实施内容。当然，在实施的过程中还要考虑是否存在例外等情形，也要明确审查的标准类型等信息，上述内容一并组成了我国公平竞争审查制度实施的全部内容，具体而言，可以概括为以下两个方面。

1. 在实施方式上，自我审查与外部监督相结合

《意见》中明确了我国公平竞争审查的方式，即以自我审查为主。《意见》

---

① 孟雁北：《产业政策公平竞争审查论》，载《法学家》2018 年第 2 期。

规定，政策制定机关在政策制定过程中，要严格对照审查标准进行自我审查。经审查认为不具有排除、限制竞争效果的，可以实施；具有排除、限制竞争效果的，应当不予出台，或调整至符合相关要求后出台。没有进行公平竞争审查的，不得出台。《实施细则》在第二条也表达出相同的意思，这表明我国通过自我审查的方式推动公平竞争审查制度的实施。当然，考虑到自我审查所具有的不审查和懈怠审查等弊端，《意见》和《实施细则》也在一定程度上强调了外部监督的作用。例如，《意见》指出：制定政策措施及开展公平竞争审查应当听取利害关系人的意见，或者向社会公开征求意见。有关政策措施出台以后，要按照《中华人民共和国政府信息公开条例》的相关规定和要求及时向社会公开。《实施细则》第二十一条和第二十二条也规定，任何单位和个人可以就政策制定机关的公平竞争审查工作向政策制定机关反映；政策制定机关停止执行或者调整相关政策措施，也应当按照《中华人民共和国政府信息公开条例》要求向社会公开，接受社会公众的监督。因此，可以说，我国公平竞争审查制度在审查实施的方式上实行自我审查（为主）与外部监督（为辅）相结合的模式。

虽然自我审查的实施方式存在着政策制定机关主观不审查和懈怠审查等弊端，但其却是契合我国当前具体国情和实践的有益选择。[①] 首先，以自我审查为主的实施方式便于与现行法律法规、行政管理模式相衔接。公平竞争审查制度从本质而言属于市场规制法领域，理应与我国的《反不正当竞争法》《反垄断法》等竞争法律法规相契合，进而形成统一开放、竞争有序的现代化市场经济体系。而根据《反垄断法》第五十一条的相关规定，反垄断执法机构仅具有处理建议权而无直接处罚权，对之进行纠正需要由其上级机关来处理。相应地，作为规范性文件制度性质的公平竞争审查制度在法律效力上无法突破《反垄断法》作为"法律"所划定的限制。[②] 另外，当前我国的行政管理模式是上级管理和领导下级，并不存在外部或者独立的机构予以规制的制度空间，况且从经济成本来看，另设一套审查实施体系对于我国这样一个幅员辽阔、区域复杂的国家而言并非明智之选。[③] 其次，以自我审查为主的实施方式有利于政策制定机关充分发挥对制

① 张玉洁、李毅：《公平竞争审查制度构建的价值维度与实践进路》，载《学习与实践》2018 年第 6 期。

② 李青：《建立公平竞争审查制度情况介绍》，载《中国价格监管与反垄断》2018 年第 6 期。

③ 王贵：《论我国公平竞争审查制度构建的基准与进路》，载《政治与法律》2017 年第 11 期。

定政策的背景、目的、内容、意义和价值等更加了解的优势，从而更好地平衡维护市场竞争秩序和实现政策目标之间的冲突，这对我国这样一个离不开宏观调控的国家而言至关重要。除此之外，政策制定机关对其制定的政策开展自我审查的过程实际上也是其自身自觉践行公平竞争理念的过程，有利于政府部门转变传统管理经济的方式和观念，从内部认识其理应扮演的角色，实现维护市场公平竞争的自醒与自觉。最后，以自我审查为主并非是对公平竞争审查制度的放松实施，相反，为了克服自我审查模式的某些弊端，《意见》和《实施细则》设置了一系列的程序规则和外部监督的内容，从而确保自我审查的实施模式在克服其自身劣势的同时也能发挥其应有的模式优势。

从实践来看，各级地方政府根据《实施细则》第五条的相关内容，在建立公平竞争审查制度、健全其内部审查机制上进行了诸多的形式创新，主要形成了四大实施模式：一是具体业务机构分别审，即起草部门分别审查各自负责的内容。二是特定机构统一审，即由特定的机构（一般为政府的法制办）统一审查相关部门提交的政策措施，起草部门根据审查部门的反馈意见进行调整。三是委托第三方协助审查，即由政策制定机关委托独立的第三方对其制定的政策措施进行审查。2019 年 2 月，国家市场监督管理总局出台《实施指南》，为政策制定机关在制度实施过程中引入第三方评估提供明确指引。四是联合审查，即由政策制定机关将存在较大争议或者部门意见难以协调一致的问题提交至同级公平竞争审查联席会议进行协调和集中讨论。需要说明的是，虽然自我审查的方式呈现多样化的形式，但来自社会的监督始终伴随着政策制定机关审查政策措施的全过程，其不仅要在实施的过程中征求利害关系人和社会的意见，还要在政策出台后及时向社会公布，以倒逼政策制定机关规范地实施公平竞争审查制度。可见，自我审查与外部监督相结合的实施方式一直贯穿着公平竞争审查制度的实施过程。

2. *在实施标准及例外上，原则禁止与例外规定相结合*

实施标准和实施例外的内容是实施主体开展具体审查工作的直接依据，也是公平竞争审查制度的核心实施内容。

（1）在实施标准上，《意见》明确提出，妨碍市场竞争的政策措施不能出台或者是调整到符合标准后才能出台，这实际上是采取了原则禁止的态度。从条文上看，《意见》从维护统一市场和公平竞争两个维度，明确了市场准入和退出、商品和要素自由流动、影响生产经营成本、影响生产经营行为四个方面 18 项禁止性标准；《实施细则》则进一步细化了审查标准，明确了四个方面 18 项大标准及 50 项次级标准。

首先，市场准入和退出标准。市场准入和退出直接决定了经营者数量，决定了相关市场的竞争程度，其标准的设定有利于保障所有市场主体在市场准入和退出方面得到公平对待。① 从市场准入和退出标准的条文上看，其主要包括以下四个方面的内容。

一是不得设置不合理和歧视性的准入和退出条件。根据《实施细则》第十四条第一款的规定，“不合理”是指设置明显不必要或者超出实际需要的准入和退出条件，排斥或者限制经营者参与市场竞争；“歧视性”是指对不同所有制、地区、组织形式的经营者实施差别化待遇，设置不平等的市场准入和退出条件。

二是未经公平竞争不得授予经营者特许经营权。根据《实施细则》第十四条第二款的规定，在一般竞争性领域不得实施特许经营或者以特许经营为名增设行政许可；在确有必要设置特许经营的领域，不得未明确特许经营许可权期限或者不经法定程序肆意延长该特许经营权期限；在颁布特许经营许可时，必须采取招标投标、竞争性谈判等竞争方式，而不可直接将特许经营许可权授予特定经营者；也不得设置歧视性条件以影响经营者公平参与特许经营权之竞争。

三是不得限定经营、购买、使用特定经营者提供的商品和服务。根据《实施细则》第十四条第三款的规定，行政机关不得以明确要求、暗示、拒绝或者拖延行政审批、重复检查、不予接入平台或者网络等方式限定特定经营者提供的商品和服务；也不得在招投标中通过限定投标人所在地、所有制、组织形式等方式限制市场主体公平参与投标活动。

四是不得设置没有法律法规依据的审批或者具有行政审批性质的事前备案程序，也不得对市场准入负面清单以外的行业、领域、业务等设置审批程序。根据《实施细则》第十四条第四款和第五款的规定，行政机关不得在法律法规或者国务院决定之外通过不当的行政审批对相应市场主体进行直接或者间接的市场准入限制，以保证市场主体在市场准入时的自由化和便利化。

---

① 国家市场监督管理总局价格监督检查和反不正当竞争局：《公平竞争审查制度学习读本》，中国工商出版社 2019 年版，第 92 页。

其次，商品和要素自由流动标准。商品要素自由流动是实现资源配置效益最大化、效率最优化的基础，其标准的设置有利于保障商品要素在全国范围内的自由流动，促进全国统一大市场的形成。① 从商品和要素自由流动标准的条文上看，其主要包括以下四个方面的内容。

一是不得对外地和进口商品、服务实行歧视性价格和歧视性补贴政策。根据《实施细则》第十五条第一款的规定，政府在制定政府定价或者指导价时，不得对外地或者进口商品和服务制定歧视性价格；在进行补贴时，也不得对之不予补贴或者较低补贴。换言之，政府在进行经济管理活动中不得对外地和进口商品或服务进行歧视性对待，而应与本地商品与服务一视同仁。

二是不得限制外地和进口商品、服务进入本地市场或者阻碍本地商品运出、服务输出。根据《实施细则》第十五条第二款的规定，政府政策制定机关不得对外地和进口商品和服务规定歧视性技术措施或者设置歧视性的专营、专卖、审批、许可或者在交通枢纽设置关卡及采用其他手段阻碍其进入本地市场或者本地商品运出和服务输出。

三是不得排斥或者限制外地经营者参加本地招标投标活动。根据《实施细则》第十五条第三款的规定，政策制定机关不得通过不公开发布信息、直接禁止、设置歧视性资质要求标准、设定与实际需要无关的条件等方式，排斥或者限制外地经营者参加本地招标投标活动。

四是不得排斥、限制或者强制外地经营者在本地投资或者设立分支机构，以及不得对外地经营者在本地的投资或者设立的分支机构实行歧视性待遇。根据《实施细则》第十五条第四款和第五款的规定，政策制定机关不得直接拒绝外地经营者在本地投资或者设立分支机构，不得对投资的规模、方式以及机构设立的地址、模式等进行限制；不得增加诸如在本地投资或者设立分支机构等不合理要求作为参与招投标、享受补贴和优惠政策的必要条件。除此之外，政策制定机关不得对外地经营者给予与本地经营者不同等的政策待遇，亦不得在分支机构的经营规模、经营方式、税费缴纳、节能环保、安全生产、健康卫生、工程质量等方面规定歧视性标准和要求。

---

① 国家市场监督管理总局价格监督检查和反不正当竞争局：《公平竞争审查制度学习读本》，中国工商出版社 2019 年版，第 93 页。

再次，影响生产经营成本标准。生产经营成本是影响经营者竞争能力的重要因素，生产经营成本的高低取决于经营者自身因素，但也在很大程度上受到相关政策的影响，其标准的设置有利于防止因政策制定机关的不当措施而增加或者减少相关经营者的生产经营成本，进而破坏市场内经营者之间的公平竞争秩序。[①] 从影响生产经营成本标准的条文上看，其主要包括以下四个方面的内容。

一是不得违法给予特定经营者优惠政策。根据《实施细则》第十六条第一款的规定，政策制定机关在没有法律法规或国务院规定的情况下，其不得在财政奖励和补贴、税费缴纳、土地划拨与转让、环保标准与排污权限、行政事业性收费、政府性基金、住房公积金等方面给予特定经营者一定的优惠政策。

二是安排财政支出一般不得与企业缴纳的税收或非税收入挂钩。根据《实施细则》第十六条第二款的规定，政策制定机关不得根据企业缴纳的税收或者非税收入情况，采取列收列支或者违法违规采取先征后返、即征即退等形式，对企业进行返还，或者给予企业财政奖励或补贴、减免土地出让收入等优惠政策。

三是不得违法违规减免或者缓征特定经营者应当缴纳的社会保险费用。根据《实施细则》第十六条第三款的规定，政策制定机关在没有法律法规依据或者国务院规定的情形下，不得根据经营者规模、所有制形式、组织形式、地区等因素，减免或者缓征特定经营者需要缴纳的基本养老保险费、基本医疗保险费、失业保险费、工伤保险费、生育保险费等。

四是不得在法律规定之外要求经营者提供或扣留经营者各类保证金。根据《实施细则》第十六条第四款的规定，政策制定机关不得在没有法律法规或者国务院规定下，要求经营者交纳各类保证金；亦不得在经营者履行相关程序或者完成相关事项后，不及时退还经营者交纳的保证金。

最后，影响生产经营行为标准。经营者具有自主经营权，政策制定机关如果对市场主体的经营行为进行过多干预则会破坏经营者之间正常的竞争秩序，该标准的设定有利于保障市场经营者的自主经营权，防止不当干预经营者的生产经营活动。[②] 从影响生产经营行为标准的条文上看，其主要包括以下四个方面的内容。

---

① 国家市场监督管理总局价格监督检查和反不正当竞争局：《公平竞争审查制度学习读本》，中国工商出版社 2019 年版，第 94 页。

② 国家市场监督管理总局价格监督检查和反不正当竞争局：《公平竞争审查制度学习读本》，中国工商出版社 2019 年版，第 95 ~96 页。

一是不得强制经营者从事《反垄断法》规定的垄断行为。根据《实施细则》第十七条第一款的规定，政策制定机关不得以行政命令、行政授权、行政指导或者通过行业协会等方式，强制、组织或者引导经营者达成、实施垄断协议或者实施滥用市场支配地位行为。

二是不得违法披露或者违法要求经营者披露生产经营敏感信息，为经营者实施垄断行为提供便利条件。根据《实施细则》第十七条第二款的规定，生产经营敏感信息是指除依据法律法规或者国务院规定需要公开之外，生产经营者未主动公开，通过公开渠道无法采集的生产经营数据。主要包括：拟定价格、成本、生产数量、销售数量、生产销售计划、经销商信息、终端客户信息等。

三是不得超越定价权限进行政府定价。根据《实施细则》第十七条第三款的规定，政策制定机关不得对实行政府指导价的商品、服务进行政府定价；不得对不属于本级政府定价目录范围内的商品、服务制定政府定价或者政府指导价。

四是不得违法干预实行市场调节价的商品和服务的价格水平。根据《实施细则》第十七条第四款的规定，政策制定机关不得制定公布商品和服务的统一执行价、参考价；不得规定商品和服务的最高或者最低限价；不得干预影响商品和服务价格水平的手续费、折扣或者其他费用。

除此之外，《意见》还在四大标准之后明确了两项兜底性条款，即没有法律、法规依据，各地区、各部门不得制定减损市场主体合法权益或者增加其义务的政策措施；不得违反《反垄断法》，制定含有排除、限制竞争内容的政策措施。虽然上述兜底性条款在《实施细则》中被融合进各个标准之内，但结合《意见》与《实施细则》的相关条款内容并从宏观角度看，上述两个规范性文件所制定的四个方面、18 项大标准、50 项次级标准以及两个兜底性条款为我国公平竞争审查制度的实施提供了基本遵循原则，也为政策制定机关的抽象性行政行为开出了“负面清单”。

（2）在实施的标准例外上，《意见》与《实施细则》都充分考虑到我国现实经济的复杂性和综合性，参照国际惯例，从维护国家安全、国家利益和社会公共利益的角度出发，对公平竞争审查制度的某些实施标准作出了特殊性的例外规定。根据《实施细则》第四章“例外规定”的文本信息，我国公平竞争审查制度实施的例外情形主要包括以下内容。

第一，例外情形的适用范围有着明显的限制，政策制定机关只有在属于《意见》规定的为维护国家经济安全、文化安全、涉及国防建设，为实现扶贫开发、救灾救助等社会保障目的，为实现节约能源资源、保护生态环境等社会公共利益以及法律、行政法规规定的例外情形四种情况下才能适用例外规定。

第二，根据《实施细则》第十八条的规定，政策制定机关即使需要制定属于上述四种情形的政策措施，其也不会当然地成为标准实施的例外，因为政策制定机关还需要同时证明其制定的政策措施同时满足了以下条件：

A. 对实现政策目的不可或缺，即为实现相关目标必须实施此项政策措施；

B. 不会严重排除和限制市场竞争；

C. 具有明确实施期限。

第三，为防止政策制定机关滥用例外规定破坏市场竞争秩序，《意见》与《实施细则》对实施的标准例外进行了“再限制”。“再限制”包含两方面的内容：一是政策制定机关应当在书面审查结论中说明政策措施是否适用例外规定。认为适用例外规定的，应当对符合适用例外规定的情形和条件进行详细说明。二是政策制定机关应当逐年评估适用例外规定的政策措施的实施效果，形成书面评估报告。实施期限到期或者未达到预期效果的政策措施，应当及时停止执行或者进行调整。

总体来说，“公平竞争审查例外规定是公平竞争审查制度中的调节器，也是公平竞争审查制度与其他国家治理制度的连接点”。①《意见》与《实施细则》既为政策制定机关实施特殊政策预留了充足的空间，也为防止滥用该规则明确了严格的适用条件和相应的评估监督机制。

（四）公平竞争审查制度的实施程序

公平竞争审查制度的实施不仅需要实施对象、实施主体、实施内容等“实体性”规定，还需依赖相应的程序规则来规范实施。“现代法律制度通常以规范的程序设计作为其顺利实施的必要条件，立法者也越来越重视程序在实现法治中的重要作用”。② 只有存在有效的程序约束，公平竞争审查制度才可充分地得到贯

---

① 黄彦钦：《公平竞争审查例外规定的适用方法》，载《中国市场监管研究》2019 年第 11 期。

② 孙晋、苗航：《论我国竞争评估程序制度的建构》，载《竞争政策研究》2016 年第 11 期。

彻与落实。从《意见》出台以及各地政府推行公平竞争审查制度的实践来看，虽然大多数部门和地区已经设立了竞争审查机制，但由于《意见》所呈现出较强的原则性和抽象性①，无法实现对各地审查机制进行详细且具体的实施指导，使得该制度在实施过程中出现审查人员主观上不审查和懈怠审查以及客观上因能力不足而无法审查的情况。

为提升公平竞争审查制度的实施效果，解决制度在实施过程中存在的缺乏明确的实施程序等问题，2017 年 10 月，国家发展和改革委员会等五部门联合印发了《实施细则》，它有利于进一步明确公平竞争审查制度的审查程序和机制，通过加强政策指导和程序约束来深化各地区各部门对制度实施的理解与认识。整体而言，《实施细则》分别从总则、审查机制和程序、审查标准、例外规定、社会监督、责任追究等方面予以了细化；具体而言，《实施细则》通过明确相关程序和规则、制定审查流程图和审查表的方式来督促和指导政策制定机关切实开展公平竞争审查工作，进而保障制度的有效实施。②

1. 强化程序约束

我国当前以政策制定机关自我审查为主的模式推行公平竞争审查制度，容易使政策制定机关“人为”影响制度的实施成效，因此，如何设计审查程序和规则并对之形成有效的规范和约束至关重要。从《实施细则》第二章“审查机制和程序”的内容上看，其主要包含以下五个方面的内容。

（1）建立健全自我审查机制，明确责任机构和审查程序。根据《实施细则》第五条的规定，自我审查可以由政策制定机关的具体业务机构负责，或者由政策制定机关指定特定机构统一负责，也可以采取其他方式实施。这一规定既明确了实施方式的要求，列举了两类模式，又保持了一定的灵活性，可以在我国复杂经济现实下调动各地方政府推动制度实施的积极性。

（2）严格审查流程，在实施过程中增加“形成明确的书面审查结论”的程序要求。根据《实施细则》第六条的规定，政策制定机关开展公平竞争审查应

---

① 例如，《意见》指出要“明确工作机制”“有序清理存量”“定期评估完善”等，但如何明确工作机制，科学设计工作方式、工作步骤和时间节点，怎样开展定期评估，如何接受社会监督等，《意见》并未提出解决方案，相较于实施而言，《意见》仍略显“粗线条”。

② 赵薇：《公平竞争审查有了“指导手册”》，载《中国价格监管与反垄断》2017 年第 11 期。

当遵循审查基本流程，并形成明确的书面审查结论。[①] 书面审查结论由政策制定机关存档。未形成书面审查结论出台政策措施的，视为未进行公平竞争审查。该规定将“形成书面审查结论”作为政策制定机关制定政策措施的必经流程，并对之实行“一票否决”，明确将未形成书面审查结论而出台的政策措施视为未进行公平竞争审查。

（3）明确并细化征求和听取意见的程序与规则。该部分的程序和规则包括征求利害关系人、专家学者、法律顾问、专业机构、反垄断执法机构和同级及上级公平竞争审查联席会议的意见。

首先，根据《实施细则》第七条的规定，政策制定机关开展公平竞争审查，应当征求利害关系人意见或者向社会公开征求意见，并在书面审查结论中说明征求意见情况。对出台前需要保密的政策措施，由政策制定机关按照相关法律法规处理。所谓利害关系人，指参与相关市场竞争的经营者、上下游经营者、消费者以及政策措施可能影响其公平参与市场竞争的其他市场主体。

其次，根据《实施细则》第八条的规定，政策制定机关开展公平竞争审查，可以征求专家学者、法律顾问、专业机构的意见。征求上述方面意见的，应当在书面审查结论中说明有关情况。

再次，根据《实施细则》第九条的规定，政策制定机关可以就公平竞争审查中遇到的具体问题，向履行相应职责的反垄断执法机构提出咨询。反垄断执法机构基于政策制定机关提供的材料，提出咨询意见。

最后，根据《实施细则》第十条的规定，政策制定机关开展公平竞争审查时，对存在较大争议或者部门意见难以协调一致的问题，可以提请同级公平竞争审查联席会议协调。联席会议认为确有必要的，可以根据相关工作规则召开会议进行协调。仍无法协调一致的，由政策制定机关提交上级机关决定。

（4）建立定期报告和定期评估制度。定期报告制度有利于同级公平竞争审查联席会议掌握本年度本地区制度的实施情况，便于联席会议进行整体指导和监督。根据《实施细则》第十一条的规定，政策制定机关应当每年对开展公平竞

---

① 相应的审查基本流程和书面审查结论可参照中华人民共和国国家发展和改革委员会官网：《关于印发〈公平竞争审查制度实施细则（暂行）〉的通知》，载 https：//www. ndrc. gov. cn/xxgk/zcfb/tz/201710/t20171026_ 962579. html，最后访问日期：2020 年 1 月 7 日。

争审查情况进行总结，于次年 1 月 31 日前将书面总结报告报送同级公平竞争审查联席会议办公室。

与此同时，《实施细则》也明确了建立定期评估制度。定期评估制度有利于对“存量”政策进行二次筛选和排查，及时清除阻碍市场公平竞争的政策措施。根据《实施细则》第十二条的规定，对经公平竞争审查后出台的政策措施，政策制定机关应当对其影响全国统一市场和公平竞争的情况进行定期评估。经评估认为妨碍全国统一市场和公平竞争的，应当及时废止或者修改完善。对于定期评估制度的评估周期，《实施细则》也指出，定期评估可以每三年进行一次，也可以由政策制定机关根据实际情况自行决定。自行决定评估时限的，政策制定机关应当在出台政策措施时予以明确。对于定期评估的具体建立方式，指出“政策制定机关可以建立专门的定期评估机制，也可以在定期清理本地区、本部门规章和规范性文件时一并评估”。

（5）鼓励建立公平竞争审查制度第三方评估制度。第三方评估制度有利于克服政策制定机关自我审查的模式弊端，提升审查的质量，确保实施的效果。根据《实施细则》第十三条的规定，我国鼓励各地区、各部门政策制定机关委托第三方专业机构，协助对政策措施进行公平竞争审查和定期评估。

2. 制定“一图一表”

为进一步规范公平竞争审查制度的实施工作，《实施细则》制定了审查流程图和书面审查表。流程图明确了公平竞争审查的基本流程，具体可以概括为“三步走”：第一步识别是否需要公平竞争审查。政策制定机关制定的政策措施如果涉及市场主体的经济活动就需要对之进行审查，反之，则不需要审查。第二步核对是否违反审查的标准。此过程要对制定的政策措施依照《实施细则》四个方面 18 大项标准和 50 项次级标准逐条进行审查，如果不违反任何一条标准，该政策措施可以出台实施，若违反其中任一标准，则需详细说明违反了哪一条标准及分析对市场竞争产生的影响。第三步判断是否符合例外规定。如果符合例外规定，制定的政策措施可以出台，但需要充分说明符合例外规定的条件，并逐年对之开展实施效果评估；如何不符合例外规定，则需要对应地进行政策调整，调整后的政策措施需要按照上述程序重新进行公平竞争审查，直至符合审查要求；如若不进行政策调整，则不得出台实施。

公平竞争审查表为形成明确的书面审查结论提供了形式参考，它包括政策措施名称、涉及行业领域、政策措施的性质、起草机构信息、审查机构信息、意见征求情况、竞争影响评估情况、是否违反标准和适用例外规定的详细结论、审查机构负责人意见等内容。政策措施审查人员需要针对待审查的政策内容在审查表的相应位置填写对应信息，并经审查机构负责人签字后与其他资料一并履行发文程序，所有材料应及时规范存档以备查验。

（五）公平竞争审查制度的保障措施

建立公平竞争审查制度是一项全新的挑战，因其涉及面广，政策性强，同时也是一项长期性、系统性的任务，欲使“书本上的审查制度”真正转化为“行动中的审查制度”，需要一定的措施予以保障。严格来说，上文所描述的程序细化内容也属于广义的保障措施范畴，因为严密且规范的程序性设计本身就有助于保障制度的有效实施。但公平竞争审查制度的保障措施远不止这些，根据《意见》文本及其解读以及各地方的实施经验来看，公平竞争审查制度的保障措施至少应包含健全竞争政策、完善政府守信机制、加强执法监督、强化责任追究和加强宣传工作、培育竞争文化、强化第三方评估六个方面的内容。

1. 健全竞争政策

竞争政策泛指一切为维持和发展竞争性市场机制所采取的各种公共措施，包括反垄断政策、私有化政策、放松管制政策、政府补贴约束政策、市场准入开放政策以及贸易自由化政策等。[①] 2013 年，随着党在十八届三中全会中提出“市场在资源配置中起决定性作用”的重要论断，构建统一开放、竞争有序的现代市场经济体系，国家的经济政策亟须向竞争政策优先的方向转变。根据《反垄断法》第九条的内容，国务院反垄断委员会要充分发挥职能作用，组织、协调、指导反垄断工作，研究拟订有关竞争政策，组织调查、评估市场总体竞争状况，为推进和逐步完善公平竞争审查制度奠定坚实基础。此外，各地区、各部门要按照确立竞争政策基础性地位的要求，有针对性地制定政策措施，及时研究新经济领域市场监管问题，不断完善市场竞争规则，加快形成统一开放、竞争有序的市场体系。

---

① 徐士英：《竞争政策的基本理解》，载《中国价格监管与反垄断》2015 年第 12 期。

2. 完善政府守信机制

在我国公平竞争审查制度实行自我审查的模式下，政府的政策制定机关能否切实履行其所规定的职责，克服主观不想、不愿实施和客观不能实施的困难，积极主动地落实审查机制并严格认真地推动制度的实施，将直接关系到公平竞争审查的成效。因此，完善政府守信机制，宣示其实施的决心和态度将至为重要。严格履行政府向社会作出的承诺，把政务履约和守诺服务纳入政府绩效评价体系，建立健全政务和行政承诺考核制度有利于实现上述目标。此外，各级人民政府要认真履约和兑现依法作出的政策承诺和签订的各类合同，并在此过程中完善政务诚信约束和问责机制。最后，进一步推广重大决策事项公示和听证制度，拓宽公众参与政府决策的渠道，提升实施过程的透明度，形成自我审查和社会监督的良性互动，保证公平竞争审查制度的实施。

3. 加强执法监督

要依法加大执法力度，深入研究特定行业领域的公平竞争审查问题，查出一批典型的滥用行政权力排除、限制竞争的案件，及时公开相关情况，倒逼政策制定机关落实公平竞争审查制度，使反垄断执法与公平竞争审查形成合力。在执法的过程中也要及时处理任何单位和个人对涉嫌违反公平竞争审查标准的政策措施的举报，并保护相关人员的信息和隐私。涉嫌违反《反垄断法》的，反垄断执法机构要依法调查核实，并向有关上级机关提出处理建议。案件情况和处理建议要依照《中华人民共和国政府信息公开条例》的要求向社会及时公开。政策制定机关也要及时纠正排除和限制竞争的政策措施，维护公平竞争的市场秩序。

4. 强化责任追究

责任机制是对政策制定机关落实公平竞争审查制度的有力约束，有助于推动制度的实施。对未进行公平竞争审查或者违反公平竞争审查标准出台政策措施，以及不及时纠正相关政策措施的地方政府和部门，有关部门要依照《意见》和《实施细则》的相关规定依法查实并作出严肃处理。对失职渎职等需要追究有关人员党纪政纪责任的，要及时将有关情况移送纪检监察机关。此外，也要及时向社会公开有关处理决定，发挥典型案例的警示教育作用。

5. 加强宣传工作、培育竞争文化

确保公平竞争审查制度真正落地生根，发挥作用，要做好《意见》和《实施细则》的文件解读和宣传工作。可以通过举办专题培训、专家研讨、舆论报道、典型案例分析等形式，加强对相关政策文件的解读，使企业、个人以及政策制定部门能够了解和掌握政策文件的主要内容。此外，也要充分利用各类新闻媒介加强宣传，推行竞争倡导，使全社会能够深刻认识到维护市场公平竞争的必要性和重要性，进而增强全社会的公平竞争意识；还要切实转变政策制定机关的观念，激发其维护市场公平竞争的意识自觉，为全面实施公平竞争审查制度营造良好的环境。

6. 强化第三方评估

公平竞争审查以自我审查为主是当前的制度安排，但同时强调了委托第三方审查的重要性，以及第三方评估的必要性。“无评估不考核”，一项重大政策法规实施情况是需要评估的，经评估后才可以考核工作绩效。公平竞争审查工作也不例外。委托第三方审查和评估，通过购买服务的方式获得专业团队的支持，出具书面意见。本级政府应将该项工作列入经常性财政预算，保障专项经费，方才可以保障评估实效。所以，从某种意义上来看，财政资金安排和保障可以反映出一个地方政府和工作部门对工作任务的重视程度，真做还是假做一目了然。可以轻易判断，没有专人、没有专岗、没有专门经费是不可能把这么一项系统前沿、复杂和知识交叉度极高、技术性极强的公平竞争审查工作做好的。

第三节　公平竞争审查制度的法律责任

一、公平竞争审查制度法律责任的基本认识

（一）公平竞争审查制度法律责任的界定

法律责任是指因损害法律上的义务关系所产生的相关主体所应当承担的法定强制的不利后果。[①] 对于公平竞争审查制度而言，其法律责任是政策制定机关因违反《意见》及《实施细则》等规范性文件的相关规定而理应承担的法定强制

① 张文显：《法理学》，法律出版社 2010 年版，第 193 页。

的不利后果。整体上看，法律责任是我国公平竞争审查制度得以运行实施的关键，也是实现公平竞争审查制度所追求目标的有力保障，更是公平竞争审查制度的重要组成部分。

对公平竞争审查制度法律责任进行清晰且明确的界定是认识和研究其法律责任的重要前提，有利于推动公平竞争审查制度的顺畅运行，而上述界定离不开《意见》和《实施细则》等相关规范性文件的内容支持。具体来说，从《意见》的规范内容上看，公平竞争审查制度的法律责任主要集中在第五部分第四项的“强化责任追究”中①，虽然这一内容被《意见》作为“健全公平竞争审查保障措施”而制定，但仍属于公平竞争审查制度法律责任的原则性规定，它所规定的“地方政府和部门”是责任承担主体、“有关部门”是责任制裁主体、“党纪政纪”是责任类型等内容搭建了我国公平竞争审查制度法律责任的基本框架。从《实施细则》的规范内容上看，其专设第五章来对公平竞争审查制度的法律责任进行了较为系统的规定。客观地讲，相较于《意见》的原则性规定，《实施细则》在责任主体、责任承担条件和结果样态上都有了明显的改善，这使得落实公平竞争审查制度的责任要求更加易于操作和执行。《实施细则》正在加紧修订中，修订后的规定将更加完备、科学、合理。

（二）公平竞争审查制度法律责任的特点

公平竞争审查制度具有“确立竞争政策优先地位，从源头、在事前将拟实施的、带有反竞争因素的行政决策、指令扼杀在摇篮里，能够全面地规制政府的反竞争行为，弥补《反垄断法》在行政性垄断规制路径上的事后规制和规制范围之不足”的独特功能。② 为保障顺利实现上述目的，公平竞争审查制度的法律责任也有着不同于一般法律责任的特殊之处，主要体现在以下几个方面。

1. 公平竞争审查制度的法律责任具有综合性

通俗地讲，公平竞争审查制度的法律责任具有综合性是指其组成部分并非是单

---

① 原文为：对未进行公平竞争审查或者违反公平竞争审查标准出台政策措施，以及不及时纠正相关政策措施的地方政府和部门，有关部门依法查实后要作出严肃处理。对失职渎职等需要追究有关人员党纪政纪责任的，要及时将有关情况移送纪检监察机关。

② 刘大洪、张泊宁：《论中国公平竞争审查制度的程序构建》，载《黑龙江省政法管理干部学院学报》2017 年第 2 期。

一的个体，而是呈现出多维的综合面相，这一“多维性”又体现在以下三个方面。

（1）责任主体的综合性。从《实施细则》的相关规定看，我国公平竞争审查制度的法律责任主体有三个：政策制定机关及其工作人员、政策制定机关的上级机关和反垄断执法机构。同时兼顾单位与个人，上述机关及其工作人员分别在特定情形下扮演着公平竞争审查制度的法律责任主体。

（2）反竞争行为的综合性。虽然公平竞争审查制度以规制抽象性行政反竞争行为为对象，但抽象性行政反竞争行为本身就存在着多样的形式。从行为的性质看，既有行政法规，又有规章，还有其他规范性文件和政策措施等不同的形式；从行为的内容看，包含市场准入、产业发展、招商引资、招标投标、政府采购、经营行为规范、资质标准等一系列涉及市场主体经济活动的内容；从行为的界定标准看，包含市场准入与退出标准、商品和要素自由流动标准、影响生产经营成本标准、影响生产经营行为标准等标准划分。

（3）法律责任形式的综合性。《意见》指出，对失职渎职等需要追究有关人员党纪政纪责任的，要及时将有关情况移送纪检监察机关，这说明了我国公平竞争审查制度的法律责任至少包含了党纪责任和政纪责任两种责任形式。除此之外，在责任形式的应然构成上，因政策制定机关出台的政策措施具有普遍性的适用效力，责任主体也呈现多样化的特征，使得公平竞争审查制度需要设计一个能够兼顾多方利益的法律责任体系，亦即法律责任形式存在综合性需求。从实践层面来看，其综合性的法律体系一般会涵盖民事责任、刑事责任和行政责任三个方面的内容。

2. 公平竞争审查制度的法律责任具有独特性

公平竞争审查制度以规制抽象性行政反竞争行为为对象，这就决定了其法律责任具有两个方面的独特性。一方面是不同于规制经济性反竞争行为的法律责任。从全球范围看，当今世界各国的垄断法律责任中存在着两种不同的法律责任立法体例：一是以美国等国为代表，其反垄断法律责任并不会特别区分经济性垄断责任和行政性垄断责任之间的差异，而是统一适用承担行政责任、民事责任和刑事责任的相关规定；二是以中国、俄罗斯等国为代表，对于行政性垄断除了规定一般的法律责任外，还作了一些特别规定，以有别于经济性垄断的法律责任。[①] 从广义角度讲，我国公平竞争审查制度所审查的抽象性行政反竞争行为属

① 王健：《我国行政性垄断法律责任的再造》，载《法学》2019 年第 6 期。

于行政性垄断的范畴，因而其法律责任除了具备与规制经济性垄断部分相同的法律责任之外，还具有自身独特的行政性垄断法律责任的特征，如上级机关的责令改正、反垄断执法机关的建议等。另一方面是形成了以行政责任为主的法律责任类型。相较于反垄断法律责任融合行政责任、民事责任和刑事责任的显著特点，以抽象性行政反竞争行为为规制对象的公平竞争审查制度则主要形成了以行政责任为主的责任承担类型，民事责任和刑事责任并不明显。

3. 公平竞争审查制度的法律责任具有法定性和强制性

《意见》和《实施细则》详细规定了公平竞争审查制度运行的主体、标准、流程、方式等内容，既为实施公平竞争审查制度制定了具体指南，又为违反相关规范明确了所应承担法律责任的认定标准，上述内容通过行政法规、规章等具有法律效力的规范性文件予以确认，具有责任承担的法定性。此外，“缺少法律责任的法律，势必丧失法律的权威性与强制性，最终只能成为满纸法律术语却不具有法律完整功能的文案”。[①] 因此，赋予法律责任以强制性显得非常必要。《意见》和《实施细则》以及《优化营商环境条例》规定了政策制定机关出台政策措施必须要进行公平竞争审查，未进行审查的政策措施不得出台；经审查不具有排除、限制竞争效果的，可以实施；发现违反审查标准的，要立即停止执行或者予以调整。政策制定机关违反上述要求的，必然要承担一定的法律责任。这就说明政策制定机关出台政策措施需要符合相关流程要求，并且是不可阙如的，无论是政策制定机关遵守审查规定还是追责机关开展责任追责，上述的责任内容都是强制性的。

二、公平竞争审查制度法律责任的主要内容

考虑到现实的国情，当前我国公平竞争审查制度采取“自我审查”的模式，这有利于顺利快速地开展规制政府抽象性反竞争行为。但是，仅仅依靠政策制定机关自我审查是远远不够的，必须要建立健全法律责任的内部约束和制度运行的外部监督机制，使公平竞争审查真正可监督、可检查、可问责，从而保障审查工

① 单飞跃、余骁：《经济法法律责任：语义、规范及其整体谱系——基于法律文本的实证分析》，载《现代法学》2017 年第 3 期。

作的客观性和有效性。[①] 从法律文本的内容上看，我国公平竞争审查制度的法律责任主要由以下几部分组成。

（一）公平竞争审查制度法律责任的主体

"在实现反垄断法律责任的过程中，涉及的主体主要是责任主体、责任承担主体、责任追究主体和法律制裁主体。"[②] 由于我国公平竞争审查制度法律责任的综合性特征以及文本所规定的不同法律责任认定程序，导致其法律责任的主体也呈现出多样的类型，并且在不同类型的认定程序中同一机构也可能扮演不同的责任角色。

首先，当政策制定机关作为单位和个体等社会主体反映情况的处理机关时，政策制定机关既是法律责任承担主体，又是法律责任的追究主体，除此之外，它还是法律责任的制裁主体。根据《实施细则》第二十一条"政策制定机关涉嫌未进行公平竞争审查或者违反审查标准出台政策措施的，任何单位和个人可以向政策制定机关反映，政策制定机关应当核实有关情况"的规定，政策制定机关需要对反映的内容进行核实，履行调查核实的追责职权。又根据《实施细则》第二十二条的规定，当经调查与核实之后，如未审查需补做审查；若存有问题，需要停止执行或者调整相关政策措施，这说明政策制定机关在此环节也扮演法律责任的制裁和承担角色。

其次，当单位和个人等社会主体将相关情况向政策制定机关的上级机关或者反垄断执法机构举报时，政策制定机关的上级机关和反垄断执法机构就扮演着法律责任的追究主体和制裁主体，此时，政策制定机关及其工作人员仅扮演法律责任的承担主体。根据《实施细则》第二十三条的规定，单位和个人等社会主体就政策制定机关违反公平竞争审查相关要求的事实除了可以向政策制定机关本身反映之外，也可向其上级机关和反垄断执法机构举报，而上级机关和反垄断执法机构应当就符合程序要求的举报内容进行必要的调查，履行法律责任的追究职责。又根据《实施细则》第二十四条的规定，由于调查政策制定机关未进行审

① 国家市场监督管理总局价格监督检查和反不正当竞争局：《公平竞争审查制度学习读本》，中国工商出版社 2019 年版，第 58 页。

② 孙晋：《我国〈反垄断法〉法律责任制度的缺失及其完善》，载《法律适用》2009 年第 11 期。

查或者违反标准出台政策措施的，上级机关可以责令其改正，并结合具体情况对其直接负责的主管人员和其他直接责任人员给予处分；反垄断执法机构也可就政策制定机关的行为向政策制定机关的上级机关提出一定的建议，此时，他们履行的是法律责任的制裁职责。而在这一环节中，政策制定机关及其相关工作人员仅作为公平竞争审查制度法律责任的承担主体，并不再扮演其他法律责任的角色。

（二）公平竞争审查制度法律责任承担的认定标准

公平竞争审查制度的法律责任具有法定性和强制性，这就要求其法律责任的认定标准必须是明确的。此外，基于有效保障公平竞争审查制度顺利实施的考虑，其法律责任也需要予以明确，因为只有存在明确的认定标准，相关责任主体才可以划定各自的责任界限以履行对应的义务要求，同时，法律责任也才可发挥其应有的约束功能。从文本意义上讲，我国公平竞争审查制度法律责任的认定标准包含“基础认定标准”和“特殊认定标准”两类。

首先是基础认定标准，即“政策制定机关涉嫌未进行公平竞争审查或者违反审查标准出台政策措施”。当前，我国公平竞争审查制度以规范政府有关行为，防止出台排除、限制竞争的政策措施，逐步清理废除妨碍全国统一市场和公平竞争的规定和做法为主要实现目标，要求政策制定机关尊重市场并坚持竞争优先，在出台可能会对市场主体产生排除或限制竞争效果的政策措施时必须要开展公平竞争审查工作，未进行审查的要承担相应的法律责任；在审查的过程中要根据《意见》及《实施细则》所规定的内容采取“清单对照法”逐一进行标准的对照筛查工作，不符合审查标准要求的政策措施不予出台，否则就要承担相应的法律责任。无论对于政策制定机关还是其上级机关或是反垄断执法机构，上述规定都是法律责任追究主体启动责任调查的前提条件和认定标准。

其次是特殊认定标准。除基础认定标准之外，公平竞争审查制度也因法律责任追究主体的不同而在某些情形下单独设置了一些较为特殊的认定标准。具体而言，当政策制定机关作为法律责任的追究主体时，其并无特殊的认定标准，“政策制定机关涉嫌未进行公平竞争审查或者违反审查标准出台政策措施”是其唯一的责任追究启动前提。而当政策制定机关的上级机关或者反垄断执法机构作为法律责任的追究主体时，在“政策制定机关涉嫌未进行公平竞争审查或者违反审查标准出台政策措施”的基础认定标准以外，《实施细则》第二十三条还规定了特殊的认定标准。例如，当政策制定机关的上级机关作为责任的追究主体时，其还要求单位和个人等市场主体所做的举报需采用书面形式并提供相关事实和证据，只有同时满足了基础认定标准和特殊认定标准，上级机关才应当对举报内容予以核实。因上级机关并不当然知悉政策制定机关所作政策措施的审查情况，由举报人承担“举证责任”有利于上级机关客观公正地进行审查核实；当反垄断执法机构作为法律责任的追究主体时，其还要求单位和个人等市场主体所举报的行为同时满足“涉嫌违反《反垄断法》相关规定”的要求。

（三）公平竞争审查制度法律责任的类型

法律责任在形式类型上依据其责任性质的差异可分为行政责任、民事责任和刑事责任三种类型。从宏观角度出发，我国竞争法法律责任也包含上述三种类型，如罚款、没收违法所得、进行民事赔偿、滥用职权、玩忽职守等。然而，对于规制抽象性行政反竞争行为的公平竞争审查制度而言，其责任承担主体自公平竞争审查制度建立之日起就被限定在“政策制定机关及其工作人员”的范畴内，因其主体特定而形成以行政责任为主的责任类型，这是公平竞争审查制度的性质使然。①

从文本意义上看，《意见》概括性地指出，对于未进行公平竞争审查或者违反审查标准出台政策措施的政策制定机关，要接受有关部门的严肃处理，但如何处理，其并未作出明确说明；对于失职渎职等工作人员，要承担党纪政纪责任。《实施细则》的规定相对较为明确，其第二十四条指出，政策制定机关及其工作人员要承担责令改正责任、《中华人民共和国公务员法》和《行政机关公务员处分条例》等法律法规所规定的处分责任、反垄断执法机构的停止执行或调整的建议责任，从责任性质上看，上述责任都应属于“行政责任”的范畴。

因此，我国公平竞争审查制度法律责任的类型主要是行政责任，具体可分为政策制定机关的行政责任和其工作人员的党纪政纪责任。

---

① 一些学者认为，我国公平竞争审查制度的法律责任类型较为单一，从应然角度讲，除行政责任以外，还应包含民事责任和刑事责任。笔者也认同此观点，但仅从当前的规范文本来看，政策制定机关承担民事责任和刑事责任于法无据。

（四）公平竞争审查制度法律责任的承担样态

公平竞争审查制度法律责任的承担样态即为法律责任的后果描述。“由于垄断行为的侵害具有广泛性、不特定性、普遍性及复杂性，这就决定了反垄断法律责任具体措施具有多样性，同时表现出极强的体系性。”① 根据公平竞争审查制度法律责任的追究主体的不同，政策制定机关及其工作人员所承担的责任样态也有所差异，整体上看，属于政策制定机关主动纠正和上级机关责令改正相结合的模式。

首先，根据《实施细则》第二十二条的规定，当政策制定机关作为法律责任的追究主体时，相应的责任承担样态存在以下分类：一是政策制定机关未进行公平竞争审查出台政策措施的，应当及时补做审查。二是政策制定机关发现存在违反审查标准而出台政策措施的，应当按照相关程序停止执行或者调整相关政策措施。停止执行或者调整相关政策措施的，应当按照《中华人民共和国政府信息公开条例》要求向社会公开。

其次，根据《实施细则》第二十四条的规定，当政策制定机关的上级机关作为法律责任的追究主体时，相应的责任具有责令改正或者接受党纪政纪处分的样态。具体而言，一是由上级机关责令政策制定机关就未进行公平竞争审查或者违反审查标准出台政策措施的行为予以改正。二是拒不改正或者不及时改正的，对直接负责的政策制定机关主管人员和其他直接责任人员依据《中华人民共和国公务员法》《行政机关公务员处分条例》和《中华人民共和国公职人员政务处分法》等法律法规给予政务处分。而根据《中华人民共和国公务员法》和《行政机关公务员处分条例》的相关规定，其行政处分类型分为警告、记过、记大过、降级、撤职、开除六种类型；在党纪责任上，根据《中国共产党纪律处分条例》的相关规定，其党纪处分类型分为警告、严重警告、撤销党内职务、留党察看、开除党籍五种类型。除此之外，上述行政处分和党纪处分都还同时涉及职位职级、工资待遇、处分周期等一系列处分内容。

最后，根据《实施细则》第二十四条的规定，当反垄断执法机构作为法律

① 丁国峰：《我国反垄断法律责任体系的完善和适用》，载《安徽大学学报》（哲学社会科学版）2012 年第 2 期。

责任的追究主体时，其相应的责任承担样态是向政策制定机关或者其上级机关提出停止执行或者调整政策措施的行政建议。该建议是间接制裁手段，需要政策制定机关的上级机关这一“中间媒介”来具体实施，通过公开行政建议，往往可以达到敦促改正的良好效果，同时起到警示教育和宣传普法的作用。

三、公平竞争审查制度法律责任的局限及其完善

公平竞争审查制度法律责任的设置有利于形成对政策制定机关及其工作人员的外部约束，推动制度真正有效地开展实施，这已无须赘言。当前，公平竞争审查制度能在我国如此顺利得以建立和实施，对行政机关出台反竞争的规范性文件形成巨大威慑，预防政府行为对市场竞争造成不当影响，离不开相关法律责任制度的有力保障。然而，作为一种新制度的法律责任形式，公平竞争审查制度法律责任在规范政府行为，防止滥用行政权力排除、限制竞争上尚存一些“力有不逮”之处，需要分析其局限并予以完善，以便充分发挥法律责任在公平竞争审查制度运行过程中的应有作用。

（一）公平竞争审查制度法律责任的局限表现

当前，我国公平竞争审查制度的法律责任存有一定的局限性，尚无法彻底对政策制定机关及其工作人员形成根本性约束，主要体现在以下四个方面。

1. 责任主体覆盖面有所不足

根据《意见》和《实施细则》的相关规定，我国公平竞争审查的法律责任实行的是政策制定机关主动纠正和上级机关责令改正相结合的模式，鲜明突显出政策制定机关及其工作人员作为责任承担主体、上级机关作为追究和制裁主体的属性，这对于以规制抽象性行政反竞争行为为己任的公平竞争审查制度而言具有一定的合理性和科学性，也符合我国长期以来行政运行及管理的传统。然而，上述责任模式在一定程度上忽视或者遗漏了上级机关、权力机关、竞争执法机构以及获利经营者的法律责任，责任主体的覆盖面有所不足。

（1）责任承担主体较为片面，缺乏对责任追究或者制裁主体的制约。公平竞争审查制度法律责任的主体规定集中体现在《意见》及《实施细则》第二十

一条至第二十四条。上述条款规定，政策制定机关及其工作人员是法律责任的承担主体，但并未考虑到诸如上级机关、权力机关等在政策措施出台过程中所需承担责任的情形，导致法律责任的承担主体整体设置较为片面。除此之外，相关条款内容仅规定上级机关或反垄断执法机构作为法律责任的追究或制裁主体，却未对其履行追究和制裁职能设置法律责任，从而无法对责任追究或制裁主体形成制约，亦无法有效发挥法律责任应有的约束功能。

（2）以政府机关为主要责任对象，缺乏对政策措施受益经营者的制约。政策措施受益经营者指的是因政策制定机关出台的政策措施而获得垄断利润或竞争优势的经营者。[①] 当前，我国公平竞争审查制度法律责任的主体是行政机关及其工作人员，法律责任及其制裁遗漏了政策措施受益经营者，责任主体的覆盖面有所不足。

2. 责任类型较为单一

当前，我国公平竞争审查制度法律责任以行政责任为主，责任类型较为单一，单向度的责任类型无法保障公平竞争审查制度的有效落实与运行。从规范文本上看，《意见》指出，有关部门依法查实地方政府和部门未进行审查或者违反标准出台措施以及不及时纠正政策措施等行为后要作出严肃处理，虽然其并未明确严肃处理可采取的具体措施，但从性质上判断应为行政措施；对其渎职失职等工作人员需要追求党纪政纪责任，从性质上判断也属于行政责任。《实施细则》所规定的“责令改正”、依据《中华人民共和国公务员法》《行政机关公务员处分条例》和《中华人民共和国公职人员政务处分法》等法律法规所作的处分在性质上同样属于行政责任，责任类型较为单一。

3. 受损主体的救济机制有待完善

当前，我国公平竞争审查制度的救济机制以行政处分和政令纠正为主，缺乏对受损主体利益损失的救济。《实施细则》第二十二条规定，政策措施未进行竞争审查而出台的，制定机关要补做审查；违反标准出台的，要停止执行或者调整执行政策措施；第二十四条规定，政策制定机关未进行公平竞争审查或者违反审查标准出台政策措施的，由上级机关责令改正；拒不改正或者不及时改正的，对直接负责的主管人员和其他直接责任人员依据相关法律法规予以处分。然而，上

---

① 李国海：《行政性垄断受益经营者可制裁性分析》，载《法学评论》2019 年第 5 期。

述救济机制主要起到对行政机关及其工作人员的纠错作用，但却无法实现对受损经营者的受损事实进行救济，这对于无过错的市场经营主体来说有失公允。

4. 法律责任的威慑效果尚需提升

“威慑是反托拉斯法最优先，甚至于可能是唯一的目标”。① 根据《意见》和《实施细则》第二十四条的相关规定，当前我国公平竞争审查制度采取的是“责令改正”“行政处分”等以行政责任为主的制裁方式，尚不足以对政策制定机关及其工作人员形成应有的履职威慑效果，因为在上述责任样态下，政府的相关责任部门仍然有可能因责任处罚较轻而出现“懒政”“怠政”等不作为的情况，这反映出公平竞争审查制度法律责任威慑力尚需提升的现实。

（二）公平竞争审查制度法律责任的完善建议

公平竞争审查制度的法律责任是推动制度有效运行和顺利实施的关键设计和核心内容，为实现制度建立的目的和宗旨，应结合当下法律责任所表现出的局限开展有针对性的完善工作。

1. 提升责任主体的覆盖面，增加对相关责任主体的制约和责任追究

首先，增加法律责任承担的主体。从产生排除、限制竞争效果的政策措施的制定来源看，政策制定机关并非是唯一对政策措施的出台起到决定性作用的国家机关。除政策制定机关以外，现实政治生态中还存在上级机关以及国家权力机关以“批准”的形式扮演政策措施出台的关键性角色的情形。例如，在产业政策中，根据《宪法》第一百一十一条的规定，除国务院之外，其他行政部门制定的产业政策原则上都应当报送上级机关批准。② 又如，在政府部门起草的地方性法规中，各级地方人民代表大会及其常务委员会负责最终的审批程序。虽然《意见》及《实施细则》规定在上述情形下由起草机关负责公平竞争审查工作，但也不可完全排除上级机关和权力机关的法律责任，因为它们可能出于一定的目的对政策措施施加决定性影响从而导致“批准”程序流于形式进而影响市场竞争。因此，有必要要求上级机关以及各级权力机关在“批准”程序中对政策制定机关所作的书面审查意见进行实质性审查，并应就政策措施所产生的反竞争效果承

---

① 陈志民：《吓阻概念下之反垄断法私人诉讼》，载《人文及社会科学集刊》2002 年第 14 卷第 1 期。
② 丁茂中：《产业政策的竞争评估研究》，载《法学杂志》2016 年第 3 期。

担相应的法律责任。

其次，增加对责任追究和制裁主体的制约。《意见》及《实施细则》赋予上级机关和反垄断执法机关一定的制裁责任或者追究责任的权力，但其却并未规定当责任追究主体或者制裁主体不履行或不及时履行相应的追责或制裁的职责时，它们是否需要承担某些法律责任。“根据权力与责任相统一原则，凡是所有能够影响市场公平竞争的权力部门无论是在理论上还是在实践上都应当成为公平竞争审查的责任主体，这对于行政体系而言尤为重要。”① 因此，有必要增加对责任追究主体或者制裁主体履职的监督和制约，并建立相应的责任机制。

最后，增加对政策措施受益经营者的责任追究。现实中，政策制定机关出台反竞争的政策措施往往是出于保护本地区或本行业内特定的市场主体，从而使其获利或者取得市场竞争优势的目的。此时，受益经营者理应成为法律责任的主体而不应予以遗漏。当然，对受益经营者的责任追究也须考虑具体的复杂情况。对于掩饰型受益经营者和协作型受益经营者，应坚决予以相应的责任追究；对于间接关联型受益经营者，无须进行制裁；而对于服从型受益经营者，可适用没收违法所得及责令停止违法行为等行政制裁手段，不宜适用行政罚款制裁，并给予其一定的责任制裁抗辩权。②

2. *扩充责任形式，完善救济机制，增强责任威慑力*

政策制定机关的抽象性行政行为具有普遍性、不特定性和复杂性的特点，其涉及的主体也呈现多样性特征，因而单一的责任类型无法有效实现对市场竞争秩序和社会公共利益的维护。与此同时，以“责令改正”“行政处分”等为代表的单一化行政责任往往力度不够，难以遏制现实生活中具有较大危害的行政性垄断；责任方式的单一也使追究的责任无大小轻重之分，难以使法律责任的追究效果与形态多样的行政性垄断行为所造成的不同危害程序相对应，起不到真正的公正制裁作用。③ 鉴于公平竞争审查制度运行过程中可能存在民事侵害、行政违规

① 丁茂中：《论我国公平竞争审查制度的建立与健全》，载《竞争政策研究》2017 年第 2 期。

② “掩饰型受益经营者”是指以行政性垄断为掩饰实施经济性垄断行为的经营者；“协作型受益经营者”是指积极推动、支持行政主体实施行政性垄断的经营者；“服从型受益经营者”是指被行政主体强制采取与行政性垄断相符的限制竞争行为的经营者；“间接关联型受益经营者”是指未对行政性垄断之发生发挥任何影响，也未借此实施限制竞争行为，纯粹因行政性垄断而受益的经营者。参见李国海：《行政性垄断受益经营者可制裁性分析》，载《法学评论》2019 年第 5 期。

③ 郭登科、付荣：《行政性垄断法律责任的界定及构成要件》，载《现代法学》2003 年第 2 期。

和刑事犯罪等问题，可以尝试构建包括民事责任、行政责任和刑事责任为主要内容的多元法律责任体系，增强法律责任威慑力，进而依托责任设置推动制度的有效运行。

在民事责任上，因政策制定机关已出台的政策措施可能会对相关的市场主体产生一定的利益损害，即使其及时在事后对之予以停止执行或者进行一定调整，但仍可能无法对市场主体已遭受的不当损失作出合理补偿。对此，可以以所造成的利益损害为基准，尝试建立政策制定机关的民事赔偿制度，如国家竞争损害赔偿机制等，以弥补市场主体遭受的损失。

在行政责任上，应在责令改正、行政处分之外，扩充法律责任的形式。根据《中华人民共和国地方各级人民代表大会和地方各级人民政府组织法》第五十九条的规定，县级以上的地方各级人民政府可以改变或者撤销所属各工作部门的不适当的命令、指示和下级人民政府的不适当的决定、命令。因此，上级机关对政策制定机关的制裁方式，不应仅停留在“责令改正”的层面，还可以直接予以改变或者撤销；而反垄断执法机构的制裁方式也不应仅停留在“停止执行或调整政策措施的建议权”上，可以赋予其对政策制定机关的责令改正权力以及行政处分的建议权力；对受益经营者而言，可以根据受益经营者的类型及其在政策措施出台过程中的参与和过错程度给予一定的没收违法所得、罚款等行政处罚。

在刑事责任上，要坚持审慎的适用原则。对上级机关的“改正”建议拒不改正或不及时改正且造成严重损害后果的直接主管人员以及其他直接负责人员、对严重渎职失职、受贿、泄露商业秘密并造成巨大经济损失、情节严重的工作人员，可以尝试予以刑事追责。

除此之外，也应完善受损经营者的救济机制。根据《意见》和《实施细则》的相关规定，当前我国公平竞争审查制度在法律责任上对受损经营者并无直接的利益救济机制。而在现行《行政诉讼法》中，其第十二条已将“认为行政机关滥用行政权力排除或者限制竞争的”纳入人民法院受理行政诉讼案件范围内，使得相关市场主体具备了就政策制定机关出台的政策措施进行附带性审查起诉的可能。因此，公平竞争审查制度的法律责任设计可以借鉴这一经验和规定，赋予受损经营者以行政诉讼起诉权，进而弥补其经济损失。

第四节 公平竞争审查制度的第三方评估机制

在公平竞争审查第三方评估机制讨论之前，首先要在厘清政府与市场关系的前提下，探讨公平竞争审查制度建立的背景。从经济理论和实践经验来看，市场是资源配置的最佳方式，但在现实中，由于存在公共产品、自然垄断、外部效应、信息不对称等问题，市场达不到资源配置中的帕累托最优。市场达不到帕累托最优是市场失灵的直接原因。市场失灵为政府干预市场提供机会，并导致政府以弥补市场不足、促进资源配置效率提高为由干预市场。但是，随着政府干预市场的范围不断扩大，政府干预经济的弊端开始暴露。经济学家通过研究发现，政府干预与市场一样存在着失灵的可能性，市场失灵与政府失灵一样都是社会福利的损失，由此产生了对政府职能的界定问题。[①] 政府干预经济中的失灵包括行政效率低、财政赤字、以权谋私及政府机构职能的自我扩张等。或许由于政府失灵相比于市场失灵弊端更大、成本更高，所以政府干预不仅会造成政府失灵，而且还会存在造成政府与市场同时失灵的风险。

我国经济发展中政府干预经济是我国经济发展中的重要推动力量。一方面，政府发挥着弥补市场不足和增进市场功能的作用[②]；另一方面，由于经济增长需要来自政府的投资、金融、税收等政策支持，各级政府在选拔任用政府高官需要政绩考核的背景下，地方政府之间以区域经济增长来取得政绩所展开的竞争，使得各级政府“关键少数”官员产生借用地方政府政策制定权力来直接或间接干预区域内竞争机制的动机，既造成经济发展呈现出地方政府行政干预与市场化进程中的矛盾，又阻碍全国社会化大生产所需要的国内统一市场的建构与发展。简言之，建立公平竞争审查制度目的是控制公权力对市场经济的不合理干预，并在我国政府职能改革中进一步厘清政府与市场的界线，为市场在资源配置中起决定性作用创造更好的条件。[③] 公平竞争审查制度的这种特殊目的的实现，不仅为市

---

① ［美］维托·坦茨：《政府与市场》，王宇等译，商务印刷馆 2016 年版，第 8 ~ 9 页。

② 沈坤荣、张䴖：《中国农村公共支出及其绩效分析——基于农民收入增长和城乡收入差距的经验研究》，载《管理世界》2007 年第 1 期。

③ 黄洁：《我国公平竞争审查模式的再思考》，载《新疆社科论坛》2018 年第 2 期。

场经济主体营造更好的营商环境，而且是我国经济体制改革深化中的核心制度安排。由此，第三方评估机制引入公平竞争审查制度，是整个制度架构完善、克服自我审查机制在实践中的困境所必须探讨的重要内容。

一、自我审查机制在全面激活公平竞争审查制度中的困境

《实施细则》作为国务院颁布的公平竞争审查制度的顶层设计的一项具体说明，不仅确立了制度的审查对象、审查方式、审查标准、保障措施，而且把政策制定者“自我审查”确定为制度核心的审查机制。从应然法层面来看，立法者通过以政策制定者自我审查与社会监督相结合方式达到防止“限制、排除公平竞争的各类政策型措施出台实施”的目的。虽然将自我审查机制为核心审查机制是以立法者为最短时间内将制度投入使用及为政策制定者较快地开展审查提供便利为目的，但从实然法层面来看，制度投入使用三年实践显示，自我审查模式亦有其不足之处，它无法很好地实现立法者所希望的制度建立目标。

（一）自我审查机制被选为核心审查机制原因分析

纵观公平竞争审查模式的域外审查模式，可以划分为：政策制定机关自我审查、竞争执法机构审查、政策制定机关与竞争执法机构共同审查、外部专业机构审查四种类型。公平竞争审查制度本质上是一种价值权衡，是对经济政策体系内部不同政策目标进行比较，然后以竞争价值为优先考虑，强调其他政策的制定与实施应服从竞争价值的要求。① 因此，立法者之所以将自我审查模式选为核心审查机制，是因为自我审查是我国建立公平审查制度最方便、最快捷的方式，无须增加过多的时间和经费成本的投入。政策制定机关自我审查相较于其他几种模式的优势在于能充分发挥政策制定机关技术和信息优势，强化专业性和效率性。②

---

① 焦海涛：《公平竞争审查制度的实施激励》，载《河北法学》2019 年第 10 期。

② 郑和园：《公平竞争审查制度中自我审查的理论逻辑及实践路径》，载《价格理论与实践》2017 年第 12 期。

（二）自我审查机制在审查实践中的困境表现

由于公平竞争审查是一种专业评估、实质审查，而不是法律清理、形式审查①，必然对审查主体提出较高的技术要求。然而，从我国市场经济塑造环境来看，各级政策制定机关及其工作人员对竞争保护意识不强，知识和技能欠缺，在竞争政策的基础性地位树立的文化环境欠缺的背景下，在尚不成熟的自我审查人文制度条件下，优先确定核心审查机制的自我审查评估机制，很有可能造成“推进缓慢”“审查不完”“审查不出”的局面。从政策制定机关的审查能力出发，追溯自我审查困境的成因可能体现在以下几个方面。

1. 不愿审查

从我国改革开放推进实践来看，各级政府政策制定机关在本地经济领域享有较大的资源配置权，加之适用的政府官员选拔任用制度设计标准中，本地区经济发展评分占有相当高的指标。换句话来讲，各级政府政策制定机关出于对地方经济发展方面的考虑，在政策制定过程中会表现出很高的地方保护主义色彩。政策制定机关的这种狭隘性认识因素，往往会损害市场公平竞争对本地区整体经济发展的良性循环产生的红利。自我审查的这种隐患，毫无疑问会导致政策制定者开展自我审查过程中“不愿审查”“审查不出来”及“形式上审查”的困境。

2. 存在经验依赖风险

法谚云：“任何人不能做自己案件的法官。”② 在社会利益诉求多元化的复杂市场环境中，政策制定机关潜在的立法、执法风险递增。政策制定机关在履行自我审查责任时，难以胜任制度所要求高质量审查任务。这种状态很容易造成审查主体在履行自我审查职责时，在审查标准选择上走经验主义的近路。由此，在今后的制度优化进程中，针对“自我审查”的监督和制约是有效克服“经验主义”捷径挑战的有效路径。

3. 缺乏有力促进机制

在没有严厉的处罚机制前提下，仅依赖政策执法机构的自我约束与自我矫

① 向立力：《中国公平竞争审查制度的理论梳理、制度基础与机制完善》，载《法治研究》2017 年第 3 期。

② 王贵：《论我国公平竞争审查制度构建的基准与进路》，载《政治与法律》2017 年第 11 期。

正，将使公平竞争审查制度难以得到真正的实现。① 早在我国《反垄断法》起草制定中，立法者已看到政策制定机关在履行管理公共事务职能时，有可能滥用行政权力排除、限制竞争的风险，并在《反垄断法》中专门设立一章规定来防范此种风险。但是，《反垄断法》仍“不能有效解决政府通过行政权力对市场机制的侵蚀”②，其主要原因在于，对具体规制行政机关垄断行为的执法机关非但没有赋予相应的行政强制权，反而仅赋予建议权。而行政级别上反垄断执法机构在政府系列与其他机关是同级或下级，如市级市场监管局和市政府的关系维度下，如出现市政府出台的规章或某项措施需要改正优化时，作为市政府工作部门的市场监管局向市政府提出建议，在现实中几乎不可能。由于违反《反垄断法》的违法成本过低，滥用职权的行政机关没有有效克服自己的违法行为动机。《反垄断法》颁布实施十年后的公平竞争审查制度，同样没有包含很强的奖惩机制，也不能全面规制由于限制、排除公平竞争的政策出台而对市场经济产生的不当干预行为。

二、第三方评估引入公平竞争审查制度的必要性

（一）制度内在体系中已被遴选的机制

《意见》第四条第三款规定：对建立公平竞争审查制度后出台的政策措施，各级人民政府及所属部门要在定期清理规章和规范性文件时，一并对政策措施影响全国统一市场和公平竞争的情况进行评估。鼓励委托第三方开展评估。评估报告应当向社会公开征求意见，评估结果应当向社会公开。经评估认为妨碍全国统一市场和公平竞争的政策措施，要及时废止或者修改完善。《实施细则》第十三条规定：鼓励各地区、各部门委托第三方专业机构，协助对政策措施进行公平竞争审查和定期评估。从《意见》及《实施细则》规定可以看出，制度在建立时以明文规定的方式鼓励有条件地区率先引入第三方评估机制开展评估，并规定条件成熟时使用第三方评估机制。2019 年 2 月，在《意见》和《实施细则》颁布实施近三年的特殊时期，国务院机构改革之后成立的国家市场监督管理总局出台

---

① 黄洁：《我国公平竞争审查模式的再思考》，载《新疆社科论坛》2018 年第 2 期。

② 李俊峰：《公平竞争自我审查的困局及其破解》，载《华东政法大学学报》2017 年第 1 期。

《实施指南》。从《意见》《实施细则》及《实施指南》的规定来看，自我审查、第三方评估均是由公平竞争审查制度选定的审查机制，它们在制度体系中具有统一性、互补性，只要找到适当激励机制实现两者相互有效衔接，就可发挥各自在制度运行中的促进作用。

（二）有效克服自我审查机制在审查实践中困境的必然要求

"评估是技术性非常强的专业工作"。[①] 从前面谈到的自我审查机制困境表现可看出，自我审查机关达到制度所预期的审查效果，不仅是以审查主体全方位领会立法目标为条件，而且是以评估指标体系的健全、标准准确为条件。自我审查主体只有满足评估目的、指标体系、标准确定的需求，才能保证形成质量高、公信力强的评估报告。

从国外竞争政策实行第三方评估实践来看，第三方的评估机制实施主体依托恪守"中间人"的特殊角色地位，凭借专业化的评估团队及自我决断优势，确保评估结果的公正、合理性。但是，在我国的公平竞争审查制度实践中，被选为核心审查机制的自我审查机制的主体——政策制定者同时兼具"运动员"及"裁判员"的双重角色，这既会带来自我审查主体缺乏竞争行为分析能力而导致的审查结果不全面、不合理的制度困境，又会影响政府治理体系优化的目标实现，更会阻碍建立社会主义现代化市场经济体系的进程。由此，在公平竞争审查制度全面推进的关键时期，第三方评估机制实施主体依托专业优势及"旁观者"的特殊身份，对公平竞争审查制度的审查对象作出全方位、专业、客观的分析，既能战胜自我审查带来的挑战，又能全面"激活"公平竞争审查制度。

（三）第三方评估的域外实践

将第三方评估引入公平竞争审查制度的国外实践是比较丰富的。各国依据本国国情和制度基础设定出不同的政策体系，对政府干预市场行为进行最大限度的自我控制。[②]

---

① 徐双敏、崔丹丹：《社会组织第三方评估主体及其能力建设》，载《公共管理与政治学研究》2018年第5期。

② 徐则林：《论第三方评估在公平竞争审查制度中的引入》，载《广西政法管理干部学院学报》2017年第6期。

1. 美国模式

美国是竞争评估的倡导者，也是该制度的起源。[①] 联邦贸易委员会和司法部是美国两大竞争评估机构，两者通过权力配置对联邦与州的行政权力进行限制。[②] 在美国第三方评估模式下，第三方评估主体虽然是政府职能部门，但是两个机构在确立彼此权力管辖范围和优先机制的前提下，在全国和洲际范围内进行监督和评估。

2. 澳大利亚模式

澳大利亚作为世界上推行竞争政策最为深入的国家，其通过设立独立的审查机构对市场竞争和行政行为进行审查和评估。[③] 独立审查机构的审查范围包括国家、州和地方上阻碍竞争的法律法规。根据《竞争原则协议》，涉及阻碍竞争的文件在未经过独立审查机制的审查下，一律不允许出台。此外，澳大利亚公平竞争审查模式要求各级政府通过设立独立的审查部门对自己管辖范围内的政府行为进行审查。

3. 日本审查模式

在日本公平竞争审查模式下，政策评价制度是根据《政策评价法》实施，由各省厅自我分析、评价所出台政策的效果，用以指导今后政策计划和实施的基本制度。[④] 日本的审查模式也采取各省厅各部门自我审查，但是通过总务省与竞争执法机关监督并向国会汇报方式达到第三方评估的效果。在自我审查模式下，以严谨的自我审查步骤、程序及监督机制作为自我审查机制的制衡支持。

（四）域外第三方评估机制对我国公平竞争审查机制的启示

以上三个国家的审查模式虽然互不相同，但是这些国家都以职能健全的监督机构开展监督作为制度的核心保障机制。各国实践对我国审查模式构建的借鉴价值在于：若要发挥政策制定机关自我审查的优势，只有引入角色上“中立”、人

---

① 孙晋、孙凯茜：《我国公平竞争审查主体制度探析》，载《湖北警官学院学报》2016 年第 4 期。

② 王健：《权力共享制与权力独享制——我国反垄断执法机关权力配置模式及解决方案》，载《政法论坛》2013 年第 3 期。

③ 叶高芬：《澳大利亚行政性垄断规制经验及其启示——基于“国家竞争政策”的解读》，载《中国社会科学院研究生院学报》2015 年第 3 期。

④ 李慧敏：《日本竞争评价制度考察及对我国公平竞争审查制度的相关建议》，载《经济法论丛》2017 年第 2 期。

员上拥有专业化的团队、隶属上具有自我决断优势的外部机构，对自我审查模式进行必要的补充，才能充分发挥自我审查机制的制度优势。

三、第三方评估引入公平竞争审查制度的困境

（一）自我审查主体的排斥

从我国政府构建的组织形式角度看，具有“自上而下”的严密控制链条特征，并形成严格按照行政命令“控制—反馈”式的封闭运行模式。① 行政体制改革的深化对政府及其官僚利益本位的传统自闭思维模式发挥了明显的限制作用。但是“在官僚制系统中，政府间的上下级既是权力关系，也是责任关系，整个政府形成了一个强大的利益共同体”。② 因此，自我审查主体对第三方评估力量介入中“要求身处行政机构内部的‘局内人’超脱于部门利益的牵扯之外，特别是在强大的外在压力之下不服从机构的自利行为，实在是强人所难”。③ 由此可以看出，自我审查主体对于第三方评估机制的引入所持的排斥态度，是政府自闭性传统思维模式抵制的集中反映。

（二）法律依据的缺乏

根据《实施细则》第二十一条的规定：政策制定机关涉嫌未进行公平竞争审查或者违反审查标准出台政策措施的，任何单位和个人可以向政策制定机关反映，政策制定机关应当核实有关情况。《实施细则》第二十二条又规定：政策制定机关未进行公平竞争审查出台政策措施的，应当及时补做审查；发现存在违反审查标准问题的，应当按照相关程序停止执行或者调整相关政策措施；停止执行或者调整相关政策措施的，应当按照《中华人民共和国政府信息公开条例》要求向社会公开。

虽然《实施细则》中规定将强化监督确定为基本原则，并明文要求自我审

---

① 孙晋、阿力木江·阿布都克尤木：《论公平竞争审查引入第三方评估的重要性及其实现》，载《江海学刊》2020 年第 2 期。

② 周建国：《政策评估中独立第三方的逻辑、困境与出路》，载《江海学刊》2009 年第 6 期。

③ 贠杰、杨诚虎：《公共政策评估：理论与方法》，中国社会科学出版社 2006 年版，第 59～60 页。

查和外部监督相互结合，自我审查主体必须主动接受社会监督和执法监督。但是，在《实施细则》中没有做出具体规定来保障第三方评估机构引入程序和评估标准，反而通过激励形式规定在条件成熟的地区率先垂范引入第三方评估机构合作开展审查，并对各级政府部门授予“自由裁量权”。虽然，激励形式对第三方评估引入公平竞争审查制度提供制度上的便利，但是第三方评估机制全面引入制度牵扯到评估标准、评估程序、机构资格、评估结果适用、评估经费保障、评估责任承担等多种问题。2019 年 2 月，国家市场监督管理总局《实施指南》的颁布再次标志在公平竞争审查制度架构中引入第三方评估机制必要性和可行性。但是，《实施指南》是软法层面的规章性质规范，对于自我审查主体没有严格意义上的规范效力，再加上《实施指南》自身存在的不健全因素，它仅对第三方评估全面引入公平竞争审查制度提供若隐若现的规范依据。

（三）评估机构行为规范的缺乏

政府部门作为行政法规、部门规章以及政策性文件的制定者，其本应在对审查对象的审查工作上具有天然的权力优势。恰恰相反，由于缺乏强硬的责任监督机制，导致责任的隔离使政府部门缺乏相应的责任意识，其在制定相关政策时缺乏责任机制的约束，政策的制定就缺乏质量保障。[①] 我们同样从第三方评估机制运行实践中找到责任意识的淡化困境。“我国在评估组织的资格认定方面尚处于探索阶段，还没有形成政策评估组织的遴选机制，这就严重制约了独立第三方的发展”。[②] 从第三方评估机制运行实践中可发现，作为“理性经济人”的第三方评估机构开展各种评估活动中以追逐自身利益最大化为目的，这种“理性经济人”思维模式会导致第三方评估机构最大限度地规避自身风险。尤其是从我国公平竞争审查制度引入第三方评估相关的法律规定内容来看，自我审查主体以相关法律授予的职权来监督第三方评估机构的评估工作。从“理性经济人”思维模式分析第三方评估机构的评估行为，其为避免自己的评估工作被政策制度机关否认而引起利益损失，可能会表现出逃避完全履行责任的现象，甚至还会滋生诸多寻租行为。

---

① 徐则林：《论第三方评估在公平竞争审查制度中的引入》，载《广西政法管理干部学院学报》2017 年第 6 期。

② 徐双敏、崔丹丹：《社会组织第三方评估主体及其能力建设》，载《公共管理与政治学研究》2018 年第 5 期。

四、第三方评估引入公平竞争审查制度的优化路径

政府与市场边界不清是权力运行缺乏制约的外在表现。限制、排除竞争行为的根治与确立竞争政策基础性地位有待于公平竞争审查制度相关机制的优化和成熟，绝非一朝一夕之功。然而，第三方评估引入公平竞争审查制度是对行政机构的反竞争冲动的有效限制路径之一。自我审查机制在制度建立中已被选为核心审查机制，并在制度运行中具有自身的优势。但是，自我审查机制在制度运行中所具有的优势能不能全面发挥是以其他机制对自我审查机制的监督和抑制作用为条件。由此，第三方评估引入公平竞争审查制度仍然是必要和可能的。

（一）塑造主动引入第三方评估的氛围

从西方国家治理体系发展进程来看，公平竞争审查制度引入的第三方评估机制是现代化国家治理体系构建中的一项重要评价机制，它的引入既是完善公平竞争审查制度的需要，又是政府治理体系创新的需要。第三方评估机制在我国政府工作评估体系上引入使用的时间比较晚，除学术界专家学者全面了解、熟悉之外，各级政府部门及其公职人员乃至整个社会对这种评估机构存在及其作用都缺乏认识。所以，政策制定者对第三方评估在公平竞争审查制度中引入持怀疑、排斥的心态。第三方评估这种局面的改变，是以竞争政策基础性地位的知识宣传力度的加大、政策制定中的决策“关键少数”人员及直接从事自我审查工作的公职人员对第三方评估的全面了解、相信及支持为条件。因此，政策制定中的决策“关键少数”人员及直接从事自我审查工作的公职人员集中培训、条件成熟地区率先定点试行、执法机关加大典型案件宣传力度等方式，为第三方评估与自我审查机制有效链接塑造良好的制度氛围。

（二）确立第三方评估的法律依据

在持续推进经济体制改革的情况下，竞争政策已成为经济政策体系中的基础与核心[①]，公平竞争审查制度是竞争政策基础性地位确立中的重要制度。目前，

---

① 时建中：《论竞争政策在经济政策体系中的地位——兼论反垄断法在管制型产业的适用》，载《价格理论与实践》2014 年第 7 期。

我国市场经济体制建设中的最大障碍是政府不规范行政行为对市场竞争秩序的扭曲。党的十九大四中全会指出：完善政府经济调节、市场监管、社会管理、公共服务、生态环境保护等职能，实行政府权责清单制度，厘清政府和市场、政府和社会关系。厘清政府与市场的关系是实现市场在资源配置中起决定性作用的充分必要条件。公平竞争审查制度是厘清政府与市场关系中的一项重要制度“抓手”。《意见》确定行政机关自我审查是在核心审查机制的立法背景下，引入第三方评估机制来强化自我审查的公信力和效力，是制度全面“激活”实现竞争政策基础性地位的有效路径。但是，第三方评估机制全面引入公平竞争审查制度要以具有约束力的法律依据的出台实施为条件。因此，首先，第三方评估机制引入公平竞争审查制度的规范性依据《意见》应当植入修订后的《反垄断法》，从而为第三方评估机制引用提供硬法层面的法律依据。其次，争取短期内修改《意见》，将引入第三方评估机制的规范性依据从原来的激励性授权规则改为强制性职权规则。最后，为实现拓展第三方评估遴选机制和程序、评估标准及程序、责任追求机制适用范围的目的，应将《实施指南》核心内容写入《意见》，以此来强化其规范效力等级。

（三）完善第三方评估行为规范

公平竞争审查制度中第三方评估机构独立性，既不能由政府认定，也不能由评估者自贴标签，而是需要由规则来认定。“原则是规则的灵魂，是规则的根本出发点，它为规则规定了适用的目的和方向以及应考虑的相关因素；而规则就是原则的具体化、形式化和外在化。”① 我国现行第三方评估制度建设还处于探索阶段，在大多数公共政策涉及领域还没有建立相关的制度，业已启动的相关制度也不完善。② 明确的责任制度的构建是约束第三方评估质量的最终保障。第三方评估实践中存在的诸多问题是由第三方评估责任追究制度的缺乏所导致。因此，构建第三方评估制度的严格责任追究机制是公平竞争审查制度全面引入第三方评估机制的有效路径。由此，第三方评估机构的评估行为与民事责任、刑事责任的衔接，应成为约束第三方机构不规范评估行为的法律保障。

---

① 张文显：《法理学》，北京高等教育出版社、北京大学出版社 2001 年版，第 70 ~ 71 页。

② 周建国：《政策评估中独立第三方的逻辑、困境与出路》，载《江海学刊》2009 年第 6 期。

第五节　公平竞争审查的经典案件评析

一、管理公共事务职能组织限制竞争行为典型案例

（一）北京市房山区燃气开发中心行政性垄断行为①

1. 案件受理机关：北京市发展与改革委员会

2. 案件基本情况

房山区燃气开发中心负责房山区天然气工程建设、管理和经营等工作，承担房山区燃气行业管理职能。该中心在开展燃气项目报装审批过程中，以直接委托、指定等形式，要求开发单位签订由房山区燃气开发中心提供的制式合同，限定开发单位选择房山区燃气开发中心下属企业从事施工建设。

3. 法律依据

《反垄断法》第三十二条："行政机关和法律、法规授权的具有管理公共事务职能的组织不得滥用行政权力，限定或者变相限定单位或者个人经营、购买、使用其指定的经营者提供的商品。"

4. 处理结果

针对房山区燃气开发中心上述情况，北京市发展与改革委员会向房山区政府办、区国资委、区城管委、区燃气开发中心等相关部门通报了排除、限制竞争行为的事实，并提出立即全面纠正的建议。事后，房山区燃气开发中心积极配合执法调查，并实施了有效的整改措施，对燃气行业管理职能履行中存在的排除、限制竞争行为予以主动纠正，于 2018 年 4 月通过网站对主动纠正情况予以公示。

5. 案例点评

本案中，被告北京市房山区燃气开发中心违反公平竞争审查制度要求出台实施限制、排除公平竞争的政策。该中心利用自己在燃气项目报装审批过程中的权

---

① 资料来源：市场监管总局关于发布 2018 年市场监管部门制止滥用行政权力排除、限制竞争行为典型案例的公告，网址：http：//finance. sina. com. cn/roll/2018 - 12 - 29/doc - ihqfskcn2280811. shtml。

力，采取直接委托形式，违反了《实施细则》第三章第十四条第三款的“在招标投标中限定投标人所在地、所有制、组织形式，排斥或者限制潜在投标人参与招标投标活动”的禁止性规定。该中心在履行燃气项目审批过程中要求开发单位与自己附属企业签约。该案件所涉及的燃气施工项目不属于《实施细则》第四章第十八条至第二十条规定的“为维护国家经济安全、文化安全、涉及国防建设，为实现扶贫开发、救灾救助等社会保障目的，为实现节约能源资源、包含生态环境等社会公共利益以及法律、行政法规规定的例外情形”。所以，房山区燃气开发中心实施的行为属于典型的限制、排除公平竞争的行政性垄断行为。

（二）山东省临沂市莒南县公共资源交易服务中心行政性垄断行为[①]

1. 案件受理机关：山东省工商行政管理局

2. 案件基本情况

临沂市莒南县公共资源交易服务中心以防止工程建设项目招投标领域的腐败行为为由，利用行政权力，强制要求投资总额在50万元以下的项目招标人须采用资源交易系统自动抽取方式选聘招标代理机构，并印发了有关文件。

3. 法律依据

《反垄断法》第三十七条：“行政机关不得滥用行政权力，制定含有排除、限制竞争内容的规定。”

4. 处理结果

山东省工商行政管理局约谈了莒南县人民政府和莒南县公共资源交易服务中心，并指出莒南县公共资源交易服务中心相关文件存在滥用行政权力排除、限制竞争的问题。莒南县公共资源交易服务中心向山东省工商行政管理局提交了《关于相关问题整改落实情况的报告》，表示其已经对相关文件条款进行了修正，并报县政府批准印发。

---

① 资料来源：李守红、谢金涌、邓志松：《山东省纠正临沂市莒南县公共资源交易服务中心行政性垄断行为》，载《中国市场监管报》2019年1月15日第8版。

5. 案例点评

本案被告临沂市公共资源交易中心，是根据《中华人民共和国政府采购法》《中华人民共和国拍卖法》和《中华人民共和国招标投标法实施条例》等法律、法规，负责公共资源交易和提供咨询、服务的机构，是公共资源统一进场交易的服务平台。

公共资源交易中心的成立是以整合公共资源交易的流程，形成统一、规范的业务操作流程和管理制度为目的，并实行“八统一”，即：统一受理登记、统一信息发布、统一时间安排、统一专家中介抽取、统一发放中标通知、统一费用收取退付、统一交易资料保存、统一电子监察监控。

但是，本案中，被告在履行公共管理服务职能过程中，采取制度规范性文件形式要求投资总额在50万元以下的项目招标人须采用资源交易系统自动抽取方式选聘招标代理机构，该做法违反《实施细则》第三章第十四条第三款的“在招标投标中限定投标人所在地、所有制、组织形式，排斥或者限制潜在投标人参与招标投标活动”的禁止性规定，剥夺了招标人自行选择招标代理机构的权利，限制了招标代理机构之间的合法竞争。

二、政府部门限制、排除竞争行为典型案例

（一）江苏省苏州市道路运输管理机构行政性垄断行为①

1. 案件受理机关：江苏省工商行政管理局

2. 案件基本情况

2017年2月，苏州市交通运输局下发《关于同意2017年苏州市驾驶人培训市场发展计划的批复》，同意苏州市运输管理处“2017年苏州市驾驶人培训市场发展计划”，明确“2017年共新增C1（C2）教学车辆400辆，其中市区（含吴中、相城）60辆、吴江区60辆、昆山市80辆、太仓市60辆、常熟市60辆、张家港市80辆。新增车辆额度全部采用‘智慧驾培’模式，并通过服务质量招投标方式公开择优投放”。2月14日，苏州市运输管理处下发《关于实施2017年

① 资料来源：中国市场监管报，网址：http：//www.cicn.com.cn/zggsb/2019－01/08/cms114188article.shtml。

苏州市驾驶人培训市场发展计划的通知》，要求新增车辆额度全部采用“智慧驾培”模式，并通过服务质量招投标方式公开择优投放。

3. 法律依据

《反垄断法》第三十七条：“行政机关不得滥用行政权力，制定含有排除、限制竞争内容的规定。”

4. 处理结果

江苏省工商行政管理局于 2018 年 1 月向苏州市人民政府发出行政建议书，建议其责令苏州市交通运输局改正上述滥用行政权力排除、限制竞争行为，并建立健全公平竞争审查保障机制，及时纠正滥用行政权力排除、限制竞争行为。苏州市人民政府已要求各级交通管理部门全面开放驾培市场，不得增设任何额外条件。同时，下发《关于做好机动车驾驶培训经营许可工作的通知》，要求各地道路运输管理机构严格执行。

5. 案例点评

被告苏州市道路运输管理机构应该按照《中华人民共和国道路运输条例》规定，对符合条件的驾驶员培训申请，“县级道路运输管理机构应当自受理申请之日起 15 日内审查完毕，作出许可或者不予许可的决定，并书面通知申请人”。但是，苏州市道路运输管理机构未严格执行《中华人民共和国道路运输条例》，在驾驶培训市场管理中通过招投标方式增设准入条件，提高驾驶培训市场准入门槛。

被告苏州市道路运输管理机构的行为，违反了《实施细则》第三章第十四条第一款“设置明显不必要或者超出实际需要的准入和退出条件，排斥或者限制经营者参与市场竞争”的规定，并在驾驶培训市场管理中通过招投标方式增设准入条件，提高驾驶培训市场准入门槛。

（二）河南省封丘县人民政府行政性垄断行为[①]

1. 案件受理机关：河南省发展和改革委员会

2. 案件基本情况

2016 年底，封丘县人民政府和华润河南医药有限公司签署战略合作协议，

---

① 资料来源：市场监管总局关于发布 2018 年市场监管部门制止滥用行政权力排除、限制竞争行为典型案例的公告，网址：http：//finance. sina. com. cn/roll/2018 – 12 – 29/doc – ihqfskcn2280811. shtml。

约定封丘县人民政府支持华润河南医药有限公司在封丘县各级医疗机构开展药品、耗材配送工作，并协调解决华润河南医药有限公司与当地经营企业的并购问题。2017年底，作为县政府协调并购的参与方——河南中诺医药有限公司向县政府递交了《关于在全县公立医院试行药品统一配送的请示报告》，请求封丘县人民政府按照与华润河南医药签订的战略合作协议中的责任和义务，尽快制订出台公立医院药品、医疗器械统一配送工作实施方案。2018年5月，封丘县人民政府召开县长办公会，会后印发了《封丘县人民政府县长办公会议纪要》，其中包括以下内容：一是为履行封丘县人民政府与华润河南医药有限公司签署的战略合作协议，县政府原则同意河南省中诺医药有限公司作为全县药物、医疗器械、耗材转配送的主体企业，负责全县药物、医疗器械、耗材的转配送工作，并由该企业开票实施。二是卫生部门要将会议精神传达到全县所有公立医院、各乡镇卫生院以及村医卫生室，并对各单位落实药物统一配送工作开展专项整治行动，进行跟踪指导。监察部门要提前介入，对私自采药，违规套取新农合资金的要严肃处理并追究相关责任人责任。三是所有在封丘县中标的基本药物配送企业须经县药业有限公司转配送，并在本纪要下发后签订转配送协议；如中标企业不签订转配送协议，取消在封丘县的配送资格。

3. 法律依据

《反垄断法》第三十二条："行政机关和法律、法规授权的具有管理公共事务职能的组织不得滥用行政权力，限定或者变相限定单位或者个人经营、购买、使用其指定的经营者提供的商品。"以及第三十七条："行政机关不得滥用行政权力，制定含有排除、限制竞争内容的规定。"

4. 处理结果

经河南省发展和改革委员会的调查责令，封丘县人民政府撤销涉嫌违法的会议纪要，消除限制市场主体公平竞争的社会后果。

5. 案例点评

本案被告封丘县人民政府作为一级人民政府，是负责贯彻执行落实国务院印发的《意见》和《实施细则》的主体，它没有严格执行公平竞争审查制度的相关要求，反而违反《实施细则》第三章第十七条第一款"不得强制经营者从事《反垄断法》规定的垄断行为，主要指以行政命令、行政授权、行政指导或者通过行业协会等方式，强制、组织或者引导经营者达成、实施垄断协议或影响生产经营行为”的规定，构成滥用行政权力排除、限制竞争行为。

（三）山东省济南市建委行政性垄断行为①

1. 案件受理机关：山东省工商行政管理局

2. 案件基本情况

为贯彻济南市政府《关于全面推进绿色建筑发展的实施意见》，济南市建委于2014年印发《济南市高层建筑太阳能热水系统（含节能替代产品）设计、施工规范要点》，其中规定：“高层建筑太阳能热水系统应用产品（含节能替代产品）应严格坚持质量标准，适合高层建筑的特点和需要，原则上从推荐入围企业和业绩、信誉良好的企业产品中选取。”之后，济南市建委委托济南市太阳能协会（现更名为“济南绿色建筑协会”）向社会公开征集高层建筑太阳能热水系统应用产品及节能替代产品，并据此分三批确定24家企业的产品为济南市高层建筑太阳能热水系统推荐产品。2015年7月，济南太阳能协会联合相关企业召开高层建筑太阳能热水系统产品价格倡议会，共同确认和签署了协议价倡议书。2016年4月，济南市建委印发《关于高层建筑光热产品（平板型太阳能热水器）低价竞争情况的通报》，对部分公司以低于协议价进行竞标的行为做出处理。2016年8月，济南市建委印发《进一步加强和规范高层建筑太阳能热水系统（含节能替代产品）应用管理的通知》，其中规定：“严禁低价操作。高层建筑太阳能热水系统应用产品必须有严格的质量服务保证，不得低价操作造成质量隐患，降低服务标准，损害用户利益，扰乱市场。……市太阳能行业协会联合所有具备高层建筑太阳能应用资格的太阳能企业共同确认和签署了协议价倡议书，必须严格遵守。擅自降低协议价的项目视为存在质量服务隐患处置。”

3. 法律依据

《反垄断法》第三十七条：“行政机关不得滥用行政权力，制定含有排除、限制竞争内容的规定。”

---

① 资料来源：市场监管总局关于发布2018年市场监管部门制止滥用行政权力排除、限制竞争行为典型案例的公告，网址：http：//finance. sina. com. cn/roll/2018－12－29/doc-ihqfskcn2280811. shtml。

4. 处理结果

经山东省工商行政管理局约谈济南市建委，济南市建委撤销涉嫌违法的通知内容，并消除限制市场主体公平竞争的社会后果。

5. 案例点评

本案被告济南市建委作为主管建设的行政机关，在无法律依据的情况下，通过下发文件的方式限制相关太阳能企业在济南高层建筑领域的公平竞争，其行为违反了《实施细则》第三章第十四条第一款“设置明显不必要或者超出实际需要的准入和退出条件，排斥或者限制经营者参与市场竞争”的禁止性规定以及第十七条“对不属于本级政府定价目录范围内的商品、服务制定政府定价或者政府指导价”的禁止性规定，制定含有排除、限制竞争内容之规定，构成排除、限制竞争行为。

三、案例评析

（一）案情综合分析

从以上五宗典型案件内容可以看出，各级行政机关在履行管理职能中违反公平竞争审查制度的行为具有以下几个方面的特征：一是主体多样性。从违反公平竞争审查制度主体来看，既包括具有行政管理职能的国家机关，也包括法律法规授权的具有公共管理职能的企事业单位。二是地域区域分布不均衡。从违法制定主体的地域区域分布情况来看，既有经济发达公平竞争氛围较浓的市级政府政策制定主体，又有经济落后公平竞争氛围欠缺的县级政府政策制定主体。三是违反制度条款内容具有统一性。从以上典型案例违反公平竞争审查制度的条款来看，多数案件违反的制度条款集中在《实施细则》第三章第十四条。

（二）案件发生成因分析

从以上典型案例案情及国家市场监督管理总局发布的市场监管部门制止滥用行政权力排除、限制竞争行为典型案例公告中的 16 个案件通报内容看出，国务院高度重视公平竞争审查制度的实施情况，以通过发文、巡视形式要求地方政府及其职能部门在履行行政管理职能中严格依法执政，遵循和保护市场竞争机制，严格限制政府不当干预而破坏市场机制作用，并为全面发挥市场在资源配置中的决定性作用而在全国范围构建公平竞争审查制度。但是，部分地区和单位在落实公平竞争审查制度工作中，还是存在审查不到位、程序不健全、质量不够高、效果不明显、监督机制跟不上等问题。以上典型案例说明，政策制定权力机关制定的具有限制、排除竞争的规范性文件，不仅损害参与市场竞争的市场主体合法权益，破坏公平竞争的市场环境，而且推迟全国统一市场形成，阻碍国内市场消费购买力的提升。

（三）解决路径

为限制上述案例的重发，在部际公平竞争审查联席会议的统一指导下，各级公平竞争审查联席会议应当严格履行《实施细则》中规定的工作职责。各级公平竞争审查联席会议应当通过加大督促力度和加强信息公开方式，敦促政策制定机关转变思想观念和管理方式，充分理解公平竞争审查制度的重要意义。条件成熟地区应当试行第三方评估机制引入公平竞争审查制度自我审查环节，为自我审查机制提供科学、公正的审查咨询报告，提高自我审查的质量及公信力，并为有效激活公平竞争审查制度提供借鉴模板。只有确保制度实施到位，防止相关政策措施排除、限制竞争，才能为各类市场主体营造公平竞争的制度环境，建设现代市场体系，推动新时代经济高质量发展。

第四章　公平竞争审查实践论

第一节　政府补贴与公平竞争审查

一、问题的提出

（一）概念的界定

政府补贴行为属于行政法领域的“行政给付”范畴，该领域将其定位为一种行政决定，属于行政行为的一种形态。行政给付是相对于“规制行政”这一类型被提出的。德国学者福斯多夫认为，给付行政是给付、提供给不得不从事现代集团生活的人，为维持日常生活所不可欠缺的生活物资或者生活服务的活动。[①] 其他国家如韩国、日本的学者亦认为，行政给付乃为公共行政，主要进行公共产品或公共服务提供。欧盟的制度中与政府补贴内涵有交集的为国家援助，该制度下所有可能影响市场公平的援助措施都面临着否定性评价。本书研究的政府补贴并非“行政给付”，相反，主要关注针对市场主体的专向性、非普惠性的资助、物质帮助及经济受益的政府行为，包括对经营主体和消费者等市场参与主体的补贴。与国家援助制度相较而言，本书并不限于形式公平的考量，竞争政策与产业政策及其他宏观政策的协调权衡亦在政府补贴的审查评估中有所体现。

---

① 杨建顺：《日本行政法通论》，中国法制出版社1998年版，第329～331页。

（二）我国政府补贴现状描述

从经济学理论角度看，当经济活动的私人成本超过其社会成本或私人效益低于社会效益时，税收优惠可用来实现其外部效应，进而带来规模经济、科技进步、先进管理、人力素质提高和环境改善等利益，当政府对经济活动提供补贴的税收优惠恰好等于其所产生的全部外溢效应，则可以达到税收优惠的最适当化。[①] 从这一意义上看，政府补贴是弥补市场失灵的产物，是政府辅助市场的手段之一。依据国家干预理论，政府的干预只能出现在有限的空间与时间中，前者最典型的为社会公共品的提供，后者可以指经济发展的特殊时期如经济危机。政府补贴作为国家干预的方式，在补贴范围与时机上皆应遵循“弥补市场”这一基本准则。而实际上，我国目前政府补贴已经远远超出“公共性”范畴，既无竞争性与非竞争性行业的区分，也无补贴限度之划分，对什么应该补贴，什么不该补贴没有明确的规定。正是在缺乏明确分界的背景下，地方政府在竞争性领域的许多补贴违背了正常市场的运行规律，同时补贴的专向性严重影响市场主体间的公平竞争环境，那些没有得到政府无偿资助的企业可能因此失去竞争优势而被市场淘汰，相反，本应被市场剔除的成员却因此存留。

从当前各地乃至中央政府向市场主体补贴的动机来看，可分为以下几种类型：一是亏损型补贴。该类补贴的受益主体通常为政府认可的重要企业，该重要性的认定标准具有主观性，或对区域经济影响重大、或处于特殊的行业而肩负更重要的社会责任或其他原因。近年最具代表性的案例为ST南化于2013年年底收到经营性财政补贴2.9亿元，弥补了公司约1.96亿元的亏损，使公司免于面临退市，但这已经是该公司经历的第二轮危机。[②] 亏损补贴实质上是企业自身在市场自救失败之后获得的终极救助，是一种逆市场选择的行为，除非存在必要理由，否则不应采取该措施。如若亏损补贴成为企业维持经营的唯一途径，则企业的内生激励机制无法发生作用，其市场竞争能力下降，从社会整体福利的角度看，政府的补贴行为没有产生任何正向效益，是一种资源减损。经济学领域的实

---

① 钱俊文：《国家征税权的合宪性控制》，法律出版社2007年版，第61页。

② 欧甸丘、王晓洁：《财政补贴源何成“乱贴”》，载《决策探索》2014年第2期。

证研究表明，我国目前大量“僵尸”企业[①]的存在，在很大程度上与亏损补贴有关。[②] 二是政府为发展规模经济所实行的补贴。以此为目的的政府补贴一般为奖励性补贴，具有“扶强”特征。显然，这一类补贴在一定程度上维护了规模企业的优势地位，当地政府亦能收获良好的经济治理评价。但相对于其他市场主体而言，这种非均衡市场结构的发展态势不利于初创和小微企业的成长及壮大。例如，吉林省四平市人民政府办公室2013年2月22日下发一份通知，称“农机购置补贴资金要保证奇瑞农机产品需求，优先办理四平方辖区内农民购买奇瑞农机产品的国补与省补资金，年度用于奇瑞重工产品的国补、省补资金不少于总量的70%”。[③] 四平方市政府遵循此补贴规则的理由为“奇瑞重工吉林有限公司是我市发展总部经济，增加财政收入，促进就业的重点项目，是发展我市农机工业，打造农机工业新品牌、新亮点的重要工程”。相应地，作为在行政辖区内的符合政府重点扶持对象的企业也利用地方政府急于追求经济增长或获取上级对某项工作的肯定性评价的心理，频繁向各地地方政府寻求资助。三是保护本地企业的政府补贴。在一国之内，同类产品的品牌竞争在政府介入后往往演变成区域竞争，其中就不乏政府采取补贴措施使本土企业获得竞争优势，将竞争对手逐出所管辖范围。这些补贴措施多表现为在销售环节面向消费者的补贴，形成极强的消费选择导向。以新能源汽车行业为例，前期发展中地方政府实施的包含补贴目录在内的保护政策使得该新型产品较难在全国范围内推开，国家工信部不得不尽快统一

① 根据中国人民大学国家发展与战略研究院关于中国工业部门僵尸企业的研究报告描述，分行业来看，利用2013年中国上市公司数据，僵尸企业比例最高的五个行业分别为钢铁（51.43%）、房地产（44.53%）、建筑装饰（31.76%）、商业贸易（28.89%）和综合类（21.95%）；以所有制划分，国有和集体企业中僵尸企业的比例最高，民营企业和港澳台及外商企业中僵尸企业的比例相近，且远低于国有和集体企业中僵尸企业的比例。参见章轲：《中国工业部门僵尸企业全貌：政企“合谋”是主要病因》，载《第一财经》2016年7月28日。

② 一些学者通过对中国钢铁业上市公司僵尸性的探索性研究，在修正完善卡巴雷罗—豪什—卡什亚普模型（CHK模型）的基础上，以企业是否存在银行利息补贴作为认定僵尸企业的标准，研究发现，政府干预下的银行信贷、政府直接补助和政策优惠是中国僵尸企业形成的根源。参见张栋、谢志华、王靖雯：《中国僵尸企业及其认定——基于钢铁业上市公司的探索性研究》，载《中国工业经济》2016年第11期。

③ 每经网：《今年217亿补贴农机，地方保护加剧市场不公》，http：//www.nbd.com.cn/articles/2013-08-06/763909.html，2016年7月15日访问。

准入目录及补贴政策。[①]

（三）政府补贴制度供给不足，缺乏积极的规范效果

与中央的财政补贴相比，我国地方政府补贴的无序与随意甚为严重。一些地方政府补贴既不针对具体项目也无相关政策文件作为依据，如根据南方周末报道，2010 年 10 月，长江证券收到武汉市政府补贴 2400 万元，用于公司及其分支机构住所地区域的市场营销推广活动。[②] 这些补贴乱象，反映了目前相关制度存在的不足。

1. 以税收优惠为代表的财税制度体系的结构缺陷

我国的税收优惠法律制度体系中，除了法律、行政法规之外，规范性法律渊源中的“地方性法规”和“规章”几乎出现断层，国务院各部委以发布政策性文件居多。在地方立法体系中，地方的税收优惠立法也主要是地方政策性文件，地方法规极为鲜有，这种现象说明我国税收优惠立法中的非正式渊源取代正式渊源地位的情形非常严重。[③] 许多政府补贴源于地方政策性文件而无法受到立法程序的监督，补贴行为的随意性由此滋生。

2. 规范税收优惠行动的程式化

从我国规范税收优惠的多次经历来看，规范内容主要落脚于对税收减免、优惠权的统一管理，体现为禁止税收减免权在地方的自主运用，地方或相关部门只有对极少数的税种享有自由裁量权，由此，在每一次的清理活动中，几乎都只强调对税收强制性、统一性和权威性的维护，而缺少对税收优惠这一经济调控手段的内在机理的关注，忽视了在政府屡禁不止的运用中其被赋予的实用价值，本质上削弱了财税法的宏观调控属性，相反增强了其行政管理属性。由此，在以集中统一财税收支权力为清理目标的导向下，税收优惠的生态发展表现为在“全面清理”与“死而复生”两种状态中循环往返，每一次的清理运动在固守的程序模

① 曾祥萍：《新能源补贴政策或将统一车企叫好》，载《信息时报》2014 年 6 月 5 日第 2 版，转引丁茂中：《竞争中立政策视野下的政府补贴中立研究》，载《中国矿业大学学报》（社会科学版）2015 年第 5 期。

② 罗琼：《有多少公司靠政府“哺养”》，载《南方周末》2011 年 12 月 3 日。

③ 王霞：《税收优惠法律制度研究——以法律的规范性及正当性为视角》，法律出版社 2012 年版，第 30 页。

式中便丧失其重要意义。

3. 竞争法等规制路径的乏力

《反垄断法》第五章“滥用行政权力排除、限制竞争”是有关行政垄断行为的规制，根据该部分及第五十一条的规定，妨碍商品在地区之间自由流通和实行地方保护措施的，由上级机关责令改正。显然，针对损害公平竞争的行政行为，该法的制度设计表现出主要倚赖行政机关的内部自纠。反垄断执法机构对于违反规定者只有建议权，并无权纠正，反行政垄断的实际效果因此被大打折扣。实际上，该效果确应归咎于制度设计的不完善，行政行为有别于市场中各平等主体的行为，对于平等主体的交易经营行为，其作为被监管对象理所当然，而反垄断执法机构与实行违法行政行为之机关的权力属性相同，享有高位权力者确须获得合法授权。另外，我国并未建构针对抽象性行政行为审查之司法制度基础，加之立法程序监督过于形式化，有关政府补贴的规章、规范性文件难以被及时发现和纠正。

二、构建公平竞争审查制度的经济管理逻辑起点

在一国之内对政府补贴行为进行竞争法规制或公平竞争审查，首先需建立一种共识，即应意识到两种管理理念及价值取向在国家经济运行管理中孰先孰后的问题，谁居于基础地位发挥第一性作用，谁居于辅助地位发挥第二性作用。该语境下的“第一性”作用与“第二性”作用分别指向调整市场经济法律关系的逻辑起点，即确保各市场主体均处于平等竞争的身份及地位，以及在因时空、情势等特殊原因导致遵循市场竞争规律严重偏离实质公平时，国家应采取调整、补救措施以修复公平竞争秩序。换言之，公平竞争价值及其各种表现形式应在所有经济政策中处于基础地位发挥主导作用，在此意义及程度上，公平竞争应作为基本规范构成经济宪法的重要内容。[①]

（一）《宪法》提供的法律基础

我国《宪法》第十五条规定，“国家实行社会主义市场经济。国家加强经济

① 张守文：《公平竞争审查制度的经济法解析》，载《政治与法律》2017 年第 11 期。

立法，完善宏观调控。国家依法禁止任何组织或者个人扰乱社会经济秩序”。我国市场经济体制的确立既意味着市场在资源配置方面的重要作用，也蕴含着公平竞争的基本准则。从条文内含的体系及逻辑来看，该条文中第二款“完善宏观调控”的目的是助力第一款“市场经济的推进和发展”，而非扰乱市场经济的公平竞争秩序，正如第三款内容，破坏市场公平竞争秩序的行为是法律所禁止之行为。该条文内容虽简洁，但已然形成了完整的制度逻辑，公平竞争政策是基础，宏观调控是辅助，宏观调控若有损公平竞争秩序，应予以清除。公平竞争价值理念犹如底线原则，贯穿于宏观调控和市场规制的各类制度之中，公平竞争审查制度之审查权力辐射范围的广度及深度则来源于此，即宪法所提供的合法性及正当性。

（二）市场经济主导下规制对象的侧重：从重市场主体行为到重政府经济管理行为

一般而言，调整政府经济管理行为的内容至少应当包括：政府角色和功能的定位、管理措施的选择、对政府管制冲突的协调、由政府管理所导致的利益失衡而需要的协调等。经济法中对于政府经济管理行为的调整具有“再规制”的性质，是对政府失灵的预防与救治。① 传统市场规制理论中的调整对象具有单一性，仅对平等主体的竞争行为进行评价，非平等主体的干预行为并未涵摄。从概念内涵的周延性来看，市场规制的对象既存在对平等主体之间的行为调整，相应地也应包含对非平等主体之间行为的调整。并且，在实践中亦不乏政府干预市场影响公平竞争秩序之实例，长久以来，这方面的缺失及忽视主要源于我国行政法学研究范式及建构的相应制度均体现出较重视行政组织的法律地位和行政行为的合法性要件与效力研究，更注重效率。② 党的十八大以后，特别是党的十八届三中全会、四中全会以后，我国的改革和法治建设进入新的阶段。公平竞争审查制度也正是在此时代背景中诞生，它的降生意义重大，标志着控制政府市场干预权力的意识，体现从重效力、效率向重程序、重救济的控权化的转向。实际上，我国的改革方向与世界发展潮流一致。WTO 规则得到众多国家的遵循，是融合了

---

① 孙晋：《论经济法基本性格的二重性》，载《法商研究》2001 年第 1 期。
② 姜明安：《行政法学研究范式转换》，载《人民日报》2015 年 9 月 7 日学术版。

诸多发达经济体的先进经验淬炼而成，是市场经济发展到较高程度的标志。从WTO规则来看，大部分协议涉及政府，而只有少数规则直接涉及企业，可以看出，WTO规则主要通过规范成员政府与国际贸易有关的各种涉外经济管理行为，作为实现国际贸易自由的基本方法和途径。①

（三）政府经济调节权内部关系重构："一体两翼"的结构关系

经济法基础理论中的"三三理论"② 归纳了三类国家对经济的调节活动：市场规制指的是国家以强制力反对垄断、限制竞争行为，通过排除市场障碍，让市场恢复其应有的调节机能；国家宏观调控和国家投资经营手段主要发挥维护经济长期稳定发展、补充市场投资不足功能。市场经济条件下的宏观调控应以市场为轴心，即尊重公平竞争、自由竞争的市场规律，不能限制、妨碍竞争，相反，应当引导和培育竞争。事实上，政府的任何调控、直接干预市场的行为都会在市场得到反馈，或阻碍或促进市场竞争，每一种调节方式皆具有外部效应。因此，宏观调控与国家投资经营以市场辅助者、补充的身份自居或以"替代市场"的自我主导身份定位，两者所产生的效果以及衍生的问题便不相同。如果始终坚持保护市场竞争的价值理念，那么政府应以"市场之不能"为介入标准，填补市场发挥失效或者效果不佳的领域。相反，如果某领域竞争充足，已经形成完善的、成熟的市场竞争条件，无论政府最初出于什么目的予以干预，都应当停止使用这些调控手段或直接参与市场的方式，否则则失去干预的正当性。更进一步来看，对于不同时空所出现的"市场失灵"，政府调控方式的选择、是否采取直接投资经营也应视具体情况而定，这里所强调的则是宏观调控手段、直接投资经营方式的相匹配性与适当性问题。如果调控、直接参与不足则完全起不到补充效果，如在一些低经济效益或完全无经济效益的公共领域，政府调控或直接参与建设的力度不足则会导致整个市场经济制度的公平价值缺失、个人利益与社会公共利益的失衡；而在另一种情况下，调控、直接参与方式的错配或过度则会扰乱市场配置

---

① 周林彬：《WTO规则与中国经济法理论创新》，中国政法大学出版社2003年版，第16页。

② 漆多俊：《经济法基础理论》，法律出版社2008年版，第22～34页。

资源规律，继而导致市场主体逆规则行为的出现，与调节目标出现南辕北辙的效果。[①] 单纯从三种调节手段的组合运行及其产生的外部效应来看，客观结果上出现的负外部性及失序的后果来自政府对“建立一种能不断地恢复均衡的机制”[②]即“一体两翼”之基本定位的忽略。

从宏观调控权本身的运行逻辑来看，宏观调控权的行使具有很大的自由裁量空间，却没有内在控制标准。并且，由于经济发展的动态性、受多元因素影响性以及不可估测性，国家及实施机关干预的效果亦无法通过设定“可预期性后果”评价系统判断其功过，仅能从程序方面对行使过程进行监督。在此语境下，对市场机制的补充、辅助定位无疑为宏观调控行使提供了裁量标准，即以是否保护、修复、促进竞争为限度。既然无法从运行效果直接判断其好坏，那么从对市场竞争影响的程度来判断其功过则更具合理性，更具有可操作性，也回应了经济法核心精神之要求。

三、政府补贴公平竞争审查模式的构建

该审查制度在政府补贴领域的运用应考虑由谁来审查、审查的范围以及审查结果的处理等内容。从顶层设计的角度来看，如何开展审查关涉审查主体的权威建立、审查路径对制度内在特性的遵从等问题，既有对现有制度资源的承接运用，又有改革创新。

（一）因应现实需求的模式选择

1. 审查范围的扩大化

根据前面对公平竞争理念及政策在经济政策中的基础地位及作为宪法之规范

---

① 查道坤：《苏州吉姆西公司骗取新能源车补贴或被取消汽车生产资质》，载《每日经济新闻》2016年3月30日第6版。2016年3月经报道曝光的苏州吉姆西客车制造有限公司骗补案，买方和卖方合谋共同上报虚假数目以骗取大额财政补贴款，该案不仅暴露了我国经济调节方式缺乏严格的监督制约。再从补贴标准的设计来看，根据央视财经报道，自2009年开始，我国出台一系列鼓励政策，鼓励生产、使用新能源汽车，以商用车为例，按照国家2013～2015年阶段的政策，6～8米纯电动中巴车补贴标准为30万元/辆，大部分新能源汽车示范推广城市的地方补贴标准与国家1:1配比，即一辆6～8米纯电动中巴车最多可获得60万元的补贴。

② ［德］瓦尔特·欧根：《经济政策的原则》，李道斌译，上海人民出版社2002年版，第335页。

构成结论，公平竞争审查制度本质上颇有违宪审查的蕴意。能否沿用现有违宪审查制度解决公平竞争审查问题，关键在于其能否满足现实需求。如前文所述，我国的财税法律制度体系中，除了法律、行政法规之外，规范性法律渊源中的“地方性法规”和“规章”几乎出现断层，国务院各部委及地方的税收优惠立法均以政策性文件为主，这种现象说明我国税收优惠立法中的非正式渊源取代正式渊源地位的情形非常严重。税收优惠作为政府补贴方式中较为典型的一种，以上现象恰恰是我国目前政府补贴问题的反映。在此现实基础上，如运用当前的违宪审查制度即只能针对正式渊源的政府补贴立法行为进行审查监督，而占比较大的政策性文件则无法受到审查，其恰恰是审查的重点对象。因此，审查对象的扩大化要求该领域的公平竞争审查机制作出相应的调整。

2. 现有审查制度的局限性

《宪法》《立法法》[①]《监督法》等法律对法规、规章等法律规范和其他非法律规范进行审查，是地方各级人大及其常委会的法律监督职权，也是地方各级人大及其常委会的经常性监督工作形式。备案审查是将公布的规范性文件上报法定机关，在必要的时候对其进行审查，其启动机制以及程序设计上不同于立法活动，属于规范监督。[②] 地方性法规、政府规章、其他规范性文件的制定机关需要在公布之后及时向地方人大常委会备案。地方人大常委会对规范性文件的审查方式一般包括主动审查与被动审查，审查机构为地方人大常委会办事机构、专门委员会、工作机构等。实践中，基于实际情况的考虑，权力机关以被动审查为主、主动审查为辅。我国对于规范性文件的权力机关审查模式实施困难重重，效果不佳。

（二）行政审查模式的选择

选择以行政审查为主导的公平竞争审查模式是顺应以政府职能转变为核心的深化行政管理体制改革。公平竞争审查实现了对政府“越界”行为的评价分析与及时纠正，是对政府职能进一步明晰化的重要途径。在市场经济国家中，政府

① 《立法法》第八十七条规定：“下位法违反上位法规定的，由有关机关依照第 88 条规定的权限予以改变或撤销。”

② 苗连营：《立法程序论》，中国检察出版社 2001 年版，第 245 页。

的经济职能主要是宏观调控政策、市场监管、为市场主体服务等内容，世界银行在《1997 年世界发展报告》中提出，“每个政府都应完成好 5 项基础性任务：建立法律基础；保持非扭曲的政策环境，包括宏观经济的稳定；投资于基本的社会服务与基础设施；保护承受差的阶层；保护环境”。[①] 在西方关于政府的公共管理理论中，维护竞争是一项重要的职责，在联邦制国家中还经历了破除地方保护主义以维护全国市场内部统一的过程，如美国、具有联邦属性的欧盟经济体，都对州或成员国的阻碍地区间自由贸易的政府行为进行了规制。美国制定了商业条款、宪法第 4 条中的特权与豁免条款、反垄断法等对地方保护主义进行规制[②]；欧盟在欧共体条约和欧盟运行条约等条约中构建统一的竞争规则，其中的国家援助制度主要防止成员国不合理干预经济，导致成员国间的贸易阻塞，背离欧盟共同体利益。我国从计划经济向市场经济转型过程中，政府的管理过宽与过泛问题比较突出，是过渡阶段必须重点解决的难题。在政府转型及自我改革进程中，市场经济作为参照对象，是评价政府行为是否过宽的标准，公平竞争作为市场经济的内核，理应成为重要的参考。同时，我国作为后发展、赶超型国家，20 世纪 80 年代起通过刺激地区竞争以促使 GDP 快速增长的发展模式既带来了高速的经济增长，但也恶化了地方保护主义，使得商品、资本、人才等要素的流通受到阻碍，提高了交易成本、造成资源极大的浪费。因此，公平竞争审查面临的历史任务亦是一项严峻的挑战，即打破地区封锁，统一国内市场。同时，我国在赶超时期还大量采用产业政策，对工业行业进行大量补贴及实施保护，这种倾斜到目前为止仍有显现。在我国经济发展已经趋稳加速的形势下，为企业提供一个自由选择与自由发展的环境是经济长期有效发展的基础。

由上述分析可知，审查的对象为地区的保护政策、产业部门可能损害竞争公平的产业政策，该审查既是一种纵向上的监管，也是横向上的约束，实质上是对地方政府及部门的经济管理权的限制与监督。因此，为达到统一规制的效果，要求公平竞争审查主体具备独立、权威、专业的特性，并且在权力分配上应选择垂直管理模式，以确保国家竞争政策的切实贯彻落实。目前，我国的反垄断执法机构已经结束长久以来“三家分管”的状态，完成权力的集中统一。同时，中央

① 世界银行：《1997 年世界发展报告：变革世界中的政府》，中国财政经济出版社 1997 年版，第 4 页。
② 郑鹏程：《美国规制地方保护主义法律制度研究》，载《中国法学》2010 年第 2 期。

与地方的双层、联动执法体系的构建及完善将使得反垄断效能得到最大化发挥。由此，反垄断执法机构在形式及性质上与理论构想中公平竞争审查主体的特性相契合，其亦成为当前制度环境下的最优选择。

（三）行政审查权力的合法来源

权力的来源是判断其正当与否的重要标志，也是判断其效力高低和作用范围大小的重要依据。在法治国家中，权力最重要的来源是合法性来源。若无法律依据，其行为则应被禁止。而在法律层次中，以宪法授权为最高，法律在宪法之下成为多数权力形成的重要源头。基于此，本书将从现有法律渊源寻求反垄断执法机构作为公平竞争审查主体的合法性。

从具备成熟市场经济法律制度的国家来看，其在设立和修订竞争法律的过程中赋予竞争主管机构对其他经济政策、法律制定进行评价和审查的权力。如欧盟竞争事务总局有权调查违反《欧盟运行条约》第101条和第102条的行为，审批欧盟成员国的国家援助行为。韩国公平交易委员会依据《规制垄断与公平交易法》第63条展开竞争评估。[①] 关于反垄断委员会是否有权在法律制定、修改过程中参与及表达意见，我国一些学者提出可以通过对《反垄断法》第九条“研究拟订有关竞争政策”进行合理解释，通过对“竞争政策”进行广义解释以囊括与竞争有关的法律，对“拟订”做语义解释以包含草拟、制定和修改等不同程序。[②] 此种方式对现状的变革和调整是最小的，只要通过立法机关的解释，即可完成对反垄断执法机构的赋权，可以解决竞争评估权源的合法性问题。但《反垄断法》第九条的解释效果是具有局限性的，只能作为权宜之计。从国外公平竞争审查制度的实施来看，竞争主管机构有权对与竞争不相符的法律、政策采取强制措施处理。[③] 此种情形下，公平竞争审查的定位及功能则突破了竞争审查的参考、建议价值，能够直接影响法律、政策制定者，进而更加有效地促进和维护竞争。因此，作为一项长期追求的目标及较为理想的状态，我国应通过两个方面的立法予以完成：一是通过修订《反垄断法》，赋予竞争主管机构针对政府经济管

---

①② 张占江：《中国法律竞争评估制度的建构》，载《法学》2015年第4期。

③ 欧盟委员会发现成员国违反欧盟法律使，一般先正式通知，若没有及时更正，委员会将开展调查，一旦确认违法且仍在继续，委员会在一定期限外则可提交欧洲法院审理。参见屈从文：《欧盟委员会超国家性质分析》，载《欧洲研究》2004年第6期。

理行为更广泛的监督权，主要应对政府在宏观调控管理及直接投资经营中的非正式法律渊源行政行为。二是通过修订《立法法》，授权反垄断执法机构审查政府及相关职能部门在经济管理中的立法行为。

四、政府补贴公平竞争审查工具的选择

政府补贴对经济和社会的积极作用是不可否认的，所以要因势利导，使政府补贴发挥其积极效用，同时，仍然要防范其对国内市场产生不利影响、对经济产生扭曲作用，因此需要在一定范围内对其加以限制。在补贴研究中，对比例原则的三个子原则的进一步诠释与实践具有由浅入深、由一般到特殊的效果，可以在一定量的分析积累上析出层次分明的规则。

（一）合目的性审查——政府补贴之目标分析

手段符合目的是法律中使用的唯一正当性方法。[①] 因此，手段的正当与否首先应对目的之正当性进行检验。传统的“三阶”比例原则将目的之正当性考察抛弃，部分学者已经察觉这一漏洞，提出“目的正当是公权力行为正当的前提，将目的正当性原则纳入比例原则之中有利于实现实质正义、充分保障人权”。[②] 在回应社会、经济发展之服务、管理需求中，政府职能不断增加，行政权相应地得到扩张，法律对行政权之规范显示出原则性，此时，如果只是根据是否合法对行政目的的正当性进行审查将可能出现不公平的结果。因此，将目标正当性审查作为单独的环节有其必要性。任何不追求正当目的的行政干预都是不合理的，甚至存在不合法的嫌疑。作为行为的动机与起源，权力行使的目的应当得到重视，如果不对行为的目的进行审查，则极有可能使那些目的不纯的行为免受审查，公民的基本权利则无法得到保障。由此，在合目的性审查之前，应首先对行政干预之目的进行检视。

---

① Vincent Wellman, Practical Reasoning and Judicial Justification: Toward an Adequate Theory, 57 University of Colorado Law Review 45 (1985)，转引蒋红珍：《论比例原则：政府规制工具选择的司法评价》，法律出版社 2010 年版，第 210 页。

② 刘权：《目的正当性与比例原则的重构》，载《中国法学》2014 年第 4 期。

1. 政府补贴之初级目标

政府补贴本身自带的专向属性是对形式公平的一种破坏，但因为其目的具有正当性而形成与形式公平的相对平衡，达到起点公平、结果公平、实质公平的效果。有的学者将这一类利益平衡机制称为“权利倾斜性配置”。该机制源于法律关系主体的实质不公平，主要目的是对社会弱势群体的一种制度扶助。[①] 弱势群体在社会生产生活中若没有国家的支持，则无法获得作为人而应有的基本尊严和自由。从立法的角度看，现代各国由国家对国民进行的生存考虑，是以国民的社会权性质的基本权作为支撑的。[②] 换言之，法律作为内涵明确且具有稳定道德价值的社会制度，保护人类之基本权利为其应有之义，对于因自然禀赋而无法与他人处于同一起点的，应当给予权利上的倾斜。另外一种情形为，因社会制度变迁导致个人必须做出牺牲或其他特定时空下产生的社会失衡也成为政府给予该类主体权利上倾斜的主要原因。通常，该类以弥补社会性公平的政府补贴对于处于竞争关系的市场主体影响较小，并非本书主要讨论的对象。然而，市场的发展依其规律亦同样存在因资源、地缘、时空等因素导致的竞争起点不公平。市场这一场域中的微弱主体与社会生活中的“弱势群体”在本质上并无差别，其获得倾斜保护的正当性却有别于后者源于对生命个体的尊重，其保护的是市场作为有机生命体、市场参与者作为细胞的活跃度及多样性，在此基础上维系市场的生命力。

欧盟国家援助制度中，具有“公平”“平等”特性的援助可以获得申报豁免竞争审查。其原因在于，这些援助对市场竞争无害，并且从某种程度上，它们也体现了竞争的公平价值。市场竞争的前提是每个人得以同样对待、每个人的基本需求得以平等对待、每个人都享受和其他所有的人同样自由相容的最广泛的基本自由的平等权利。[③] 唯以此诠释公平竞争内涵及以此基准审视政府补贴乃至一切干预行为之正当性，竞争的公平起点方能构建起来。

政府基于这一层级目标作出的补贴行为具有扶助特性，主要面向小微型、初创企业，通过降低其投资经营成本，鼓励新生主体加入市场，继而达到培育市场

---

① 王霞：《税收优惠法律制度研究：以法律的规范性及正当性为视角》，法律出版社 2012 年版，第 111 页。

② 杨建顺：《比较行政法——给付行政的法原理及实证性研究》，中国人民大学出版社 2008 年版，第 5 页。

③ ［美］约翰·罗尔斯：《正义论》，何怀宏等译，中国社会科学出版社 1998 年版，第 61 页。

的效果。其中，值得关注的另一类弱势企业为“破产企业”，其情状与初生企业不同，系因经营管理不善而出现资不抵债或债务清偿能力严重不足。与上述类型相比，破产企业的弱势并非源于先天条件差异，恰恰是市场机制发挥的“优胜劣汰”作用效果。故而，对于此类企业，原则上不应给予补贴。

2. 政府补贴之次级目标

从各国经济管理实践来看，若仅运用政府补贴实现二次市场公平之用，则忽视了它在现代经济治理中的其他调节功能。无论是发达国家还是发展中国家，都认为工业是经济发展的重心，各国的工业补贴亦普遍存在，补贴的目的或为帮助工业技术改造、或应对经济危机、或弥补本国企业在国际贸易中受到的冲击，具有提升制造业竞争力、支持研发与创新、支持制造业开辟和拓展国际市场、减少制造业结构调整所引起的社会成本、提高劳动者技能等功用。另一种普遍存在的为农业补贴，美国农业经济的强劲增长与农业补贴紧密相关，发展中国家以农业发展为重心的，在全球化大环境下，也采取了多样化、占比不小的补贴政策，一为稳定国内农产品的供给，二为增强国际贸易的竞争力。

可见，在该层级的补贴中，常见的类型有：一是通过补贴引导市场主体行为，达到政府经济管理预期，亦被称之为激励型补贴。如技术创新的奖励补贴等。二是为国计民生基础产业的支持型补贴，如农业补贴等。三是为根据不同产业发展的战略布局而采取的相应补贴。显然，这一层级中的政府补贴的专向性和特定性更为突出，追求直接的经济利益价值。因补贴受众不具有普遍性，其正当性主要表现为增进社会整体福利。较之于第一层级的补贴类型，应受到较为严格的公平竞争审查。对补贴范围的合理性把握在于补贴所追求的经济效益与社会公益之间的联系。一般而言，补贴的直接受益主体为企业，表现为私主体的获益，而补贴作为公共投入，若最终仅仅表现为企业受领，无对价的经济收益，则有偏私之嫌，失之正义。也即是说，单纯为提高企业经济效益而不承担社会义务的补贴应当被禁止。因此，在审查这一类型的补贴时，应当考察其对社会的回馈。发达国家在这方面亦注重将补贴与企业创造的就业机会联系在一起，对创造大量就业机会的项目给予重点扶持。① 该类补贴的另一个社会效果为最终表现出的提高

① See Wren：“The Direct Employment Effects of Financial Assistance to Industry”，Oxford Economic Papers 43（1991）：116～138，转引唐清泉：《政府补贴动机及其效果的实证研究——来自中国上市公司的经验证据》，载《金融研究》2007 年第 6 期。

公共产品或公共服务的水准。换言之，经济性补贴是否兼顾社会效益还应考察该地区经济增长后对公共服务、公共产品建设的反哺效果。如若一地方的发展呈现出获得补贴的企业收益颇丰，其员工福利远远高于社会的一般标准，而该地区的社保、医疗、教育等公共问题的解决却远未达标，则说明这种补贴对整体社会而言意义不大，应当予以禁止。

总的来说，政府补贴的公平竞争审查自其补贴目标的审查作为开始，是秉持法律、政策的正义性进行的基本考察，是彰显该审查制度的基本价值取向，在此意义上，政府补贴目标的审查是继续走向下一个程序的必经步骤。未经过补贴目标审查则不能进行必要性审查，未通过目标审查之补贴亦不必深入分析其必要性。

（二）适当性审查——目的与手段的合理联结

必要性内容是关于手段与目的关系的论证，这一阶段的审查包含两层内容。首先要考察目标与手段之间的正当联结。“禁止不当联结原则”由行政法比例原则理论衍化形成，是指公权力的行使必须与其目的保持正当的关联，也即是说，公权力所选择的手段必须符合公权力的目的，禁止手段与目的之间的不正当、不合理的关联、联结。① 此为比例原则中必要性原则之主要内容。

在传统行政法语境中，“正当联结”要求行政主体给付与对待给付之间具有合理正当的联结，在这一给付关系中，一般只考虑行政给付行为对行政相对人造成的损害与所要实现的目标之间的关联。对于本书研究的政府补贴授益性行政行为而言，则要考虑其专向授予利益的方式与政府目标之间是否构成合理的关联，该方式能否达到政府预设目标。如前文所述的第一层级补贴及目标，政府为扶助市场初生、弱小竞争主体成长的补贴行为，是否能达到建立竞争起点公平、培育多样性市场主体的目标宗旨。第二层级的补贴及目标，政府对关键、重要领域的补贴，并非考查该补贴手段与企业经营水平的直接关联，而是察看其与预设的正当性目标——增加社会整体福利、社会外部性溢出效果的关联。实际上，对这种“正当性联结”的要求应当翻译成手段达到目的的直接性联系，即要求目的和手

---

① 刘建军：《论禁止不当联结原则行政法领域之适用性》，载《西安电子科技大学学报》（社会科学版）2006 年第 5 期。

段之间要有基于事物本质而言的最贴切的可联结性，而不是风马牛不相及的胡乱联系。[①] 第一层级的政府补贴自带社会正义属性，其关联性较为直观，因此不属于本书重点讨论的对象。第二层级的政府补贴与社会利益之因果关系并不明显，且长期以来被忽略，由此亦常常在国际贸易中受到质疑。为此，本书尝试探求及构建该类补贴与社会公益的内在关联，此亦即其正当性之来源及基础。

1. 政府补贴与社会公益的合理联结

（1）政府补贴与社会公益的关联。财政补贴被认为是对预算的有效利用，通过市场干预获得增值、增加税收，充实政府可供给付的财政实力，最终实现对公共利益的贡献。但其间接地以利获利的行政行为，使资助主体有主观上滥用裁量的冲动，而其涉及的经济、文化产业的复杂及运作方式的间接，也为权力运行超出其应有的空间创造了客观条件。[②] 因此，审查补贴与目的的合理关联则成为监督行政权力、确保利益共享的重要机制。回到补贴的本质，其为政府的授益性行为，是政府基于人类趋利性特征而采取诱导性政策以影响私主体行为。倾斜性补贴所影响的是哪些主体，对这部分主体的激励或扶持是否与目标的实现有直接的关系，其为合理联结的内容。

经济学界关于政府对上市企业的补贴与社会责任或社会效益的相关性研究成果已经不少，这些研究主要设置纳税额、解决就业人数、公共公益支出等变量检验其与政府补助的关系。研究呈现出，获得较高补贴的上市公司，其受到的政府控制强度越大，所做出的社会贡献越大，从补贴效果来看，政府补贴没有增强上市公司的经济效益，但却有助于上市公司社会效益的发挥。[③] 相反，在某些地方补贴中，出现补贴方式与补贴目标难以产生联想的现象，以我国证券市场中的地方补贴为典型。当上市公司出现持续性亏损并面临退市风险的时候，地方政府常以巨额补贴进行“保壳”。据报道称，2015 年 12 月份，107 家上市公司发布公告称收到来自政府的财政补贴、补助资金等，涉及金额超过 35 亿元。ST 沪科在 2015 年 12 月 29 日的公告称，公司子公司收到昆明市财政局决定给予的财政补贴资金 9000 万元。[④] 这些补贴的名目各式各样，如科研补贴、节能减排补贴、产品

---

① 姜昕：《比例原则研究——一个宪政的视角》，法律出版社 2008 年版，第 70 页。

② 尤乐：《行政资助法治化研究》，知识产权出版社 2015 年版，第 32 页。

③ 唐清泉、罗党论：《政府补贴动机及其效果的实证研究》，载《金融研究》2007 年第 6 期。

④ 汤欣：《上市公司靠补贴掩盖业绩不足》，载《广州日报》2015 年 12 月 31 日第 5 版。

推广补贴、搬迁补助资金、产业发展基金、上市费用补贴、产业振兴和技改专项资金等。2009年，大连电瓷获得重大产业技术创新专项补助资金100万元，搬迁补助1.19亿元，电力需求侧管理专项资金40万元，科技创新资金38.7万元。根据该报道分析，若政府不对其进行补助，2009年则会出现亏损，继而无法成功上市。[①] 可见，此类补贴的真正目的均为弥补亏损或使部分企业保持利益增长的态势，这些名不符实的补贴显然不能完成所冠名之目标，失之正当。而其真正目的是否正当合理，确应在审查之中进行考察。因为补贴与目的若无正当关联，对获得补贴者则是一种纯粹的受益。即在获得政府资助之后，相比于如果根本没有得到政府资助，接受者必然处于更有利的地位。[②] 而相比其他市场竞争者，其亦非正当地获得了竞争优势，对市场公平竞争是极大的破坏。

（2）关联合理性的判断方法——企业的社会绩效评估。财政资金的配置应以促使社会公众利益最大化为原则。对于非以直接提供公共产品或服务为目标的政府补贴而言，其社会效益需要从接受补贴企业作出的社会回馈角度进行检验。一般而言，企业在生产经营过程中产生的正外部性社会效益可以分为四类，分别是提供就业岗位，以税收形式贡献财政收入，对公共福利如捐款、改善公共活动设施及投入，对环境保护方面的投入。

就业类指标：部分国家对政府补贴绩效的评价标准即为在多大程度上解决了就业问题。具体的考评指标可细化及量化为新增就业人数、新增就业人员比率、人均职工薪酬、人均职工薪酬增长率、支付职工薪酬的净增长率等。该项绩效指标亦可同步到对受益企业主体的社会反馈考察。

财政收入类指标：对于政府旨在通过当期提供有限的补贴来帮助营利性组织增强自身竞争力，提高自身经济效益和效率，创造更多价值，继而收获更多税费，增强政府财政支付能力的，营利性组织接受政府补贴后当期和以后期间上交税费进行各指标的计算和分析是政府补贴的社会绩效评价的重要内容。增加财政收入的指标可进一步分解为多项可量化比较的具体指标，包括企业组织纳税的净增加额、企业组织纳税净增长率、人均纳税额、人均纳税额增长率、单位产值纳

---

① 田小蕾：《政府“逢死必补”保壳，补助608主板中小板公司39.8亿》，载《理财周报》2011年12月19日C6版。

② Appellate Body Report, United States – Lead and Bismuth ii, WT/DS138/AB/R, para. 68.

税额、单位产值纳税额增长率等。

公共福利类指标：其主要可以反映受政府补贴的营利性组织对社会公共福利的关注和贡献程度，通常从增加公共福利的数量和质量，受补贴的企业对社会实施捐赠、救助，增加社区公共设施数量和质量等方面计量。具体指标可以设计为公益性捐助金额和社区公共设施投资额两大指标。

环境保护类指标：通过政府补贴引导营利性组织改善环境或从事有利于改善环境的工作成为政府的重要方式。因此，评价营利性组织财政补贴的社会绩效还应考虑其对环境保护的贡献。这类指标主要考察营利性组织购置专门用于环境保护的固定资产投资额，用于环境保护所发生的费用等。

值得注意的是，对获得补贴的企业进行社会绩效评估除了客观的数据考评之外，还可以结合社会公众的心理感受予以考察，亦即所谓公众对企业“社会公益满意度”的测评。如以环保为事由的补贴，鼓励企业更新技术以减少对环境的污染，若为污气、污水处理，则周围居民的意见反馈是最为直观和真实的效果检验方法。

2. 政府补贴之“竞争利益”的界定——市场参照标准的一般界定方法

具有隐性特征的补贴一般出现在政府的市场活动中，如贷款、实物投资、政府采购等，特定的交易对象或相对人能够从政府措施中取得从市场上不能取得的价值，或超过其在正常市场状态下能得到的价值。[①] 该界定中提出的“正常市场状态”则意味所讨论的利益是在一种可比较的语境下展开。即如多数学者所倡议的，对 WTO 补贴利益的界定需以一般市场条件为基准。关于如何确定市场参照标准，在 WTO 框架与欧盟国家援助制度中均有涉及。SCM 协定第 14 条对四种政府行为是否符合市场要求提供了标准，如“政府投资是否与该成员国领土内私营投资者的通常投资做法一致”“接受政府贷款的公司支付政府贷款的金额不同于公司支付可实际从市场上获得的可比商业贷款的金额”“获得担保的公司支付政府担保贷款金额不同于公司支付无政府担保的可比商业贷款的金额”“政府提供货物、服务或购买货物对交易主体构成授予利益，即提供所得低于适当报酬、购买所付高于适当的报酬”。欧盟国家援助制度则提出，通过“市场投资人测试”区分“投资”与“援助”两种行为。国家援助制度虽没有 SCM 协定中对政府

① 王晓晔：《欧共体竞争法》，中国法制出版社 2002 年版，第 346 页。

“援助”种类规范全面，但两种制度的判断基准是一致的，即将政府所进行的交易行为或决定与一般市场中“经济理性人”相比，其交易所得或付出的报酬是否比同类交易的交易者所获得的收益低、付出报酬高。从与政府进行交易的另一方考察具体可以考虑这些因素：（1）销售价格或购买价格是否明显高于或低于其他经营者销售或购买同种商品的价格；（2）在成本基本稳定的情况下，是否超过正常幅度提高销售价格或者降低购买价格；（3）销售商品的提价幅度是否明显高于成本增长幅度，或者购买商品的降价幅度是否明显高于交易相对人成本降低幅度。在反垄断的“不公平高价”和“掠夺性定价”这两种案件类型中，多数反垄断执法机构采取“价格比较分析”和“成本对比分析”方法判断涉案行为是否构成价格垄断。在判断政府商业行为是否违反市场规律的时候，其与判断企业交易行为是否超出一般市场条件是相同的，所参照的是同种状态下的市场。且即使政府的商业行为不限于产品市场，还涉及资本市场，但所有的商业行为皆与交易有关，既是对价交换，则必然存在“定价”。因此，围绕“投资与回报”“价格与成本”两组关系的数量分析方法可通用。各国反垄断实施中多采取成本对比法和资本收益率分析法。前者依据成本来认定价格的合理性，后者是指企业净利润与平均资本的比率，用以判定投资效益好坏的基本指标。

在受争议的产品、服务不存在可比较的参照对象时，实践中一般采取时间比较方法，即以受审查主体过去某个时间的产品或服务价格作为一个参照点来评价涉案中的行为。此外，跨地域比较法也被采用认定产品或服务价格是否合理，这种方法将受审查主体的定价与不同国家或地区同类产品的价格进行比较，其认定结果作为认定是否合理的参考因素。在 WTO 受理的典型案件中，裁决机关所面临的问题是案中所涉及的产品或服务市场是否为存在一定程度竞争的市场，是否存在相关的市场价格，这一问题是判定政府行为是否扭曲了市场竞争的起点。在美国“软木案”中，专家组认为依据 SCM 协定第 14（d）条，只要提供国存在该货物的现行市场价格，该价格就是唯一的基准。上诉机构却作出了相反的解释，认为提供国的市场价格已经受到了政府的影响，不能作为参考基准，可以采取替代国价格或推定价格，但同时还需考虑提供国的现行市场情况。[①] 从这些表

① 尤明青：《认定政府通过提供货物进行补贴的比较基准——兼评加拿大诉美国第四软木案》，载《国际贸易》2005 年第 10 期。

述中可以看出，用来做比较的市场指的是“没有受到政府干涉的市场”还是指“实际上存在的市场”，仍未有定论。如果否定将存在政府干预的市场作为参照市场，那么就排除了政府出于调控经济所进行干预的情形，不扭曲的市场基准与它要服务的目的之间存在内在的紧张关系。如在新兴产业萌芽阶段，进入该市场的主体甚少，政府可能是该国范围内唯一的交易者，政府为培育行业成长，通过行政手段控制价格，那么这种被扭曲的市场就是“现存市场”的真实状态，以此作为参照对象并无不妥，是对市场形成规律的尊重。反之，若以其他国家或地区同一行业的产品、服务价格作为参照物，则会出现发展条件不同而同等对待的“不公平”。因此，即使选择其他国家或地区的替代基准，也必须与提供国现行市场条件相关，且须充分反映价格、质量、可获性、适销性、运输和其他买卖条件。① 因此，界定争议货物的相关市场是确定市场参照标准的前提。② 传统的相关市场界定方法包括需求替代方法与供给替代方法，前者考虑的是产品是否可替代、交易特征、消费差异（包括消费者数量不同、消费方式不同所带来的差异）；后者从生产者角度出发，关注的是供应方是否可以替代，生产成本、生产技术以及供应方式等导致的差异。在欧盟和日本诉加拿大安大略省“上网电价”补贴案件中，上诉机构报告提出当市场仅有一家或少数的卖家时，以往交易情况是可以作为市场参照标准的，此为上文提及的“时间比较法”。可见，在具体的案件中，对于争议贸易产品的价格判定需依具体情形选择恰当的方法。

（三）必要性审查——最佳方式的选择

对政府补贴的必要性审查的前提为，该类补贴能够实现一定的社会利益，但亦对竞争秩序造成损害，即出现了追求一种社会公益的同时损害另一种公共利益的情形。著名学者迈克尔·贝勒斯指出：“原则不是以要么有效要么无效的方式适用，原则可能相互冲突，所以，原则有‘分量’（weight）。就是说，互相冲突的原则必须互相衡量或平衡，有些原则可能比另一些原则有较大的分量。”③ 阿列克西在权衡法则理论中也指出，假设某一措施以侵害 P 的方式达到实现 P 目

---

① Appellate Body Report, US-Softwood Lumber iv, WT/DS257/AB/R, para. 103.

② Canada-Renewable Energy, WT/DS412/AB/R WT/DS426/AB/R, para. 5. 169.

③ ［美］迈克尔·贝勒斯：《法律的原则》，张文显等译，中国大百科全书出版社 1996 年版，第 6 页。

的，必要性原则探讨的前提是，同时存在措施 A 和措施 B 都能实现目标 P，但措施 A 对 P 的侵害要比措施 B 小，在这种情形下，应当选择措施 A。可以说，在兼顾两种重要公共利益的考虑之下，实现目标的手段必须是一种最佳的选择，不能顾此失彼。

实际上，反垄断实践中，针对某些限制竞争行为所进行的正负效果分析本质上与比例原则分析异曲同工。例如，从我国《反垄断法》第十五条对达成垄断协议行为的豁免规定来看，只要该限制竞争行为属于“为改进技术、研究开发新产品的；为提高产品质量、降低成本、增进效率，统一产品规格、标准或者实行专业化分工的；为提高中小经营者经营效率，增强中小经营者竞争力的；为实现节约能源、保护环境、救灾救助等社会公共利益的；因经济不景气，为缓解销售量严重下降或者生产明显过剩的；为保障对外贸易和对外经济合作中的正当利益的”五种情形，并且符合“不会严重限制相关市场的竞争”“能够使消费者分享由此产生的利益”条件，则可以对该限制竞争行为免责。这一豁免规定可以简单归纳为三方面要求：（1）限制行为需要达到一定的经济效率和社会公益；（2）对竞争的限制不能过度；（3）消费者能够共享所带来的正面效果。总体来看，这三方面的内容从一定程度上表现出需要进行正负效果权衡比较的意图，但由于语词模糊，缺乏可操作性，也难以收获良好的效果。相比较而言，欧盟的相关规定更加严谨可行。《欧盟运行条约》第 101 条第 3 款规定了四个豁免条件：（1）有利于改善产品的生产或销售，或有利于促进经济与技术进步；（2）同时使消费者能公平分享由此产生的利益；（3）不对企业施加对这些目标之实现并非必不可少的限制；（4）不致使企业有可能在相关产品的重要部分消除竞争。可见，欧盟要求审查限制竞争条款对实现协议效率的必要性，如果限制竞争条款对协议效率的实现不是必需的，则不能获得豁免，并且第 4 项明确提出了可容忍的底线，换言之，即使该限制竞争行为能够获取极大的好处，但是若其消除了相关产品重要部分的竞争，就是对公平竞争秩序的严重损害，还是会被禁止。这样的底线规则能够将正负效果的权衡不至偏移公平竞争宗旨。我国《反垄断法》第十五条因没有突出“必要性”这一要求，更像是一种合目的分析，也就是说，即便限制竞争条款对整个协议提高竞争效率而言可有可无，该条款仍然有效，仍可以获得豁免。这样设计的缺陷是，因不对限制竞争与所需达致目标的必要性进行审查、不对损害之必要程度进行审查，则极可能导致手段的泛滥，以致对竞争损害严重。因此，豁免制度应当遵循最小限制竞争原则。而我国与欧盟针对垄断协议行为的豁免标准存在差异之处还体现在，前者在列举五种可豁免的情形中，同时包括了经济效率与社会效益的追求，而欧盟所列举的四个要件似乎只针对追求经济效率的限制竞争行为进行权衡，从第 1 项字面理解，不包括不以经济效率产出为结果的社会公共利益情形。那么，对无法量化的社会公共利益效果，又如何进行权衡，是否还能依照欧盟设计的标准进行分析和判断？此处所谈及的是，针对同质效果与异质效果的比例分析应适用什么方法。

1. 异质利益的衡量比较

针对政府行为的公平竞争审查应当围绕竞争效果分析，它与反垄断法对限制竞争行为规制原理应该是一致的。反垄断法中企业对其限制竞争行为所提出的抗辩理由一般以提高社会整体经济效率、提高产出、降低价格、提高技术水平等为主要内容，这些指标属于竞争效果的内容，因此其积极与消极效果的分析，属于同质内容的比较衡量，可以进行数值上的量化比较。但政府行为一般带着公益性质，这些公共政策的积极效果部分可以通过同质的指标展示，但更多因无法转化为经济效率而难以比较。首先，在公平竞争与其他社会公共利益之间难以取舍，主要因为这两种利益之间不存在利益位阶，两种社会公共利益所代表的皆为“善”，如果无法分出谁优先，则不具有可比性。其次，利益之间缺少特定的基本标尺。① 那么，是否异质利益之间无法进行权衡？事实并非如此，法律本身与生俱来的价值就是进行利益平衡、资源分配，对异质利益进行衡量不在少数，如民法中为维护社会公共利益而对个人自由作出的限制。既然在法律实践中不乏异质利益衡量的例子，那么在这些立法、司法实践时必然已经存在一套能够为大家接受和认可的衡量体系。学者梁上上认为，“客观存在的基本共识为妥当的利益衡量提供了合理性论证的坚实基础”，基本共识包括“基本价值的社会共识、利益位阶的社会共识、具体的制度共识”，自由、秩序、正义和效率作为法律的四大基本价值，它们只有在具体案件的具体情境下才有必要进行位阶分析，而作为利益衡量对象的利益，不同利益之间的位阶应该是可以达到此共识的，即“生命

① 梁上上：《异质利益衡量的公度性难题及其求解——以法律适用为场域展开》，载《政法论坛》2014 年第 4 期。

利益大于健康利益，健康利益大于财产利益，生命利益之间不分高低，财产利益之间按照价值大小区分高低”，社会经济活动中的弱势一方如劳动者、消费者等需要得到特别保护。[①] 因此，在进行异质利益衡量中，只要符合基本共识即可，不必过于纠结两种利益之间的优劣之分，而应更多关注被牺牲的利益与所达到的利益是否符合合理的比例。

2. 比例合理标准的选择

在对政府限制竞争行为的公平竞争审查中出现的两类异质利益，一项为被政府牺牲的公平竞争利益，另一项为其所要达到的社会公共利益。对于政府而言，其很难证明某项限制性措施在实现特定社会政策目标上具有必不可少性，因为社会政策目标实现方式可能有很多，未必必须借助限制竞争行为。[②] 从政府与企业所采取的竞争手段存在的差异来看，企业常用的竞争手段是价格，即通过优质低价策略争取市场份额；而政府常用的竞争手段是包括法律在内的各种制度，即通过制度创新来保护、提升其辖区范围内居民或企业的竞争优势，同时，这些用以竞争的制度具有建构性、易变性、关联性等非经济性法律制度所不曾具有的一些特征。[③] 面对这样如此复杂、与各类因素产生千丝万缕关系的审查对象，执行绝对的、彻底的必要性分析显然很难。并且通过必要性分析去梳理及回答其中的各种关系还会导致资源浪费。那么，需要怎样把握合理而非过度的审查，应该在“合目的性”与“合比例性”之间进行调整，即过之于“合目的性审查”不及于“合比例性审查”。具体而言，存在两个层次：（1）对目的的进一步审查，判断其限制竞争行为是否由所追求的社会公共利益所附带产生。美国的反托拉斯法实践中称之为“附属性限制”。美国 1898 年“联合交通协会案”与“霍普金斯诉美国案”等诸多判例中，最高法院认为，如果属于附属性限制，即协议的主要目的是其他合法目的，而其中附有价格固定条款，则不受禁止。[④] （2）“附属性限制”成立的前提为，行为所要实现的主要目标为合法，在此基础上，判断所从属

① 梁上上：《异质利益衡量的公度性难题及其求解——以法律适用为场域展开》，载《政法论坛》2014 年第 4 期。

② 焦海涛：《社会政策目标的公平竞争审查》，载《全面深化改革与公平竞争审查制度的构建与实施研讨会暨浙江省法学会竞争法学研究会 2016 年年会》（论文集），第 114～123 页。

③ 郑鹏程：《对政府规制的规制——市场统一法律制度研究》，法律出版社 2010 年版，第 4 页。

④ 许光耀：《“合理原则”及其立法模式比较》，载《法学评论》2005 年第 2 期。

的限制竞争效果确实为达到更高的社会公共利益所产生。换言之，为达到更高更优的效益而采取限制竞争方式之必要。如食品安全卡特尔，是企业为维护食品安全采取一般被禁止的“合谋”手段，联合研发新产品、改进技术，统一规格及型号、质量标准、约定生产经营的专业化分工等。在这些手段中，不可避免地出现对食品质量、数量、市场以及交易行为等的限制，但其主要目的是加强食品经营者自律，落实食品经营者的“食品安全第一责任人”角色。① 同时，还应要求所实行的卡特尔方式确实能够达到良好的社会效果，也是政府可选择的较佳治理方式。本书中的政府补贴是一种行政授益性引导行为，是为达到某种经济管理目标或政策目标而实施的市场干预行为，其本质上是非市场化的资源重置。这种重新分配的资源往往输送到特定领域及特定的企业，广泛意义上的产业竞争与狭义上的市场个体竞争均会受到影响。但补贴所产生的激励作用，或者作为消除企业采取某项可能带来社会外部效益的改革的边际成本顾虑的措施，亦为推动社会进步或增进社会整体福利的重要方式。同理，对其评判也应建立在激励的效果和是否为较优方式的观察之上寻找结论。不能忽视的是，虽然上述市场卡特尔行为限制了企业之间的自由竞争或政府补贴行为影响了市场公平竞争，但是所涉产品市场的实质性竞争没有受到根本性损害，即没有严重损害市场公平竞争。在最后一个层次所提及的对竞争损害的程度，即下文展开论述的底线原则。

3. 底线原则

底线原则即对公平竞争损害的限度，相当于预警装置，只要触及或超出这个限度，则会严重破坏竞争，在对两种利益权衡中，应当尽最大努力避免触底。尤其在异质利益衡量中，由于无法正面分析限制竞争行为与特定社会公共利益之间的“必要性”，那么应该尽量选择一个与竞争相容，至少不会带来极大危害的方式。在经营者集中的反垄断审查中，对应企业的并购可能带来的限制竞争效果，审查机构采取措施预防并购企业后可能引发严重破坏竞争的领域，它们所采取的预防措施即是“附条件批准”。从我国目前所采取的附条件审批通过的经营者集中案件来看，在这些并购案中，被采取救济措施的皆为对竞争危害性最大的部分。结合欧盟关于垄断协议豁免的四个条件中的第 4 项“不致使企业有可能在相

① 史际春、蒋媛：《论食品安全卡特尔——一种食品安全法律治理的路径》，载《政治与法律》2014 年第 8 期。

关产品的重要部分消除竞争”进行分析。在《欧盟纵向限制指南》中，欧盟委员会对其进行了解释，该条件要求对所涉市场上的剩余竞争压力，以及协议对这些竞争来源所造成的影响加以分析；纵向协议不得通过消除所有或大部分现存的实际或潜在竞争来源而排除有效竞争，一项限制性协议，如果其维持、创造或加强了一个具有垄断趋势的市场地位，通常将不得基于其同时导致了效率收益而被正当化。

4. 可替代方案的考虑

补贴的助成功能一般体现在推动某项目发展之上，而发展的效果与补贴之间是否存在必然联系很难被考察，如通过补贴企业以推动科技创新，由于企业行为难以透明化，且科技创新是一个风险事件，通过补贴数量及技术成果两项变量检验补贴效果不具科学性。从助成发展的对象来看，补贴只是影响其发展的其中一项因素，项目的发展是一个长期的过程，那么在补贴方式选择上就存在了可调整的空间。政府应尽量避免选择与市场不相容的补贴方式，如仅对特定企业进行补贴或其他专向性补贴，应多采用横向补贴，如通过搭建科研平台、产业孵化园区等方式向特定行业的所有企业甚至其他领域的经营者提供技术、资金、服务等方面的普遍性支持。[①] 横向补贴中的“横向”具有无差别对待的特点，其对市场竞争秩序的影响应属最小。其特点表现为，首先，所带来的效益具有较强的外溢性。科研平台大多由大型科技基础设施及基地、自然科技资源、科技数据和科技成果转化基地及相关的共享制度和专业化队伍组成。[②] 据此，科研平台应该相当于技术研究领域的基础设施，具有公共品特性，其避免了由私主体研发产生的技术垄断。换言之，每一个企业从该平台获取的利益是均衡的。其次，该类补贴方式不进入推广环节，仅涉及基础研发阶段，进而最大减少了因政府补贴而给企业在产品定价、企业研发等方面造成的不公平差异。最后，横向补贴因覆盖面广而极少能向纵深处推进，因此其市场竞争的影响是极小的。故而，相比于直接的资金补贴，上述的补贴方式既能最大限度地降低市场公平损害，同时能够产生更佳的目标效果。在可替代性方案问题的考量之上，应尽可能朝着追求正面积极效果

① 张占江：《竞争中立政策视野下的政府补贴中立研究》，载《中国矿业大学学报》（社会科学版）2015 年第 5 期。

② 郝立勤、赖于民：《公共科技基础条件平台建设与政策探讨》，载《科学学研究》2006 年第 24 期。

与抑制不良后果的双重目标寻求较佳方案。

第二节　政府采购与公平竞争审查

政府采购，是指各级国家机关、事业单位和团体组织，使用财政性资金采购依法制定的集中采购目录以内的或者采购限额标准以上的货物、工程和服务的行为。政府采购制度旨在建立公开、公平、公正的竞争环境，以保证和提高采购质量、采购效率和采购效益。我国政府采购领域目前对行政性垄断行为的规制存在许多不足之处，导致实践中存在各类排除、限制竞争行为。而适用公平竞争审查制度有助于规范政府采购中的政府限制竞争行为。

一、政府采购领域的限制竞争行为

我国《反垄断法》第三十四条规定，行政机关和法律、法规授权的具有管理公共事务职能的组织不得滥用行政权力，以设定歧视性资质要求、评审标准或者不依法发布信息等方式，排斥或者限制外地经营者参加本地的招标投标活动。

《政府采购法》第三条确立了政府采购应当遵循公平竞争原则。

《招标投标法》第六条规定，依法必须进行招标的项目，其招标投标活动不受地区或者部门的限制。任何单位和个人不得违法限制或者排斥本地区、本系统以外的法人或者其他组织参加投标，不得以任何方式非法干涉招标投标活动。

上述法律规定对我国政府采购领域的限制竞争行为进行了必要的规制，但是，在我国政府采购领域实践当中，限制竞争行为仍然较为普遍，常见的限制竞争行为主要有以下几种表现形式。

（一）违法设置市场准入和退出条件

《政府采购法》第二十二条第二款规定，采购人可以根据采购项目的特殊要求，规定供应商的特定条件，但不得以不合理的条件对供应商实行差别待遇或者歧视待遇。但在政府采购实践中，常常存在违法设置市场准入和退出条件的行为：（1）设置不合理和歧视性的准入和退出条件；（2）未经公平竞争，授予特许经营权目录以外的经营者特许经营权；（3）限定经营、购买、使用特定经营者提供的商品和服务；（4）设置没有法律法规依据的审批或者事前备案程序；（5）对市场准入负面清单以外的行业、领域、业务等设置审批程序。

《政府采购法》第二十二条第一款规定："供应商参加政府采购活动应当具备下列条件：（1）具有独立承担民事责任的能力；（2）具有良好的商业信誉和健全的财务会计制度；（3）具有履行合同所必需的设备和专业技术能力；（4）有依法缴纳税收和社会保障资金的良好记录；（5）参加政府采购活动前三年内，在经营活动中没有重大违法记录；（6）法律、行政法规规定的其他条件。"

上述规定是《政府采购法》对供应商资格审查的相关规定，只要能够达到上述法律规定的条件，供应商即可参加政府采购活动。而实践中，采购人或者代理机构往往会进一步设置超出前述规定的特殊要求，以不合理的条件对供应商实行差别待遇或者歧视待遇，从而排除适格的供应商，损害了其公平竞争的机会。比如：就同一采购项目向供应商提供有差别的项目信息；设定的资格、技术、商务条件与采购项目的具体特点和实际需要不相适应或者与合同履行无关；采购需求中的技术、服务等要求指向特定供应商、特定产品；以特定行政区域或者特定行业的业绩、奖项作为加分条件或者中标、成交条件；对供应商采取不同的资格审查或者评审标准；限定或者指定特定的专利、商标、品牌或者供应商。

还有一种通过公开招标方式设名录库、供应商库等的做法，以合法的资格招标方式，将没有参加和未中标的供应商排除在一定时期的交易之外，剥夺了交易机会权。财政部在《关于促进政府采购公平竞争优化营商环境的通知》中规定"除小额零星采购适用的协议供货、定点采购以及财政部另有规定的情形外，通过入围方式设置备选库、名录库、资格库作为参与政府采购活动的资格条件，妨碍供应商进入政府采购市场"。

【典型案例1】新疆发展和改革委员会纠正塔城卫计委药品采购管理领域行政性垄断行为案[①]

2017年3月13日至14日，根据举报线索，新疆维吾尔自治区发展改革委价检局依法对塔城地区卫生和计划生育委员会（以下简称塔城地区卫计委）在公

---

① 案例来源网址：https：//www. sohu. com/a/213179866_ 712054。

立医院药品进销管理中的行政性垄断行为开展调查，对其滥用行政权力、排除限制竞争的行为进行了纠正。

调查组通过现场取证、分析询问，查明塔城地区卫计委及其九家公立医院与国药集团新疆新特药业有限公司、国药控股新疆塔城药业有限公司签订《药事服务合作协议》，确定上述两家药品流通企业为塔城地区各级公立医院药品和耗材的优先供应商，并通过会议要求等方式推动协议落实。

根据提取的证据材料及对相关单位的询问，调查组认定，塔城地区卫计委做出的该项行政行为，对塔城地区公立医疗机构药品耗材采购的特定市场进行了限制，侵犯了医疗机构自主选择药品配送方的权力，违反了《反垄断法》第三十二条“行政机关和法律、法规授权的具有管理公共事务职能的组织不得滥用行政权力，限定或者变相限定单位或者个人经营、购买、使用其指定的经营者提供的商品”和第三十七条“行政机关不得滥用行政权力，制定含有排除、限制竞争内容的规定”。

新疆维吾尔自治区发展和改革委员会价检局执法人员在向乌鲁木齐市和塔城地区各相关单位依法调查取证的同时，大力宣传《反垄断法》和《意见》等法律法规政策。通过反垄断调查和政策宣传，塔城地区卫计委充分认识到其行政行为违反相关法律法规，于2017年3月22日废止了与两家药品配送企业签订的《药事服务合作协议》，对其违法行为进行了自行纠正。

塔城地区卫计委表示，将在今后工作中加强竞争法规政策学习，自觉维护公平竞争秩序，保障各类市场主体公平参与市场竞争。

【典型案例2】甘肃省发展和改革委员会建议白银市人民政府纠正白银市住房和城乡建设局滥用行政权力排除、限制竞争行为案①

根据《甘肃省发展和改革委员会关于建议白银市人民政府纠正白银市住房和城乡建设局滥用行政权力排除、限制竞争等有关行为的函》，白银市住房和城乡建设局为落实《甘肃省安全生产监督管理局、甘肃省住房和城乡建设厅、甘肃省交通运输厅、甘肃省公安厅关于在生产建设重点场所和人员密集场所安装使用视频监控系统的通知》和《甘肃省住房和城乡建设厅关于印发甘肃省建筑市场监管与诚信信息系统建设实施方案》文件精神，于2016年1月29日，向各县

① 案例来源网址：http：//www. yidianzixun. com/article/0HzVodXr。

（区）建设局，白银高新技术产业开发区规划建设局，各施工、监理、检测、商砼企业下发《白银市住房和城乡建设局关于印发甘肃省建筑工程质量安全监管信息系统白银市县模块建设实施方案的通知》（以下简称《通知》）。相关工作由该局下属事业单位白银市建筑管理处经办，《通知》存在以下问题：一是规定监管信息系统由移动白银分公司代建，变相指定了网络运营商。该局将“视频监控平台”升级改造，购置设备、服务器等设施均交由中国移动白银分公司代建，还允许该分公司设置端口接入密码等技术壁垒，致使建筑施工企业不得不与中国移动白银公司签订《互联网专线接入合同》，并每年支付7000元专线接入费保证数据实时传输。二是规定可选型号和参数要求，变相指定了设备供应商。《通知》提出，“各单位必须采购符合以下要求的硬件设备及软件系统”，并对视频信息采集设备、网络高清球形摄像机、网络高清枪型摄像机、无限AP型号、技术参数作了规定。经甘肃省发展和改革委员会调查发现，《通知》规定的可选型号实际特指一家名为海康威视的产品，且这些产品均符合《通知》提出的参数要求。

甘肃省发展和改革委员会认为，白银市住房和城乡建设局上述做法，指定了网络运营商和相关设备供应商，剥夺了建筑施工企业的自主选择权，排除和限制了网络运营商之间和设备供应商之间的市场竞争，属于滥用行政权力，排除、限制竞争，其行为违反了《反垄断法》第三十二条“行政机关和法律、法规授权的具有管理公共事务职能的组织不得滥用行政权力，限定或者变相限定单位或者个人经营、购买、使用其指定的经营者提供的商品”和第三十七条“行政机关不得滥用行政权力，制定含有排除、限制竞争内容的规定”。

另外，该局在《通知》中擅自扩大省级四部门文件中明确规定的建筑施工企业安装视频监控的范围，并将安装并接入视频监控平台作为网上申报、办理相关业务的前置条件。同时，还允许中国移动白银分公司借助该局电子政务平台（建筑工程质量安全监管信息系统）提供“服务”并收费。这些行为违反了《国务院办公厅关于进一步加强涉企收费管理减轻企业负担的通知》和《财政部、发展改革委、工业和信息化部关于规范电子政务平台收费管理的通知》的有关规定。

根据《反垄断法》第五十一条“行政机关和法律、法规授权的具有管理公共事务职能的组织滥用行政权力，实施排除、限制竞争行为的，由上级机关责令改正；对直接负责的主管人员和其他直接责任人员依法给予处分。反垄断执法机构可以向有关上级机关提出依法处理的建议”的规定，经报告国家发展和改革委员会备案审核同意，建议白银市立即责令白银市住房和城乡建设局纠正相关行为，督促全面整改，并依法做出相关处理。

【典型案例 3】D 大学校园网基础设施改造更新工程项目举报案①

根据财政部公布的政府采购指导性案例 18 号，采购人 D 大学就“D 大学校园网基础设施改造更新工程项目”（以下称“本项目”）进行公开招标。2017 年 6 月 30 日，采购人 D 大学发布招标公告，后组织了开标、评标工作。同日，采购人 D 大学发布中标公告，B 公司为中标供应商。9 月 12 日，财政部收到采购人 D 大学的举报材料。

经查，本项目招标公告要求“潜在供应商须在采购人 D 大学采购信息网‘供应商入口’注册、审核通过后，方可参加本项目”，并要求“（2）将以下资料扫描件在本项目报名截止前发送至指定邮箱办理入库手续：①企业法人营业执照副本；②公司法定代表人身份证复印件（加盖供应商公章）；③开户许可证；④近三个月的纳税证明材料；⑤最近三个月缴纳社会保障金凭证”。

财政部认为，本项目存在以下问题：要求潜在供应商须在采购人 D 大学采购信息网供应商库注册、审核通过后，才能购买招标文件，且要求供应商办理入库注册必须提供社保缴纳证明等材料，属于《政府采购法实施条例》第二十条第八项规定的“以其他不合理条件限制或者排斥潜在供应商”的情形，构成以不合理的条件对供应商实行差别待遇或者歧视待遇，违反了《政府采购法》第二十二条第二款的规定。

在行政处罚阶段，财政部向采购人 D 大学送达行政处罚事项告知书，告知其存在“以不合理的条件对供应商实行差别待遇或者歧视待遇”的情形。采购人 D 大学申辩称，其要求供应商在注册入库时要求其提交“开户许可证、近三个月纳税证明材料、最近三个月缴纳社会保障金凭证等材料”，符合《政府采购法》第二十二条、《政府采购法实施条例》第十七条的规定，不存在以不合理的条件对供应商实行差别待遇或者歧视待遇。

关于采购人 D 大学的申辩理由，财政部认为：采购人可以对供应商进行资格审查，但是应当按照法定条件和程序进行，不应前置到报名阶段。

① 案例来源网址：http：//www. cgpnews. cn/articles/47239。

根据《政府采购法》第七十一条第三项的规定，对采购人 D 大学作出了警告的行政处罚。

（二）影响商品和要素自由流动

党的十八届三中全会提出，使市场在资源配置中起决定性作用，深化经济体制改革，保证各种所有制经济依法平等使用生产要素，实现商品和要素自由流动，促进国际国内要素有序自由流动。

实行社会主义市场经济，需要在全国范围内建立健全、统一、开放、竞争有序的现代市场体系，而妨碍商品在地区之间的自由流通行为与这一基本要求是相违背的，人为地扭曲了竞争机制的作用和资源的合理配置。①

在政府采购实践中，下列影响商品和要素自由流动的行为并不鲜见：(1) 对外地和进口商品、服务实行歧视性价格和歧视性补贴政策；(2) 限制外地和进口商品、服务进入本地市场或者阻碍本地商品运出、服务输出；(3) 排斥或者限制外地经营者参加本地招标投标活动；(4) 排斥、限制或者强制外地经营者在本地投资或者设立分支机构；(5) 对外地经营者在本地的投资或者设立的分支机构实行歧视性待遇，侵害其合法权益。

在政府采购领域实施地区封锁行为，不利于市场平等主体参与市场交易活动，损害了全国统一市场的形成，严重阻碍了市场在资源配置中的决定性作用。

【典型案例 4】国家发展和改革委员会建议纠正蚌埠市卫生计生委滥用行政权力排除限制竞争行为案②

根据《国家发展和改革委员会办公厅关于建议纠正蚌埠市卫生计生委滥用行政权力排除限制竞争有关行为的函》，2015 年 3 月，蚌埠市卫计委等 6 部门印发《蚌埠市公立医疗卫生机构药品耗材设备集中采购实施办法（暂行）》，成立蚌埠市公立医疗卫生机构药品、耗材及设备集中采购工作办公室和全市公立医疗机构采购联合体。2015 年 4 月至 5 月，蚌埠市卫计委分三次组织发布公告，进行药品采购。其中，4 月 10 日发布的《蚌埠市公立医疗机构临床用药单品种带量采购询价公告》中，不仅确定了 30 种药品的品种、规格和剂型，还直接确定了生产

---

① 王先林：《竞争法学》，中国人民大学出版社 2009 年版，第 322 页。

② 案例来源网址：http://money.163.com/15/0827/09/B211IUQP00253B0H.html。

企业，排除和限制了同种药品不同生产企业之间的竞争，不利于通过市场竞争形成合理价格，违反了《反垄断法》第三十二条“行政机关和法律、法规授权的具有管理公共事务职能的组织不得滥用行政权力，限定或者变相限定单位或者个人经营、购买、使用其指定的经营者提供的商品”和第三十七条“行政机关不得滥用行政权力，制定含有排除、限制竞争内容的规定”。

在4月10日发布的《市区组竞争性磋商公告》和5月22日发布的《三县组竞争性磋商公告》中，对本地和外地经营者设置不同的资质要求，排除了外地潜在投标者，不利于促进相关市场充分竞争与控制药品虚高价格，违反了《反垄断法》第三十四条“行政机关和法律、法规授权的具有管理公共事务职能的组织不得滥用行政权力，以设定歧视性资质要求、评审标准或者不依法发布信息等方式，排斥或者限制外地经营者参加本地的招标投标活动”和第三十七条“行政机关不得滥用行政权力，制定含有排除、限制竞争内容的规定”。

国家发展和改革委员会发函建议安徽省责令蚌埠市卫计委改正相关行为，并对本省药品集中采购中是否还存在其他违反《反垄断法》排除限制竞争行为进行自查，从总体上予以清理和规范。

【典型案例5】安徽省物价局纠正芜湖市药品医用耗材管理中心滥用行政权力排除限制竞争行为案①

根据《安徽省物价局反垄断调查结论书》，2017年8月16日，芜湖市药品医用耗材管理中心在芜湖市公共资源交易中心网站发布的《招标公告》及其所依据的《芜湖市公立医院药品集中配送企业公开遴选方案》，存在强制要求中标人6个月内在本地注册全资子公司或控股子公司的条款。该条款人为设定了对外地企业的歧视性资质要求，加重了外地企业的履约成本，可能会迫使部分外地企业因无法满足条件而放弃参加竞标。芜湖市药品医用耗材管理中心上述行为违反了《反垄断法》第三十四条“行政机关和法律、法规授权的具有管理公共事务职能的组织不得滥用行政权力，以设定歧视性资质要求、评审标准或者不依法发布信息等方式，排斥或者限制外地经营者参加本地的招标投标活动”的规定，构成滥用行政权力排除、限制竞争行为。

在安徽省物价局开展调查后，芜湖市药品医用耗材管理中心于2017年9月

---

① 案例来源网址：https：//www. sohu. com/a/213358867_ 490432。

30日分别在芜湖市公共资源交易中心网站和芜湖市药品医用耗材管理中心网站发布《芜湖市公立医院药品集中配送企业公开遴选澄清公告》，删除了相关滥用行政权力排除、限制竞争行为条款。2017年10月12日，芜湖市药品医用耗材管理中心向安徽省物价局报送了《关于芜湖市公立医院药品集中配送企业遴选相关情况的报告》，承诺将按照国务院、省政府关于在市场体系中建立公平竞争审查制度的要求，在草拟、出台相关政策时，做好公平竞争审查工作，审查合格后再实施，以避免类似问题再度发生。

（三）影响生产经营成本

生产经营成本直接影响企业的市场竞争力。在政府采购实践中，可能存在以下影响生产经营成本的行为：（1）违法给予特定经营者优惠政策；（2）安排财政支出与企业缴纳的税收或非税收入挂钩；（3）违法免除特定经营者需要缴纳的社会保险费用；（4）在法律规定之外要求经营者提供或者扣留经营者各类保证金。

在政府采购领域，在法律规定之外要求经营者提供或者扣留经营者各类保证金已经成为政府采购活动中的惯例，但随着《意见》出台，各地政府采购行为中收取保证金的行为已经逐渐规范。比如，2018年7月4日，湖北省发布《省人民政府关于进一步优化营商环境的若干意见》（以下简称《湖北优化营商环境意见》），该意见第十四条规定，规范政府采购行为，凡使用财政性资金进行政府采购招标投标活动，采购人、采购代理机构和招投标交易场所不得收取投标保证金。第十五条进一步规定，加强招投标管理，规范保证金收取行为，一律取消没有法律法规依据或未经国务院批准的保证金项目。对依法收取的保证金，积极推行银行保函的缴纳方式。投标保证金及银行同期存款利息必须在中标通知书发出之日起2个工作日内退还未中标的投标人。根据《湖北优化营商环境意见》的文件精神，2018年12月13日，湖北省财政厅印发《湖北省财政厅关于停止收取政府采购投标保证金有关事项的通知》，通知明确，在政府采购活动中，采购人、采购代理机构不得收取投标保证金，不得变通和变相收取其他没有法律依据的任何费用。

虽然已有地方政府为了优化政府采购营商环境，激发市场主体活力，取消了投标保证金，但违法收取投标保证金的行为仍然较为普遍。

（四）影响生产经营行为

特定的生产经营行为对企业的市场竞争具有重要影响。在政府采购实践中，存在以下影响生产经营行为的现象：（1）强制经营者从事《反垄断法》规定的垄断行为；（2）违法披露或者要求经营者披露生产经营敏感信息，为经营者从事垄断行为提供便利条件；（3）超越定价权限进行政府定价；（4）违法干预实行市场调节价的商品和服务的价格水平。

【典型案例6】安徽省纠正六安市安全生产监督管理局行政性垄断行为案①

根据国家市场监督管理总局2018年12月29日发布的《市场监管总局关于发布2018年市场监管部门制止滥用行政权力排除、限制竞争行为典型案例的公告》中的案例五，2017年12月，安徽省工商行政管理局在查处有关案件中发现，六安市安全生产监督管理局（以下简称六安市安监局）存在涉嫌滥用行政权力排除、限制竞争行为，随即进行调查。

经查，六安市安监局委托六安市政府采购中心发布《六安市安全生产责任保险项目竞争性谈判采购公告》，其中规定：本保险项目共涉及18个行业的安全生产责任保险，全市市场划分为5个区域，确定5家财产保险公司作为中标单位。之后，六安市安监局通过竞争性谈判确认5家财产保险公司为候选人，并按前述规定，明确了每家公司的承保区域，同时与5家公司约定了“五统一”，即统一保险责任、统一保险费率、统一保险金额、统一理赔标准、统一浮动机制；5家公司如未执行“五统一”，或超出划分的承保区域向投保企业收取保费，一经发现，取消其承保资格，并不得参加下一轮六安市安全生产责任保险投标活动。各县（区）安监局根据六安市政府和市安监局相关文件要求，分别以县政府办公室或县安全生产委员会办公室名义制定下发或转发了关于进一步深化安全生产责任保险工作实施方案的通知，确定了实施范围、承保单位、工作措施、参保方式、工作要求等内容，并将实施范围内企业是否投保安全生产责任保险作为安全生产许可的重要条件进行审查，将是否参加安全生产责任保险纳入执法检查的重要内容，依法检查相关高危行业企业参加安全生产责任保险情况，对未按规定参

① 案例来源网址：http：//www. samr. gov. cn/fldj/tzgg/qlpc/201903/t20190313_ 291971. html。

保的企业依法处理。

安徽省工商行政管理局认为，六安市安监局及所辖县（区）安监局的上述行为违反了《反垄断法》第三十二条“行政机关和法律、法规授权的具有管理公共事务职能的组织不得滥用行政权力，限定或者变相限定单位或者个人经营、购买、使用其指定的经营者提供的商品”之规定，构成滥用行政权力，排除、限制竞争行为，于 2018 年 11 月向六安市人民政府发出行政建议书，建议其责令涉案机关纠正违法行为，吸取教训，认真落实国务院、省政府关于开展公平竞争审查相关制度与规定的要求，切实维护公平竞争市场秩序。现六安市安监局已终止与 5 家财产保险公司的合同。

上述案例中，六安市安监局通过政府采购行为，将全市涉及 18 个行业的安全生产责任保险市场划分为 5 个区域，确定 5 家财产保险公司作为中标单位，属于强制、组织或者引导经营者达成、实施垄断协议或者实施滥用市场支配地位的行为。六安市安监局与 5 家保险公司约定的“五统一”，属于违法干预实行市场调节价的服务的价格水平的行为。

二、政府采购领域的限制竞争行为的危害性

（一）阻碍全国大市场的健康发展

我国现行的社会主义市场经济体制以统一的市场要求和标准为基本前提，然而，政府采购领域的限制竞争行为，以某一区域或部门利益为出发点，或形成地方保护，或进行地区封锁，提高了企业产品研发成本，压抑了企业创新的动力，影响了优势企业的正常发展，抑制了正常的市场自由竞争，阻碍了全国大市场的健康发展，降低了整个社会的经济效率，损害了我国社会主义市场经济的健康发展。

（二）降低政府采购商品或服务的质量

政府采购领域的限制竞争行为危害甚大，一方面，受到保护和特殊优待的供应商免于竞争，可能放松对产品的开发和升级，从而降低产品的品质和服务质量；另一方面，具备资质的优质供应商被剥夺了参与公平竞争的机会，难以进入

政府采购市场，使得政府采购的商品和服务“质次价高”。

（三）诱发权力寻租

政府采购人在政府采购活动中利用政府限制竞争行为自主选择供应商，必然会出现“权力寻租”现象，供应商或自愿或被迫向政府采购人进行利益输送。近年来，政府采购中的寻租活动愈演愈烈，各种天价采购事件相继被媒体曝光。政府采购中的寻租行为对现有的社会资源造成了极大浪费，不仅损害了市场主体的公平竞争机会，更是严重损害了国家利益。

三、政府采购领域如何进行公平竞争审查

（一）审查主体

审查主体，即公平竞争审查制度由谁来实施。《意见》在“审查对象”和“审查方式”部分对公平竞争审查的责任主体作了具体规定：一是行政法规和国务院制定的其他政策措施、地方性法规的起草部门；二是政策制定机关。

《实施细则》进一步明确公平竞争审查以自我审查为主，自我审查可以由政策制定机关的具体业务机构负责，或者由政策制定机关指定特定机构统一负责，也可以采取其他方式实施。

根据《政府采购法》的规定，政府采购当事人是指在政府采购活动中享有权利和承担义务的各类主体，包括采购人、供应商和采购代理机构等。采购人是指依法进行政府采购的国家机关、事业单位、团体组织。集中采购机构为采购代理机构。设区的市、自治州以上人民政府根据本级政府采购项目组织集中采购的需要设立集中采购机构。集中采购机构是非营利事业法人，根据采购人的委托办理采购事宜。因此，具体到政府采购领域，公平竞争审查的责任主体包括采购人和集中采购机构。

（二）审查对象

审查对象，或称审查客体，即公平竞争审查制度审查什么行为。《意见》对公平竞争审查的审查对象规定为：涉及市场主体经济活动的规章、规范性文件和

其他政策措施。

《政府采购法》规定了政府采购方式包括：公开招标、邀请招标、竞争性谈判、单一来源采购、询价、国务院政府采购监督管理部门认定的其他采购方式。其中，公开招标应作为政府采购的主要采购方式。因此，政府采购领域的公平竞争审查，审查对象不仅包括中央或地方政府发布的行政法规、规章、各类政策、文件、措施，还应当包括政府采购过程中发布的政府采购计划、招标公告、资格预审公告、招标文件和投标邀请书等文件。

比如，某政府部门在采购车辆维修和保养服务的招标文件中设定的供应商资格条件为“必须是通过该市行业主管部门审验合格的一类机动车维修企业及二类机动车维修企业”。该招标文件设置了非必要或者超出实际需要的准入条件，排除和限制了三类机动车维修企业提供服务的交易机会。

在政府采购领域中，常常在招标公告、资格预审公告等采购文件中要求供应商在政府采购活动前进行不必要的登记、注册，或者要求设立分支机构；通过入围方式设置合格供应商备选库、名录库、资格库作为参与政府采购活动的资格条件；设置或者变相设置供应商规模、成立年限、注册资金、员工人数、办公面积、获得荣誉奖励、缴纳税收、交纳高额保证金等门槛规定。一些地方还通过招标的方式建立供应商名录库，以形式上的合法从事违法行为。

这些规定和做法都限制了供应商参与政府采购活动，严重排除和限制了市场公平竞争。在公平竞争审查中，此类招标公告、资格预审公告、投标邀请书等文件应当作为重点审查对象，进行清理和纠正。

（三）审查依据

审查依据，即公平竞争审查制度依据什么法律法规政策文件进行审查。目前，政府采购领域开展公平竞争审查的主要依据包括：（1）2016 年 6 月 14 日国务院发布的《意见》；（2）2017 年 10 月 23 日，国家发展改革委、财政部、商务部、工商总局、国务院法制办印发的《实施细则》；（3）2019 年 2 月 12 日，国家市场监督管理总局发布的《实施指南》；（4）2019 年 9 月 1 日施行的《关于促进政府采购公平竞争优化营商环境的通知》。

现行的《实施细则》，在审查机制和程序、审查标准、例外规定、社会监督和责任追究等方面作出了详细的规定，《实施指南》在适用范围和评估内容、评估机构、评估程序和方法、保障措施和纪律要求等方面作了较为详细的规定，为公平竞争审查工作的有效开展提供了法律依据和明确指引。

（四）审查标准

审查标准，即公平竞争审查制度审查哪些行为或做法。《意见》规定了四大标准：一是市场准入和退出标准；二是商品和要素自由流动标准；三是影响生产经营成本标准；四是影响生产经营行为标准。这四大标准之下，又有 18 条具体的判断标准和 2 条兜底性条款，这些可以成为公平竞争审查制度中基础性的判断标准。

《实施细则》进一步将《意见》四大标准的 18 条具体判断标准，细化成 50 种具体情形和表现形式，进一步明确了概念内涵。其中，第十五条第三款对政府采购招投标活动的限制竞争情形作出具体规定，即不得排斥或者限制外地经营者参加本地招标投标活动。

《关于促进政府采购公平竞争优化营商环境的通知》中，列举了 9 个需要重点清理和纠正的规定和做法，可谓政府采购领域妨碍公平竞争的常见行为的详细列举。

（五）审查程序

审查程序，即公平竞争审查制度的审查步骤。公平竞争审查程序应当包括启动程序、监督程序和追责程序三个层面。

1. 启动程序

虽然《意见》对公平竞争审查程序没有作出具体规定，但是《实施细则》对审查程序作了较为细致的安排，其第六条规定，政策制定机关开展公平竞争审查应当遵循审查基本流程，并形成明确的书面审查结论。书面审查结论由政策制定机关存档，未形成书面审查结论出台政策措施的，视为未进行公平竞争审查。在政府采购领域，可以按照这个基本流程进行公平竞争审查。

2. 监督程序

我国公平竞争审查制度的监督主要包括两方面内容：一是社会监督；二是执法监督。

《意见》要求加强执法监督，规定了对涉嫌违反公平竞争审查标准的政策措施，任何单位和个人有权举报。《实施细则》则进一步规定，政策制定机关涉嫌未进行公平竞争审查或者违反审查标准出台政策措施的，任何单位和个人可以向政策制定机关反映，也可以向政策制定机关的上级机关或者反垄断执法机构举报。当情况属实时，政策制定机关应当按照相关程序停止执行或者调整相关政策措施，或者由上级机关责令改正。违反《反垄断法》的，反垄断执法机构可以向政策制定机关或者其上级机关提出停止执行或者调整政策措施的建议。

3. 追责程序

《意见》规定，对未进行公平竞争审查或者违反公平竞争审查标准出台政策措施，以及不及时纠正相关政策措施的地方政府和部门，有关部门依法查实后要做出严肃处理。对失职渎职等需要追究有关人员党纪政纪责任的，要及时将有关情况移送纪检监察机关。

《实施细则》规定，对拒不改正或者不及时改正的，对直接负责的主管人员和其他直接责任人员依据《公务员法》《公职人员政务处分法》《行政机关公务员处分条例》等法律法规给予处分。

【典型案例 7】张家界市卫计委未经公平竞争审查发布招标文件案①

2017 年 12 月 8 日，张家界市卫计委发布了《张家界市公立医疗机构集中配送项目招标文件》，评标办法中对本地公司、外地公司区别对待，设立了不一样的评分标准，引发企业举报。经查，该文件在发布前没有进行公平竞争审查，评标办法中存在对本地企业和外地企业设置了不合理和歧视性的评分标准等问题。约谈后，张家界卫计委承诺将组织学习公平竞争审查相关政策，完善委内公平竞争审查制度，严格按照相关条款进行审查，杜绝此类行为的再次发生。

四、公平竞争审查制度在政府采购中的完善

（一）审查主体的完善

现行的公平竞争审查制度是采购人和集中采购机构自我审查，存在以下弊

① 案例来源网址：http：//fgw. hunan. gov. cn/fgw/xxgk_ 70899/gzdtf/gzdt/201803/t20180328_ 4980941. html。

端：（1）采购人和集中采购机构自我审查容易受领导个人或上级机关影响，而且带有强烈的公权力色彩，导致具体执行过程中大打折扣。（2）采购人和集中采购机构既当运动员又当裁判员的审查模式，审查结果难以令人信服，而且难以避免权力寻租，容易滋生腐败。（3）公平竞争审查是一种专业性审查，不仅需要考虑竞争价值与相关政策目标的平衡，还要结合竞争法律制度，对行业发展、创新激励、竞争状况等市场客观情况综合考量。显然，采购人和集中采购机构目前并不具备这样的专业能力。比如，湖南省发展和改革委员会对怀化市卫计委在医疗卫生机构低值医用耗材及检验试剂集中采购服务机构公开遴选中涉嫌违反公平竞争审查规定的行为进行调查发现，2017 年 10 月 25 日，怀化市卫计委在网站上公布了《2017 年怀化市医疗卫生机构低值医用耗材及检验试剂集中采购服务机构公开遴选公告》，部分条款涉嫌违反公平竞争审查标准，引发企业举报。调查发现，该公告虽经过怀化市卫计委内部公平竞争审查程序，但部分条款未能严格遵守《实施细则》要求，涉嫌排除限制竞争。怀化市卫计委在调查中积极配合，自行整改，中止了遴选工作，并承诺在以后的工作中加强对《反垄断法》和公平竞争审查相关文件的学习、培训，严格按照相关法律法规要求，完善工作。

在我国目前还不具备建立一个独立的竞争审查机构进行公平竞争审查的现状下，建议在采取自我审查的基础上，积极聘请独立的第三方机构实施审查，方能让审查结果独立、权威、客观、专业。第三方评估机构，可以是与采购人、集中采购机构及评估事项无利害关系，且具备相应评估能力的实体性咨询研究机构，包括律师事务所、高等院校、科研院所、专业咨询公司及其他社会组织等。

（二）审查依据的完善

从法律效力上看，目前政府采购领域开展公平竞争审查的主要依据是国务院及相关部门出台的规范性文件，效力层级较低，用较低的效力位阶的规范性文件对其他法律、法规、政策措施进行审查，法律依据不足，执行中存在法律障碍。因此，可以考虑出台效力层级更高的行政法规、部门规章，以对公平竞争审查制度作出更加权威而明确的规定。

（三）审查标准的完善

虽然《意见》规定了18条具体判断标准和一条兜底性条款，《实施细则》进一步细化成50种具体情形，但是在政府采购领域，政府限制竞争的方式可能更为隐蔽。比如：（1）限制供应商的数量或经营范围，对供应商的服务能力或资质等级提出高于法律法规规定的要求；（2）通过招标文件限制商品和服务的价格；（3）实施信息壁垒，延迟发布招标信息，或者要求供应商购买指定软件，作为参加政府采购的前提，或者以其他不易获取的方式提供采购信息，限制甚至阻却供应商参与政府采购活动等。因此，针对政府采购领域的不当干预市场公平竞争行为，公平竞争审查的标准还应当继续完善。

五、结语

自2000年政府采购工作在全国铺开以来，政府采购领域限制竞争行为较为普遍和常见，严重破坏市场主体的公平竞争。政府采购领域的公平竞争有鲜明强烈的市场示范效应，《意见》的颁布标志着我国已经建立公平竞争审查制度，虽然公平竞争审查制度还存在不足之处，但随着《实施细则》等文件的相继出台和完善，公平竞争审查制度处在不断完善之中。党的十九大报告提出："全面实施市场准入负面清单制度，清理废除妨碍统一市场和公平竞争的各种规定和做法，支持民营企业发展，激发各类市场主体活力。"公平竞争审查制度已经成为中央深化经济体制改革的重要决策部署。相信，公平竞争审查制度必将改善政府滥用行政权力排除限制竞争的状况，对政府采购领域有重大而深远的影响。

第三节　政府投资与公平竞争审查

经过40余年的改革开放，我国实现了经济总量位居世界第二的历史性跨越，我们从农业社会已经步入了工业社会的中后期阶段。当然，发展最快当属近30年间，从党的十四大确立我国要建立社会主义市场经济体制，到党的十八届三中全会提出我国要进行全面深化体制改革，再到党的十八届四中全会提出依法治国的总目标，以及党的十九届四中全会提出要坚持和完善中国特色社会主义制度、推进国家治理体系和治理能力现代化的建设，这一发展脉络让我们能够理解到，经济高速发展需要更加完善的体制来进行匹配。我们要探索社会分配制度改革，要建立社会主义法治化体系，要坚定走深化体制改革的道路，那么改革走入深水区的关键一点就是继续坚持走市场经济发展路线，这就要求我们的政府管控好自己，优化自己的治理能力，让市场自由地竞争。政府一方面要转变职能，另一方面要优化管控能力，我们国家未来改革的关键就是要将政府推到深化体制改革的前沿和中心，将政府列为全面深化体制改革的核心。当然，这一目标不是一蹴而就的，需要循序渐进地通过不断改革和立法来逐步实现，也就是说，必须将政府的各项职能纳入法治化建设的轨道中来。但同时，一方面，法治化轨道还是需要政府自身来发起、主导、引领和实施，需要政府来唱主角；另一方面，政府要增强自我约束能力，要靠管住自己来让市场更加自由。那么，如何保障政府自己能够有效解决自己的问题，公平竞争审查制度就是一项特殊的方式和手段。

一、我国政府投资制度

在政府各项职能中，政府投资是政府职能中非常重要的组成部分，它既能调动社会资本进行有效配置，又能弥补社会资源不能自行配置这一不足。那么，政府体制改革也要求政府投资的法治化，法治化一方面要解决政府投资的适用范围、审批、流程和监管等问题，另一方面也要解决政府投资的标准审查问题。前者国务院出台了《政府投资条例》，该条例是我国目前对政府投资行为进行规范的唯一法律性文件，后者国务院也出台了《关于促进市场公平竞争维护市场正常秩序的若干意见》和《意见》，还有由国家发展改革委等五部委出台的《实施细则》来共同规范。建立涉及政府各方面行政行为的公平竞争审查机制，是改革开放新时代依法行政的实质内涵。

另外，《政府投资条例》以及一系列法律法规的出台，还有个现实问题就是地方债，地方政府产生的显性和隐形债务问题凸显出我国地方政府治理能力的不足。我国政府投资规模从 1981 年为 269.8 亿元，到 2010 年增长到 1.47 万亿元，再到2019年投资规模接近100万亿元，同时，我国政府部门总体债务2012年为23.44万亿元，2017年为55.63万亿元。① 这些数据的背后说明了现实问题，我们国家地方政府投资存在着投资规模偏大、投资结构失衡、投资决策过于主观和融资渠道过于单一等问题。那么，改变这一状况就需要完善地方政府的投资决策机制，提高投资决策水平，建立合理的政绩考核指标体系，引导正确的投资方向，优化投资结构的改革。② 采取的措施就是针对政府投资行为要进行立法规范，出台相应的单行法律规范。但是，针对政府投资的规范性文件，一直以来都是以规章、政策和政令为主，法律层面上的规范还是屈指可数、乏善可陈的。

（一）《政府投资条例》立法背景和意义

2001年，国务院在立法工作安排中提出，由国家计划委员会（即国家发展和改革委员会前身）起草政府投资建设项目管理办法。2010年，国务院法制办公室公布《政府投资条例（征求意见稿）》，并向社会征求意见，但此后多年没有下文。直到2017年，在中央强调防范化解政府性债务风险的背景下，《政府投资条例》再次被提上日程表。国务院2018年立法工作计划明确，由国家发展和改革委员会起草《政府投资条例》，并提交全国人大常委会审议。最终，《政府投资条例》于2018年12月5日由国务院第33次常务会议通过，并于2019年4月14日发布，自2019年7月1日起施行。整个立法经历，20年磨一剑。

《政府投资条例》是我国政府投资领域第一部行政法规，是长期以来我国政府投资实践的科学总结，是我国专门规范固定资产投资的第一部行政法规，是建设现代化经济体系过程中的重要立法成果。《政府投资条例》是继《企业投资项目核准和备案管理条例》之后投资领域又一部重要的行政法规，它解决了我国政府投资管理缺乏上位法，现有规章、规范性文件权威性不足、指导性不够、约束性不强的问题，其主要目的就是规范政府投资行为，控制地方政府地方债的问题。

《政府投资条例》的出台，有利于坚持市场化方向、进一步深化投融资体制

---

① 张明、朱子阳：《中国政府债务规模究竟几何?》，载《财经》2018年7月23日刊。

② 辛圆：《〈政府投资条例〉或将出台，已酝酿近20年》，https：//baijiahao.baidu.com/s?id=1632685682072471890&wfr=spider&for=pc，2019年5月5日。

改革，正确把握政府投资的功能定位，充分发挥市场在资源配置中的决定性作用；有利于贯彻高质量发展要求，依法做好防风险和补短板工作，更好发挥政府投资在优化基础设施供给结构、提升基础设施供给能力中的作用；有利于落实全面依法治国要求，将政府投资管理纳入法治轨道，推进政府投资职能、权限、程序、责任法定化，运用法治思维和法治手段提高政府投资工作能力；有利于规范政府投资资金和项目管理，依法推进资金统筹使用和项目科学决策、严格监管，切实提高政府投资效益。这部法规的颁布和实施，对于依法规范政府投资行为、充分发挥政府投资作用具有十分重要的意义。

（二）政府投资概述

根据《政府投资条例》第二条的规定："政府投资，是指在中国境内使用预算安排的资金进行固定资产投资建设活动，包括新建、扩建、改建、技术改造等。"

首先，"政府投资"这一概念，已经纳入行政法规来规定，从广义上讲，它是一个法律概念，具有比较明确的外延和内涵，同时，其制定、修改都需要遵循法律程序才能进行。

其次，投资按照投资主体的不同，也即资金来源的不同，分为政府投资和非政府投资。政府投资的主体是政府组织，其他单位、机构、公司、组织等投资属于非政府投资，比如，国有企业投资属于非政府投资。

过去，政府投资和国有企业投资是混为一谈的，甚至很多人认为政府投资就是国有企业投资，甚至在有些地区，政府投资项目就是让国有企业来行使政府投资职能的。《企业投资项目核准和备案管理条例》和《政府投资条例》的出台，正式将这个问题进行了结题，政府投资不是国有企业投资，两者不相同也不能混同。我国从改革开放以来，提出了政企分离，解放企业的经营权，提出了现代企业制度，建立市场经济，明确减少行政干预，企业投资按负面清单进行管理；2004年，国务院发布《关于投资体制改革的决定》，明确企业投资主体地位，明确政府投资范围，规范政府投资行为；我们在改革开放初期，提出事权划分，简政放权，明确给地方政府投资决策地位，确定市场经济体制的目标之后，又提出要深化体制改革，加快政府职能转变，优化政府宏观投资调控能力。这两个层面的改革均始终贯穿在我国政治体制改革和经济体制改革之中，最终政府投资职能和企业投资方式通过法规的方式明确下来，各司其职，针对不同的投资领域发挥不同的投资效能。

政府投资的资金来源于预算安排，根据《中华人民共和国预算法》第四条第二款的规定："政府的全部收入和支出都应当纳入预算。"因此，政府投资属于政府支出这一部分，它也必须纳入财政预算之中，所以，不存在财政预算之外的政府投资。同时，财政预算与实际投资规模之间的不一致，仍然需要通过依法对预算进行调整来解决，仍然属于预算内事项。

政府投资的标的物按照《政府投资条例》规定，只有一种即资金，不能将其他资产形式当作政府的投资。在以前，很多地方政府由于资金短缺，往往采取划拨土地的方式间接出资，将地块评估作价，按照目前《政府投资条例》对政府投资的规定，不再允许政府用土地作价的方式来进行政府投资，而是只允许资金投资到项目，再由项目权属主体用资金去采购项目管理所需要的固定资产。

政府投资所实施的项目建设，指政府所投的资金将转化到项目中去，转化为项目的固定资产建设，这里的固定资产范围，《政府投资条例》没有规定。虽然政府投资与国有企业投资是两码事，但是政府投资中的固定资产没有相关的针对性规定，大多数政府投资项目仍然采取独立企业的方式运营。我们参照《企业所得税法实施条例》来解读，其中第五十七条规定："企业所得税法第十一条所称固定资产，是指企业为生产产品、提供劳务、出租或者经营管理而持有的、使用时间超过 12 个月的非货币性资产，包括房屋、建筑物、机器、机械、运输工具以及其他与生产经营活动有关的设备、器具、工具等。"《企业会计准则第 4 号——固定资产》第三条规定："固定资产，是指为生产商品、提供劳务、出租或经营管理而持有的，且使用寿命超过一个会计年度的有形资产。"虽然以上规定均是从企业的角度来赋予固定资产的含义，但具有一定的参考意义，显然，它们对于固定资产的表述相对比较宽泛。而政府投资中的固定资产，主要从建设活动角度出发，是指政府投资项目时，所投入到项目中的资金可以转化为项目所需的土地、房屋、设备、运输工具等使用一年以上的有形资产。另外，政府投资建设，不仅包括新建项目，还包括改建、扩建项目。

（三）政府投资的投向

根据《政府投资条例》第三条的规定：“政府投资资金应当投向市场不能有效配置资源的社会公益服务、公共基础设施、农业农村、生态环境保护、重大科技进步、社会管理、国家安全等公共领域的项目，以非经营性项目为主。”可见，政府资金释放的方向，应该以公共领域的非经营性项目为主。

政府投资的投向范围，是政府投资的最为重要的规定之一。可以说，它关系到我国经济建设的总体发展，甚至关系到改革的成败。根据《政府投资条例》，政府投资有两点限制：一是将政府投资限定在市场不能有效配置的领域，二是将政府投资限定在以非经营性项目为主的投资领域里。为什么要如此规定？原因就在于，从党的十六大以来，我国确定了深化体制改革的总体目标，确立了市场经济和社会主义法治化的目标，即将我国经济改革和政治改革推向市场化、法治化的轨道上来。我国在改革的顶层设计上，已经认识到在肯定改革开放的前期成果的基础上，为了规避利益垄断和寻租利益的产生，一定要将政府的职能锁定在服务职能、依法行政的层面上，防止一切行政滥用的行为产生，维护市场竞争、公平竞争的经济环境，将行政权隔离在自由市场之外，将政府的金融支配能力与权力滥用的寻租利益脱离开来。具体而言，政府的资金投向需要回归到政府服务职能中来，不再去触碰经营性的项目，或者少碰这些项目，不再与社会资本去竞争，否则企业资本、民间资本将全面被行政因素干扰，甚至政府必然取得垄断地位，没有社会其他资本能够独立存在的空间。从这个意义上来说，坚持政府投资的投向关系到改革的成败，对政府改革的公平竞争审查具有非常重大的意义。

（四）政府投资的资金注入方式

根据《政府投资条例》第六条的规定：“政府投资资金按项目安排，以直接投资方式为主；对确需支持的经营性项目，主要采取资本金注入方式，也可以适当采取投资补助、贷款贴息等方式。”

政府投资的方式分为直接投资和间接投资两种，直接投资即政府将资金通过划转和投资入股、增资扩股等方式注入到项目或者项目所属的公司，其中，划转也仅仅指资金的划转，不能采取土地划转；而关于间接投资问题，《政府投资条例》采取列举的方式予以了规定，第六条规定，政府也可以采取投资补助和贷款贴息等方式投资。对此，我们认为政府采取的其他优惠方式，如减免税费、优惠价、奖励激励项目相关人员等优惠方式也属于政府对所投资的项目进行了投资，属于间接投资的领域。直接投资主要适用于新建项目，间接投资主要适用于在建和已建成项目；直接投资是政府投资的主要手段，间接投资属于政府投资的辅助手段。本节主要研究和讨论直接投资。

（五）政府投资流程

按照政府投资的流程，我们认为政府投资大体包括有政府投资项目的立项、审批、规划设计、资金计划和筹措、政府投资项目的招标和采购、政府投资项目的建设和管理、政府投资项目的运维等方面。各个阶段和流程均有必要进行公平竞争审查，各个阶段和流程公平竞争审查的标准和侧重点也有所区别，以保障政府依法依规地进行投资和项目管理、运维。

二、政府投资实施公平竞争审查的原理

《意见》认为，我国统一市场基本形成，需要逐步建立公平竞争的市场环境。针对地方保护、区域封锁、行业壁垒、企业垄断、违法给予优惠政策或减损市场主体利益等现象，要规范政府有关行为，防止出台排除、限制竞争的政策措施，逐步清理废除妨碍统一市场和公平竞争的规定和做法。

《实施细则》第二条规定："行政机关以及法律、法规授权的具有管理公共事务职能的组织（以下统称政策制定机关），在制定市场准入、产业发展、招商引资、招标投标、政府采购、经营行为规范、资质标准等涉及市场主体经济活动的规章、规范性文件和其他政策措施（以下统称政策措施）时，应当进行公平竞争审查，评估对市场竞争的影响，防止排除、限制市场竞争。经审查认为不具有排除、限制竞争效果的，可以实施；具有排除、限制竞争效果的，应当不予出台或者调整至符合相关要求后出台；未经公平竞争审查的，不得出台。"按照这一规范性文件的规定，政府实施投资行为，无疑是政府在依法履行行政管理的职能，政府为此在制定投资类的规章、规范性文件和政策的时候，必须进行公平竞

争审查，只有通过了公平竞争审查才能予以发布和实施。公平竞争审查是政府依法颁布投资规范和政策的必要环节。

为什么我国要将政府投资的决策、规范和政策文件纳入公平竞争审查的范围?这就必须从明确政府投资的基本原理以及公平竞争审查能够带来的效用来分析。

（一）政府投资的基本原理

政府投资的基本原理分两个层面：第一个层面就是前面所阐述的，政府投资关系到我国深化体制改革的成败，因而需要规范政府资金的出口，将行政权能纳入法治轨道中，阻断寻租利益的滋生。要管控好政府的资金，尽量不要让政府资金去投资营利性的项目，以防止与民营企业形成竞争，导致民营资本处于弱势而失去竞争力。应该将政府资金尽量投资到满足社会公共需要的领域中去，投资到民营资本甚至国有企业资本都不愿意投向的难以盈利且社会需要的领域中去，真正把我国经济体制建设成社会主义市场经济自由竞争的体制。第二个层面，就是将政府投资法治化，当市场无形的手失灵的时候，弥补市场失效的不足。市场不是万能的，市场也会产生偏移，也会有失灵的时候。比如，市场的竞争受多种因素影响，特许经营也会产生垄断，当垄断影响效率和价格，并控制某一领域的时候，就造成了社会发展障碍，寻租活动产生，反过来又阻碍了市场的自由竞争，这时候市场会发生失灵，就需要法律来要求政府介入，政府可以采取资金直接投资的方式，重新建立市场竞争局面，干预纠偏，激活市场。

（二）公平竞争审查的基本原理

公平竞争审查制度的基本原理也分两个层面：第一个层面是以市场经济自由竞争理论为基础，市场基于供需关系解决市场价格和调节市场产能，市场会自行形成“自然秩序”①，即市场通过竞争会选择出好的产品，竞争可以调节市场，最终优胜劣汰，形成良性发展，所以我们需要尽量维护一个公平高效的竞争环境。一方面，我们要制定好良性竞争的规则；另一方面，我们要判断已经制定的

① 亚当·斯密《国富论》中古典自由经济理论派，认为如果竞争是自由的，各人相互排挤，那么相互竞争，便会迫使每个人都努力把自己的工作弄得相当正确。单个生产者的产品是否符合市场需要，也就是个别商品生产者价值的实现，需要依靠竞争来调节，竞争使社会生产与社会需求相适应，竞争会使得社会形成自然秩序。

规则和正在制定的规则是否是有利于竞争的，是否是公平的，是否有歧视性的规定，是否直接干预经济决策，是否限制了自由竞争。所以，我们需要对规则即政府规章、规范性文件和政策等进行审查和评价，只有通过审查和评价的才能够予以颁布和执行，以保障市场足够自由、足够公平。

第二个层面，市场不是万能的，因为市场也可能制造出垄断来，即竞争也会有不足的时候，竞争也会有出现失序的时候，需要政府适当地进行干预，但这种干预不是盲目的，也需要公平竞争审查和评价来保障。虽然市场失灵产生了政府干预的需求，但是从各国的实践经验来看，盲目不受法律制约的政府干预指挥只会让市场失灵雪上加霜。① 所以行政干预主要是解决竞争的公平和有序、公允的问题，不是直接干预经营行为本身。那么归根结底，公平竞争审查制度是要解决市场失灵的问题，解决政府干预过多、干预不合理而损害竞争的问题，要保障各类市场主体平等地使用生产要素、公平参与市场竞争。②

（三）政府投资公平竞争审查的原理

政府投资是国家经济行为，公平竞争审查是一种管理工具，同时也可以看作是一套管理标准，即政府在行使投资这一公共管理职能的时候，就可以运用这一评价工具来作为判断标准，以便更好地履行公共管理职能。

从我们国家的实际状况来看，市场经济体制是从计划经济脱胎而来，依然有行政机构干预市场的后遗症，现实中也大量存在政府干预的行为，很多市场可以自行推动的事情，却依旧是困难重重，仍然需要政府来担当和主导，原因就在于，政府的手伸得太长，市场难以形成独立的系统循环，越发失去自我愈合能力，一旦政府不予以干预，市场就失灵了。这一问题的根本原因还是在于政府干预太多，干扰了市场的良性生态环境的建立，干预了市场的自我运营能力、自我修正能力。中国的市场经济体制来之不易且非常脆弱，我们需要去行政化，简政放权，需要立法弘善废恶，需要培育市场的自我修正能力，而公平竞争审查制度就是管住政府的无形之手，就是辨别善法与恶法的明镜，就是培育市场公平自由

---

① 孙晋、钟瑛嫦：《竞争政策的理论解构及其实施机制》，载《竞争政策研究》2015 年第 3 期。

② 黄勇、吴白丁、张占江：《竞争政策视野下公平竞争审查制度的实施》，载《价格理论与实践》2016 年第 4 期。

竞争的良方。它可以有效地规范政府机构的各项行为，分辨出政府各项措施是有利于市场竞争还是阻碍、限制市场竞争，它对市场是公平的还是歧视的。

政府为了履行社会公共管理的职能，建设相关工程项目，促进资产流通和投放货币，需要多个部门协作实施，比如，政府投资可能涉及国家安全、文物、港口、河道、水利、供水、排水、卫生、安全生产、园林绿化、水土保持、消防、人民防空、海洋、防震、气象等管理部门的协作，因此，各个政府部门也需要制定各自的政策，明确准入门槛、工作流程、审批手续、监管方式等方面的政策。为了保证这些政府部门在制定政策时，或者在工作过程中，能够做到公正公平、竞争有序、政令高效、监督有力，政府将对颁布的政策、文件、措施、操作指南、清单等进行预先审查，判断其是否与法律法规相冲突，是否给不同社会主体不公平待遇，是否设置了超出实际需要的前置条件，是否实施了阻碍市场竞争的措施，是否给予了个别主体特定的特权，是否扰乱和破坏了市场原有的正常秩序，等等，以便及时纠正修改不合理合法的政策，不让这些政策出台，实际上，公平竞争审查制度会识别出政府的良性行为，约束政府的不良行为。总而言之，政府投资需要被列为公平竞争审查的对象。

三、政府投资公平竞争审查制度

将政府投资纳入公平竞争审查中，需要建立政府投资的公平竞争审查制度。政府投资与企业投资、事业单位投资和社会投资不同，政府投资具有特殊的适用范围，主要投资领域为市场不能有效配置资源的公共领域、非经营性项目；政府投资项目属于需要严格审批的项目，具有严格的审批流程，政府对此制定了一些特殊的程序性政策和规范性文件等，程序公正才能保证结果的公平；政府投资大多数属于公共建设项目，项目专业性强，政府制定了针对性公告、规划文本、通知等，甚至针对单个项目本身制定了一些文件。总而言之，政府投资关系到国计民生、关系到社会公共利益，其投资金额大，对国家经济发展具有特殊的宏观调控功能，因此，有必要建立政府投资的公平竞争审查制度。

（一）审查对象

政府投资的公平竞争审查制度，要解决审查对象的问题，即政府针对投资制定的哪些文件必须纳入审查中来？也可以表述为，公平竞争审查对于政府投资行为来讲，具体审查的对象是什么？根据《意见》的规定，公平竞争审查的对象包括两个方面：一方面是由政策制定机关制定的市场准入、产业发展、招商引资、招标投标、政府采购、经营行为规范、资质标准等涉及市场主体经济活动的规章、规范性文件和其他政策措施；另一方面是行政法规和国务院制定的其他政策措施以及地方性法规。

那么按照《中华人民共和国立法法》的视角来理解，关于政府投资的公平竞争审查对象包括国务院和国务院以下的各级人民政府制定的与政府投资相关的行政法规、地方政府法规、政府规章、地方政府规章、规范性文件和其他政策。从政府投资的实施过程来讲，需要审查与投资相关的公共服务领域的市场准入、经营性项目的市场准入、项目招标和投标、其他资本的引进、政府采购、经营规范、资质要求等方面的法规或文件。这里我们按照不同的形式，分为以下类型。

（1）行政法规、地方政府法规、政府规章、地方政府规章。比如，《政府投资条例》本身。

（2）部门令。各级政府部门制定的一些与政府投资相关的政令，比如，国家发展和改革委员会制定的《政府制定价格行为规则》和《必须招标的工程项目规定》等；湖北省人民政府颁布的《关于加快推进重大项目建设着力扩大有效投资的若干意见》等。

（3）规范性文件。各级政府或者各级政府部门制订的投资性的规定，比如，《国家发展和改革委员会关于依法依规加强 PPP 项目投资和建设管理的通知》《中西部和东北重点地区承接产业转移平台建设中央预算内投资专项管理暂行办法》等。

（4）公告。各级政府或者部门制定的与行业相关的管理公告，比如，《政府定价的经营服务性收费目录清单》。

（5）规划文本。针对具体项目或者具体经济带发布的建设规划、批复和通知等，比如，《关于气象雷达发展专项规划（2017－2020 年）的批复》等。

（6）通知。针对具体项目的实施意见和指导意见，比如，《关于下达气象基础设施 2020 年第一批中央预算内投资计划的通知》等。

（7）其他。政府投资建设完成后，对具体项目公司的运营进行管理的函或者批复。比如，企业发债的批复等。

另外，关于法律是否适用公平竞争审查的问题，目前来看，《意见》没有将法律的制定纳入审查范围。笔者认为，主要原因是法律的制定相对来说立法水平更高、制定程序极端严格、条文论证也更加严密，在制定过程中都经过多次修订，因此，立法过程应该已经充分考虑和论证了其条文含义的公正公平问题，所以说，不是法律的制定不适用公平竞争审查的问题，而是立法的要求不亚于公平竞争审查的标准，所以没有必要将其单独列进来。

（二）审查标准

从政府投资实务视角出发，审查分成两个层面：一是合法性的审查；二是公平竞争审查。两者既相互关联又不能混淆，两者的比较见表4－1。

表4－1　　公平竞争审查和合规性审查的对比

<table>
<tr><th>审查层面</th><th>审查对象</th><th>审查标准</th><th>审查原理</th></tr>
<tr><td rowspan="2">合法性审查</td><td>政府投资的决策和参与主体的具体行为</td><td>（1）所有法律法规和政策
（2）党章、党规（特定情况下）</td><td rowspan="2">强制性规范
禁止性规范</td></tr>
<tr><td>（1）下位政策是否符合法律法规
（2）下位文件是否符合上位政策</td><td>所有法律法规和上位政策</td></tr>
<tr><td>公平竞争审查</td><td>行政法规、地方法规、部门规章、地方规章、政府令、规范性文件、公告、规划文本、通知等</td><td>（1）市场准入和退出标准
（2）商品和要素自由流动标准
（3）影响生产经营成本标准
（4）影响生产经营行为标准</td><td>不歧视
不限制</td></tr>
</table>

1. 合法性标准

《政府投资条例》对政府投资有特殊性的规范，主要对以下情形作了合法性要求。

第一，投资决策方面。

（1）投资资金审查。需要审查政府投资是否与经济社会发展水平和财政收支状况相适应，政府投资项目是否纳入了本级政府预算，它原则上不得超过经核定的投资概算。政府及其有关部门不得违法违规举借债务筹措政府投资资金，政府投资项目所需资金应当按照国家有关规定确保落实到位，政府投资项目不得由施工单位垫资建设。

（2）项目建设决策审查。审查项目建设的必要性、可行性。

（3）投资方式审查。审查政府投资是采取直接投资还是间接投资的方式，具体投资的类型是什么，如资金注入、补助和贷款贴息等，不同的项目类型对于投资方式的要求不同。

（4）其他审查。比如，申报材料的审查，程序性审查，项目涉及国家安全或者国家秘密的审查。

第二，项目建设方面。

（1）项目建设管理审查。包括项目开工、建设项目变更、建设资金管理、施工进度管理、工程质量管理、工程档案文件图纸管理、工程安全管理、法律风险管控等方面的审查。

（2）工程监督和评价。采取在线监测、现场核查等方式，加强对政府投资项目实施情况的监督检查。投资主管部门或者其他有关部门应当按照国家有关规定选择有代表性的已建成政府投资项目，委托中介服务机构对所选项目进行后评价。后评价应当根据项目建成后的实际效果，对项目审批和实施进行全面评价并提出明确意见。

2. 公平竞争审查标准

第一，在《意见》中，提出了四个维度标准共 18 项子项标准，四个维度标准分别是市场准入和退出标准、商品和要素自由流动标准、影响生产经营成本标准和影响生产经营行为标准。这四个维度主要侧重于市场门槛、商品流动、生产经营的层面来加以判断和识别，而政府投资行为涉及多个部门和第三方机构，需要这些部门和机构协作来完成，并且大部分机构均属于政府部门，这些政府部门主要起到的是组织、领导和审批作用，他们将具体的业务交给第三方机构去完成。以政府投资的工程建设为例，包括招标代理、工程预算、工程设计、施工、监理、采购、运输、检测、评估、审计等，均是由各个专业机构来完成，政府部门就是审批、监管项目。因此，政府投资中政府的行为从定性来讲，属于具体的行政行为，具有一定的特殊性，政府投资公平竞争审查标准具有一定的特殊性，它需要符合具体行政行为的独特的判断标准。

第二，政府投资公平竞争审查标准必须符合《政府投资条例》的立法目的和满足其行政法规的侧重点，条例主要的效用是管控和优化配置、科学决策、提高投资效益，因此，公平竞争审查标准主要应该集中在管控和决策上，重点在于规范政府的行为上，在合规性的基础上，促使政府出台更宽松、更趋向于自由竞争的规范性文件。

第三，我国公平竞争审查制度采取的是自我审查结合外部监督的模式，因此，审查还是自我审视的一个过程，为了保证公平审查的实际效果，就需要制定审查标准，政府投资公平竞争审查也必须拥有自己的标准，这样更容易适用。

第四，《反垄断法》第五章“禁止滥用行政权力排除、限制竞争”共包含六个条文（从第三十二条至第三十七条），它们规定了行政机关和公共事务职能组织若干行政性垄断的严控标准，其中，第三十二条规定的是不得滥用行政权力，限定或者变相限定经营、购买、使用其指定商品的要求；第三十三条规定的是不得滥用行政权力妨碍商品自由流通的要求；第三十四条规定的是不得滥用行政权力通过设定歧视性资质要求、评审标准或者不依法发布信息等方式，排斥或者限制外地经营者参加本地的招标投标活动的要求；第三十五条规定的是不得滥用行政权力，采取与本地经营者不平等待遇等方式，排斥或者限制外地经营者在本地投资或者设立分支机构的要求；第三十六条规定的是不得滥用行政权力，强制经营者从事本法规定的垄断行为的要求；第三十七条规定的是行政机关不得滥用行政权力，制定含有排除、限制竞争内容的规定的要求。这些规范应该是政府投资公平竞争审查标准的立法依据。

第五，《意见》的审查标准是必要的审查标准，也就是说，18 项审查标准是必要标准，还可以根据具体情况增加其他审查标准。这里，我们按照《意见》的细分，建立一套基本的政府投资公平竞争审查标准，主要包括以下内容。

（1）市场准入和退出标准。

①不得设置不合理和歧视性的准入和退出条件。

a. 设置明显不必要或者超出实际需要的准入和退出条件，排斥或者限制经营者参与市场竞争。首先，政府投资的项目，有一些环节需要第三方机构来具体实施，对于第三方机构的选择，政府会出台相应的法规、规章、规范性文件和其他政策，政府在招标过程中制作的招标文件和最终与中标方签署的协议，甚至有一部分是采取的格式化协议，均应该纳入审查范围。其次，审查这些对象是否有设置了法律要求之外的其他准入和退出条件，一些不切实际的条件，甚至在一些工程项目中，投标人为了中标，与政府工作人员串通，将招标条件按照自己的想法设计，故意设置自己的优势条件，以确保自己能够中标，将竞争对手淘汰出去。

b. 没有法律法规依据或者国务院规定，对不同所有制、地区、组织形式的经营者实施差别化待遇，设置不平等的市场准入和退出条件，即经营主体差别化待遇，设置不平等条件。关于经营主体差别化待遇典型的案例就是张家界市卫计委于 2017 年 12 月 8 日发布了《张家界市公立医疗机构集中配送项目招标文件》，评标办法中对本地公司、外地公司区别对待，设立了不一样的评分标准，引发企业举报。该文件在发布前没有进行公平竞争审查，评标办法中存在对本地企业和外地企业设置了不合理和歧视性的评分标准等问题。

c. 设立分支机构的设置障碍。设立分支机构，目前国家市场监管局贯彻得还比较好，但是招标文件有要求在本地设置分支机构的优先是比较常见的条件。有的地方政府为了地方税收形成潜在的不成文规定，主要照顾地方企业。另外，政府在投资过程中，往往针对合作投资的其他投资方，要求在本地设置分支机构，希望税收留在本地，也是属于设置障碍的行为。

②特许经营权审查。特许经营权审查包括增设行政许可条件、随意授予特许经营权、延长特许经营期、买卖、使用等方面。在政府投资领域，主要应该建立以下标准：审查在招标层面是否设置限定条件，是否在招标时设置有项目库、供应商目录、服务提供商目录等条件。

（2）商品和要素自由流动标准。

①价格歧视和补贴歧视。

a. 价格歧视指的是政府在制定政府定价和指导价时，对外地或进口的同类商品、服务采取价格歧视。《中华人民共和国价格法》第十八条规定，政府在必要时可以实行政府指导价或者政府定价。它主要针对国计民生、资源稀缺的商品、自然垄断经营的商品、重要的公共事业和公益性服务方面，是政府对涉及国计民生和天然垄断领域以及公共事务进行必要的干预、防止垄断的一种管控手段。《政府投资条例》第三条规定，政府投资是对社会公益服务、公共基础设施、农业农村、生态环境保护、重大科技进步、社会管理、国家安全等公共领域的投资，因此，政府会发布一系列的政府定价和政府指导价的文件，比如，国家发展和改革委员会于2017年9月18日发布的《政府制定价格行为规则》，2018年12月10日发布的《政府制定价格听证办法》，12月27日发布的《政府定价的经营服务性收费目录清单》，以对此进行更加规范的管理。

但是，政府在制定政府定价和指导价的时候，不能够对外地商品和服务实行价格歧视，制定不同价格标准。按照《政府制定价格行为规则》第六条规定，政府定价遵循的标准就是行业对商品或者服务的生产经营平均成本、市场供求关系以及国际市场价格等，政府针对不同地域的商品和服务必须根据同样的评估依据进行定价，不得采用不同的评价方法、引用不同的参数进行评价，以致于评估结果不同，甚至不用评价直接采取歧视性的规定等，这些都需要严密审查清楚。

同时，此标准应该与《实施细则》第十七条第三款相区别。此条审查标准要审查本地与外地的歧视性规定，即采取不同对待行为，而第十七条指的是政府越权定价，违法干预定价和指导价；此条防止不同地域的商品和服务流动性有影响，而第十七条是不能影响经营者的经营行为，两者标准有明显区别。

b. 补贴歧视是对外地或进口的商品、服务实行不公平的补贴。本章第一节对政府补贴的公平审查问题有专门解读。

②限制商品或服务流通。这一项审查标准是指法规、规章、政策等是否设置了不同技术要求和检验标准，或者有重复检验、重复认证的情况，是否采取了不同的技术要求和检验标准或者重复要求等歧视做法，是否违法违规设置了专营、专卖、审批、许可、关卡，阻碍商品或服务的进出，或者通过软件或互联网设置屏蔽，阻碍商品或服务的进出。

政府投资中此类行为主要集中在对参与政府投资活动的社会各方而言，或者在政府招标中实施了不同技术标准和检验标准，以限制不同地域的商品和服务流通。

③排斥和限制经营者参加投标。这个审查标准是指政府制定的规定含有发布招标信息不合法，直接明确外地经营者不能投标，设置不同资质要求、评审标准，设定无关非必要的资格、技术和商务条件等内容，导致阻碍了商品或者服务流通。

政府投资中此类行为主要集中在对参与政府投资活动的社会各方而言，或者在招标采购中实施了不同技术标准、检验标准，以限制不同地域的商品和服务流通。比如，政府投资的工程在设计时，设计部门在工程材料选材定型上，设定了与工程无关的品牌、技术条件、参数等，如要求使用某一项专利为技术条件，而有一家公司是该专利的专利权人，显然，这个评标对这家专利持有公司是极其有利的，其他公司就很难参与竞标，这就属于排斥和限制了其他经营者参与投标。

④不得对外地经营者实行歧视性待遇。需要判断政府投资所制定的文件，是否给予外地经营者不同等的政策待遇的规定，是否对其在本地设立分支机构、经营方式、税费缴纳等方面规定了与本地经营者不同的要求，是否在节能环保、安全生产、健康卫生、工程质量、市场监管等方面，对外地经营者在本地设立的分支机构规定歧视性监管标准和要求。

（3）影响生产经营成本标准。需要判断政府投资制定的文件中，是否存在没有法律法规依据，就给予特定经营者优惠政策的规定，这些优惠政策包括财政奖励、补贴、减免税费、优惠地价甚至零地价、环保待遇等方面。同时，还要判断是否存在财政支出与企业缴税或非税收入挂钩、违法违规减免或缓征社会保险费，是否存在违法要求提供保证金或者不退还保证金的规定。

（4）影响生产经营行为标准。政府投资主要还是政府实施管控的行为，政府在整个投资流程中，起着决定性的作用，因而容易滋生行政性垄断行为。所以要求政府机关不得以行政命令、行政授权、行政指导或者通过行业协会等方式，强制、组织或者引导经营者达成、实施垄断协议或者实施滥用市场支配地位行为。实践中滥用行政职权，违法披露或要求披露生产经营敏感信息，提供垄断便利，超越定价权限进行政府定价，违法干预市场调节价的情形比较多，特别在工程项目中，政府机关作为业主方违法干预市场调节价，该调价的不调，或者先设置入库，再由入库的供应商操纵价格等方式是比较普遍的现象。

3. 其他审查标准

上述四个维度标准是政府投资的公平竞争审查制度的必要审查标准。除了这一系列标准之外，根据政府投资特性，还应该包括一些非必要的审查标准，本书提出以下标准作为补充。

（1）公共和非公共领域的公平竞争审查。《政府投资条例》第三条明确规定了政府资金的投向，那么在项目决策上，必须考虑该项目是否符合这一投向范围。并且，条例第六条规定了政府在特定需要的情况下，也可以投资经营性项目，同时还规定了，要平等对待各类投资主体，不得设置歧视性条件。因此，要制定相应的审查标准，判断哪些是公共性领域的项目，哪些是经营性项目，哪些属于特定条件可以投向经营性项目，对此，有必要制定更加细化的公平审查标准。

（2）政府格式合同文本、强势文本的公平竞争审查。政府在投资过程中，对外签订合同时往往处于强制地位，政府部门制作的合同，基本上合同的相对方不能修改。一是该合同已经经过行政审核，一旦调整又需要再做一遍审核流程；二是政府机关为了增强效率，事先制作好了通用版的合同文本；三是行业协会制作的通用版本、指导版本合同，这些合同版本或者格式合同，其中有的条款有可能存在不公平的情形，政府机构或者行业组织往往利用行政地位或者管理地位，迫使签约方接受。因此，我们认为，格式合同或者强势文本需要接受公平竞争审查。

4. 第三方评估

《实施指南》提出要建立健全公平竞争审查第三方评估机制，鼓励支持政策制定机关在公平竞争审查工作中引入第三方评估，提高审查质量和效果，推动公平竞争审查制度深入实施。政府投资是一项涉及多个部门的复杂的投资建设活动，涉及国家安全、文物、港口、河道、水利、供水、排水、卫生、安全生产、园林绿化、水土保持、消防、人民防空、海洋、防震、气象等管理部门，因此，为了保障各个环节的科学性、准确性以及提高各项工作效率，政府机构和担任相关事务工作的组织，应该积极委托第三方机构，来帮助其决策、审批、监管政府投资的项目。

四、结论

政府投资是中国深化体制改革的关键环节，投资法治化是深化投资体制改革的出路，而公平竞争审查是政府投资法治化进程的重要保障，因此，建立政府投资的公平竞争审查制度具有非常现实的积极意义。本节整体理论是：政府在实施公共管理职能时，政府投资是核心职能之一，政府需要管控好自己的投资行为，这关系到社会主义市场经济的根基，关系到深化体制改革的成败。一方面，政府要在投资的决策、规划和项目运营过程中，遵循国家制定的法律法规、规章和政策以及一些规范性文件等；另一方面，政府需要通过公平竞争审查来对自己出台的法规、政策、规范和文件进行有效的、积极的审查和修正，以便进行更好的管控，最终目的是让市场自由公平地竞争。因此，我们必须建立我国政府投资公平竞争审查制度，建立自己的政府投资审查标准。

第四节　政府特许经营与公平竞争审查

一、政府特许经营的基本概念

政府特许经营，简单来说就是政府将某项公共事务的经营委托给社会资本行使。政府特许经营权，是指国家和地方政府根据公共事业、公共安全、社会福利的需要或法律的规定，授权企业生产某种特定的产品或使用公共财产或在某地区享有经营某种业务的独占权。政府特许经营权的授权主体是国家或政府，只有权力主体才有权处分该财产，取得特许权的企业只有使用的权利，而无处分的权利。

政府特许经营，从保护环境、维护公共安全以及保障公共利益等方面看，无论采取政府付费还是使用者付费方式，都需要政府授予社会资本在特定区域范围和时间期限内的特别许可，以此确保合格的社会资本方进入并提供符合要求的公共产品或服务。因此，厘清理论研究及实践中的相关争议问题，对促进政府和社会资本之间利益共享、风险共担，构建平等互利的合作伙伴关系，加速我国政府特许经营模式的推广，维护社会公共利益具有重要意义。

二、政府特许经营的基础理论

公共产品供给理论及其演变成为现代社会政府特许经营的理论基础。迄今为止，有关公共产品供给的理论经过了三种演变理论，即政府供给论、市场供给论、多中心公共经济论。这三种截然不同的理论，是世界大部分国家的政府在半个多世纪里用以设计公共产品供给制度、履行公共产品供给职能的主要理论源泉。

（一）政府供给论

政府供给论来自西方经济学认为私人部门提供公共产品无效率的认识。一方面，公共产品具有非排他性，每个人都相信无论付费与否都可以享受公共产品的好处，那么，其就不会有自愿付费的动机，而倾向于成为“免费搭乘者”，这会使公共产品的投资无法收回，私人企业显然不会提供这类产品。按照大卫·休谟的说法，这即是“公地的悲剧”。

另一方面，公共产品往往是增进社会福利不可或缺的需求，既然私人企业缺乏提供动力，那么公共经济部门介入，用税收手段来集资提供这些产品，就成为社会自然的选择。因此，政府提供公共产品成为市场经济国家资源配置制度安排的普遍选择。

（二）市场供给论

从经济实践过程看，在凯恩斯主义经济学盛行的年代里，西方国家普遍奉行政府干预经济的政策，用政府权威直接或间接垄断了公共产品市场。其结果不仅直接导致了公共部门规模日益膨胀和财政赤字增加，而且还由于政府失灵的存在，导致公共资源配置和利用效率的低下，公共管理成本上升。

随着时间的推移，政府垄断配置和利用公共资源的能力及有效性越来越受到普遍的怀疑。20 世纪 80 年代后，西方发达国家政府开始实施对公共产品生产、提供与分配制度的创新。

（三）多中心公共经济论

在公共产品的理论研究和实践中，市场论和政府论将市场选择和政府选择看作非此即彼的对立关系。对此，奥斯特罗姆提出了与之不同的“多中心公共经济理论”。在其看来，一个制度安排导致次优，并不等于说另外一个制度安排表现得更好。其结论是：单纯的市场或政府在现代政治经济生活的公共领域里都无法增进福利。对公共产品的生产而言，政府可以有不同的制度安排来选择，例如：（1）建立和经营自己的生产单位，直接生产和提供产品；（2）与一个私人企业签约，由私人企业生产，由政府来进行制度安排；（3）从自己的生产单位得到一些公共产品，而从其他私人生产者那里得到其他的公共产品；（4）确立得到授权的公共产品的生产者必须遵循的服务标准，允许每一个消费者从得到授权的生产供给者那里得到服务。

三、政府特许经营的特性

特许经营权力来源于政府，但早期的政府特许经营却并非全部或主要用于经济领域，而是更多地体现了社会治理政治因素。

现代的政府特许经营则发生了本质的转变，即现代的政府特许经营已经脱离了垄断的狭隘区域和不公平手段，而是着眼于综合、全面、高效、优质地开发利用资源，尤其是政府集中控制的社会公共资源。其中，社会公共资源是指一个国家或地区中的可经营资源，如土地、基础设施、生态环境、文物古迹和旅游资源等有形资产和重大活动等无形资产，以及依附于其上的名称、形象、知名度和特色文化等无形资产的使用权、经营权、冠名权等相关权益。

当前政府特许经营的项目有石油和天然气、水资源、渔业资源、矿产资源、动物资源、电力项目、高速公路、铁路、港口等有形实物资源，以及政府物资采购权、大型活动冠名权、国际汇兑业务专营权、特殊产品的生产销售权、海陆空线路经营权等无形资源。

四、政府特许经营权的公平竞争审查

政府特许经营是直接涉及各类市场主体进入本地市场的商业活动，特许对象的遴选规范事涉公平竞争审查，无论是哪一级政府及其职能工作部门，凡是出台与特许经营有关的地方政府规章、政策、方案、通知，哪怕是一次会议，都需要给予潜在的参与主体知情权、公平参与权、竞标权、协商权、签约机会权等。凡是与选择特许经营市场主体有关的规定均不得直接或者间接的包含有排除或者限制竞争的内容。尤其是不得限定本地注册和纳税的企业或者限定企业注册资金，限定人员数量和办公室建筑面积等。

对已经成功签约的政府特许经营合同，合同之外的第三人如果认为政府出台的遴选市场主体政策有违公平竞争，损害其合法有序参与竞争权利的，可以向该授权的政府或者政府职能工作部门的上级机关或者相应层级的党组织纪律委员会申诉、举报；也可以向人民法院起诉对外行使许可权力的人民政府或其职能工作部门，请求确认政府特许经营合同无效，附带要求审查政府制定的对应遴选规定违法。

2019 年 11 月 12 日，最高人民法院审判委员会第 1781 次会议通过《最高人民法院关于审理行政协议案件若干问题的规定》（以下简称《审理行政协议案件规定》），自 2020 年 1 月 1 日起施行。该司法解释将政府特许经营协议纳入行政协议案件审理范围。《审理行政协议规定》第五条规定，参与招标、拍卖、挂牌等竞争性活动，认为行政机关应当依法与其订立行政协议但行政机关拒绝订立，或者认为行政机关与他人订立行政协议损害其合法权益的，有利害关系的公民、法人或者其他组织可以提起行政诉讼。第十一条规定人民法院审理行政协议案件，应当对被告订立、履行、变更、解除行政协议的行为是否具有法定职权、是否滥用职权、适用法律法规是否正确、是否遵守法定程序、是否明显不当、是否履行相应法定职责进行合法性审查。原告认为被告未依法或者未按照约定履行行政协议的，人民法院应当针对其诉讼请求，对被告是否具有相应义务或者履行相应义务等进行审查。

《审理行政协议规定》第十二条还规定人民法院可以适用民事法律规范确认行政协议无效。第二十七条第二款规定人民法院审理行政协议案件，可以参照适用民事法律规范关于民事合同的相关规定。尽管司法解释没有直接强调将公平竞争审查作为行政协议司法审查关注点，但是以民事法律规范审查是否遵守法定程序、是否明显不当的审查要求当然包括有公平竞争审查的内容；尤其是合法性审查的文中应有之义就包含了公平竞争审查。

在益民公司诉周口市政府等行政违法案中，原周口地区建设局于 2000 年 7 月以行政审批的方式批准益民公司为“周口市管道燃气专营单位”。2003 年 4 月，周口市政府委托周口市计委向益民公司、亿星公司等 13 家企业发出邀请招标函，着手周口市天然气城市管网项目法人招标，并最终将本市燃气特许经营权授予亿星公司。亿星公司则于2003年11月与中石油公司签订了“照付不议”的用气协议，进行了较大的资金投入。法院审理后认为周口市政府的招投标过程存在明显的违法之处，例如，市计委未对益民公司的燃气经营权做任何处理便发布招标方案；未经过省人民政府或国家计委批准擅自适用邀请招标程序；《政府招标投标法》规定，投标人的准备时间应从获知招标方案之日起算不得少于20天，而本案中从被告公布招标方案到开标中间仅有10天时间。该程序违法严重侵害了益民公司的利益，理应撤销招标方案和中标结果，对亿星公司予以财产上的赔偿。最后，法院考虑到“西气东输”工程在周口市的接口问题和周口市居民及时使用天然气的需要等公共利益，判决确认被诉行为违法，并责令被告六个月内采取相应补救措施，对益民公司的合法投入予以合理弥补。

五、特许经营协议纠纷解决路径

根据《行政诉讼法》对行政合同诉讼的规定，私人主体可就“行政机关不依法履行、未按照约定履行或者违法变更、解除政府特许经营协议”的行为提起行政诉讼。有几个基本问题：一是特许经营协议中是否可约定法院诉讼以外的其他争议解决方式如仲裁；二是政府一方在私人主体违约的情况下可否提起诉讼；三是政府为公共利益需要作出“征收、征用”特许经营权决定后，应否给予补偿。

（一）政府特许经营纠纷是否可以约定仲裁委员会仲裁解决争议

特许经营协议纠纷被纳入行政诉讼受案范围后，当事人是否还可以继续约定仲裁等司法外解决途径？《审理行政协议案件规定》第二十六条规定，行政协议约定仲裁条款的，人民法院应当确认该条款无效，但法律、行政法规或者我国缔结、参加的国际条约另有规定的除外。

从西方国家的经验看，行政合同纠纷多是通过司法外途径解决的。例如，在英国，实践中行政合同纠纷通常由当事人与政府通过非正式谈判或仲裁解决，美国则在行政机关内部设立合同申诉委员会专门处理行政合同纠纷。即便是在尊奉公私二元分立的大陆法系国家，对于行政合同纠纷的解决也没有完全排斥司法外的途径。

例如，法国“原则上禁止公法人进行仲裁，公共工程承包合同和供应合同例外，在得到有关机关批准之后，可以进行仲裁”。德国联邦最高法院在1986年的一个案例中，在对《行政法院法》第40条第2款有关公法合同的规定作解释时，也肯定了民事救济途径。中国台湾地区也承认平等关系的行政契约可以由特定仲裁机构处理，既可以在契约中以特约条款加以规定，也可以在契约成立后由当事人另行约定。

（二）政府一方的救济途径

在《行政诉讼法》修订过程中，对于行政协议的原告资格存在争议。一种观点认为，行政契约作为合意的产物不具有像行政行为那样的强制力。在行政契约的运作中及其纠纷的解决中，行政机关自身的解决纠纷能力有限，必须依靠法院的力量来推动行政契约纠纷的解决和行政契约的履行。另一种观点则认为，行政诉讼的目的是监督公权、保障私权。如果允许行政机关通过行政诉讼起诉行政相对人，将使相对人在行政管理秩序中处于更加不利的地位。

因此，在现行法之下，行政机关不能就私人主体不履行特许经营协议的行为提起行政诉讼，且特许经营协议的行政性也决定了其不能提起民事诉讼，行政机关只能凭借行政优益权制作书面决定，要求私人一方履行协议。私人主体拒不履行的，可以申请人民法院强制执行。行政机关在行政合同履行中所享有的行政优益权作为行政机关的特权得到普遍的认可，即便是英美法系国家，对于政府契约也开始注重“实际操作上不得不迁就公共利益的要求，在某些事项上赋予公共机构私人所无的特权或抗辩”。一般而言，行政机关的行政优益权包括对合同履行的指挥和监督权、单方面变更和解除合同的权力、对私人一方不履行合同的制裁权等。在行政机关是否具有强制执行权这一问题上，各国做法有所不同。法国允许行政机关在私人主体有重大过失或者紧急情况而履行不能时，采取代履行方式履行特许经营协议，以确保公共服务不因此而中断。在德国，如果行政契约没有关于即时强制执行的约定，则行政主体无权自行强制实现其契约请求权，只能借助法院的判决来对行政契约予以强制执行。

我国《行政诉讼法》第九十七条规定：“公民、法人或者其他组织对行政行为在法定期间不提起诉讼又不履行的，行政机关可以申请人民法院强制执行，或者依法强制执行。”那么，行政机关可否依据该条迫使私人一方履行特许经营协议?《审理行政协议案件规定》第二十四条规定，公民、法人或者其他组织未按照行政协议约定履行义务，经催告后不履行，行政机关可以作出要求其履行协议的书面决定。公民、法人或者其他组织收到书面决定后在法定期限内未申请行政复议或者提起行政诉讼，且仍不履行，协议内容具有可执行性的，行政机关可以向人民法院申请强制执行。法律、行政法规规定行政机关对行政协议享有监督协议履行的职权，公民、法人或者其他组织未按照约定履行义务，经催告后不履行，行政机关可以依法作出处理决定。公民、法人或者其他组织在收到该处理决定后在法定期限内未申请行政复议或者提起行政诉讼，且仍不履行，协议内容具有可执行性的，行政机关可以向人民法院申请强制执行。

第五节　产业政策与公平竞争审查

一、产业政策的内涵、特点及意义

产业政策是指政府为了实现经济和社会目标而对特定的产业的形成和发展进行干预的各种政策和措施的总称。其主要目的是弥补市场缺陷，有效配置资源。

产业政策的特点：（1）调控经济结构。即调控产业结构、产业组织结构、产业区域布局结构，使社会资源在各产业、行业、企业、地区之间得到合理配置，逐步实现产业结构的优化。（2）影响经济的长期发展。即改造产业结构，实现产业结构的优化，促进经济的增长，必须经过长期的努力。（3）产业结构政策、产业组织政策、产业区域布局政策表现为“集合”政策。每一种具体政策都以市场机制的调节为依据，对市场起着直接调控、对企业起着间接调控的宏观作用。（4）调节供给。即通过促进或限制某些产业的发展，改造产业结构，调整各产业之间的相互关系，使供给总量和结构都能满足需求，实现供给和需求的总量、结构的平衡。

在市场经济运行中，产业政策可以调整商品供求结构，有助于实现市场上商品供求的平衡；可以通过差别利率等信贷倾斜政策对资金市场进行调节，有助于资金合理流动和优化配置；可以打破地区封锁和市场分割，促进区域市场和国内统一市场的发育和形成；还可以使“看得见的手”在出现“市场失灵”时弥补市场的不足，实现经济振兴和经济赶超，实现产业结构合理化和高度化，增强本国产业的国际竞争力。更重要的一点是，由于存在市场失灵和外部性，需要政府宏观调控进行干预或弥补，而产业政策成为宏观调控实施微观干预的重要手段。

二、产业政策的分类

产业政策可以分为两大类：选择性产业政策与功能性产业政策。选择性产业政策是后发国家和地区为实现经济上的赶超，通过政府实施相应的政策，有选择性地来扶持和刺激某一特定产业的形成和发展。这样一来，政府对选择性产业政策的偏好就可能会损害其他市场主体的市场竞争活动。相比之下，功能性产业政策则强调“被动性”，即只有在市场失灵时，该项产业政策才能作为一种政府干预的手段介入并矫正市场失灵。

三、产业政策以避免政府与市场双重失灵为目标

（一）我国产业政策应尽量避免以政府选择来代替市场选择

我国政府在产业政策制定和实施中应当尽可能避免对市场机制作用的忽视，避免用行政干预的手段排斥、替代市场竞争的自主选择，进而避免去扭曲产业发展所需要的公平竞争市场环境。产业政策应以功能性为主，不断精简选择性产业政策。产业政策的作用对象应从以企业微观市场主体为主向以产业为主转变。在自然垄断、外部性、公共物品等存在市场失灵的领域，强化功能性产业政策的运用，选择性产业政策要不断精简范围。

当前，我国产业政策的一个显著特点和缺点正好是以政府的判断和选择来代替市场机制，以政府对市场供需状况的判断以及控制供给来代替市场的协调机制。合理、科学的产业政策需要包含关于生产成本、消费者喜好、开发新产品以及实现技术创新的完全知识。这些知识只能依靠市场竞争过程的展开而逐渐显示和暴露出来，如果抛开了市场竞争过程，是完全无法获取这些信息的。另外，政府如果代替市场机制来进行选择，会压制市场主体对获取知识的积极性，阻碍市

场自发调节过程，导致市场运行效率低下。因此，我国产业政策应尽量避免以政府选择来代替市场机制。

（二）产业政策在选择实施措施手段时应密切关注其对市场竞争的影响

产业政策实施的措施手段很多，既有财政、税收、金融、价格、外贸、政府采购等间接诱导手段，也有鼓励、允许、限制、禁止等直接管制手段，还有行政指导、信息指导、经济展望、约谈等柔性规制手段。产业政策在选择实施哪一种措施手段时应密切关注其对市场竞争的影响。就我国产业政策而言，我们最应重视和反思的是市场准入控制、政府投资与政策补贴这三种措施手段。这三点也决定了我国产业政策与欧美产业政策的根本不同。我国产业政策在制定与实施中应尽可能避免出现政府与市场的双重失灵，那种试图通过市场准入控制、投资项目审批、选择性培育特定企业来提高市场集中度与做大做强企业的做法，其最终效果可能会适得其反，甚至会严重影响市场竞争效率。政府通过构建市场准入制度，通过市场准入负面清单，来明确地告知人们哪些行业可以进行自由的市场进入、哪些行业暂时不允许进行自由的市场进入，从而增加市场主体的可预期性，减少政府滥用权力的发生可能性。①

市场准入负面清单制度，是指国务院以清单方式明确列出在中华人民共和国境内禁止和限制投资经营的行业、领域、业务等，各级政府依法采取相应管理措施的一系列制度安排。市场准入负面清单以外的行业、领域、业务等，各类市场主体都可依法平等进入。市场准入负面清单制度的构建和实施，有利于实现竞争友好型的产业政策。

2016 年 3 月，国家发展和改革委员会、商务部会同有关部门汇总、审查形成的《市场准入负面清单草案（试点版）》以通知的形式印发，并在天津、上海、福建、广东四个省、直辖市试行。草案列明了在我国境内禁止和限制投资经营的行业、领域、业务等市场准入负面清单事项共 328 项，包括禁止准入类 96 项、限制准入类 232 项。市场准入改革的实施步骤是：按照先行先试、逐步推开的原则，从 2015 年底至 2017 年 12 月 31 日，在部分地区试行市场准入负面清单制度，积累经验、逐步完善，探索形成全国统一的市场准入负面清单及相应的体制

① 刘社建：《中国产业政策的演进、问题及对策》，载《学术月刊》2014 年第 2 期。

机制，从 2018 年起正式实行全国统一的市场准入负面清单制度，且该清单处于动态缩限态势。自 2018 年起，负面清单制度规定：列入清单的市场准入管理措施，由法律、行政法规、国务院决定或地方性法规设定，省级人民政府规章可设定临时性市场准入管理措施。个别设立依据效力层级不足且确需暂时列入清单的管理措施，应尽快完善立法程序，并以加★形式在清单中标明。市场准入负面清单直接衔接《产业结构调整指导目录》《政府核准的投资项目目录》最新版。其中，《产业结构调整指导目录》部分管理措施有调整，在清单附件 2 中列出。《政府核准的投资项目目录》直接在清单中列出。地方对两个目录有细化规定的，从其规定。未经国务院授权，各地区、各部门不得自行发布市场准入性质的负面清单。因特殊原因需采取临时性准入管理措施的，经国务院同意，可实时列入清单。

四、我国产业政策改革优化之路

我国现阶段对产业政策的争论实际上并不是需不需要产业政策之争，而是政府职能改革之争，是政府是否要从全能型、发展型的有为政府转向为维护型、服务型的有限政府之争。

（一）产业政策优化

美国经济学者丹尼·罗德里克认为：看待产业政策的正确方法是把它视为一个发现过程，一个企业和政府共同发现潜在的成本和机会并参与战略合作的过程。产业政策的合理模式不是一个自主性的政府来独自实施庇古税或补贴措施，而是在私人部门和政府之间采取战略性的合作，去发现哪里才是经济结构调整的主要障碍，以及该采取怎样的措施来克服这些障碍。

党的十八大已经提出了“使市场在资源配置中发挥决定性作用，更好发挥政府作用”，尤其是国务院 2019 年 10 月 22 日颁布、2020 年 1 月 1 日施行的《优化营商环境条例》，提出了国家持续深化简政放权、放管结合、优化服务改革，最大限度地减少政府对市场资源的直接配置，最大限度地减少政府对市场活动的直接干预，加强和规范事中事后监管，着力提升政务服务能力和水平，切实降低制度性交易成本，更大激发市场活力和社会创造力，增强发展动力。各级人民政府及其部门应当坚持政务公开透明，以公开为常态、不公开为例外，全面推进决策、执行、管理、服务、结果公开。优化营商环境应当坚持市场化、法治化、国际化原则，以市场主体需求为导向，以深刻转变政府职能为核心，创新体制机制、强化协同联动、完善法治保障，对标国际先进水平，为各类市场主体投资兴业营造稳定、公平、透明、可预期的良好环境。一些地方如湖北省委、省政府出台《关于更大力度优化营商环境激发市场活力的若干措施》，印发《弘扬“店小二”精神“十必须十不准”》规定要求对所有市场主体必须一视同仁、平等对待，严格落实市场准入负面清单、公平竞争审查制度；不准擅自提高准入门槛，搞地方保护、指定交易、市场壁垒。

当然，政府并不是无所作为，政府应该是更好而不是更多地发挥作用，为市场的健康、良好有序运行提供支持性条件和弥补不足，让市场机制在资源配置中发挥决定性作用。

（二）产业政策与竞争政策的融合

如果只有产业政策没有竞争政策，则会产生寻租、不正当竞争和垄断行为，对经济的发展和消费者福利有害无益。被扶植的产业能够设置行业进入壁垒，锁定资金流入，导致产业投资过剩，引发产业结构失调，经济发展失衡。同样，只有竞争政策没有产业政策，过度的竞争会淘汰弱者，也会导致垄断，竞争政策的目标也无法实现。所以竞争政策和产业政策都是经济发展不可或缺的部分，都是政策工具，但两者的政策目标和手段方式相异，需要一个制度性机制促进两者之间的协调。

中国已经在强力推行“竞争政策优先、产业政策有限”措施，促进产业政策与竞争政策和创新政策的兼容、协调和融合。未来的产业政策应当定位于致力创造“促进公平竞争、鼓励不断创新”的市场环境。

（三）公平竞争审查制度保障产业政策促进竞争

国务院《关于促进市场公平竞争维护市场正常秩序的若干意见》提出：“围绕使市场在资源配置中起决定性作用和更好发挥政府作用，着力解决市场体系不完善、政府干预过多和监管不到位问题，坚持放管并重，实行宽进严管，激发市场主体活力，平等保护各类市场主体合法权益，维护公平竞争的市场秩序，促进经济社会持续健康发展。”这里提出了竞争友好型产业政策，是我国产业政策优化的唯一路径。

根据《意见》和《实施细则》，我们需要规范产业政策的制定，在源头上防止在市场准入、产业发展等方面出台排斥、限制竞争的政策措施，清理、废除妨碍公平竞争的一切规定和做法。另外，还需要进一步完善修订《实施细则》，《反垄断法》修正案征求意见稿中增加了公平竞争审查的条款，最终修正案通过后意味着真正建立了公平竞争审查法律制度体系。

（四）强化产业政策的评估与问责

我国在市场经济建立初期，政府权力缺乏必要的制约，权力的边界不清，而且权力的行使失去了规范，该怎么管无章可循、无法可依，主观主义、形式主义、长官意志滋生蔓延；更为甚者，权力的不当行使，无人负责，无责可究。因此，建立健全产业政策的事后评估机制、问责机制，关键是让产业政策从制定、实施、评估、考核、追责的全过程必须公开、公平、公正。在决策、实施、评估等环节，委托独立第三方的专业评估机构进行评估，通过各种渠道和路径广泛宣传，引导正确的社会监督。

五、产业政策的公平竞争审查

必要的产业政策往往是比较宏观的经济政策，但是涉及市场主体经济活动中的市场准入和退出、商品和要素自由流动、生产经营成本、生产经营行为等的产业政策，都是需要进行公平竞争审查的。

在特定时期对特定市场主体给予产业政策支持，往往是地方政府很容易出台的产业政策。一个地方结合本地的地理、气候、土壤、人文、习俗、教育、科技、医疗、产业基础等各方面实际情况，必然会有结合本地实际的特定产业政策出台，这是非常有必要的经济治理战略与决策措施。我们不可能脱离本地实际来发展经济，需要高质量发展，必须结合本地实际情况，因地制宜出台产业政策。

我们在进行公平竞争审查时需要重点考量的是是否限定特定市场主体进入或者退出的问题，是否给予或者不给予特定市场主体的财政支持、补助和优惠政策。有时即使没有明确指向特定一家或者多家市场主体，但是通过条件的限定、门槛的设置，不难得出只有某一家或者多家特定市场主体才符合条件的结论时，也可能产生排除、限制竞争的效果，这时需要结合具体情况进行经济学、竞争法学和特定行业的科学分析与评估。

其他方面的公平竞争审查要点和例外，与本书其他章节的公平竞争审查无异，不再赘述。

第五章　公平竞争审查制度进化论

第一节　公平竞争审查制度的理论深化

公平竞争审查制度主要源于竞争法，自国务院2016年6月发布的《意见》正式确立该制度以来，相关领域学者对此展开了大量研讨，各地纷纷出台具体规定，可谓“一石激起千层浪”。缘何该制度会受到如此关注？深刻剖析公平竞争审查制度的理论深化和实践进路或许可窥一二。随着现代市场经济体系建设的发展，公平竞争涉及范围广泛，影响深远。从政府行为到行政性垄断，以及市场体系建设与法律、法规、各项公共政策的协调，甚至宪法所确立的市场经济体制，这些无一不与公平竞争挂钩①，对公平竞争审查制度的理论研究与实践细化兼具必要性与紧迫性。首先，既可以从制度本身切入，将其作为一个狭义的“小制度”，解构其本身的作用、价值、意义，也可以以小见大，从经济法层面宏观分析其与经济法的各项制度与政策的关联。具体到本书，本书拟从经济法的宏观视角探讨现代市场体系建设中设立公平竞争审查制度的必要性和重要性，以及各类经济政策的协调下公平竞争的可行性，由此剖析制度存在的经济基础。此外，亦可从法律的维度梳理在经济宪法以及经济法制度中公平竞争理念贯穿始终的客观必然性，由此探究制度存在的法律基础。② 在此前提下，具体到公平竞争审查制度本身，在制度具体规范层面进行完善。其次，从公平竞争审查制度自身的一项重要制度价值切入，即从它在规范政府经济行为、制约政府经济权力、破除行政

---

①② 张守文：《公平竞争审查制度的经济法解构》，载《政治与法律》2017年第11期。

性垄断的藩篱这一重大历史使命着手，深入探析制度理论。最后，通过阐述竞争中立原则的概念与意义，分析竞争中立原则与公平竞争审查制度的关系，对公平竞争的相关理论进行有力补充，这也与《意见》确立竞争政策基础性地位的要求相呼应。公平竞争审查制度对建设我国社会主义市场经济体系具有举足轻重的作用。而对制度的理论深化不可管中窥豹、偏废其一。只有全面思考，深入发掘，立足于制度本体论研究的基础上，将其置于经济宪法以及经济法体系下，与各类制度规范协调配合，才能更好地体现制度价值。

一、公平竞争审查制度理论的经济法角度解构

（一）公平竞争审查制度的经济基础

现代市场经济体系对于公平竞争有着天然的内在要求。首先，市场在资源配置中起到基础性作用，除了市场的基础作用外，还要依靠有形之手的调控，如何处理好政府与市场的关系，实现“有形之手”与“无形之手”的协同合作，是各国经久不衰的研究热点。而市场在资源配置方面重要作用的发挥，离不开现代的市场经济和市场体系这一平台①，只有在该平台之上，各类主体才能展开自由、公平的市场竞争，否则，公平竞争就无从谈起。因此，现代的市场经济和市场体系是公平竞争以及构建公平竞争审查制度的前提和基础，如果一国不实行市场经济体制，就无法实现市场作用与政府调控两套资源配置系统的协调，也就不涉及对政府系统可能影响公平竞争的审查问题，当然也不可能建立公平竞争审查制度。②

其次，公平竞争是维护市场经济体系健康运转的保障，政府与市场主体在各自运行轨道上各司其职，对保障公平竞争的市场环境有着不可推卸的责任。为此，国家不仅建立专门竞争法制度，如《反垄断法》《反不正当竞争法》等，直接保护市场主体的公平竞争，又如在国有企业改革中引入竞争中立原则，以规制

---

① 整体的市场体系包括商品市场和要素市场，而要素市场则包括了劳动力、资本、土地、技术等市场，对于这些市场的建设，需要多种法律的有效调整。参见张占斌：《建设统一开放竞争有序的现代市场体系》，载《天津行政学院学报》2008 年第 5 期。

② 张守文：《公平竞争审查制度的经济法解析》，载《政治与法律》2017 年第 11 期。

不当的国有企业竞争优势；国家还通过构建公平竞争审查制度——一种实现政策制定机关事前进行的公平竞争审查与反垄断执法机构进行的事后监督相协调的双重机制[①]，来约束政府行为，有效规制行政性垄断，为各类市场参与者更加平等、公平参与市场竞争提供保障。我国在制度政策上对“建立统一、开放、竞争、有序的现代市场体系”之路早已有端倪。早在2007年，国家就提出了“加快形成统一开放竞争有序的现代市场体系”，而从现实的制度推进建立市场体系以及相应的公平竞争审查制度是2013年《中共中央关于全面深化改革若干重大问题的决定》，它用较大篇幅专门提出“要加快完善现代市场体系”，尤其强调“建设统一开放竞争有序的市场体系，是使市场在资源配置中起决定性作用的基础”，体现了经济法共识。[②] 统一开放竞争有序，既是现代市场体系的应有之义，也是判断竞争是否受限、是否公平的重要标准。

最后，各项经济政策（如财政政策和货币政策）与产业政策、竞争政策等相关政策共同协调与现代市场经济体系的建立和良好运行密不可分，而公平竞争理念在各项政策的制定过程中可以起到缓解冲突矛盾的调和作用，使各项政策良性运转配合得当。但是从另一方面来看，各类政策目标的确定必然会涉及相关公共利益，从而直接影响公平竞争审查制度的例外规定和调整范围，从而影响其实施的“可行性”。例如，现行公平竞争审查制度中的例外规定，都是基于国家安全、扶贫济困、节能环保等公共利益的考量，对此，该制度要求自我审查的机关应说明政策措施对实现政策目的不可或缺，且不会严重排除和限制市场竞争，并要明确实施期限。当这些关于公共利益的目标与保障公平竞争的目标发生冲突时，就需要进行有效的协调。从总体上说，当保障公平竞争与其他政策所保障的公共利益发生冲突时，在各类经济政策之间进行目标和手段的协调，合理确定公平竞争的地位，是现代市场经济体系建设过程中要持续解决的重要问题。[③]

综上所述，公平竞争审查制度的经济基础立足于现代的市场经济和市场体系，建立和完善公平竞争审查制度是打造健康活力的市场平台，为各类经济主体充分发挥作用提供必要条件的基础，是使得市场在资源配置中起决定性作用的重

---

① 李青：《中国竞争政策的回顾与展望》，载《中国价格监管与反垄断》2018年第7期。

② 张守文：《“改革决定”与经济法共识》，载《法学评论》2014年第2期。

③ 张守文：《公平竞争审查制度的经济法解析》，载《政治与法律》2017年第11期。

要保障。

（二）公平竞争审查制度的法律基础

公平竞争审查制度的目标是规范政府行为，维护公平竞争环境，促进全国统一市场建立。作为一种冲突解决机制，找准立法定位、厘清法律属性、发掘法律基础、激发制度功能，与竞争政策能否贯彻落到实处、竞争法权威地位能否充分体现息息相关。从制度的目标探究其法律基础，各国通常通过竞争法来保障公平竞争，在宪法中也会有所体现。研究公平竞争审查制度的法律基础，也可以从《宪法》与《立法法》《反垄断法》的相关规定着手。就宏观角度而言，作为根本大法的《宪法》会集中反映一国经济体制的变革或整体经济的发展，特别是市场经济体制的确立。经济生活与政治、法律联系日渐紧密，使得宪法的“经济性”特点更为显著，包括竞争法在内的各类经济法制度，都源于宪法的基本规范，关于公平竞争的相关理念也自然而然贯穿始终并得到验证。如：《宪法》第十五条规定：“国家实行社会主义市场经济。国家加强经济立法，完善宏观调控。国家禁止任何组织或者个人扰乱社会经济秩序。”由此可见，我国基于宪法确立的市场经济体制的重要性，发挥市场在资源配置中的决定性作用势在必行。保护和促进公平竞争也是市场经济的内在需求。国家通过加强经济立法与宏观调控来保障统一开放竞争有序的市场秩序，对扰乱市场经济秩序、有损公平竞争原则的行为主体予以处罚。从微观具体角度而言，《立法法》中“法律法规的审查、改变和撤销”亦值得关注。如 2001 年《立法法》就规定了对不合法、不适当的法律法规的审查、改变与撤销程序，2015 年《立法法》修正也基本保留 2001 年立法时的规定。据此，全国人大、国务院、省级人大、地方各级人大常委会、省级人民政府等在各自的权限范围内有权启动相应程序，对它们认为“不适当”的法律、规章和地方性法规进行审查、改变甚至是撤销。虽然《立法法》未明确“不适当”的具体情形，但理论上这个范围可以涵盖“不适当的限制市场竞争”的情形。[①] 再如，《反垄断法》是竞争政策法制化成果的集大成者，本身就体现着对竞争中公平、自由理念的价值追求。其在第一条、第四条、第八条、第九条

① 向立力、俞四海：《公平竞争审查制度的理论梳理与完善建议》，载《中国价格监管与反垄断》2017 年第 3 期。

中已暗含“公平竞争审查制度”；在第四条中涉及“竞争规则”相关规定；第八条对滥用行政权力的规定如下：“行政机关和法律法规授权的具有管理公共事务职能的组织不得滥用行政权力排除、限制竞争。”它亦在第五章详细列举了滥用行政权力排除限制竞争的各种表现形式。诸如此类都体现了对公平竞争理念的追求与公平竞争审查制度法治化的现实需要。还有《行政许可法》中，“行政许可设定条件与评估、修改、废止”的规定涵盖了行政许可设定的事前控制、事后评估以及不适当行政许可修改、废止程序，几乎可以视为行政许可领域的公平竞争审查制度。《行政诉讼法》《行政复议法》中“规范性文件和规章的审查、改变和撤销”的规定等都一定程度反映了公平竞争审查制度。因此，促进和保障公平竞争，要从源头上防止通过公共政策的制定和相关立法来排除或限制公平竞争，它是一个系统工程，需要诸多法律配套与协调，这也是其法律基础深厚广博的原因之一。

二、公平竞争审查制度的理论发展与行政性垄断

行政性垄断的存在极大地破坏了自由竞争的市场秩序，抑制了市场主体的参与积极性，不利于全国统一市场的形成。而我国的政府规制体系形成于计划经济向市场经济转轨的过程中，与我国社会主义初级阶段的国情和工业化进程相匹配，它具有强行政性与弱法治性的特点。这对新时代背景下以动能转换为主线的供给侧改革已多有掣肘，也不符合我国建立经济生态新体系的要求。作为一种在国家层面对公平竞争市场秩序所作出的顶层设计——公平竞争审查制度，不仅督促政府机关在规制政策的制定上合法，规范和约束政府行为，而且也是依法行政与依法治国的应有之义。同时，为了促进公平竞争审查制度的法治化，应当将规制权力真正约束进法律框架之内，有效完善我国行政性垄断规制体系，对公平竞争审查制度理论的深化，考量其与行政性垄断的规制问题具有现实的重要意义。

（一）行政性垄断的理论概述

1. 行政性垄断的概念

《反垄断法》虽未对行政性垄断进行明确的定义，但根据法条表述可知，行政性垄断是指行政主体滥用行政权力，排除、限制竞争，对市场施加不利限制，

从而阻碍市场经济的自由发展的行为，其本质是政府对经济的不当干预。其行为主体指向使用行政权力之人或组织，包括行政机关和法律、法规授权的具有管理公共事务职能的组织。其中，国家行政机关是最主要的实施主体。① 其表现形式为行政权力的滥用：从行为者“滥用”行政权力的表现形式来看，可以是超越法律、法规的授权范围行使权力，也可以是在法定授权范围内违反法律要求或背离特定行政权力运行的目的、程序、方式等不当行使权力②；从行为者“滥用”行政权力的方式来看，既可以是直接的方式表现出来，如直接限定部分商品的供给主体，也可以通过间接的方式实施，如以政策引导等。判断一种行政行为是否构成行政性垄断，除了以上要素外，主要的依据是判断该行为是否违背了市场的公平竞争秩序，是否破坏了社会主义市场经济关系，如果其侵害的不是市场竞争关系，则不能将其定性为行政性垄断。③

2. 行政性垄断问题的由来

从经济学角度切入可知，竞争是社会主义市场经济的必然构成，是经济效率与社会福利的基本保障。然而，市场不是万能的，市场机制也存在许多自身不可克服的固有缺陷，无序竞争下产生的垄断会扰乱市场竞争环境，影响资源的有效配置，降低社会福祉，以至在资源配置上失灵和失效。④ 广义上的“垄断”指的是虚拟的市场进入壁垒，即某特定产业的市场份额被一家或有限家企业寡占，其他潜在进入企业难以进入。但是，进入壁垒在经济社会本就无处不在，正如人与人之间的差异，天赋与身体的差异，无法用制度与市场进行完全的克服。学术界将这种垄断归纳为“天生垄断”。⑤“天生垄断”的形成使得生产成本最低，高成本的潜在竞争者无法进入，这就是合理的“经济性垄断”。如果这种寡占是借助行政权力设置，壁垒是由非经济因素或某种外生于市场的人为干预而形成的，获取利益既不计成本，也无须竞争，这便是“非经济性垄断”。“行政性垄断”就属于典型不合理的“非经济性垄断”。⑥ 行政性垄断影响范围广、干预力度大，

---

① 吕明瑜：《竞争法教程》，中国人民大学出版社 2015 年版，第 164 页。

② 吕明瑜：《竞争法教程》，中国人民大学出版社 2015 年版，第 163 ~ 164 页。

③ 种明钊：《竞争法学》，高等教育出版社 2012 年版，第 320 页。

④ 王全兴：《经济法基础理论专题研究》，中国检察出版社 2002 年版，第 80 页。

⑤ 张超、李超：《垄断的成因、效率与规制——兼评梯若尔规制理论》，载《东岳论丛》2016 年第 1 期。

⑥ 陈林：《公平竞争审查、反垄断法与行政性垄断》，载《学术研究》2019 年第 1 期。

是我国当前垄断的主要表现形式。其主要表现为设置市场准入、行业保护、地区歧视、强制交易等。这种垄断“借行政权力之名，行垄断市场之实”。[①] 造成行政性垄断的根源在于政府部门通过行政权力构筑起市场壁垒[②]，政府“有形的手”在资源配置中跨越边界，滥用行政权力，危害公平竞争规则，不利于市场经济健康发展。

在探索政府与市场的关系、优化资源配置的道路上，各国根据自身的时代背景、生产力水平、意识形态等因素自主选择经济模式，我国也不例外。早在新中国成立之初，结合当时我国国情之考量，行政性垄断便与国有经济共生共存，发展基本同步。[③] 改革开放以来，随着国有经济的渐进改革和私营经济的快速发展，行政性垄断并没有消失。作为我国经济制度的重要组成部分，行政性垄断将在很长一段时期内继续存在。[④] 这是今后我国反垄断法制建设与垄断性行业改革中的主要路径依赖，对行政性垄断进行规制的议题也日趋得到重视。在制度变迁中，如何正确处理政府与市场的关系上我国经过了漫长艰难的考验，最终成功实现了由计划经济向市场经济转轨。也对在此过程中行政性垄断问题造成的危害后果进行了高度总结概括：行政主体缺乏制度硬性约束，市场主体也缺乏规则意识，政府干预经济的现象极为突出，行政性垄断屡见不鲜，这已经严重影响了企业参与竞争的积极性，危害市场公平。随着我国政治、经济体制改革的全面深化，改革开放力度与日俱增，参与国际经贸治理能力不断提高。如何厘清政府与市场的关系，保障竞争在市场机制中充分发挥作用是我们面临的重大议题，而能否对行政性垄断进行有效规制则是完成当下任务的必要途径。

3. 我国行政性垄断的规制体系

《意见》实施之前，《行政诉讼法》和《反垄断法》是行政性垄断的主要规制手段，“前者主要通过设定权力清单严格规范行政程序和明确行政问责等方式规范政府行为，后者则通过反垄断法的公共实施（行政执法）和私人实施（司

① 徐士英：《以竞争法规制行政性垄断——把权力关进制度笼子的有效路径》，载《中国价格监管与反垄断》2015 年第 1 期。

② 曲创、石传明、臧旭恒：《我国行政性垄断的形成：垄断平移与政企合谋》，载《经济学动态》2010 年第 12 期。

③ 陈林、朱卫平：《经济国有化与行政性垄断制度的发展——基于制度变迁理论的经济史研究》，载《财经研究》2012 年第 3 期。

④ 陈林：《公平竞争审查、反垄断法与行政性垄断》，载《学术研究》2019 年第 1 期。

法诉讼）约束行政性垄断”。[①] 此二者更多体现为事后救济手段。

具体而言，就《反垄断法》来看，《反垄断法》在第八条加以明确规定：“行政机关和法律法规授权的具有管理公共事务职能的组织不得滥用行政权力排除、限制竞争。”亦在第五章详细列举了滥用行政权力排除限制竞争的各种表现形式，如在第三十二条至第三十七条列举了行政性垄断的6类行为，即行政机关和特定组织滥用行政权力限定商品，妨碍商品流通，限制招标投标，进入本地市场，强制从事垄断行为，制定排除、限制竞争的规定。与此同时，还在第五十一条对行政性垄断的责任进行规定，即“行政机关和法律、法规授权的具有管理公共事务职能的组织滥用行政权力，实施排除、限制竞争行为的，由上级机关责令改正；对直接负责的主管人员和其他直接责任人员依法给予处分。反垄断执法机构可以向有关上级机关提出依法处理的建议”。

就《行政许可法》及《行政诉讼法》来看，由于行政性垄断行为的本质是行政行为，其理所当然受到行政法的规制，尤其是在尚不存在专门的反垄断诉讼的情况下，行政性垄断因被告为行政主体而被纳入行政诉讼之中，行政性垄断的司法审查才得以实现。[②]

通过《意见》的实施，不仅对政策制定机关制定的规章、规范性文件等进行事前审查，将可能影响公平竞争的不利因素扼杀于摇篮中；与此同时，将政府干预竞争行为较为全面地纳入管辖范围之内，弥补《反垄断法》在制度层面的短板；不仅如此，还对于抽象性行政行为导致的行政性垄断进行有效约束，突破《行政诉讼法》可诉范围的限制。其实施有效完善了我国行政性垄断规制体系的不足，可谓是在规制抽象行政性限制竞争行为领域的创新之举。

（二）公平竞争审查制度对行政性垄断的规制

1. 公平竞争审查制度优化了对行政性垄断的规制方式

行政性垄断是指行政主体滥用行政权力，排除、限制竞争，对市场施加不利限制，从而阻碍市场经济的自由发展的行为。对于如何规制行政性垄断，我国在

---

① 应品广：《竞争政策视角下行政性垄断规制新模式——从“事后救济”到“事前控制”》，载《江西财经大学学报》2016年第4期。

② 辜佳慧：《我国行政性垄断法律规制体系研究》，载《湖北经济学院学报》（人文社会科学版）2019年第5期。

《反垄断法》中已明示：如在第五章中对行政机关和法律、法规授权的具有管理公共事务职能的组织不得滥用权力，实施限定交易、地区封锁等排除限制竞争行为作出具体规定。这与制定公平竞争审查制度的初衷不谋而合，二者都是我国行政性垄断规制体系的重要组成部分。在规制方式上，《反垄断法》对行政性垄断的规制手段主要以事后规制为主，即在行政性垄断行为发生后反垄断执法机构才介入调查处理，法律责任承担较轻微。如根据《反垄断法》第五十一条规定可知："行政机关和法律、法规授权的具有管理公共事务职能的组织滥用行政权力，实施排除、限制竞争行为的，由上级机关责令改正；对直接负责的主管人员和其他直接责任人员依法给予处分。反垄断执法机构可以向有关上级机关提出依法处理的建议。"与强调事前预防机制的公平竞争审查制度相较，这种事后机制不仅无法完全消弭既定事实带来的不利影响，而且威慑力较弱。在弥补因不公平竞争带来的经济损失、对政府信誉的下降、对技术进步与管理创新造成的迟延、对社会整体福祉追求的阻碍等方面都显得苍白无力。[①] 而公平竞争审查制度通过在政策起草制定阶段对其合法性、公平性进行自我把控，以主动审查、自我审查的方式，对行政性垄断行为进行事前预防，可以有效避免、减少损害公平竞争的政策出台。它不仅注重对现存政策的清理，更注重在政策制定之初，即从源头上预防含有排除市场竞争内容政策的出台，有力弥补了《反垄断法》在制度层面设计的漏洞，并与其形成合力，共同满足反行政性垄断的需要。

2. 公平竞争审查制度补充细化了对行政性垄断的规制范围

现行《反垄断法》对行政性垄断的定义是行政机关和法律、法规授权的具有管理公共事务职能的组织滥用行政权力排除、限制竞争，但是其规制能力却非常有限。分析其原因，对竞争机制的不同程度抑制成为政府干预弥补市场失灵的必要组成部分，无论在社会资源配置上采取的是政府主导模式还是市场主导模式，都应当通过某种方式对此加以有效确认和有效外化，而在法治环境下则主要是通过规范性的法律文件所规定的法定权限和法定程序来进行，故而对于滥用行政权力排除、限制竞争的理解，在原则上通常应当限于超出法定权限或者法定程序对市场竞争实施的各种抑制举措，我国《反垄断法》对此应当就是秉持这种

① 房佩华：《我国公平竞争审查制度与反垄断法的完善》，暨南大学硕士学位论文，2018 年。

态度。这也意味着我国《反垄断法》在行政性垄断上的规制范围变得更窄。[①] 与其相较，公平竞争审查制度在适用主体和适用范围上则更为宽泛。虽然反垄断法对行政性垄断的主体界定在“行政机关”“法律、法规授权的具有管理公共事务职能的组织”上，但是却也忽略了如立法机关等其他部门。而立法机关出台的各项法律、地方性法规、行政规章等都有可能出现限制公平、排斥竞争的现象，却能因为没有被囊括进反垄断规制范围而被利用作“免死金牌”。在适用主体上，公平竞争审查制度虽然与《反垄断法》表述一致，均为“行政机关和法律、法规授权的具有管理公共事务职能的组织”，但从“行政法规和国务院制定的政策措施、政府部门负责起草的地方性法规”的参照适用范围可以反馈出，公平竞争审查制度的适用主体不仅包括国务院各部委、地方各级人民政府及其职能部门这些《反垄断法》适用的行政主体，亦涵盖一般认为不适用《反垄断法》的最高行政机关——国务院。[②] 而在适用范围上，《反垄断法》的制度层面设计无法将政府干预竞争行为全面纳入管辖范围之内，如立法机关出台的各项法律、地方性法规、行政规章等都有可能出现限制公平、排斥竞争的现象；政府的制度安排也会由于受到利益集团影响、官商合谋、政府知识局限等原因而出现不合理限制竞争的现象[③]，如对企业设立时过于冗长的行政审批制度等；抽象性行政行为导致的行政性垄断也是《反垄断法》管控的不足之处，虽然根据《反垄断法》第三十七条规定，只有在行政机关滥用行政权力出台会限制竞争的条款时才属于规制范围，但是若行政机关无滥用行政权力行为，不具备滥用的这一条件主观故意，其对竞争的干预限制可能是出于竞争的认知局限或者对政策的理解不到位，如行政失职行为等，从而产生的行政性垄断行为危害市场公平竞争自然不能由《反垄断法》规制。针对以上种种不合理的法律规定与行政行为产生的漏洞，目前《反垄断法》还鞭长莫及。公平竞争审查制度扩大了规制范围，不仅针对部委规章和地方政府规章、政府规范性文件和其他政策措施实施审查，亦审查国务院的行政法规和其他政策措施，乃至审查由政府部门起草的地方性法规，大大扩充了

① 丁茂中：《论我国行政性垄断行为规范的立法完善》，载《政治与法律》2018 年第 7 期。

② 霍艳梅、刘志军、孟庆瑜、和金生：《公平竞争审查制度的理论认识与实践探索》，载《河北工程大学学报》2019 年第 3 期。

③ 张占江：《弥补反垄断法行政性垄断规制局限的制度方案——基于反垄断经济分析范式的修正》，载《中国价格监管与反垄断》2015 年第 1 期。

《反垄断法》的规制范围。

不仅如此，在对行政性垄断的列举情形方面，公平竞争审查标准不仅更为细化，而且补充了《反垄断法》未予规定的情形，有效配合反垄断执法。具体而言，公平竞争审查标准将《反垄断法》规制的限定交易行为更加宽泛化，细化了其规制的地区封锁行为；与此同时，进一步明确了《反垄断法》规制的强制垄断行为，补充了其未体现的其他排除限制竞争情形。[①]比如，《反垄断法》第三十三条列举了行政主体妨碍商品在地区之间自由流通的若干“地区封锁”情形，如针对外地商品的歧视性收费、歧视性技术措施、行政许可、关卡等。而公平竞争审查标准在关于商品和要素自由流动标准方面，扩充了商品范围，涵盖了进口商品和服务，增加了歧视性补贴等情形，扩大了行政许可、关卡等内涵。诸如此类，不一一赘述，都是公平竞争审查制度补充细化了对行政性垄断的规制范围的体现。

3. 公平竞争审查制度提高了对行政性垄断的规制水平

我国公平竞争审查制度实行以政策制定机关的事前自我审查为主导，发展改革部门加强指导，同时加强信息公开，强化社会监督。这就要求政策制定机关对存量或增量的政策措施按照已出台的《实施细则》进行自我审查，形成书面结论，以防止含有排除、限制竞争因素的政策出台。这为防止行政性垄断又增添了一道防线，即可以在“上级机关责令改正，反垄断执法机构向上级机关提出建议”之外添加第三道防线。[②] 由此可知，公平竞争审查制度不仅是限于针对增量政策的事前审查，即已经公平竞争审查后出台的政策措施并非“一劳永逸”，行政主体仍应定期评估其影响；对适用例外规定出台的政策措施，行政主体还应逐年评估，如评估认为有损公平竞争的，应及时废止或启动修改程序。此外，对以往的存量政策措施也应当进行清理，使得在公平竞争审查制度设计层面，排除限制竞争的行政性垄断行为得以全方位遏制，全面提高对行政性垄断的规制水平。[③]虽然自我审查模式本身存在逻辑上的多重悖论，政策机关的角色混乱，既是“运动员”又是“裁判”，难免出现“监守自盗”的现象。但是，基于我国公

①③ 霍艳梅、刘志军、孟庆瑜、和金生：《公平竞争审查制度的理论认识与实践探索》，载《河北工程大学学报》2019 年第 3 期。

② 赵名菊：《论公平竞争审查制度对反垄断的促进作用》，载《河北企业》2018 年第 6 期。

共政策文件数量庞大、名目繁多，行政机构事务冗杂而竞争执法机构成本不足，执法成员资质参差不齐的现状，自我审查模式在现阶段确有其可行性。如何构建高效流动的信息处理机制，打破竞争合规信息壁垒，加强监管规范，防止行政性垄断是下一步完善公平竞争审查制度的必然要求。

三、公平竞争审查制度与竞争中立原则

随着经济全球化的不断发展，全球经济结构深刻调整，各国围绕制度、规则、市场、技术、资源的竞争日趋激烈，全球经济治理体系面临深刻变革。其中，最为突出的是以金砖国家为代表的新兴市场经济体发展迅速，尤其是以中国为代表的发展中国家的国有企业展现了其不可小觑的强大实力。伴随而来的非议也不绝于耳：不乏部分欧美国家认为这些新兴经济体在国际市场的竞争优势来源于政府的支持、甚至其已取得的垄断地位，从而对发达国家的企业造成了不公平竞争。因此，在日益复杂的国际经济竞争新形势下，竞争中立政策越来越受到各国及国际组织的瞩目，并试图通过推行竞争中立来维持公平的市场竞争环境。伴随着竞争中立规则国际法化趋势的不断发展，我国不可避免要作出应对之策。虽然在我国现有的法律法规中并没有直接规定竞争中立，但是随着竞争政策基础性地位的确立，作为其重要组成部分的公平竞争审查制度、竞争推进和竞争倡导机制等方面的研究推进都被提上日程。① 这对促进竞争中立制度建立、维护市场经济秩序、推进国有企业改革乃至深入经济体制改革都有重大意义。通过对竞争中立的理论概述及其与公平竞争审查关系的阐释，探索构建符合中国国情的竞争中立体系，在加强竞争立法和相关政策完善中，如何积极落实公平竞争审查制度具有紧迫的现实需求，这也是对公平竞争审查制度理论研究深入的应有之义。

（一）竞争中立原则的内涵及意义

竞争中立着眼于市场竞争问题中政府的态度，突出政府的能动性，强调政府在实现资源配置中应该发挥的作用和应当受到的限制。构建公平竞争环境是竞争

---

① 黄颖慧：《国际经济新秩序下的竞争中立规则及我国对策研究》，华东政法大学博士学位论文，2017年。

中立原则的核心，其施用基础在于领域市场化，非市场化中的相对领域市场化，如外资进入、国家安全审查等政府管理，则属于竞争中立的适用范围除外规则，而绝对领域化则完全超出其管理范围之外。

实施竞争中立是发挥市场决定作用的必然要求。党的十八届三中全会提出，使市场在资源配置中起决定性作用，是顺应市场基本规律、体现市场经济本质要求、完善中国特色社会主义市场经济体制的突破性创新理论。市场决定性作用分别体现在：主体性，即市场处于社会资源配置的主体地位；配置力，即市场通过价格和供求关系来实现资源的优化配置；决定权，即市场对生产、消费、流通等各个环节价格有决定权。[①] 竞争中立制度就是完善市场竞争规则、清理废除妨碍统一市场及公平竞争规定的一种措施。

实施竞争中立有助于政府在市场中更好发挥作用，实现政府与市场间良性互动。处理政府与市场的关系本质上就是如何使市场在资源配置中发挥决定性作用和如何优化政府职能，二者不可偏废其一。市场不是万能的，有其天然局限性。一方面，当市场失灵已经出现或者在初露端倪时，政府适时干预，提前解决能够更好地解决市场出现的问题；另一方面，政府的过度干预也会影响市场作用的发挥，起到适得其反的效果。因此，正确把握政府在市场运行中的介入程度，合理处理二者关系就十分重要。竞争中立制度以规范国有企业和政府在市场中的行为为切入点，通过消除国有企业在税收、监管、信贷、补贴、政府采购等方面的不正当优势，促使其与私企公平竞争，净化市场环境，实质上是规范政府在竞争中的经济行为。竞争中立制度是促使政府在市场环境下更好发挥作用的可行性方式，也是符合构建统一开放、竞争有序的市场体系的需求。

实施竞争中立有助于优化政府经济干预，推动国家供给侧结构性改革。因时制宜进行经济体制改革是政府干预市场的重要手段。政府实施的经济体制改革通常直接决定着市场公平竞争的程度，并且产生深远影响。因而，竞争中立对于政府实施经济体制改革意义重大，经济体制改革是竞争中立的核心贯彻途径。国家干预经济方式多样：针对宏观调控结构的财政政策、货币政策、规划计划、产业政策等；针对微观领域的市场规制等。供给侧改革强调，通过改革的方法优化资

---

① 李文成：《竞争中性政策的综合考量和实践途径》，载《中国市场监管研究》2019 年第 7 期。

源配置，调整经济结构，充分发挥劳动力、土地、资本、创新四大要素的效用。[①] 这与竞争中立应有的题中之义不谋而合，竞争中立主要通过维持国企与私企间公平竞争，为市场机制提供良好运行环境。这也为供给侧改革增加了动力，竞争中立是供给侧改革可行性制度工具。

实施竞争中立有利于加快改革开放，提升参与国际经贸治理能力。竞争中立在国企政策、政府担保、招标投标、公正监管等诸多方面有着制度性创新与变革，是我国深化改革、融入世界经济的必然选择。通过竞争中立制度的实施，提升国有企业治理水平、市场水平、经营透明度，从长远角度看有利于国有企业走出去，也有利于我国经济全方位高水平开放，同时，在纷繁复杂的国际形势下维护自身合法利益，保证经济平稳健康发展。

（二）公平竞争审查制度与竞争中立原则的关系

二者都反映了现代市场体系对于公平竞争的内在要求，突出市场在资源配置中起决定性作用。市场经济的灵魂在于竞争，只有构建公平竞争环境，才能打造健康活力的市场平台，为各类经济主体充分发挥作用提供必要条件，市场在资源配置中起决定性作用才得以体现。竞争中立原则和公平竞争审查制度从根本目的上都是通过约束政府行为，保障市场主体的公平竞争，以建立统一开放、竞争有序的现代市场体系。

二者都是经济法上国家干预的体现，优化政府角色，塑造政府与市场作用互补。资源的有效配置除了市场的基础作用外，还要依靠有形之手的调控，如何处理好政府与市场的关系，是各国经久不衰的研究热点。市场主体和政府主体在各自的轨道上各司其职、互为补充，使国家经济平稳有序运行。为此，国家不仅应该建立专门竞争法制度，直接保护市场主体的公平竞争，同时也应当建立体现公平竞争审查的相关制度。[②] 如公平竞争审查制度的构建——政策制定机关事前进行的公平竞争审查与反垄断执法机构进行的事后监督双重机制。[③] 又如在国有企业改革中引入竞争中立原则，以规制不当的国有企业竞争优势。这二者都从一定

① 张穹：《大力推进实施竞争政策促进供给侧结构性改革》，载《行政管理改革》2016 年第 11 期。

② 张守文：《公平竞争审查制度的经济法解析》，载《政治与法律》2017 年第 11 期。

③ 李青：《中国竞争政策的回顾与展望》，载《中国价格监管与反垄断》2018 年第 7 期。

程度上体现了通过对政府行为的约束，优化政府角色，完善市场规则，保护合法竞争。实现政府调控与市场作用的互补，一定程度体现了国家干预经济，克服市场失灵。

二者都体现了反行政性垄断的价值取向，是对《反垄断法》的有效补充。2007 年颁布的《反垄断法》是对行政性垄断进行权威规范的制度集大成者。随着新形势下经济发展中的新问题产生，国家意识到深化改革对政府职能转变的迫切需求，约束行政权力，规制行政性垄断势在必行。而《反垄断法》中的部分关于反行政性垄断的制度已经不适应时代发展。2019 年是《反垄断法》修订的启动之年，《反垄断法》第一条、第四条、第八条、第九条也已经暗含了公平竞争审查制度；规制对象亟待由“经营者三大行为”扩展到“政府的不当干预与限制竞争”；第四条的“竞争规则”范围扩大至“竞争政策和规则”都是修订中需要关注的问题。公平竞争审查制度为《反垄断法》的修订提供了内在动力与依据。作为一种事前预防措施，有效补充了《反垄断法》事中监管事后救济的不足。而竞争中立制度则是竞争政策的重要组成部分，旨在规范政府行为，其行为规则主要围绕着政府采取什么样的经营模式进行商业活动，以最大程度营造公平竞争环境①，内容包括公司化、合理补贴、政府采购中立等。对政府行为的合理管控以达到促成市场公平竞争的目的，这其中暗含的反行政性垄断意义不言而喻，它有力推动了《反垄断法》修订，是其内容功能上的有效补充。

（三）落实公平竞争审查制度是构建符合国情的竞争中立制度的应有之义

伴随着竞争中立规则国际法化趋势的不断发展，在错综复杂的国际经济形势下，我国不可避免地要做出应对之策，构建符合我国国情的竞争中立制度就具有重大现实意义，加强竞争立法和相关竞争政策的完善是必要举措。在构建竞争中立制度的过程中，落实公平竞争审查制度、完善竞争立法、推崇竞争理念及文化、参与国际经贸治理都是其不可或缺的环节，公平竞争审查制度更是其中的重中之重。随着竞争政策基础性地位的确立，作为其重要组成部分的公平竞争审查制度在营造市场公平环境、维护市场主体良性竞争等方面被寄予厚望，这也与实

① 白金亚：《国有企业竞争中立制度研究》，知识产权出版社 2019 年版，第 35 页。

施竞争中立的初衷不谋而合。首先，完善国内竞争立法，将竞争中立纳入竞争法律体系，如在《反垄断法》《反不正当竞争法》中加入竞争中立相关内容，正式确立我国的竞争中立规则。从顶层设计着手，高屋建瓴，是保障制度实施的前提。其次，在目标上，公平竞争审查制度与竞争中立原则都反映了建立健全现代市场经济体系对公平竞争的迫切需求，由于总体目标一致，可以考虑将竞争中立规则的内容纳入公平竞争审查制度中予以规定，再进一步推进公平竞争审查制度的落实。① 这样不仅实现了公平竞争的理念，也达成了政策体系的协调。最后，借助公平竞争审查制度落实，积极提高参与国际经贸治理能力，在维护自身合法利益的前提下，提高抗风险能力，促进经济平稳健康发展。

第二节　公平竞争审查制度的实务细化

公平竞争审查制度是当前国内学术界的热点问题，自 2016 年国务院印发《意见》以来，学界不仅从微观层面对该项制度的审查主体、自我审查机制、审查标准、例外规定、制度保障机制、第三方评估机制等都进行深刻讨论，还从宏观层面即经济法视角制度构建的理念基准等对公平竞争审查制度的应然建构进行了讨论。② 这都对进一步剖析制度优势，充分推动制度在全国范围内的建立起到了积极作用。在上一节对公平竞争审查制度的理论进行具体解读后，本节从实务角度出发，对制度在实施过程中的概况、问题、成因作出分析，并对实施困境的破解路径进行阐述。

一、公平竞争审查制度的实施概况

公平竞争审查制度从其初步确立至今如火如荼地开展已几载有余，从 2016 年 6 月 14 日，国务院印发《意见》，标志着我国公平竞争审查制度开始正式实施

---

① 黄颖慧：《国际经济新秩序下的竞争中立规则及我国对策研究》，华东政法大学博士学位论文，2017 年。

② 马乾：《公平竞争审查制度的实施困境与完善路径》，载《厦门特区党校学报》2018 年第 5 期。

起，到2019年成为公平竞争审查制度在全国基本建立的标志性一年。① 在各方共同协调努力之下，公平竞争审查制度的实施取得了阶段性胜利，总体进展良好，效果较为显著，对营造市场公平环境、维护市场主体良性竞争起到了积极保障作用。可见，公平竞争审查制度作为落实竞争政策的一个重要抓手逐渐稳步落地，并已发展成为我国《反垄断法》的第四大支柱。② 具体而言，其实施情况可以从以下几个方面加以概括。

（一）中央有力领导，地方积极配合，审查工作在省市县各级单位有序开展

公平竞争审查制度自《意见》确立以来，在中央的有力领导下，各地方积极落实部署，多省已转发文件或出台实施意见，省市县级单位有序开展工作。如在国务院《意见》下发后，全国共对1000余份省政府（办公厅）文件进行了公平竞争审查。再如，甘肃省政府印发了《关于在市场体系建设中建立公平竞争审查制度的实施意见》，结合该省实际，明确了该省建立公平竞争审查制度的总体要点和基本原则，对审查对象、方式、标准、例外规定和各级各部门开展公平竞争自我审查工作的时间作了细致规定，还将提请人大审议的地方性法规草案纳入了审查的范畴，明确了存量清理的过渡期，对法规、规章、规范性文件等政策措施的审查主体作了明确规定。③ 根据2019年4月的河北省公平竞争审查工作联席会议可知，河北省公平竞争审查制度已实现了省、市、县三级全覆盖，全省各部门建立了公平竞争审查内部审查机制和工作程序，各市（县、区）建立了公平竞争审查工作协调机制。存量政策清理稳步推进，全省共完成清理存量文件16314件，修改104件，废止342件，成效可观。④ 在市县层面，2018年，邯郸市人民政府下发了《关于开展法规规章规范性文件清理工作的通知》，主要针对

---

① 2019年4月9日，国家市场监管总局副局长甘霖在国务院政策例行吹风会上表示，自2016年6月我国公平竞争审查制度开始正式实施以来，在不到三年的时间里，公平竞争审查制度已经在全国基本建立。详情参见 http：//www. gov. cn/xinwen/2019 -04/09/content_ 5380773. htm。

② 国家市场监管总局在2020年1月2日公布的《〈反垄断法〉修订草案（公开征求意见稿）》第九条中明确规定："国家建立和实施公平竞争审查制度，规范政府行政行为，防止出台排除、限制竞争的政策措施。"详情参见：http：//www. samr. gov. cn/hd/zjdc/202001/t20200102_ 310120. html。

③ 李培宁、陈俊：《多措并举 加大力度 推动公平竞争审查制度贯彻实施》，载《中国价格监管与反垄断》2018年第6期。

④ 霍艳梅、刘志军、孟庆瑜、和金生：《公平竞争审查制度的理论认识与实践探索》，载《河北工程大学学报》2019年第3期。

政府规章和规范性文件进行清理。其中，把有违平等保护经济主体财产所有权、经营权等产权的规定，以及涉及不当限制企业经营行为的规定，作为重点清理内容。①公平竞争审查制度的实施国家层面上，除了出台《实施细则》，还确立了公平竞争审查工作部际联席会议、公平竞争审查流程等制度；在地方层面，各省市根据《意见》及《实施细则》，制定了符合本省市的实施意见，组建各级公平竞争审查工作联席会议，布置增量文件的公平竞争审查机制及存量政策清理工作。中央与地方紧密配合，理论结合实际，将制度贯彻落到实处。

（二）被审查政策措施涉及行业面较为广泛，种类繁多且较为分散

由于公平竞争审查制度审查范围不仅覆盖行政法规和国务院制定的政策措施、政府部门起草的地方性法规，还包括行政机关及法律法规授权的具有管理公共事务职能的组织制定的规章、规范性文件和其他政策措施，审查范围规定较为详尽，涉及行业面较为广泛，包括配电设施、建筑工程、医疗、保险及燃气配套安装、房地产、审计、旅游、法律服务、贷款等多个行业，覆盖面广泛，深入社会生产生活各个方面。但也存在被审查的政策措施涉及行业较为分散的现状，如建筑工程、医疗、保险及燃气配套安装行业的占比较其他行业而言更重。②

二、公平竞争审查制度在实务中存在的现实困境

（一）激励机制缺失，“自我审查”审查模式实效性差

根据《意见》可以看出，当前中国的公平竞争审查制度的审查模式以政策制定机关的事前自我审查为主导，发展改革部门加强指导，同时加强信息公开，强化社会监督。这就要求政策制定机关对存量或增量的政策措施按照已出台的《实施细则》进行自我审查，形成书面结论。首先，“自我审查”模式本身就存在着逻辑上的悖论：如若行政机构认为其反竞争的不当行为能使自身利益最大化，它将不会将自我审查落到实处，自我审查就成为空头支票；如若行政机构认

---

① 霍艳梅、刘志军、孟庆瑜、和金生：《公平竞争审查制度的理论认识与实践探索》，载《河北工程大学学报》2019 年第 3 期。

② 朱静洁：《公平竞争审查制度实施的障碍及破解》，载《经济法论丛》2019 年第 4 期。

为维系公平竞争秩序对自身有利，它将主动寻求合规，自我审查似乎就失去了存在的必要。[①] 在多重悖论的“自我审查”模式下，政策机关既是“运动员”又是“裁判”，既“吹哨”又“赛跑”，角色混乱，难免出现“监守自盗”的情况。除非有相应机制矫正，否则公平竞争审查的结果基本取决于哪种动机占据上风：如果限制竞争的动机占据上风，自我审查就会流于形式；只有自我改正的动机占据上风，自我审查才会有效。[②] 但是，基于现实因素考虑，我国的公共政策文件数量庞大、内容繁多、名目林立，多种类型的通知、办法、规定等“红头文件”[③] 比比皆是，对相关政策一一进行公平竞争审查是一项艰巨的工程，设立专门的机构负责全国相关政策措施的公平竞争审查并不现实。[④] 其次，我国行政机构事务冗杂，业务工作量繁重，行政事务和执法工作难以兼顾。且执法工作要求专业性强，而现实中执法人员多存在专业素养参差不齐的情形，其专业能力有限，数量也有所欠缺；此外，竞争执法机构成本不足、资源匮乏等客观现实必须予以考虑。再次，激励机制缺失影响审查主体积极性，因为《意见》及《实施细则》明确规定我国公平竞争审查制度的实施原则为“谁制定，谁清理”，并要求各政策措施制定主体建立健全“自我审查”机制，对照审查标准有序清理存量政策措施。然而，“自我审查”模式决定了上述审查成本将由审查主体独自承担，而审查收益则将由审查主体所属地区与未支付审查成本的其他地区共同享有，这就导致在缺乏激励机制的情况下审查主体的积极性普遍不高。[⑤] 最后，竞争政策优先理论尚待根植，第三方评估亟待推广。由于公平竞争审查制度是一种专业性强的实质评估，对审查能力要求较高，在第三方机构评估还未被普遍实施的前提下，政策制定机关进行“自我审查”的方式更为普遍。且我国的市场经济脱胎于计划经济，竞争文化传统根基不稳，尚未深入人心，竞争政策优先理论也未完全形成，再加上政府对产业政策等管制措施过分依赖，导致第三方竞争评

---

① 李俊峰：《公平竞争自我审查的困局及破解》，载《华东政法大学学报》2017 年第 7 期。

② 焦海涛：《公平竞争审查制度的实施激励》，载《河北法学》2019 年第 10 期。

③ 汪改丽：《对公平竞争审查“内部审查制度”的思考》，载《广西政法管理干部学院学报》2016 年第 5 期。

④ 徐士英：《国家竞争政策体系基本确立的重要标志——有感于〈公平竞争审查制度〉的实施》，载《中国价格监管与反垄断》2016 年第 7 期。

⑤ 朱静洁：《公平竞争审查制度实施的障碍及破解》，载《经济法论丛》2019 年第 4 期。

估普遍推广存在一定困难[1]，现阶段还是以“自我审查”模式为主。

基于以上种种原因，“自我审查”模式在现阶段确实有其可行性，虽存在一定的不合理之处，但也不应片面全盘否认。

（二）审查主体法律责任界定不明，咨询及第三方评估机制未得到充分利用

从《意见》规定可以看出，国家发展改革委、国务院法制办、财政部、商务部、工商总局会同有关部门，共同统筹协调推进公平竞争审查相关工作，对实施公平竞争审查制度进行宏观指导。同时，政策制定机关可以建立专门定期评估，也鼓励各地区、各部门委托第三方专业机构，协助对政策措施进行公平竞争审查和定期评估。在咨询机制方面，《实施细则》中在审查机制和程序里对公众参与和社会公开作了具体说明，即开展公平竞争审查，应当征求利害关系人意见或者向社会公开征求意见，且审查主体可以就公平竞争审查的具体问题向反垄断委员会进行咨询或就争议事项提请同级联席会议协调。从《实施细则》和《意见》中则可以看出，对建立公平竞争审查制度咨询互动机制的相关规定，不仅体现出我国现阶段在审查主体上采取“自我审查为主、有关机关指导备案、社会监督补充”的多元复合模式具有客观的现实意义[2]，同时，对多元复合模式下的审查主体法律责任进行了规定，重视对咨询及第三方评估机制的运用。这说明公平竞争审查制度不仅是限于针对增量政策的事前审查，即已经公平竞争审查后出台的政策措施并非“一劳永逸”，行政主体仍应定期评估其影响；且对适用例外规定出台的政策措施，行政主体也应逐年评估，如评估认为有损公平竞争的，应及时废止或启动修改程序。[3] 并且基于政策制定主体能力的有限性，有必要通过政策措施制定主体上级机关、反垄断委员会等多个行政系统内部主体的协同工作，共同规范并完善自我审查机制。[4]

然而在此规定下，对相关案例的实证分析可以看出，审查主体并未充分适用咨询及第三方评估机制，审查主体责任承担也存在漏洞。首先，这是由于各机构

---

① 焦海涛：《公平竞争审查制度的实施激励》，载《河北法学》2019 年第 10 期。

② 孙晋、孙凯茜：《我国公平竞争审查主体制度探析》，载《湖北警官学院学报》2016 年第 4 期。

③ 霍艳梅、刘志军、孟庆瑜、和金生：《公平竞争审查制度的理论认识与实践探索》，载《河北工程大学学报》2019 年第 3 期。

④ 王贵：《论我国公平竞争审查制度构建的基准与进路》，载《政治与法律》2017 年第 11 期。

内在目标偏差，既可能为了权力争夺各自为政，也可能为了规避责任相互推诿，协作意识淡薄，造成执法成本高效率低，不利于执法资源的优化配置。其次，从责任承担角度看，《意见》规定，“对涉嫌违反《反垄断法》的，反垄断执法机构要依法调查核实，并向有关上级机关提出处理建议”。鉴于此，探索建立“统一、独立、权威和专业的一元化主体模式”就尤为必要①，同时，集中授予专门的反垄断机构执法权，在奖惩机制上，需要全面细化奖惩机制的情形、属相、幅度、形式，确保赏罚分明得当。② 最后，虽然《实施细则》和《意见》都鼓励各地区、各部门委托第三方专业机构，协助对政策措施进行公平竞争审查和定期评估。但是在实务中，对第三方专业机构的遴选标准、委托程序、财政预算以及审查结果效力等问题均未明确，具体适用问题的不确定性导致审查主体不敢轻易启用第三方评估机制。③

（三）审查范围不够全面，地区和行业实施不均衡

按照《意见》的相关规定，公平竞争审查制度审查范围主要包括：一是行政机关及法律法规授权的具有管理公共事务职能的组织制定的规章、规范性文件和其他政策措施；二是行政法规和国务院制定的政策措施、政府部门起草的地方性法规。由此可见，《意见》和《实施细则》对于公平竞争审查制度的审查范围规定较为详尽。但是具体落实到地区，实施情况不尽如人意，各地制定的具体规定却并不是完全一致。不仅如此，各个行业的公平竞争审查实施的程度并不均衡，甚至实施与否和产业政策的着重点息息相关，从而没能充分发挥该制度在监督行政权力方面的作用。④ 2016 年6 月至2018 年3 月，国家发展和改革委员会公布的 59 个关于公平竞争审查的案例中，有 49 个被审查措施为规范性文件，大部分以通知、意见、公告、实施方案的形式存在，还有 10 个为会议纪要、函告等其他政策措施，暂无级别较高的行政法规和地方性法规规章。⑤ 故存在着审查范

① 孙晋、孙凯茜：《我国公平竞争审查主体制度探析》，载《湖北警官学院学报》2016 年第 4 期。

② 丁茂中：《论我国公平竞争审查制度的建立与健全》，载《竞争政策研究》2017 年第 2 期。

③ 朱静洁：《公平竞争审查制度实施的障碍及破解》，载《经济法论丛》2019 年第 4 期。

④ 马乾：《公平竞争审查制度的实施困境与完善路径》，载《厦门特区党校学报》2018 年第 5 期。

⑤ 朱静洁：《公平竞争审查制度实施情况的实证分析——以国家发改委公布的 59 个审查案例为样本》，载《竞争政策研究》2018 年第 4 期。

围不够全面、审查对象层级较低、部分政府部门甚至遗漏应当审查的政策措施等现实问题。

（四）审查程序不够规范，例外规定存在滥用

针对公平竞争审查制度的审查程序的划分，《实施细则》作了明确规定："政策制定机关开展公平竞争审查应当遵循基本流程，形成明确的书面审查结论，并由政策制定机关存档。开展公平竞争审查，应当征求利害关系人意见或向社会公开征求意见，并在书面审查结论中说明。"但是，它对基本操作的程序和权限等没有具体详细说明。操作流程粗泛化会使审查主体在审查过程中不知道如何操作，亦可能造成在后续问责中，主体机关会因此而造成的责任推诿或者在被质疑时无法辩解脱责，还可能地方出于利益保护使制度审查浮于表面，流于形式，滋生地方保护主义。这些都不利于公平审查制度的贯彻实施。因此，操作流程的具体化对我国公平审查制度的落实有着重要意义。虽然国家已经出台了《实施细则》，但是地方政府必须跟上脚步，首先，在操作流程规划设计上刻不容缓，以突出在自我审查机制、审查标准、审查主体、定期评估、监督指导等方面的细化，做到因地制宜将公平竞争审查制度落到实处。其次，《实施细则》中要求"形成明确的书面结论"，审查留痕是确保制度能有效落到实处的得力保障。以"结果"监督"过程"的倒逼机制①，防止审查过程模糊，有效提升审查质量。最后，公众知情权的落实是实现其参与和监督的基础。《实施细则》规定的审查机制和程序对公众参与和社会公开作了具体说明："开展公平竞争审查，应当征求利害关系人意见或者向社会公开征求意见""利害关系人指参与相关市场竞争的经营者、上下游经营者、消费者以及政策可能影响其公平参与市场的其他市场主体""任何单位和个人可以向政策制定机关的上级机关或反垄断执法机构举报"。这些都体现了审查结果的公开透明能减少审查机制的弊端，保障公众知情权和参与权，并且它是提升审查质量的必然要求。然而在实际操作中，还存在未能及时征求利害关系人意见、遗漏利害关系人、举报制度落实不到位、接受举报的上级机关和竞争执法机关等受理单位权责不明相互推诿等现象。在落实公平竞争审查制度时，主体机关应当坚持依法行政，将制度落到实处，同时加强宣传普

① 刘继峰：《论公平竞争审查制度中的问题与解决》，载《价格理论与实践》2016年第11期。

及，提高公平竞争审查制度的社会关注度，充分发挥社会监督、公众监督的作用。

此外，例外规定在公平竞争审查制度功能的发挥中起到重要作用，其实质上属于《反垄断法》的豁免。[①] 例外规定的执法机制健全与否关系到公平竞争审查中例外制度法律规则的适用成效。在执法实践中，例外规定的审查主体缺乏激励机制。因为适用例外规定的审查主体是由政策机关自行决定，这种“自我审查”模式原本是基于我国国情复杂、地区间差别迥异、资源分配不均、信息不对称而作出的现实考虑，适用规定较为模糊笼统，所以可以根据各地区不同地域实践而作出一定程度的变通。但“自我审查模式”原本就存在悖论：出于政策制定机关有抑制竞争的动机因而要对其进行政策审查，而又认为制定机关在自我审查中能保持客观中立，这本身就具有矛盾性。因此，这种考量就有可能滋生例外规定的滥用，导致原本为适应社会环境变化而设计的较为模糊的适用例外情形变成了自我审查模式下审查主体追求自身利益最大化的工具。[②] 另外，对适用例外规定的外部监督力度不够。根据《实施细则》可知，公平竞争审查制度的监督主体有政策制定机关的上级机关、反垄断执法机构和社会公众。三者各有利弊，而专业的反垄断执法机构却仅有向政策制定机关或上级提供咨询建议的权力，滥用例外规定的行政主体受到的惩处也较轻微。问责机制的缺失导致执法力度大打折扣，更助长了例外规定的滥用。

（五）监督机制欠缺，信息公开力度不够

从《意见》和《实施细则》来看，我国的公平竞争审查制度监督体系较为完备，目前为止主要包括四种：社会监督、自我监督、责任追究和执法监督。具体而言，社会监督，一是指任何单位和个人可以向政策制定机关反映；二是指举报机制，即任何单位和个人可以向政策制定机关的上级机关或者反垄断执法机构举报未经审查或违反审查标准出台的政策措施。在我国公平竞争审查制度的实施过程中，监督机制配套规定过于概括、可操作性不强的问题较为突出。[③] 反映到

---

① 黄进喜：《反垄断法适用除外与豁免制度的研究》，厦门大学出版社 2014 年版，第 49～52 页。

② 荀洋：《我国公平竞争审查适用例外制度研究》，重庆大学硕士学位论文，2018 年。

③ 焦海涛：《公平竞争审查制度的实施激励》，载《河北法学》2019 年第 10 期。

社会监督层面则面临着举报条件设置模糊，在涉及证据和事实层面规定不明确，不利于社会监督的开展。在社会公众举报后，信息反馈机制也是监督的重要组成部分，只有完善信息公开，及时反馈处理结果，才能保障制度科学良好运行，维护社会公众参与热情。

自我监督，即政策制定机关可以建立专门定期评估，也鼓励各地区、各部门委托第三方专业机构，协助对政策措施进行公平竞争审查和定期评估。在自我监督中，虽然根据《实施细则》可得定期评估的时间间隔原则上是三年。但在之后的规定中又赋予了审查主体自行决定评估时间的权力，这可能导致部分审查主体怠于自我监督，不利于对相关政策措施的及时清理或修改完善。① 不仅如此，在评估方法上也有较大漏洞，评估方法及流程不明确对评估结果的准确性有一定影响。此外，评估结果的监督问题，即“二次监督”如何得到保障，由何机关如何进行才能保证评估结果的科学性也是值得思考的问题。②

责任追究机制，是指在发现有违反审查标准出台的政策措施后，由上级机关责令改正，拒不改正或者不及时改正的，对直接负责的主管人员和其他直接责任人员给予处分。这种以结果倒逼过程的监督机制可以有效地提高审查质量。但是由上级机关责令改正这样的“处理建议”赋予上级机关较大自主决定权，显然威慑力不足，且行政责任相较于追究刑事责任显得轻微。

执法监督机制，即反垄断执法机构可以向政策制定机关或者其上级机关提出停止执行或者调整政策措施的建议，且相关处理决定和建议依据法律法规向社会公开。然而在实际操作中，还存在未能及时征求利害关系人意见、遗漏利害关系人、未能及时向社会主动公开的情形。

三、公平竞争审查制度实施困境的成因

法律具有利益性，在实施过程中会随时随地受到各种因素的影响，在公平竞争审查制度的实务操作中，对各种问题的剖析可以从制度本身以及制度背后的深

① 朱静洁：《公平竞争审查制度实施的障碍及破解》，载《经济法论丛》2019 年第 4 期。

② 叶光亮：《公平竞争审查制度：统一政府调控与市场规律的润滑剂》，载《中国价格监管与反垄断》2016 年第 9 期。

层原因展开。从制度成因出发，公平竞争审查制度所确定的“自我审查”模式本身就存在着双重逻辑悖论，审查结果取决于是限制竞争动机还是自我监测的动机占据上风：如果是限制竞争的动机占据上风，政策机关会存在维护自身既得利益滥用行政权力的可能，自我审查就会流于形式；只有自我监测的动机占据上风，政策制定机关才会在激励机制鼓励下打破利益藩篱，作出自我审查才会有效。自身的“先天不足”是审查实效差的关键。另外，更深层次的矛盾来源于利益分配冲突，地方财政与公共职能的不均衡造成的地区间利益冲突、行业间错综复杂的利害关系影响多方势力角逐甚至行政手段干预，利益分配矛盾使得制度在实施的过程中多有掣肘，具体分析如下。

（一）利益成因

利益博弈对制度的施行起到至关重要的作用，实施结果往往是多方利益的相互角逐和博弈，公平竞争审查制度也不例外。首先，出于国情考虑，随着社会主义市场经济体制的建立和完善，我国对公平有序的竞争环境有着现实需求。在行政体制上，我国奉行单一制行政体制，虽然存在一定的优越性，但是在中央和地方政府之间事权与财权的分配存在不合理之处：即中央政府领导下的地方必须承担相应的公共职能，而地方却只有税收和征管的权力，这就势必存在着地方财政对履行其公共服务的支出不能全盘胜任，从而迫使地方政府开始寻求预算外收入与制度外收入①，进而滋生出利用行政职权假借相关政策行危害公平竞争秩序之实，如地方保护主义的萌芽。地方基于利益冲突而使得公平竞争审查制度的施行陷于困境是其重要表现之一。不仅如此，行业间存在的利益冲突是另外一个方面。行业的生死存亡往往涉及多方利益的博弈，当各方利益冲突之时选择哪种利益予以优先保护，地方政府拥有很大的裁量权，其或受限于自身知识的局限或制度依赖的惯性考量，可能于无形之中就顾此失彼。②除此之外，现行公平竞争审查制度的施行在激励机制上的缺失，无法通过物质、荣誉、职业发展等方面的激励措施提升政策措施制定主体主动启动审查的积极性。③ 对官员的任免选拔也多

① 张婉苏：《地方政府举债层级化合理配置研究》，载《政治与法律》2017 年第 2 期。

② 马乾：《公平竞争审查制度的实施困境与完善路径》，载《厦门特区党校学报》2018 年第 5 期。

③ 朱静洁：《公平竞争审查制度实施的障碍及破解》，载《经济法论丛》2019 年第 4 期。

以对地方经济发展的贡献为主，并未直接将对公平竞争的实施情况纳入考核范围，可能出现部分官员及部门为了追求自身非法利益罔顾社会公共福祉，以公权力插手市场竞争，实行地区封锁、设置贸易壁垒等举措，官商勾结“非法寻租”也时有发生。合理调节利益分配，从根源上发挥激励机制、完善监督机制，是走出制度施行困境的可行性方法。

（二）制度成因

公平竞争审查制度的施行困境原因之二在于其制度自身的缺陷。虽然在当前国情下，以“事前自我审查为主导，有关机关指导备案、社会监督补充”的多元复合模式具有客观的现实意义。但是在实务中，“双重悖论”下的该模式对制度的施行有着一定阻碍，即：如基于“利益动机”下，行政机构将罔顾反竞争的不当行为，盲目追求自身利益最大化，无法将自我审查落到实处，自我审查就成为空头支票；如若基于“合规动机”下，行政机构认为维系公平竞争秩序对自身有利，它将主动寻求合法合规，自我审查似乎显得多此一举。这种“谁起草谁审查，谁制定谁审查”的方式将政策制定权与基于维护竞争防止不当的政策修改权一并交予政策制定机关，若既无完善细致的激励机制与监督管理机制，又无科学缜密的审查流程，对政策制定机构及其执法人员质素要求高且第三方评估尚未十分发达的前提下，政策机关落实概况参差不齐，不利于保障制度施行的质量。这是公平竞争审查制度在实际施行操作中面临的现实问题，一定程度上根结来源于其制度自身的缺陷，可通过对实施困境的路径破解来完善。

四、公平竞争审查制度实施困境的破解路径

（一）建立激励机制，完善“自我审查”模式

公平竞争审查制度“自我审查”模式实质上更多是一种自我纠错机制，若无充足的激励机制使得政策制定机关有动力进行审查，也无完善的监督机制来督促保障审查过程及结果的科学性，“自我审查”会陷入一纸空文的尴尬局面。根据公平竞争审查制度的实施障碍归因即：利益冲突下导致的动力匮乏和自身制度定位的角色混乱。因此，从内外部双管齐下，同时建立良好的激励机制是根本

途径。

首先，建立包括对政策制定机关和人员的专门财政补贴和奖励、将制度实施情况纳入人员考核体系、提升政策制定机构人员专业素养等措施在内的内部激励机制。具体而言，让政策制定机关从公平竞争审查制度中获得直接收益是解决利益冲突的首要任务。① 一方面，国家根据审查工作完成的质量和效果合理进行财政拨款，对积极进行公平审查工作、保质保量完成任务的审查主体给予一定的财政补贴和物质精神奖励。这样不仅弥补了政策机关进行审查工作造成的支出，减轻财政负担，而且可以分担各级政府及其部门实施公平竞争审查制度的成本②，调动主体积极性，树立模范典型，政策单位带头履职在全社会范围内普及竞争文化。另一方面，将制度实施情况纳入政府及相关人员的绩效考核，与官员的任免升迁挂钩，是为了形成约束机制与问责机制，根据落实制度的审查效率和质量情况对相关人员进行奖惩，优异者给予奖励与表彰，怠惰者予以惩处。在奖励对象上，不仅是针对相关人员，也应包括审查机构，实行“并奖制”；在奖励内容上，物质奖与非物质奖并用，如对机构的奖金可用作日常工作经费，对人员可直接作为物质收入。③

其次，法律制度的激励功能需要通过具体的激励模式来实现。除奖励之外，法律制度的激励机制中还有一种独特模式即助力模式，具体是指，法律制度为激励主体的行为发生而设置相应的辅助机制，为主体的行为创造条件，帮助其实施法律制度所期望的行为。④ 体现在完善“自我审查”模式中即为提高自我审查主体的专业审查能力来解决能力悖论问题。如开展实务培训：邀请国外有过公平竞争审查实务经验的机构来负责初期培训，在此基础上培养自己的专业人才队伍，同时加强部门间协调配合及经验交流。⑤

最后，在公平竞争审查制度实施中必须建立妥善的外部协调机制以减轻公平竞争审查制度实施的外部压力即所谓的“政策协调机制”。其主要内容包括明确公平竞争审查制度的适用边界，关键是准确界定公平竞争审查制度的适用范围，

---

①⑤　焦海涛：《公平竞争审查制度的实施激励》，载《河北法学》2019 年第 10 期。

②　丁茂中：《公平竞争审查的激励机制研究》，载《法学杂志》2018 年第 6 期。

③　焦海涛：《公平竞争审查制度的实施激励》，载《河北法学》2019 年第 10 期。

④　丰霏：《法律治理中的激励模式》，载《法制与社会发展》2012 年第 2 期。

以及公平竞争审查的例外与豁免标准。① 在科学界定公平竞争审查制度审查范围与适用边界上，秉持维护市场公平竞争秩序的理念，对涉及市场经济活动的政策措施才需要实施审核，不任意扩大或者缩小范围。与此同时，均衡各个行业的公平竞争审查实施的程度，与产业政策的着重点相协调，充分发挥该制度在监督行政权力方面的作用。在制度的例外规定及豁免方面，因地制宜审慎实施，加强对适用例外规定的外部监督，增强专业的反垄断执法机构咨询建议权，加大对滥用例外规定及豁免的惩处力度，从而构建合理的外部激励机制完善“自我审查”模式。

（二）科学界定审查范围，规范审查程序，明确审查主体责任

目前，我国公平竞争审查制度的审查范围主要包括：一是行政机关及法律法规授权的具有管理公共事务职能的组织制定的规章、规范性文件和其他政策措施；二是行政法规和国务院制定的政策措施、政府部门起草的地方性法规。虽然《意见》和《实施细则》对于公平竞争审查制度的审查范围规定较为详尽，但是落实到不同地区，实施情况不尽如人意，各地制定的具体规定并不是完全一致，各行业实施也不均衡。目前，明确公平竞争审查制度的适用范围是重中之重，以涉及市场主体的经济活动、致力于维护市场公平竞争为原则，它不仅包括直接规范市场主体经济活动的政策措施，而且包括虽不直接规范市场主体经济活动，但其实施会影响市场主体的经济活动。有权主体需要不随意扩大或者缩小审查范围，依法依规进行审查。在规范审查程序方面，突出操作流程的具体化具有重要意义。虽然国家已经出台了《实施细则》，但是地方政府也必须跟上脚步，在操作流程规划设计上刻不容缓，对基本操作的程序和权限等进行具体详细说明。必须突出在自我审查机制、审查标准、审查主体、定期评估、监督指导等方面的细化；做到因地制宜将公平竞争审查制度落到实处；落实审查留痕，加强质量监督；保护公众知情权，及时征求利害关系人意见，确保没有遗漏利害关系人；科学实施举报制度，防止接受举报的上级机关、竞争执法机关等受理单位因权责不明而产生相互推诿等现象。在落实公平竞争审查制度时，主体机关应当坚持依法行政，将制度落到实处，同时，加强宣传普及，提高公平竞争审查制度的社会关注度。在审查主体责任层面，在探索建立“统一、独立、权威和专业的一元化主

---

① 焦海涛：《公平竞争审查制度的实施激励》，载《河北法学》2019 年第 10 期。

体模式”的基础上，明确责任担当，同时，集中授予专门的反垄断机构执法权，探索新的奖惩机制，全面细化奖惩机制的情形、属相、幅度、形式，以确保赏罚分明得当。

（三）完善公平竞争审查制度监督机制，加大信息公开力度

我国公平竞争审查制度的监督机制完善应该从多个角度考量：在社会监督层面，科学改进举报机制，建立畅通、透明、高效的举报通道是其目标。要明确举报条件，对涉及证据和事实层面规定作出补充，对举报结果及时准确的事实反馈也应得到重视，保障公众的知情权，维护社会大众的监督权。具体而言，可以在各举报信息接收主体内部设立处理公平竞争审查举报信息的专门机构，负责接收、初步审核、传送、反馈举报信息①，并由专门机构结合举报的事实和证据进行严格审核，在此基础上由审查主体再进行公平竞争审查。对于举报的结果，相关机构要及时准确地回复，重视在社会公众举报后的信息反馈机制。完善信息公开，及时反馈处理结果，才能保障制度科学良好运行，维护社会公众参与热情。在自我监督层面，不仅鼓励政策制定机关可以建立专门的定期评估机制，也鼓励各地区、各部门委托第三方专业机构，协助对政策措施进行公平竞争审查和定期评估。改进评估方法及明确评估流程，提高评估的科学性与可操作性。最后，在保障评估结果的监督上，探索由专门机关对评估结果进行评估的“二次监督”方式，来进一步保障评估结果的科学性。在责任追究机制层面，严格责任追究制度，对由上级机关责令改正、拒不改正或者不及时改正的直接负责主管人员和其他直接责任人员加大处分力度，提高威慑力，对于行政责任轻微而实施不力后果严重者探究其刑事责任承担的可能性，以保证审查质量。在执法监督机制上，对由反垄断执法机构向政策制定机关或者其上级机关提出的停止执行或者调整政策措施的建议应向社会公开，且其相关处理决定和建议依据的法律法规也应一并向社会公开，并及时征求利害关系人意见，确保不遗漏利害关系人。

（四）推动咨询及第三方评估机制的运用

无论是基于竞争文化的不断推广和竞争政策优先理论的深入人心，还是由于

---

① 朱静洁:《公平竞争审查制度实施的障碍及破解》，载《经济法论丛》2019 年第 4 期。

公平竞争审查制度本身就是一种专业性强的实质评估，对审查主体的审查能力具有较高要求，再加上政府对产业政策等管制措施的依赖逐渐放低，第三方评估机制的开展都有着极大的发展空间。要贯彻落实《实施细则》和《意见》规定，鼓励各地区、各部门委托第三方专业机构，协助对政策措施进行公平竞争审查和定期评估。并且在实务中，具体明确对第三方专业机构的遴选标准、委托程序以及审查结果效力等问题，增强具体适用问题的确定性有助于激励审查主体运用第三方评估机制。积极探索第三方主体对政策制定机关的自我评估报告进行审核，构建高效流动的信息处理机制，完善内外激励机制，打破竞争合规信息壁垒，加强监管规范，在社会范围推广竞争文化及理念。在一定程度上对“自我审查”模式进行改进和完善，从而促进公平竞争审查制度在实务中的应用推广。在咨询机制方面，首先，应当要求公平竞争审查专家咨询委员会在收到咨询请求后应该在特定时限内提供咨询意见，并明确咨询意见仅作为参考。其次，补充规定还需要明确地方联席会议协调审查主体间争议事项的具体办事流程，对召开协调会议的前提、时间及基本议程作出必要说明。最后，应当明确审查主体向利害关系人或社会公众征询意见的基本要求及方式。① 大力推动咨询及第三方评估机制的运用是完善公平竞争审查制度相关配套协调规定的有力之举，为公平竞争审查制度实务的细化起到至关重要的作用。

第三节　公平竞争审查制度的法治化

一、公平竞争审查制度法治化是确立竞争政策基础地位和实现市场决定论的制度保障

党的十八大报告指出，经济体制改革的核心问题是处理好政府和市场的关系。政府和市场关系的实质，就是在资源配置中，到底是市场还是政府起决定性作用。党的十八届三中全会通过的《中共中央关于全面深化改革若干重大问题的

① 朱静洁：《公平竞争审查制度实施的障碍及破解》，载《经济法论丛》2019 年第 4 期。

决定》中提出，要使市场在资源配置中起决定性作用和更好发挥政府作用。一锤定音的新论断不仅表明党和国家对市场机制的认识实现了质的飞跃，更重要的是为市场在社会主义市场经济体制下应该发挥的作用给予了准确的定位。所以说，市场在配置资源中的作用从“基础性”跃升至“决定性”，属于国家的顶层设计和宏观战略，既是经济体制改革的重要理论突破，又抓住了新时代经济体制改革的关键和核心，为全面深化改革指明了方向。

然而，真正实现市场决定资源配置，需要找到深化经济体制改革的必由路径，从根本上解决当前制约我国经济发展的深层次矛盾，完成国家发展动能转换和实现国家治理现代化。在过去的40年里乃至当下，市场在资源配置中的作用总体上处于“从属性”和“基础性”地位，政府起“主导性”乃至“决定性”地位，但是政府的“有形之手”在积极推动经济发展的同时，也带来了越位、错位、缺位问题，市场竞争机制受损受限，导致社会资源错配和配置效率低下。[①] 资源配置机制暨经济发展动能亟待实现从政府有形之手到市场无形之手的作用转换。[②] 作为市场无形之手主要表现的市场竞争机制历经40年的发展，与作为政府有形之手主要载体的宏观调控（产业政策）的内在冲突日益严重。重视和弘扬市场竞争机制与改善宏观调控优化产业政策并举，成为当下深化改革重中之重。改善宏观调控优化产业政策，其实质就是追求政府干预市场参与经济的科学化、民主化、法定化、合理化，实现国家治理现代化。国家治理现代化包含两个方面：一是治理体系现代化；二是治理能力现代化。[③] 在过去40年的发展历程中，我们一直在培育新的发展动能暨市场竞争机制，并积极探索确立国家干预市场合理边界，优化国家干预的制度工具。我们逐步发现，优化资源配置才能实现经济可持续高质量发展，社会资源优化配置和经济持续高质发展来自也只能来自竞争，竞争必须自由、有序和公平，自由、有序且公平的竞争必然依赖一定的竞

---

① 张守文：《政府与市场关系的法律调整》，载《中国法学》2014年第5期。

② 按照经济学基本原理和经济法学一般理论，政府有形之手就是政府对经济进行干预的宏观调控举措和各种产业政策；市场无形之手主要体现为市场自由公平竞争机制。“作用转换”意味着以市场配置为主，但政府配置不能缺位，该补位的一定要补位。

③ 国家治理体系现代化实质是制度建设问题，核心是实现“良法”；国家治理能力现代化主要是制度推行和执法问题，核心是实现“善治”。所以，国家治理现代化其核心要义就是依法治国和建设法治政府。

争机制和竞争秩序才能实现①，建立这样的竞争机制和竞争秩序的前提就是在党和国家所有经济政策中确立竞争政策的基础性地位。

按照马克思主义基本理论，经济基础决定上层建筑。党的十九大报告强调，新时代建设现代化经济体系是跨越关口的迫切要求和我国发展的战略目标，而建设现代市场体系则是推进现代化经济体系形成的关键一步。② 市场经济发展到成熟阶段，必然要求市场决定资源配置，对应地，在上层建筑层面，必然要求确立竞争政策基础性地位和实现市场竞争法治。市场竞争法治，其核心在于《反垄断法》《反不正当竞争法》，更在于从源头上规范政府干预的公平竞争审查制度的法治化。

二、公平竞争审查制度法治化

公平竞争审查制度是在规制抽象行政性垄断领域的制度创新，作为不妨碍政策目标实现而对竞争损害最小替代方案的制度③，旨在解决政府因过度干预或者不合理干预而损害市场竞争的问题，以保障各类市场主体平等使用生产要素，公平参与市场竞争。在以发展动能转换和国家治理现代化为主要特征的新时代背景下，确立竞争性政策基础地位已经成为历史的必然。作为贯彻竞争中立原则和实施竞争政策的关键路径以及优化政府产业政策和宏观调控的制度工具——公平竞争审查制度，不仅体现在竞争政策与其他经济政策、社会公共政策之间的价值判断，要遵循竞争优先的价值取向④；同时它也是顶层设计者在某种程度上对行政立法的一种规则控制⑤。尽管公平竞争审查制度在规范政府行为，保障公平竞争

① 孙晋：《国际金融危机之应对与欧盟竞争政策——兼论后危机时代我国竞争政策和产业政策的冲突与协调》，载《法学评论》2011 年第 1 期。

② 2018 年 1 月 30 日，习近平总书记在主持中共中央政治局第三次集体学习时指出，现代化经济体系，是由社会经济活动各个环节、各个层面、各个领域的相互关系和内在联系构成的一个有机整体。其中，建设现代化经济体系的重要内容之一是“建设统一开放、竞争有序的市场体系”，实现市场准入畅通、市场开放有序、市场竞争充分、市场秩序规范，加快形成企业自主经营公平竞争、消费者自由选择自主消费、商品和要素自由流动平等交换的现代市场体系。

③ 黄勇、吴白丁、张占江：《竞争政策视野下公平竞争审查制度的实施》，载《价格理论与实践》2016 年第 4 期。

④ 孙晋：《新时代确立竞争政策基础性地位及其法律实现》，载《政法论坛》2019 年第 2 期。

⑤ 孙晋、袁野：《共享经济的政府监管路径选择：以公平竞争审查为分析视角》，载《法律适用》2018 年第 7 期。

以促进全国统一市场建立，以及培养竞争优势推动实施创新驱动发展战略上被寄予厚望，但是，作为局部利益和全局利益、短期利益和长远利益的平衡机制和冲突解决机制，公平竞争审查制度在国家法治体系中有无立足之地、如何找准自身立法定位、厘清法律属性、激发制度功能，则与竞争政策能否贯彻落实、竞争法权威地位能否充分体现、产业政策和宏观调控能否优化息息相关。一种制度的立法定位很大程度上取决于它自身的法律属性。[①] 明确公平竞争审查制度的法律属性，界定其立法地位，使制度朝着法治化方向发展乃大势所趋。

通过将公平竞争审查制度上升到国家法律乃至宪法层面，是实现公平竞争审查制度法治化最关键之举，有利于强化公平竞争审查制度的贯彻实施，让市场决定资源配置获得最坚强的制度保障。《反垄断法》是竞争政策法制化成果的集大成者，本身就体现着对市场竞争中公平、自由理念的价值追求。完善《反垄断法》规范体系，整合执法职责以优化实施。[②] 公平竞争审查制度的法治化要求将其从规范性文件升华到法律，将合理性审查升华为合法性审查甚至合宪性审查。以法治的思维和方式将竞争中立原则融入我国经济政策与法律制定中，这是将竞争政策纳入国家战略部署顶层设计范畴的必然需求，不仅能真正实现公平竞争审查制度的初衷，也是我国在政府规制体系下寻求适应市场经济发展的革新之路。

三、公平竞争审查制度法治化的时代意义

（一）法治政府建设的重要抓手和实现路径

政府规制的核心要义在于处理好政府与市场边界关系，在弥补市场缺陷的政策基点上，对市场结构和企业行为进行微观干预，同时注意防止政府的不当规制和过度规制，预防或减少规制同谋、规制俘获等规制失灵现象的发生，以达到保护和促进竞争、增进社会福利的终极目的。[③] 和国外发达市场经济国家相较而言，我国的政府规制体系形成于由计划经济向市场经济转轨的过程中，与我国社

---

① 俞梦睿：《消费者冷静期制度的法律属性与法律定位》，载《江淮论坛》2017 年第 1 期。
② 黄勇：《论中国竞争政策基础性地位的法治保障》，载《经贸法律评论》2018 年第 1 期。
③ 张蕴萍：《公平竞争审查视野下中国政府规制治理体系的构建》，载《理论学刊》2017 年第 5 期。

会主义初级阶段的国情和工业化进程相匹配，但其所具有的强行政性、弱法治性的特点对新时代背景下以动能转换为主线的供给侧改革已多有掣肘，也不符合我国建立经济生态新体系的要求。作为一种在国家层面对公平竞争市场秩序所作出的顶层设计——公平竞争审查制度，在政府规制体系的革新与完善上将发挥越来越重要的作用。通过促进公平竞争审查制度的法治化，将规制权力真正植入法律框架之内进行约束；同时，督促政府机关在规制政策上的有效实施，规范和约束政府行为，也是依法治国与依法行政的应有之义；最后，以此为抓手，重点审查政府规制的合法性与合理性，提升政府规制的科学性，通过对政府行为的优化管控，塑造有序、健康的外部市场环境，促进企业提高治理水平和抗风险能力，增强产业的国内外竞争力。公平竞争审查制度的法治化为政府规制治理体系的转型注入了新的活力，开拓了新的有效路径，实现对政府干预权力的控制和优化，有利于提升政府干预质量、提高政府治理体系和治理能力现代化。

（二）将合理性审查升华为合法性合宪性审查，变软约束为刚性约束

公平竞争审查制度是目前我国推行竞争政策确立竞争中立的重要制度依赖，同时也是实施反垄断战略的重要途径。其在当前以政策这种高效率的形式加以规定，这对于推行新制度、快速积累经验具有很强的现实实用性①，便于推进，见效快，也为后期制度的全面推广打下夯实的基础。但是，作为一种制度规范，其也存在先天性不足：一是审查规则非正式化导致的法律效力低、法律部门归属不明，其存在的较大不确定性与灵活性削弱了制度的实施效果，并且当其与《反垄断法》《行政诉讼法》等上位法相冲突时，又将受制于上位法。二是审查内容政策化偏离了合法性与合宪性，矮化了法律规范的地位，容易导致审查偏离规范性。三是审查程序多为抽象性原则规定，程序机制等不完善，审查标准流于形式，缺乏可操作性，责任机制分配不明。

推进公平竞争审查制度的法治化，首当其冲的就是提高位阶，将其升级为法律，使其本身成为法律渊源意义上的法律文本规范而能够在市场监管实践中被作为法律依据加以援引。与此同时，明晰制度的上位法，即《宪法》与《反垄断法》，防止法律体系碎片化。其次，积极推进公平竞争审查制度的合法性合宪性

---

① 赖飞宇:《论公平竞争审查制度与反垄断法内在联系》，载《法制与社会》2017 年第 8 期。

审查，依据合法性合宪性审查工作“有件必备、有备必审、有错必纠”的要求，实现所有规范性文件备案审查全覆盖，将公平竞争审查纳入合法性审查和合宪性审查制度中，是完善现有的自我审查模式的根本路径。最后，合理界定概念范畴及外延内涵，完善审查标准以提高其对审查限制竞争的实效，制定可操作性强的具体流程，明确各方权利义务和法律责任，使得制度能够最大限度发挥作用，确保制度的权威性。

在公平竞争审查制度法治化与《反垄断法》修订相结合这个契机下，通过推进公平竞争制度的法治化，增强了制度的刚性与强制力，变软约束为刚性约束，变合理性审查为合法性合宪性审查，能促使其更好发挥维护公平竞争、塑造良好市场环境的功能，是进一步确立竞争政策基础性地位的应有之义，也是对全面深化改革、全面依法治国和市场决定资源配置时代背景下的制度回应。

（三）完善宏观调控优化产业政策的基本路径

在现代市场体系中，政府与市场是一对永恒的变量，二者的关系也是一对历久弥新的哲学命题。

中外实践皆表明，市场并非万能，市场本身是有缺陷的，而且不少缺陷是市场不能自我消化和自我解决的，其中一个重要的缺陷便是“市场并非必然产生被认为是社会公平或公正的一种收入分配”。[①] 实际上，因为市场主体和资本的逐利本性、市场信息的不对称性和不同地域不同行业市场发展的不充分不平衡性，市场缺陷几乎是一个普遍存在的问题。[②] 真实的市场给政府提出了一个真实的命题——市场需要宏观调控和产业政策。自 1919 年德国《魏玛宪法》授权政府干预市场以来，各国政府纷纷效仿，各种宏观调控和产业政策粉墨登场。有成功也有失败——早期成绩多于问题，后期问题多于成绩，各国大体如此，而我国表现更甚。如果把我国改革开放 40 年划分为前期和后期两个阶段，那么在“前期”即市场经济萌芽和成长期，政府的宏观调控和产业政策几乎无所不在无时不在，在资源配置中无可争辩地起“主导型”甚或“决定性”作用，经济快速增长和发展的事实表明，辅以市场在资源配置中起基础性作用，彼时资源配置效率还是

---

① 胡代光、周安军：《当代国外学者论市场经济》，商务印书馆 1996 年版，第 114 页。

② 孙晋：《现代经济法学》，法律出版社 2020 年版，第 4 ~7 页。

不错的；然而到了“后期”尤其是党的十八大以来，宏观调控和产业政策与日益成长并壮大的市场竞争机制产生了碰撞，这种政府直接或间接的干预对市场竞争限制越多破坏越大，碰撞就越激烈，碰撞的结果就是政府干预的副作用越来越明显，资源错配效率低下，发展不可持续。我国改革开放 40 年来争议最大最难评价的也许莫过于作为政府有形之手的宏观调控和产业政策了。如何协调有形之手和无形之手的关系，把二者的碰撞和内耗转化为经济发展动能的合力，是新时代建设现代市场体系必须解决的关键问题。市场调节和政府干预不是非此即彼、只取其一的关系。历经 40 年的市场培育和发展，到了市场决定资源配置“让市场做主”的新发展阶段了，这就意味着资源配置要以市场配置为主、政府配置为辅，政府的干预要应时而变，要改善宏观调控优化产业政策，使之成为市场友好型干预。这种历史性的改变和优化，靠政府的认识觉醒和执法者的素质提升，只能缓解一时一地的问题，欲从根本上解决问题，切实需要顶层设计和制度创新，通过公平竞争审查制度法治化实现竞争政策优先，恰好是进入新时代以来党中央和中央政府精心谋划精准布局的顶层设计和制度创新——运用竞争政策的基础性、优先性地位和公平竞争审查的制度优势，既可以为政府干预指明方向，又能够为政府干预提供约束机制和优化工具，从而从制度上保障改善宏观调控优化产业政策。① 通过竞争政策和公平竞争审查制度发挥“定海神针”的作用，既可以促进经济发展无形之手和有形之手之新旧动能的转换，又可以形成新旧动能的整合，让我们的经济发展获得更加强大的内外驱动合力支持。

四、公平竞争审查制度法治化的初步实现及其局限

2019 年 10 月 22 日由国务院发布并于 2020 年 1 月 1 日起施行的《优化营商

---

① 近年来，竞争法学界和实务界基本达成共识，认为与竞争相匹配以提高治理效率是产业政策的必然选择，在制定和实施产业政策过程中植入竞争评估机制，将是重构政府干预重塑产业政策的核心问题。即使政府出手干预，干预本身首先需要公平竞争审查，其后也主要利用财政、税收、金融、产业等优化之后的杠杆政策来间接调节经济运行，不对微观经济实施直接干预。参见张守文：《政府与市场关系的法律调整》，载《中国法学》2014 年第 5 期；张守文：《公平竞争审查制度的经济法解析》，载《政治与法律》2017 年第 11 期。

环境条例》，立法内容上不仅遵循和体现了竞争中立原则①，同时在我国立法层面首次明确规定对“与生产经营活动密切相关的行政法规、规章、行政规范性文件”“应当按照国务院的规定进行公平竞争审查”。② 该规定初步实现了我国公平竞争审查制度的法治化。但这显然还不能称之为完全实现了该制度的法治化，该条例毕竟只是国务院的一部行政法规，法律位阶低，且又规定在一个以优化营商环境为目的的法规当中，法律适用范围狭窄，实施措施和规制不足，作用有限，矮化且局限了公平竞争审查制度的重大作用。

五、进一步实现公平竞争审查制度法治化的路径

进一步推动实现公平竞争审查制度法治化，对于新时代确立竞争政策基础地位可谓意义重大，事关全面深化改革和全面依法治国的全局性工作和经济发展战略性转型。如何才能确保竞争政策处于基础性优先性地位，在现代市场体系建设中真正发挥重要作用，从依法治国的总要求上讲，需要从法律制度层面加强建设公平竞争审查制度，为竞争政策基础地位的确立和强化提供最坚强的制度保障。公平竞争审查制度法治化，可以通过释宪、完善和落实公平竞争审查制度、修订《反垄断法》三条法律路径来实现。

（一）释宪

法国启蒙思想家孟德斯鸠说过，“经济自由是指市场主体做法律许可的一切事情的权利”。经济自由和竞争政策基础性地位之间联系密切——确立竞争政策基础性地位有助于推动实现竞争自由，而竞争自由恰好是经济自由的重要组成部分，当

---

① 《优化营商环境条例》集中体现竞争中立原则的条文如下：

第四条：优化营商环境应当坚持市场化、法治化、国际化原则，以市场主体需求为导向，以深刻转变政府职能为核心，创新体制机制、强化协同联动、完善法治保障，对标国际先进水平，为各类市场主体投资兴业营造稳定、公平、透明、可预期的良好环境。

第五条：国家加快建立统一开放、竞争有序的现代市场体系，依法促进各类生产要素自由流动，保障各类市场主体公平参与市场竞争。

第六条：国家鼓励、支持、引导非公有制经济发展，激发非公有制经济活力和创造力。

国家进一步扩大对外开放，积极促进外商投资，平等对待内资企业、外商投资企业等各类市场主体。

② 《优化营商环境条例》第六十三条规定：制定与市场主体生产经营活动密切相关的行政法规、规章、行政规范性文件，应当按照国务院的规定进行公平竞争审查。

然，竞争政策若要实现经济自由的目标，也必须在竞争法治的框架内运行。

经济民主在竞争法和竞争政策中的份量历来举足轻重，日本学者指出，为了不可逆地实施经济民主化政策，日本向美国学习，二战后首先解体财阀以实现市场经济的经济民主，紧接着制定反垄断法以维护经济民主①；而以反垄断法为代表的竞争政策以经济民主价值为基础，通过维持民主的市场竞争环境、确保政府行为的边界、维护和培育竞争文化等方式，可以直接指向政治民主，进而为宪治提供动力、经济基础和法治环境。经济民主至少包含两个层面：民主目标与民主程序。从目标来说，要求竞争政策处于基础性地位和优先性适用的设计应当能最合理地实现经济民主的目标；从程序来说，要求竞争政策优先的决策与运行应当遵循法治框架内的程序约束与监督。

法治理念的分析维度主要围绕宪治理念、经济自由、经济民主等几个与法治相关的核心范畴展开，以此来揭示法治理念对于竞争政策基础性地位和竞争政策优先的影响。宪治理念的核心与直接体现就是最高级别的宪法，对竞争政策基础性地位和公平竞争审查制度的法律定位分析离不开寻找宪法上的依归与解释。换言之，从本质上看，公平竞争审查及其法治化，应该向宪法问题回归，应在宪法体系下进行制度建构，强化公平竞争审查的合宪性审查。② 其具体方案是，首先，需要在《宪法》中对公平竞争相关条款进行解释，宪法规定的基本权利条款如竞争权利、自由竞争、消费者权益皆与竞争政策联系紧密，直接为竞争政策提供了宪法依据与实现空间。竞争是市场经济的基本保障，是市场经济的生命线。因此，我国《宪法》第十五条明确规定，“国家实行社会主义市场经济”，而“只有在市场经济条件下才有竞争存在的余地和价值，没有竞争就没有市场经济。因此实行社会主义市场经济是我国的最高竞争政策”。③《宪法》第十五条还规定，“国家依法禁止任何组织或者个人扰乱社会经济秩序”。显然，若行政机关制定的法规规章和政策措施损害公平竞争，则有违上述规定，有违市场经济体制，损害社会经济秩序，也无助于宪法序言和总纲中的国家目标、国家任务的实现④，在性质上为不合宪。原因在于，国家目标条款等宪法政策性条款是行政机

---

① ［日］金泽良雄：《经济法概论》，满达人译，中国法制出版社 2005 年版，第 174 ~ 175 页。
② 王炳：《公平竞争审查的合宪性审查进路》，载《法学评论》2020 年第 5 期。
③ 史际春、赵忠龙：《竞争政策：经验与文本的交织进化》，载《法学研究》2010 年第 5 期。
④ 王贵：《论我国公平竞争审查制度构建的基准与进路》，载《政治与法律》2017 年第 11 期。

关制定规章的上位依据，理所当然也是合宪性审查依据。[①] 因此，从公平竞争审查所保护的市场经济体制这一客体看，公平竞争审查理所当然属于宪法部门问题。我国目前开展的公平竞争审查的目的在于使各类行政法规、规章和其他政策性文件不存在损害市场主体公平竞争权益的情形，以促进各类市场主体在统一市场中进行充分而有效的竞争，以保护市场主体的公平竞争权益。而公平竞争权益不仅属于市场主体的具体经济权利，也属于其依据宪法享有的基本权益。在宪法层面，公平竞争权益的内容包括但不限于经济自由、经济平等、经济民主等，还包括公平竞争权和消费者权。[②]

此外，在《立法法》中引入公平竞争审查条款，将法规规章也纳入审查范围，保障反垄断执法机关和市场主体的建议权行使，完善合宪性审查建议回复和公开制度，促进形成公平竞争合宪性审查先例，并通过其广泛的法律效力约束行政机关的法规规章制定行为，以避免政府对市场经济的不当干预。

当然，通过释宪只能在应然层面解释我国宪法是确认竞争政策基础地位和公平竞争审查制度的，欲在实然层面实现竞争政策基础地位和公平竞争审查制度法治化，还需要依赖合宪性审查和合法性审查两大机制。[③] 在实现路径上，可以通过释宪和把公平竞争审查纳入合宪性审查范围，实现合宪性审查；通过修订《反垄断法》把公平竞争审查制度融入该法之中，实现合法性审查。

（二）及时用制度固定有益经验完善公平竞争审查制度

经过四年的制度建设和推进落实，目前，公平竞争审查制度在中央层面建立了部际联席会议，出台了《实施细则》等配套文件，并在全国开展了多次专项督查工作，全面督查覆盖 31 个省（区、市），并随机选择部门和地区开展重点督查。[④]

但制度实施中存在的问题也不少。自我审查的社会信任度不高；部分地区制

---

① 殷啸虎：《对我国宪法政策性条款功能与效力的思考》，载《政治与法律》2019 年第 8 期。

② 王锴：《合宪性、合法性、适当性审查的区别与联系》，载《中国法学》2019 年第 1 期。

③ 党的十九大报告明确提出“加强宪法监督与实施，推进合宪性审查工作，维护宪法权威”，这表明党对合宪性审查工作愈加重视，也预示着在不久的将来，合宪性审查机制将日益完善。

④ 在部委层面，28 个成员单位 2017 年共审查 979 件文件，经审查对 24 件含有排除限制竞争内容的文件进行了修改；地方各级政府部门 2017 年共审查文件 12.2 万件，对其中 641 件排除限制竞争的文件进行了修改。数据截止到 2017 年 12 月 31 日，来源于国家发展和改革委员会网站。

度实施进度较慢，甚至部分市县政府部门迄今尚未启动落实；审查范围不够全面，一些政府部门遗漏部分应当审查的政策措施，一些政府部门直接将审查范围限定为规章、规范性文件，将其他政策措施排除在外；审查工作不够规范，未按照基本流程开展审查，没有形成明确的书面审查结论，审查未留痕；未征求利害关系人意见或者向社会公开征求意见（仅征求相关部门意见）；第三方评估尚未全面落实，委托第三方评估也没有推行，自我审查的质量有待提高；存在滥用例外规定的情况；程序规则上的公众参与与公开透明还做得不好。

造成这种局面既有主观原因也有客观原因，由于制度激励机制缺失、责任机制不严和各地 GDP 竞争，导致政府及其职能部门主观上不愿意审查；由于对制度的理解不到位和审查能力欠缺等原因导致客观上不能够很好地落实制度。

需要通过法治化，加强和改进公平竞争审查制度的实施。具体而言，需要完善评估机制制定相关配套制度。公平竞争审查的质量和社会的信任是该制度的生命线，鼓励甚至要求政府通过购买服务的方式委托第三方开展评估，评估报告向社会公开征求意见，评估结果向社会公开。广泛开展第三方评估既有利于帮助政策制定机关提高审查质量，又有利于社会参与、公开和监督，提高社会信任度。

推进制度全面覆盖。以落实进度较慢的市县为重点，加快制度落实，尽快实现制度全覆盖。同时，公平竞争审查也应在金融、财税、交通以及国有企业改革中得到全面的推行，进一步将制度做实做细、做广做深，真正做到全覆盖。

切实提高审查质量。加大对政府及其职能部门的培训，广泛开展第三方评估，指导部门加大对文件审查情况的检查力度。另外，执法是最好的普法，强化督导查处一批典型案件对当下和今后非常有必要。

通过公平竞争审查制度对涉及市场经济运行的各方面政策措施予以审查，对其中可能对公平、自由竞争秩序造成破坏的政策措施不予出台或者要求其修改至符合审查标准后再出台，使公平竞争审查成为我国经济领域的“合宪性审查”，并通过该制度的推行使各项涉及市场主体经济活动的规范性文件能够有效地维护我国竞争秩序，从而确保竞争政策在各领域、各行业的基础性地位，最终实现市场决定资源配置这一市场经济基本原则。

（三）尽快完成《反垄断法》的修订

1. 将公平竞争审查制度融入《反垄断法》

我国公平竞争审查制度起源于国务院发布的规范性文件，属于“软法”，在面对各种产业政策和区域地方利益时，往往“心有余而力不足”。该制度的有效落实，需要最终完善制度顶层设计，实现该制度从规范性文件向法律的升华，从“软法”转变为“硬法”，从“软约束”上升为“刚性约束”，以严厉的法律责任作为制度有效实施的坚强保障，就需要把该制度写入《反垄断法》之中。

尽快完成《反垄断法》的修改，将“竞争政策基础性地位”和“公平竞争审查制度”写入《反垄断法》，实现公平竞争审查制度法治化和《反垄断法》的优化，从根本上化解公平竞争审查制度和《反垄断法》各自“单兵作战”谁都不能有效规制行政性垄断的尴尬。二者“珠联璧合”之后，既可以实现公平竞争审查制度对政府干预市场的刚性约束，又有利于进一步树立反垄断法的“经济宪法”地位，还有利于节约立法资源、减少执法成本和守法成本从而减少制度成本。

2. 《反垄断法》修改的具体建议

2007 年制定颁布的《反垄断法》存在诸多立法缺漏和技术不足，尤其表现为对政府及其职能部门干预市场扭曲限制竞争行为的规制上，制度空白和制度乏力并存情况比较严重。① 立法的缺漏，暴露了在《反垄断法》制定过程中，当时立法机关对现代竞争政策的认识与市场经济不匹配，落后于时代发展，实质还隐含着整个经济制度、社会环境对竞争政策的排斥，把产生于发达市场经济体的高级法律制度《反垄断法》与市场机制尚不健全的后发展国家嫁接的过程中，必然产生传统上强势的干预政策、调控制度与竞争政策的冲突。在经济转型和制度交替的过渡期，冲突与矛盾集中于行政性垄断如何规制、产业政策与竞争政策以及与之有关联性的竞争执法机构与行业监管机构的冲突如何协调、竞争性国有企

① 我国制定于 2007 年的《反垄断法》实施十年以来，发现有诸多缺漏，但最大的遗憾当属行政性垄断的规定，对政府利用制定的规范性文件间接干预市场破坏竞争行为完全没有规定，而对于行政机关滥用行政权力直接限制竞争行为，反垄断执行机构滥权行为没有查处权和制止权，只有对其上级机关的建议权，且垄断行为的受损害方没有求偿渠道。

业的反垄断规制等方面。[①] 在经济全球化和国内深化改革的背景下，需要培育市场竞争机制的内在驱动力，需要政治决策层从上至下的推力，更需要信仰竞争文化的社会力量的积极响应。这三种力量的共同交汇点就是适时将共识转化为规则，通过修法进行制度优化。具体的立法建议如下。

（1）《反垄断法》第一条、第四条、第八条、第九条已经暗含了“竞争政策基础性地位”和“公平竞争审查制度”的制度意蕴，但需要通过修法予以进一步明确，在总则部分直接明确国家在市场经济体制中奉行竞争政策基础性地位，作为竞争政策重要制度抓手和实施路径的公平竞争审查制度在分则部分明确规定。

（2）我国市场经济发展中的垄断不同于市场经济成熟国家只局限于垄断协议、滥用市场支配地位和经营者集中，还有严重的滥用行政权力排除、限制竞争行为，所以，需要修改《反垄断法》第三条，把反垄断法的规制对象从“经营者的三大行为”拓展到“政府的不当干预与限制竞争政策”。

（3）修改《反垄断法》第四条，把“竞争规则”丰富为“竞争政策和竞争规则”；在“完善宏观调控”之前加上“坚持竞争政策基础性地位”，既为“完善宏观调控”提供了价值标准和制度工具，又增强了该款规定的逻辑性。

（4）《反垄断法》第八条增加一款：“通过实施公平竞争审查，健全行政机关内部决策审查机制，废除和防止出现妨碍全国统一市场和公平竞争的规定和做法”。

（5）公平竞争审查制度的确立和落实需要统一、权威、专业的审查机构。[②]

规制改革理论主张，机构改革或者重构和程序改革是规制进化的主要路径依赖。[③] 我国公平竞争审查制度刚出台的时候，由国家发展改革委的价格监督检查与反垄断局作为公平竞争审查工作部际联席会议办公室，具体负责推进制度实施[④]；2018 年 3 月《国务院机构改革方案》实施以后，由新组建的国家市场监督

① 孙晋、钟瑛嫦：《竞争政策的理论解构及其实施机制》，载《竞争政策研究》2015 年 11 月（总第 3 期）。

② 孙晋：《通过修法夯实我国竞争政策的基础性地位》，载王先林：《竞争法律与政策评论》（第四卷），法律出版社 2018 年版，第 18 ~ 19 页。

③ ［美］史蒂芬·布雷耶：《规制及其改革》，李洪雷等译，北京大学出版社 2008 年版，第 489 ~ 500 页。

④ 2016 年 12 月 22 日，依据国务院《公平竞争审查工作部际联席会议制度》建立的公平竞争审查工作部际联席会议，负责统筹协调推进公平竞争审查相关工作。

管理总局价格监督检查与反不正当竞争局继任作为部际联席会议办公室。公平竞争审查乃“高级反垄断”之举，是在“源头上防止垄断”，与反不正当竞争的关联不大，把这两项职能放在一起实为不妥。我国《反垄断法》第九条规定，国务院反垄断委员会要“研究拟订有关竞争政策”“国务院规定的其他职责”等，但没有规定其指导公平竞争审查和推进竞争政策的职能。实际上，推进竞争政策主要依靠公平竞争审查和反垄断执法来落实，二者密不可分。在现有体制下，在国家市场监督管理总局内单独设立负责推进竞争政策和落实公平竞争审查的机构乃中策，上策是通过修法，把现行部际联席会议与国务院反垄断委员会职能合并，充实反垄断委员会，明确反垄断委员会负责全国推进竞争政策、指导公平竞争审查的法定职责，最终赋予其统一、权威、专业的审查指导机构职能。

第四节 公平竞争审查制度与关联制度的协调与融合

一、公平竞争审查制度与产业政策和竞争政策的协调与融合

产业政策和竞争政策是市场经济发展的两大重要手段，要实现市场经济发展的转型升级和持续增长，对二者的良性协调配合有着必然需求。但是，出于二者的理论依据、作用对象、调整范围以及价值目标方面不尽相同，因此而造成的冲突与矛盾给政府、企业、相关行业部门带来了不少压力，也给供给侧改革的顺利开展造成一定阻碍。由于我国国情决定下的产业政策始终会在未来长远时期内占据强势地位，其与竞争政策的协调融合问题成为学界关注的焦点之一，作为理论与实务届新星的公平竞争审查制度将竞争政策的精神收入囊中，通过建立公平竞争审查制度，对产业政策贯彻落实事先审查，以确保其符合竞争政策的理念，竞争友好型产业政策的目标才得以实现。反过来，对公平竞争审查制度与关联制度的协调融合的探索发现，在此基础上不断完善公平竞争审查制度，也为深入理解公平竞争审查制度的价值意义提供了参照。

（一）产业政策与竞争政策协调的必要性

实现资源配置的方式主要包括两种：一是市场自发调节；二是政府干预调节。而产业政策就是实现政府干预调节的重要手段之一，即政府为实现特定的经济和社会目标而对特定的产业形成与发展进行干预的各项政策的总和。[①] 形式上多以部门规章以及地方性法规为主，调整对象涉及产业结构、产业组织、产业技术、区域经济等方面的内容，调整手段颇具综合性与多样性。它表现为政府为了弥补市场机制的内在局限性，为了实现产业结构的优化，通过政策倾斜对国民经济各行业和部门有选择性地加以引导和扶持，并且突出对生产者利益的保护。与产业政策相比，竞争政策则具有截然不同的特点：它是指国家和政府为了保护和促进市场对资源的配置作用而实施的经济政策。[②] 形式上则多体现在《反垄断法》《反不正当竞争法》的相关法律规定中，法律层级较高。调整范围主要限于危害市场公平竞争的垄断、不正当竞争行为等的举措，目的在于纠正弥补市场机制的固有缺陷带来的相关隐患。调整手段较为单一即法律规制，且兼具强制性。更多表现为通过鼓励市场主体之间的积极竞争来营造并维护公平竞争秩序，多出于对公共利益的保护和社会福祉的追求，突出对覆盖面较广的竞争主体及消费者大众的保护。产业政策与竞争政策的诸多差异决定了其在共同作用于市场经济的过程中不可避免地产生摩擦与隔阂。首先体现在过度倚靠产业政策，未充分发挥竞争政策作用而造成的有损市场公平后果，不利于发挥市场主体的积极性创造性。因为产业政策是对部分行业和部门加以针对性的扶持帮助，如有选择性的市场补贴、政策倾斜等，相对于那些产业政策所没有覆盖的行业和企业而言，市场的资源配置功能被行政力量削弱[③]，有损市场主体竞争热情的发挥，对竞争主体的创造性有所限制，也同样一定程度削弱了被扶持主体的竞争积极性，不利于其保持优胜劣汰的危机感。社会公平公正秩序受到阻碍，创新活力有所阻滞，经济发展难以健康活跃运行。其次，助长行政性垄断的形成。由于产业政策借助行政性力量实施，滥用产业政策容易纵容行政主体违法使用行政权力，排除、限制竞

①③ 石达：《公平竞争审查视角下产业政策与竞争政策的协调机制研究》，载《市场周刊》2019 年第 8 期。

② 王竹青：《产业政策的竞争法审查途径——公平竞争审查制度的实施与完善》，载《河北企业》2020 年第 1 期。

争，对市场施加不利限制，从而阻碍市场经济的自由发展。加之我国的反行政性垄断体系并未十分周密，《反垄断法》规制范围也未能面面俱到，行政性垄断的滋生侵蚀了竞争政策的发展空间，加剧了竞争政策与产业政策的隔阂。

（二）对产业政策进行公平竞争审查的原因

综合考虑我国经济发展的路线特点，产业政策在其中占据长久的重要地位。但随着国际形势的更新以及我国经济转型的迫切要求，逐渐意识到产业政策的不足具有现实意义。首先表现在产业政策的本质是政府干预市场的重要手段，其存在不可避免的先天性缺陷即强行政性弱竞争性。政府干预不当会造成经济秩序紊乱、政府失灵、贪污腐败滋生等种种可能性。而对产业政策进行公平竞争审查是从源头上排查其固有缺陷的措施。将市场进行资源配置的基础性、决定性与灵活性作用发挥到最大，弥补政府宏观调控的不足，既可以解决政府进行资源配置时所产生的外部协调性问题和信息不对称问题，也可以解决因大量权力寻租而造成的腐败问题。[①] 其次，对产业政策进行公平竞争审查有助于保障市场主体的公平竞争权，平衡因产业政策实施而可能造成的市场、行业失衡。公平竞争审查制度以事前审查方式全面预防可能有违公平竞争秩序的政策及法律法规出台，一定程度上为塑造公平健康有序的市场环境提供了保障，这既是对政策引导下的资源优化配置的又一道筛选机制，又是实现市场行业长足发展和平衡的有力举措。

（三）公平竞争审查制度协调产业政策使其符合竞争政策之可行性分析

产业政策与竞争政策之间虽然存在诸多摩擦与矛盾，但是基于二者都是共同服务于社会经济建设这一首要价值目标，这使得二者在理论和实践上的协调与融合有着一定基础，而市场经济的内在缺陷与产业规制的不足也要求二者进行协调。对二者进行协调的关键和基础在于产业政策与竞争政策谁主谁次，若二者发生冲突应以何者为先。具体而言，首先在于《反垄断法》的适用除外制度无法完全调和竞争政策与产业政策之间的矛盾。《反垄断法》适用除外的制度功能在于实现竞争领域与特殊领域的分野，厘清竞争政策与产业政策的作用范围。它以

---

① 王竹青：《产业政策的竞争法审查途径——公平竞争审查制度的实施与完善》，载《河北企业》2020 年第 1 期。

一种事前的、静态的协调手段进行调控，不仅可以克服过分垄断造成的市场不公，还可以防止过度竞争或者盲目竞争对规模经济效益和社会公共利益造成的不当损害，利用竞争的活力抵制垄断的停滞性，利用垄断的组织性克服竞争的无序性，从而实现合理而有效的竞争秩序。[①] 但是可惜的是，毕竟适用除外制度脱胎于《反垄断法》，而《反垄断法》又是一种事后规制手段，对限制市场竞争、规制政府干预的力度存在一定程度不足，仅是突出对造成损害结果的纠正与事后补偿。而且产业政策在经济发展中被长期过度倚重，积攒的顽疾根深蒂固，破除非一日之功。部分地方政府因行政权力过度膨胀，以行政职权插手经济发展，适用除外制度被行政力量滥用的情况时有存在。在市场在资源配置中的决定性作用被充分认识的今天，要限缩和规范适用除外制度，谨防不当使用产业政策带来的政府失灵、权力寻租现象，以塑造竞争机制并且大力推广竞争理念。另外，公平竞争审查制度是确保产业政策符合竞争政策精神理念的重要手段。在《反垄断法》不足以对竞争政策与产业政策的矛盾摩擦进行完全调节的情况下，公平竞争审查制度以其事前性、前瞻性审查特点有效弥补了《反垄断法》规制的不足。公平竞争审查制度的制度目标符合产业政策的改革目标，作为竞争政策的重要组成部分，公平竞争审查制度对政府干预经济的各项制度安排、公共政策或措施，根据一定的标准，提前予以分析、评价和审查，以维护市场公平竞争。在对产业政策的制定层面，在强调尊重市场的决定性作用的前提下，针对不同行业特点，合理产业布局，充分利用公平竞争审查制度将可能限制市场竞争的政策排除，让产业政策与竞争政策形成合力。

（四）产业政策的竞争法路径完善

首先，进一步完善公平竞争审查制度，在产业政策的制定及运用上发挥公平竞争审查制度的优势，突出对市场竞争秩序的维护。在完善公平竞争审查制度自身层面，改进“自我审查”模式、推动制度入法、细化例外规定明确适用边界。以此夯实制度基础。而在制定我国的产业政策时，要充分适用公平竞争审查制度，注意防范政府力量对市场竞争的不当干预，加强引导和塑造良好的竞争环境

---

① 石达：《公平竞争审查视角下产业政策与竞争政策的协调机制研究》，载《市场周刊》2019 年第 8 期。

和竞争秩序，自觉将产业政策融入市场竞争秩序之中，通过放松管制、培育市场、优化服务等手段不断塑造公正公平的市场环境，形成竞相创新的市场氛围。[①] 其次，塑造合理产业政策模式，防止产业政策制定及运行中行政权力的滥用。过度的行政干预造成市场竞争秩序的失衡，也会有损市场主体参与竞争的积极性，符合新时代经济形势下的产业政策模式不仅仅是简单倚靠单一行政力量介入下的政策倾斜或财税补贴，而是在私人部门和政府之间形成良好的战略互动与合作关系，让政府知道经济结构调整和经济发展瓶颈的症结所在，并对症下药采取措施。[②] 在推动产业政策模式升级的基础上也要防止部分行政机关假借实施产业政策之名，暗行过度政府干预之实，以行政手段介入扰乱自发的市场竞争。最后，合理运用市场与政府的双重调控，是实现产业政策竞争法途径的有力保障。只有处理好政府与市场的关系问题，实现"有形之手"与"无形之手"的协同合作，建立起现代的市场经济和市场体系这一平台，各类主体才能展开自由、公平的市场竞争，否则，公平竞争就无从谈起，产业政策的实施也就失去了意义。

二、公平竞争审查制度与相关配套制度的协调与融合

（一）完善事前保障制度

完善事前保障制度具体而言包括建立事前咨询机制、实行竞争法律顾问制度以及完善奖惩制度。在咨询机制方面，首先，充分发挥反垄断委员会及地方联席会议的作用，要求反垄断委员会在收到咨询请求后应该在特定时限内提供咨询意见，并明确咨询意见仅作为参考。其次，需要明确地方联席会议协调审查主体间审议事项的具体办事流程，对召开协调会议的前提、时间及基本议程作出必要说明。最后，应当明确审查主体向利害关系人或社会公众征询意见的基本要求及方式。[③] 逐步完善政府及其工作部门律师法律顾问制度，充分发挥同第三方评估制度的协调作用。这样既能保证政府职权的内在统一性，也会减少相应的成本，恰到好处解决了第三方评估可能存在的成本费用上的难题，也同样保证了审查的专

①② 石达：《公平竞争审查视角下产业政策与竞争政策的协调机制研究》，载《市场周刊》2019 年第 8 期。

③ 朱静洁：《公平竞争审查制度实施的障碍及破解》，载《经济法论丛》2019 年第 4 期。

业性。[①] 修订国务院和各地方规范性文件审查与备案制度和管理办法，在原合法性审查之外增加公平竞争审查要求，将公平竞争审查作为各级政府及其工作部门制定规范性文件审查与备案的必备要件。规范性在奖惩机制层面，将制度实施情况纳入政府及相关人员的绩效考核，与官员的任免升迁挂钩，形成约束机制与问责机制，根据落实制度的审查效率和质量情况对相关人员进行奖惩，优异者给予奖励与表彰，怠惰者予以惩处。

（二）完善监督制度

公平竞争审查制度的监督机制完善应该从多个角度考量：在自我监督层面，不仅鼓励政策制定机关可以建立专门的定期评估机制，也鼓励各地区、各部门委托第三方专业机构，协助对政策措施进行公平竞争审查和定期评估。与此同时，改进评估方法及明确评估流程，提高评估的科学性与可操作性。在保障评估结果的监督上，探索由专门机关对评估结果进行评估的“二次监督”方式，来进一步保障评估结果的科学性。在责任追究机制层面，严格责任追究制度，对由上级机关责令改正、拒不改正或者不及时改正的直接负责主管人员和其他直接责任人员加大处分力度，提高威慑力，对于行政责任轻微而实施不力后果严重者探究其纪委监察监督的可能性，以保证审查质量。

（三）丰富事后救济手段

首先，完善举报制度。科学改进举报机制，建立畅通、透明、高效的举报通道。明确举报条件，对涉及证据和事实层面规定作出补充，对举报结果及时准确的事实反馈也应得到重视，保障公众的知情权，规范受理机关的实施流程，提高举报制度的科学性与可操作性。其次，强化申诉制度。对因为政策措施而遭受侵害的企业，把受害企业的申诉受理机关权限部分赋予竞争主管机关。同时，保证申诉方式的多样化和过程的公开。将诉讼作为保护当事人正当权利的最后一道防线，即对违反公平竞争审查标准的政策措施以及不及时落实审查结果的政府和部门，赋予权益受到损害的相关利害当事人直接向人民法院提起行政诉讼的权利。[②]

---

①② 侯志强：《竞争审查制度研究》，郑州大学专业硕士学位论文，2017 年。

（四）严格豁免标准，禁止滥用例外规定

本着窄进宽出的原则执行豁免规定，严格豁免标准的具体内容及程序，如实行申报审批制，加强对适用例外规定的监督力度，增强三大监督主体（政策制定机关的上级机关、反垄断执法机构、社会公众）的协同合作。此外，突出专业的反垄断执法机构的作用，赋予其更多监督管理权力，而不仅仅限于向政策制定机关或上级提供咨询建议。对于滥用例外规定的行政主体加大惩处力度，完善问责机制，保证执法力度。

三、公平竞争审查制度与《反垄断法》的协调与融合

（一）现行《反垄断法》规范政府干预的局限

行政性垄断是指行政机关和法律法规授权的具有管理公共事务职能的组织滥用行政权力，实施排除、限制竞争的行为，其本质是政府对经济的不当干预。以《反垄断法》对滥用行政权力限制竞争行为进行直接规制是一种有效的制度安排，它是通过对权利义务、诉讼程序、法律责任、赔偿制度等设计，激励社会公众抵抗行政权力不当进入市场的热情，有效遏制滥用行政权力限制竞争行为。[①]这也是控制规范政府干预的重要手段。对此，《反垄断法》在第八条加以明确规定："行政机关和法律、法规授权的具有管理公共事务职能的组织不得滥用行政权力排除、限制竞争。"亦在第五章详细列举了滥用行政权力排除限制竞争的各种表现形式。虽然《反垄断法》逾10年的执法成就有目共睹，为市场公平竞争提供了基本法律保障，也为我国进一步明确经济体制改革方向提供强大动力。但是，在实践中，政府利用行政权力排除限制竞争造成的行政性垄断并不少见，可其受到调查与处罚的情况却不尽如人意。行政性垄断的存在极大地破坏了自由竞争的市场秩序，抑制了市场主体的参与积极性，不利于全国统一市场的形成，也是现今推行供给侧等结构性改革的强大阻碍。这一定程度上说明现行《反垄断

① 徐士英：《政府干预与市场运行之间的防火墙——反垄断法对滥用行政权力限制竞争的规制》，载《法治研究》2008年第5期。

法》尚不能完全满足规制行政性垄断的需要。

1. 规制范围无法全面涵盖政府的反竞争行为

首先，《反垄断法》的制度层面设计无法将政府干预竞争行为全面纳入管辖范围，虽然《反垄断法》对行政性垄断的主体界定在“行政机关”“法律法规授权的有管理公共事务职能的组织”上，但是却也忽略了如立法机关等其他部门。立法机关出台的各项法律、地方性法规、行政规章等都有可能出现限制公平排斥竞争的现象，却因为没有被囊括进反垄断规制范围内而被利用作“免死金牌”。出于利益集团影响、官商合谋、政府知识局限等原因，政府的制度安排也会出现不合理限制竞争的现象，如企业设立过于冗长的行政审批制度等。① 针对这些不合理的法律规定，目前《反垄断法》还鞭长莫及。

其次，对于抽象性行政行为导致的行政性垄断现今也缺乏有效约束。虽然根据《反垄断法》第三十七条规定，只有在行政机关滥用行政权力出台会限制竞争的条款时才属于规制范围，但是若行政机关无滥用行政权力行为，不具备滥用的这一主观故意条件，其对竞争的干预限制可能是出于竞争的认知局限或者对政策的理解不到位，如行政失职行为等，从而产生的行政性垄断行为危害市场公平竞争自然不能由《反垄断法》规制，而且与具体行政行为相较，抽象行政行为造成的行政性垄断具有覆盖面更广、影响更大的特点。如实施抽象性行政行为来抬高市场准入门槛、对异地进入企业双重征税等，这些都对维护市场公平竞争环境造成了不小阻碍。与此同时，《行政诉讼法》也已经明确将抽象性行政行为排除在可诉范围之外，由抽象性行政行为导致的行政性垄断行为就更缺乏有效规制。

2. 事后规制的手段难以消减不利影响

《反垄断法》对行政性垄断的规制手段主要以事后规制为主，如根据《反垄断法》第五十一条规定，反垄断执法机构对行政性垄断行为提出行政建议书和行政告诫书，并由实施行为主体的上级机关责令改正。由此可见，在行政性垄断行为发生后反垄断执法机构才介入调查处理，与强调事前预防机制的公平竞争审查制度相较，这种事后弥补机制在对不公平竞争带来的经济损失、对政府信誉的下

① 张占江：《弥补反垄断法行政性垄断规制局限的制度方案——基于反垄断经济分析范式的修正》，载《中国价格监管与反垄断》2015 年第 1 期。

降、对技术进步与管理创新造成的迟延、对社会整体福祉追求的阻碍等方面都略显苍白[①]，无法消弭既定事实带来的不利影响。

3. 法律责任承担较轻微缺乏震慑警示作用

《反垄断法》在对行政性垄断行为的规制中，法律责任承担较轻微。如上文所述，根据《反垄断法》第五十一条“行政机关和法律、法规授权的具有管理公共事务职能的组织滥用行政权力，实施排除、限制竞争行为的，由上级机关责令改正；对直接负责的主管人员和其他直接责任人员依法给予处分。反垄断执法机构可以向有关上级机关提出依法处理的建议”，反垄断执法机关仅具有建议权，只能督促相关政府或者行政部门自我纠正滥用权力的行为，并不具备实质意义上的处罚权，缺乏司法救济的渠道，因而执法效果有限。“责令改正”由上级机关提出而并非是司法机关或者反垄断执法机关或国家监察机关，上级机关能否勇担重责基于己任将问责落到实处，不仅需要自身贯彻依法行政，更需要强大的制度安排来厘清法律责任。否则，如若上下级之间涉及利益牵扯，在没有严格法律制度约束的环境下，容易相互包庇，使得问责制度流于形式。再者，对直接负责的主管人员和直接责任人员的处分也仅仅停留在行政处分上，与行政性垄断造成的严重后果相比未免太轻微，如果责任承担过于轻微、违法成本过低，而带来不成比例的巨大获益，可能会使行政机关人员甘愿铤而走险，更易滋生行政性垄断。明确法律责任承担，增强威慑性，是严格约束行政性垄断的有效途径。

（二）《反垄断法》与公平竞争审查制度的关联性考察

与经济管理政策作用于市场主体不同，公平竞争审查制度规制的是行政权力及其实施者，针对的是由行政权力限制竞争而产生的行政性垄断。在制止行政机关排除、限制市场竞争方面，注重事后规制的《反垄断法》与强调事前防御的公平竞争审查制度之间既有联系又有区别。[②] 首先，在对行政性垄断的规制主体上与公平竞争审查制度规制的主体具有同一性。不仅如此，在价值目标上，《反垄断法》与公平竞争审查制度的根本目标都是保护市场主体合法权益，维护市场公平竞争秩序。在二者的区别层面，公平竞争审查制度审查范围更加广泛，较

---

① 房佩华：《我国公平竞争审查制度与反垄断法的完善》，暨南大学硕士学位论文，2018 年。
② 赵名菊：《论公平竞争审查制度对反垄断的促进作用》，载《河北企业》2018 年第 6 期。

《反垄断法》规制范围中的行政性垄断更广。其次，公平竞争审查制度突出事前源头性预防，审查不仅包括已实施的，更注重在制定前的排查；而《反垄断法》是一种事后规制手段，其针对的是政府已经出台或实施的政策。

至于如何通过推进《反垄断法》修订时实现公平竞争审查制度明确写入法条，最终实现公平竞争审查制度法治化，本章第三节已有详细阐述，在此不再赘述。

附录　湖北省公平竞争审查联席会议全体成员单位2019～2020年公平竞争审查第三方评估报告

目　录

一、总则

为推动湖北省（以下简称“我省”）公平竞争审查制度深入实施，在全省逐步全面推广落实公平竞争审查第三方评估，以评促建，以公平竞争审查切实优化我省营商环境，根据《国务院关于在市场体系建设中建立公平竞争审查制度的意见》（以下简称《意见》）、《湖北省人民政府关于在市场体系建设中建立公平竞争审查制度的通知》以及湖北省市场监督管理局与武汉大学签订的《湖北省公平竞争审查第三方评估合作协议》（以下简称《合作协议》）要求，开展此次公平竞争审查第三方评估。

根据国家市场监管总局、国家发展改革委、财政部、商务部《全面推进落实公平竞争审查制度 2019 年工作重点》，我省公平竞争审查第三方评估机制 2019 年的工作重点为促进持续清理废除妨碍统一市场和公平竞争的各种规定和做法。

为保证第三方评估质量，推动全省、市、县各级政策制定机关在三年内全面建立健全公平竞争审查第三方评估机制，政策制定机关在不影响正常工作的前提下要积极主动配合评估工作，主动、全面、准确提供相关资料和情况。

二、评估内容

按照《合作协议》的要求，此次公平竞争审查第三方评估包含两个主要内容：第一，按照 3 份/年的比例对湖北省 26 家公平竞争审查工作联席会议成员单位 2016～2019 年出台的关于市场准入、产业发展、招商引资、招标投标、政府采购、经营行为规范、资质标准等涉及市场主体经济活动的规章、规范性文件和其他存量政策措施的自我审查进行评估。

第二，通过实际调研、查阅自我审查流程、了解审查机构建立情况等方式评估 26 家成员单位建立、实施公平竞争审查机制的具体情况，找出自我审查中存在的不足和就工作完善给出建议。

三、评估标准

根据《意见》明确的基本分析框架和审查标准，本中心按照以下标准开展此次公平竞争审查第三方评估。

（一）市场准入和退出标准

1. 不得设置不合理和歧视性的准入和退出条件；

2. 公布特许经营权目录清单，且未经公平竞争，不得授予经营者特许经营权；
3. 不得限定经营、购买、使用特定经营者提供的商品和服务；
4. 不得设置没有法律法规依据的审批或者事前备案程序；
5. 不得对市场准入负面清单以外的行业、领域、业务等设置审批程序。

（二）商品和要素自由流动标准

1. 不得对外地和进口商品、服务实行歧视性价格和歧视性补贴政策；
2. 不得限制外地和进口商品、服务进入本地市场或者阻碍本地商品运出、服务输出；
3. 不得排斥或者限制外地经营者参加本地招标投标活动；
4. 不得排斥、限制或者强制外地经营者在本地投资或者设立分支机构；
5. 不得对外地经营者在本地的投资或者设立的分支机构实行歧视性待遇，侵害其合法权益。

（三）影响生产经营成本标准

1. 不得违法给予特定经营者优惠政策；
2. 安排财政支出一般不得与企业缴纳的税收或非税收入挂钩；
3. 不得违法免除特定经营者需要缴纳的社会保险费用；
4. 不得在法律规定之外要求经营者提供或者扣留经营者各类保证金。

（四）影响生产经营行为标准

1. 不得强制经营者从事《反垄断法》规定的垄断行为；
2. 不得违法披露或者要求经营者披露生产经营敏感信息，为经营者从事垄断行为提供便利条件；
3. 不得超越定价权限进行政府定价；
4. 不得违法干预实行市场调节价的商品和服务的价格水平。

四、政策措施的自我审查

（一）评估基本情况

2019年12月17日，省市场监管局组织召开公平竞争审查第三方评估工作安排座谈会，与会的各成员单位相关负责人研究学习了《2019 年湖北省公平竞争审查第三方评估实施方案》，并相互交换了意见。由武汉大学竞争法与竞争政策研究中心（以下简称“本中心”）承担的政策措施评估（2016～2019 年存量）与公平竞争审查机制实施评估工作也随之正式展开。2019 年底，正当本中心按计划准备全面开展第三方评估工作的时候，由于新冠肺炎疫情在武汉突然爆发，继而武汉市“封城”，各成员单位均在党中央政府的统一领导和省委省政府积极部署下全力投入到抗疫救灾的工作中去，开展公平竞争审查第三方评估工作的外部条件不具备，本中心被迫暂时中止第三方评估工作。

2020 年 4 月初，疫情得到有效遏制，评估工作也得以在公平竞争审查联席会议各成员单位的配合下，尤其在省市场监管局领导的大力支持下稳步恢复并逐渐展开。截至 2020 年 6 月 3 日，26 家成员单位中的 23 家单位向本中心提交了包含了 255 份文件名称的清单。其中，教育厅及水利厅均以 2016～2019 年出台的所有政策措施均不涉及市场准入、产业发展、招商引资、招标投标、政府采购、经营行为规范、资质标准等涉及市场主体经济活动范围为由，未提供任何可评估的文件。人民银行武汉分行则以人民银行总行不同意其参加此次第三方评估为由，未提供任何可评估的文件。

如图 1 所示，此次第三方评估本中心按照 3 份/年的比例在 23 家单位提交的 255 份文件中抽取了 166 份进行审查，其中，省经济和信息化厅的《湖北省工业互联网发展工作计划（2018～2020 年）》《湖北省人民政府办公厅关于加快推进新一轮技术改造和设备更新促进工业转型升级的意见》《湖北省人民政府办公厅关于印发湖北省开展消费品工业“三品”专项行动计划（2016～2018 年）的通知》《湖北省人民政府办公厅关于加快促进云计算创新发展培育信息产业新业态的实施意见》《湖北省人民政府关于加快推进传统产业改造升级的若干意见》、省卫生健康委员会的《湖北省职业健康检查机构备案管理办法》《省卫生健康委员会关于印发湖北省乙类大型医用设备配置许可管理实施细则（试行）的通知》、中国证券监督管理委员会湖北监管局的《湖北证监局关于修订〈湖北证监局拟上市公司辅导工作监管指引（试行）〉的通知》、省市场监督管理局的《省工商局关于贯彻党的十八届五中全会精神营造一流营商环境的意见》、中国银行保险监督管理委员会湖北监管局的《湖北银行业支持推进长江经济带发展指导意见》以及商务厅的《省商务厅关于印发〈厅机关办公用品采购管理实施细则〉的通知》等 11 份文件中出现了违反公平竞争相关审查标准的情况，本中心建议进行修改。

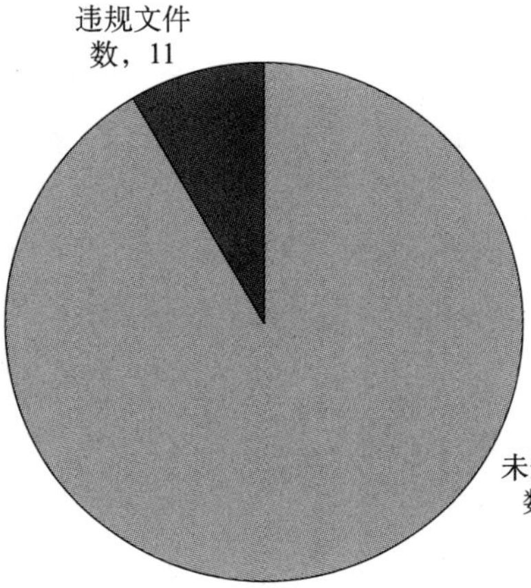

图 1　违规文件占比

由于 166 份文件作为评估样品数量实在太少，难以准确评价违规文件数量与发文单位所处行业之关联性，但是由图 2 仍可在一定程度上看出违规文件出现较多的单位均为与市场主体活动紧密相关的行业监管机构，尤其是省经信厅，提交文件 20 份，其中违规文件 5 份，占比 25%，远远高于此次评估总体 6.6% 的违规率。本中心认为，虽然该现象符合逻辑规律，但是在实践中，这部分重点单位今后一定要注意加强自我审查与机制建设的能力，省市场监管局下一步也应着重对这些单位的公平竞争审查工作进行监督和指导。

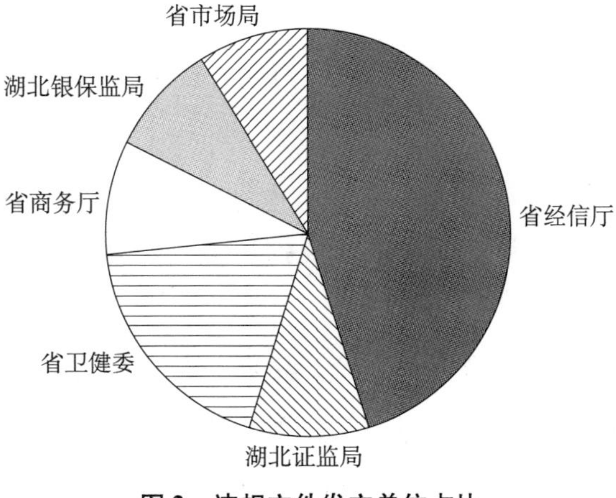

图 2　违规文件发文单位占比

（二）现存的问题

总体而言，此次评估中绝大部分的文件都是符合公平竞争审查相关规定要求的，不存在限制、扭曲市场竞争的情况。部分文件的规定甚至与市场公平竞争之精神相当契合，值得各成员单位学习。例如，《省工商局关于加快打造一流营商环境 服务社会主义现代化强省建设的意见》中深化“多证合一”“证照分离”改革、推进登记和注销服务便利化改革、全面推行市场主体准入负面清单管理等措施，减少了市场准入门槛、便利了准入条件、优化了营商环境。特别是要求对“双随机”抽查公式率达到100%、以公用企业等为重点加强民生领域反垄断执法等措施，不仅事前行政审批更加便捷，同时在事中事后监管上下大功夫，大大激发市场主体活力、促进了市场公平竞争。

尽管如此，评估中在部分单位的文件中仍发现若干值得关注的问题，需要得到所有成员单位的重视，以期在未来政策制定过程中避免。

第一，湖北证监局的两份文件不直接在正文中列明行业准入条件、申请行政审批前提条件或享受优惠政策的门槛，而通过后附行政审批“申请表”或非该文件附件的“参考标准”“需提交文件清单”等较为隐蔽的形式，实质上设置准入门槛或将门槛具体化、特定化。

第二，省经信厅在多个文件中直接列明“未来将重点发展的企业名称”，部分条文明确提出要优先发展“楚天云”“长江云”“联想”“富士”“潜江小龙虾”“东风”等企业。类似“要求优先发展”的规定违反《意见》中关于“不得违法给予特定竞争者优惠政策”的规定。

第三，省经信厅在多个文件强调“支持我省优先”“要求在省内注册”属于设置不合理和歧视性的准入和退出条件。例如，“引导地方政府加大对企业技术改造的财税支持力度……在省内注册、设备投资过2000万元的重点技术改造项目，按照企业投资的一定比例，通过贷款贴息、专项补助和奖励等方式给予支持。”

第四，各成员单位的相关部门在公平竞争审查中需要统一标准，比如，对产业政策与市场竞争关系的认识，可能会影响到对部分文件规定的理解，如湖北银保监局提出“鼓励银行业金融机构探索建立长江经济带重点项目授信审查审批绿色通道机制，对符合长江经济带发展的企业、涉及长江经济带的重大项目优先安排审查审批”的政策措施，疑似与中央确立竞争政策基础性地位的战略决策相冲突。

第五，相关文件残缺和不准确。此次评估由政府部门主动提供该部门需要审查的文件，其中难保有无意或故意的遗漏。如何保证所有应被审查的文件实际上得到审查，是评估工作有效开展面临的一个初始且重要的问题。例如，全国多地教育和水利部门已公示对妨碍统一市场和公平竞争政策措施的清理结果，在该领域也已有部分反垄断执法案例，均不在少数，甚至可以说是违规（案件）多发领域。然而此次评估，省教育厅和水利厅都声称在 2016 ~2019 年未出台任何一份与市场活动相关的政策措施，这个结论如果公之于众，社会可信度有多大？这些政府重要职能部门在这项工作中的工作作风是不是实事求是？这些都值得我们深思。最后，部分单位对文件评估要求的理解不准确，例如，省交通运输厅在清单中总共提交了 21 份文件名称，其中只有 5 份的出台日期是在规定的 2016 ~2019 年之内，其他 16 份文件居然都不符合这次评估工作要求的年份。

五、公平竞争审查机制的构建

（一）评估基本情况

本次关于成员单位公平竞争审查机制构建的第三方评估本应进行上门实地调研，因为疫情影响，结合防控实际，经与公平竞争审查联席会议办公室领导商请后改为调研问卷的形式，并以本中心的名义向 26 家成员单位发送了《关于填写湖北省公平竞争审查第三方评估工作调研问卷的通知》。多数单位在约定截止日期 5 月 19 日前提交了回复，然而有一部分单位逾期后，经本中心多次甚至十余次催促，依然迟迟不愿提交，这些单位对待本次第三方评估工作表现得不够积极和认真，极少数几家单位非常敷衍。截止本报告成稿之日，共回收 26 家公平竞争审查联席会议单位中的 23 家的 23 份问卷。司法厅在本中心多次催促下仍以“工作繁忙”为由未完成调研问卷；住建厅在本中心先后多次联系该厅六位“负责人”后仍然表示不清楚该项工作应由谁负责；人民银行武汉分行以“总行不同意”为由没能提交调研问卷。除人民银行武汉分行外，两个未提交调研问卷的单位均尚未就没能填写提交调研问卷进行解释。

（二）现存的问题

如图 3 所示，随着 2016 年 7 月各省级政府及所属部门开始在有关政策措施制定过程中进行公平竞争审查，虽然与市场主体活动相关的政策措施数量呈折线上升趋势，违反公平竞争审查相关标准的文件数量却无明显增加。然而，本中心认为，由于存在评估文件样本数量过小、文件抽取标准不够科学等限制因素，现阶段无法对违规文件数量与成员单位实际落实公平竞争审查制度情况的相关性作出科学定论。对此，本中心将此次评估公平竞争审查机制的重点放在对调研问卷的样本分析上。

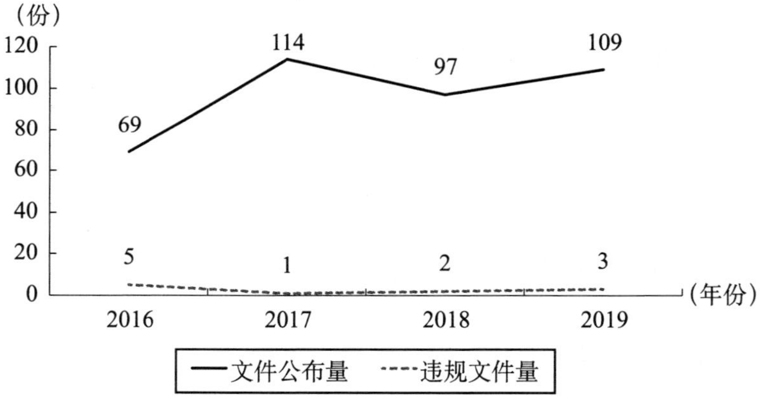

图 3　2016－2019 年发文量与文件违规量

在回收的 23 份调查问卷中，可以看到各单位在公平竞争审查机制建设中积极的一面，部分单位审查流程规范明确，征求意见全面充分。例如，交通厅对问卷 2.2 问题答复：“本单位开展自我审查的基本流程是：起草处室自查——报送送审稿、起草说明、起草依据、公开征求意见及采纳情况——厅法规处组织厅办公室、厅机关纪委、厅法律顾问联席审查，邀请企业代表参加——审查后出具审查评估意见给起草处室——起草处室结合审查意见组织修改——报厅分管领导签批同意后发文。”同样，自然资源厅在问卷 2.2 问题的答复中，明确回答了自我审查的流程，全面细致。商务厅在问卷答复同时附加了厅办公室关于进一步加强公平竞争审查工作的通知，内容规范，所附加公平竞争审查基本流程非常明确细致，公平竞争审查表也同样标准规范，堪称样本。但像这样如此详细清晰的自我审查流程在其他成员单位的回复中却是罕见的。

问卷中暴露得更多是现存机制中的问题，需引起成员单位的高度重视。

第一，对需经公平竞争审查的文件范围不清楚。省税务局认为其并未出台涉及市场主体经济活动的文件，同时提到“我局职能不涉及市场准入，因此所有规范性文件内容均不涉及市场准入，无就公平竞争审查情况公开征求意见情况”。可是，《公平竞争审查制度实施细则》（以下简称《实施细则》）采用不完全列举的形式表明，涉及市场主体经济的活动至少包含市场准入、产业发展、招商引资、招标投标、政府采购、经营行为规范、资质标准，绝非只是市场准入这一项而已。与之类似，省国资委认为其不具备公共事务管理职能，没有行政审批事项，未出台过涉及市场主体经济活动的文件。

第二，向第三方评估单位提供的待审查文件不全面。生态环境厅在问卷答复中说，其对2016～2019年有关文件进行了梳理，主要包括7份文件。但是这列举的7份文件，却无一包括在其今年四月份所提供的评估文件清单中。自然资源厅指出《省自然资源厅关于进一步创新政策举措助推脱贫攻坚的实施意见》符合《实施细则》的例外规定，要求在我省脱贫攻坚战任务完成后废止该意见，但该意见却不见于其今年四月份所提供的评估文件清单，并且可能由于政府信息公开的滞后性，本中心在省自然资源厅官方网站上并未搜索到该文件原文。

第三，第三方评估工作缺乏一定的强制力。如人民银行武汉分行指出：“就我分行制定的规范性文件是否参与省公平竞争审查第三方评估相关事项，经请示总行，总行不同意。”关于垂直管理单位参与公平竞争审查第三方评估的问题，仍需有关部门颁布更为细致的说明，若成员单位可随意选择是否参与第三方评估，第三方评估的严肃性、评估的公平性和评估报告结论的科学性都难以保障，省公平竞争审查联席会议的权威性将大大降低，通过第三方评估推动公平竞争审查制度有效落实将成为空谈。

第四，部分单位公平竞争审查工作负责处室与公平竞争审查工作严重不符，未贯彻落实公平竞争审查制度。省民政厅的公平竞争审查评估工作联系人是养老服务处工作人员，疑似该厅由养老服务处负责公平竞争审查工作，在调研问卷答复中，全部以养老服务处为答复主体。在问卷1.3问题答复中表示“2016年以来，涉养老服务市场主体经济活动相关文件7个”。未回答问卷2.1和2.2问题中本单位公平竞争自我审查机制的建立与实施情况。在问题 6.3（为更好完成公平竞争审查，本单位未来将在哪些方面改进完善）的回答中，表示发挥湖北省养老服务省际联席会议制度作用，明确部门职责，形成部门合力，共同营造公平竞争环境。与此情况相似，目前住建厅也对单位内负责公平竞争审查和第三方评估联络的部门不甚了解，这种极其低效低质的公平竞争审查制度的落实程度与中央在战略上对公平竞争审查制度高度重视的态度形成强烈反差，这种情况必须尽快得到转变，必须得到相关单位及负责同志的高度重视。

第五，部分单位对公平竞争审查工作缺乏了解，分不清“梳理”与“审查”之区别。省证监局对问卷 1.3 问题的答复：“根据《中国证监会派出机构监管职责规定》，我局无制定规章、规范性文件等权限。同时，我局公平竞争审查审理小组对历年来以我局名义对外发布的所有涉及市场主体经济活动的相关文件进行了梳理，相关文件均属于贯彻落实法律法规要求或者上级机关统一部署作出，不存在影响、限制市场竞争效果的内容。”对问卷 2.3 问题答复又说道“我局尚无需要启动公平竞争审查的相关文件”。到底是做了梳理没有涉及市场主体经济活动的文件，还是已经进行自我公平竞争审查，认为不存在影响、限制市场竞争效果的内容？让人不知所云。

第六，部分单位缺乏公平竞争审查相关专门性人才。公平竞争审查是一种专业性审查，不仅需要考虑竞争价值与其他政策目标的平衡，还要结合竞争法律制度，对行业发展、创新激励、竞争状况等市场客观情况作出综合考察和准确判断。从本次调研的结果来看，大多数部门负责审查的工作人员缺乏相关的知识，不具备开展审查工作的专业能力，使得审查流于形式，审查效果大打折扣。

针对该问题，交通运输厅在回复中作了详细的说明：“公平竞争审查分为政策制定的具体业务处室自查、法规处负责审查，一方面制定处室从事审查工作的同志对政策了解不深、专业化程度不够、政策实施后评估做得不够，自查工作流于形式；另一方面，常年以来，厅法规处人手短缺，人员变动较为频繁，很多工作难以连续、深入开展。厅法规处在与厅审批办合并前，正式在编人员仅有 3 人、挂职同志 1 名，实际从事法治审查的同志仅 1 人，而且还是兼职，在如此情况下继续维持规范性文件审查机制的运转实属不易。审查人员工作精力和能力的局限，难以将法制审查工作推向更高水平。”同时，省能源局在问卷 2.2 问题答复中表示："以能源局文头出台的文件由省能源局能源监管处牵头负责审查。"处室职能不明确、专门性人才的缺乏，容易导致对公平竞争审查制度的理解和把握不足。

第七，公平竞争自我审查与合法性审查同时进行，但无书面审查文件存档，容易流于形式。省广电局在问卷 2.3 问题答复中表示"本单位公平竞争自我审查与合法性审查同时进行，但没有书面审查文件"，并在建议中表示"建议省市场监管局出台公平竞争审查标准表格，便于各单位具体操作"。省卫健委也在问卷中建议省公平竞争审查联席会议办公室制定一套标准化、规范化审查制度范本。对于合法性审查和公平竞争审查的关系问题，本中心认为，就目前公平竞争审查制度实施的指导思想来看，它们是措施正式发布前必经的两套体系两个程序，负责单位和负责人可能是一样，但是流程是不同的，需独立展开，所以公平竞争审查不可作为合法性审查的一部分。

第八，成员单位对待本次评估工作形式主义很多，问卷答复有繁有简，不少单位对第三方评估调研问卷回复有应付之嫌，反映出没有真正重视公平竞争审查工作。例如，省生态环境厅在提交给省市场监管局的《关于报送 2019 年度公平竞争审查工作总结的报告》中说："共审查 2018 年以来规范性文件 6 件，其中适用例外规定 5 件，征求意见 5 件，专家咨询 1 件。"可是在问卷答复中却说并无涉嫌违反公平竞争及适用例外规定的文件，此中差异，不知作何解释。省财政厅在问卷 2.1 与 2.3 问题答复中表示已建立自我审查机制，明确由法规税政处负责，但无法提供开展自我审查的文件数量与书面审查文件。另外，广电局与卫健委等单位对问卷中的大部分问题均以"无"作答，教育厅发来《关于报送公平竞争审查第三方评估工作调研问卷的函》而未对调研问卷的问题作出任何回应，不知是工作成果实在无法指摘，还是因人员少工作量大实在无法用心回应。

六、关于工作改进的意见建议

本次第三方评估工作的开展充满了困难与挑战。此次是湖北省历史上开展的第一次由所有公平竞争审查联席会议成员单位参与的第三方评估，无可参考性先例可循。各成员单位间，包括本中心，都在摸索更有效的合作方式，搭建更流畅的沟通渠道。本中心认为，当下各成员单位对公平竞争审查制度及其第三方评估的具体内容、要求、程序等缺乏认识是可以理解的，良好的体系、有效的机制需要在经历时间的历练和总结各种经验甚至不同部门之间多次磨合后才得以构建。

基于以上审查评估的发现和分析，以及专家咨询组的论证总结，本中心就此次第三方评估提供以下意见和建议。

第一，增强省市场监管局在公平竞争审查第三方评估中的核心作用。从某种意义上看，第三方评估机构的工作是辅助省市场监管局更好履行其既定职能，但是第三方评估机构对于体制内的成员单位来说仅是一个“局外人”，因此部分单位相关人员会认为没有配合的必要性和强制力，此次评估中无端损耗的大量的时间成本和沟通成本即是明证。有鉴于此，本中心建议未来第三方评估工作的开展要以省市场监管局为中心，主动、积极联合公平竞争审查联席会议成员单位以及第三方评估机构，建立更为流畅的沟通交流通道，加强公平竞争文化在政策制定机关的传播，并正面宣传第三方评估的强制性与必要性，以提高各单位对该项工作的重视程度。例如，浙江省市场监管局就发公函要求地、市政府机关积极配合第三方评估工作。

第二，改革现行的评估文件选取和收集模式。经过此次评估，本中心认为3份/年的抽取比例不足以支持建立可进行精准量化评估的样本池，可用数据不足直接导致结论的不确定性和偶然性大大提高，建议未来成员单位能与评估机构共同协商，合理扩大审查文件的范围。另外，由第三方评估机构直接联系成员单位获取文件则无谓提高了评估的时间和人力成本，而且部分单位对于第三方评估存在一定抵触，收集文件的难度也被人为加大，经历近两个月的沟通与催促，在此报告完成之时部分评估文件与调研问卷仍未收齐。因此，本中心建议由省市场监管局承担收取文件原文的责任，让评估机构可以将工作重心、主要精力放在审查文件、评估机制实施上。

第三，由成员单位自主提交评估文件清单的做法与建立第三方评估制度的初衷相违背。评估机构作为客观、独立的第三方，本应在评估中有权对被纳入审查范围的所有文件进行筛选、审查，而允许成员单位先行梳理文件是否“与市场主体活动相关”再提供文件清单，则会为政策制定部门逃避清理违规文件的责任创造空间提供机会。有鉴于此，本中心提议成立如下公平竞争审查流程。首先，建议湖北省人民政府对公平竞争审查联席会议成员单位出台的、依法可予以公开的所有政策文件（不管是否与市场主体经济活动关系密切）均上传至同一数据库进行保存。其次，在该数据库中设两个档案，其中一个储存所有成员单位自我审查过且认为涉及市场主体经济活动的政策措施用于未来的第三方评估，另一个储存的即为成员单位认为不涉及市场主体经济活动的政策措施，该档案由湖北省市场监管局不定时不定量进行抽查，尤其是对与市场主体活动特别相关的部门加大抽查力度，若发现任何涉及市场主体经济活动的政策措施即予以公开，并督促相关部门及时对相关文件进行修改、清理。

第四，建立以打分（量化）机制为中心、奖惩结合的“标准化第三方评估模式”和公平竞争审查激励机制。本中心建议，以浙江省和四川省公平竞争审查第三方评估的成功试点经验为参照，通过设定公平的权重指数、统一的计分标准来量化各单位落实公平竞争审查制度配合第三方评估的表现，由评估机构对参与评估的单位就自我审查、机构建设、存量清理和评估配合程度等类目进行打分并排序，并将分数纳入法治政府考核指标以更好更强约束、激励各相关单位。

第五，各单位参与公平竞争审查的人员需要保证所在领域的专业性，增加专业性人才储备，加强公平竞争政策的宣传，增加公平竞争审查的培训力度。不同政府部门有不同的权限范围，其发布的文件往往涉及一个专门领域，如国企、银行、财政、卫健等，这些规定具有很强的专业性。而且省级部门发布的文件，需以法律、行政法规、党中央和国务院的决定、省政府规章、省级地方性法规等为上位法依据，这是一个较为复杂的系统。不同行业具有不同的特点，就要求对涉及该行业的文件进行公平审查时，审查人员必须对该行业有较为深入的理解。

第六，公平竞争审查工作未来可以考虑吸纳社会公众参与进来，并与专业第三方机构、专家智库等进行更密切的交流合作。本次第三方评估中审查的存量文件已经在实践中运行了一段时间，那么受文件影响的利害关系人自然对相关规定有较深的了解，参与的市场主体本身对于文件规定是否具有排除、限制竞争效果更为清楚，对此进行以问卷、访谈为主要形式的调研具有现实价值。

第七，此次成员单位提交的文件中，有将近三分之一与市场主体经济活动的关系微弱，建议省市场监管局能够定期组织联席会议成员单位有关人员认真学习《意见》《实施细则》以及国家市场监管总局或学者撰写的其他相关读本，并在未来的评估中更加积极指导审查工作、支持评估工作。

第八，根据成员单位在调研问卷中的回复，以下措施可以有效改善现行审查机制的效果：编印一些先进经验做法、列举讲解典型审查案例、纳入常规政府购买第三方服务、细化工作流程、制定地方规范性文件、纳入绩效考核等。

参考文献

[1] 张守文:《公平竞争审查制度的经济法解析》,载《政治与法律》2017年第11期。

[2] 黄勇、吴白丁、张占江:《竞争政策视野下公平竞争审查制度的实施》,载《价格理论与实践》2016年第4期。

[3] 孙晋:《习近平关于市场公平竞争重要论述的经济法解读》,载《法学评论》2020年第1期。

[4] 孙晋:《新时代确立竞争政策基础性地位的重大意义和法律实现——兼议〈反垄断法〉的修改》,载《政法论坛》2019年第2期,《新华文摘》2019年第15期转载。

[5] 孙晋、钟瑛嫦:《竞争政策的理论解构及其实施机制》,载《竞争政策研究》2015年11月号(总第3期)。

[6] 孙晋、王贵:《依法全面规制反竞争行为》,载《光明日报》2015年9月14日版。

[7] 孙晋、孙凯茜:《我国公平竞争审查主体制度探析》,载《湖北警官学院学报》2016年第4期。

[8] 孙晋、袁野:《论公平竞争审查在我国政府采购领域的适用》,载《湖北行政学院学报》2016年第5期。

[9] 孙晋、苗航:《论我国竞争评估程序制度的建构》,载《竞争政策研究》2016年第9期。

[10] 孙晋、钟瑛嫦:《我国政府投资决策制度的反思及补正》,载《学术论坛》2017年第1期,《中国社会科学文摘》2017年第8期转载。

［11］孙晋、王贵：《论政府反竞争行为综合规制路径建构》，载《中南大学学报》（社会科学版）2017 年第 1 期。

［12］孙晋、蒋蔚：《行政指导型垄断的若干基本问题》，载《法学杂志》2017 年第 4 期。

［13］孙晋、钟原：《竞争政策视角下我国公平竞争审查豁免制度的应然建构》，载《吉首大学学报》（社会科学版）2017 年第 4 期。

［14］黄颖慧：《国际经济新秩序下的竞争中立规则及我国对策研究》，华东政法大学博士学位论文。

［15］应品广：《竞争政策视角下行政性垄断规制新模式：从“事后救济”到“事前控制”》，载《江西财经大学学报》2016 年第 4 期。

［16］芦加人：《基于规范行政立法行为的公平竞争审查制度完善路径》，载《江汉论坛》2017 年第 11 期。

［17］丁茂中：《竞争中立政策研究》，法律出版社 2018 年版。

［18］向立力：《中国公平竞争审查制度的理论梳理、制度基础与机制完善》，载《法治研究》2017 年第 3 期。

［19］李慧敏：《日本竞争评价制度考察及对我国公平竞争审查制度的相关建议》，载《经济法论丛》2017 年第 2 期。

［20］张占江：《公平竞争审查制度原理》，载《竞争法律与政策评论》2016 年第 2 期。

［21］孙晋、袁野：《共享经济的政府监管路径选择：以公平竞争审查为分析视角》，载《法律适用》2018 年第 8 期。

［22］李青：《中国竞争政策的回顾与展望》，载《中国价格监管与反垄断》2018 年第 7 期。

［23］杨力一：《论产业政策法的公平竞争审查机制》，载《金融理论与教学》2017 年第 3 期。

［24］汪改丽：《公平竞争审查制度对经济发展的作用》载《知与行》2016 年第 9 期。

［25］王婷：《竞争中立：国际贸易与投资规则的新焦点》，载《国际经济合作》2012 年第 9 期。

［26］申惠文、侯志强：《公平竞争审查制度的语言学进路》，载《南阳理工学院学报》第1期。

［27］张文显：《法学基本范畴研究》，中国政法大学出版社1993年版，第193页。

［28］游钰：《反垄断法价值论》，载《法制与社会发展》1998年第6期。

［29］沈宗灵：《法理学》，高等教育出版社1994年版。

［30］戴龙：《日本反垄断法研究》，中国政法大学出版社2014年版。

［31］阮赞林：《论反垄断法在经济法体系中的宪法性地位》，载《法律社会学评论》2015年第6期。

［32］漆多俊：《经济法基础理论》（第三版），武汉大学出版社2007年版。

［33］李彦：《论公平观念的价值意义》，载《中州学刊》1996年第6期。

［34］张玉洁：《公平竞争审查制度构建的价值维度与实践进路》，载《学习与实践》2018年第6期。

［35］李昌麒：《经济法学》，法律出版社2008年版。

［36］张占斌：《建设统一开放竞争有序的现代市场体系》，载《天津行政学院学报》2008年第5期。

［37］张守文：《“改革决定”与经济法共识》，载《法学评论》2014年第2期。

［38］向立力、俞四海：《公平竞争审查制度的理论梳理与完善建议》，载《中国价格监管与反垄断》2017年第3期。

［39］吕明瑜：《竞争法教程》，中国人民大学出版社2015年版。

［40］种明钊：《竞争法学》，高等教育出版社2012年版。

［41］王全兴：《经济法基础理论专题研究》，中国检察出版社2002年版。

［42］张超、李超：《垄断的成因、效率与规制——兼评梯若尔规制理论》，载《东岳论丛》2016年第1期。

［43］陈林：《公平竞争审查、反垄断法与行政性垄断》，载《学术研究》2019年第1期。

［44］徐士英：《以竞争法规制行政性垄断——把权力关进制度笼子的有效路径》，载《中国价格监管与反垄断》2015年第1期。

［45］曲创、石传明、臧旭恒：《我国行政性垄断的形成：垄断平移与政企合谋》，载《经济学动态》2010 年第 12 期。

［46］陈林、朱卫平：《经济国有化与行政性垄断制度的发展——基于制度变迁理论的经济史研究》，载《财经研究》2012 年第 3 期。

［47］辜佳慧：《我国行政性垄断法律规制体系研究》，载《湖北经济学院学报》（人文社会科学版）2019 年第 5 期。

［48］丁茂中：《论我国行政性垄断行为规范的立法完善》，载《政治与法律》2018 年第 7 期。

［49］霍艳梅、刘志军、孟庆瑜、和金生：《公平竞争审查制度的理论认识与实践探索》，载《河北工程大学学报》2019 年第 3 期。

［50］张占江：《弥补反垄断法行政性垄断规制局限的制度方案——基于反垄断经济分析范式的修正》，载《中国价格监管与反垄断》2015 年第 1 期。

［51］赵名菊：《论公平竞争审查制度对反垄断的促进作用》，载《河北企业》2018 年第 6 期。

［52］李文成：《竞争中性政策的综合考量和实践途径》，载《中国市场监管研究》2019 年第 7 期。

［53］张穹：《大力推进实施竞争政策促进供给侧结构性改革》，载《行政管理改革》2016 年第 11 期。

［54］李青：《中国竞争政策的回顾与展望》，载《中国价格监管与反垄断》2018 年第 7 期。

［55］白金亚：《国有企业竞争中立制度研究》，知识产权出版社 2019 年版。

［56］马乾：《公平竞争审查制度的实施困境与完善路径》，载《厦门特区党校学报》2018 年第 5 期。

［57］李培宁、陈俊：《多措并举 加大力度 推动公平竞争审查制度贯彻实施》，载《中国价格监管与反垄断》2018 年第 6 期。

［58］朱静洁：《公平竞争审查制度实施的障碍及破解》，载《经济法论丛》2019 年第 4 期。

［59］李俊峰：《公平竞争自我审查的困局及破解》，载《华东政法大学学报》2017 年第 7 期。

［60］焦海涛：《公平竞争审查制度的实施激励》，载《河北法学》2019 年第 10 期。

［61］汪改丽：《对公平竞争审查“内部审查制度”的思考》，载《广西政法管理干部学院学报》2016 年第 5 期。

［62］徐士英：《国家竞争政策体系基本确立的重要标志——有感于〈公平竞争审查制度〉的实施》，载《中国价格监管与反垄断》2016 年第 7 期。

［63］王贵：《论我国公平竞争审查制度构建的基准与进路》，载《政治与法律》2017 年第 11 期。

［64］孙晋、阿力木江：《公平竞争审查引入第三方评估的重要性及其实现》，载《江海学刊》2020 年第 2 期。

［65］丁茂中：《论我国公平竞争审查制度的建立与健全》，载《竞争政策研究》2017 年第 2 期。

［66］朱静洁：《公平竞争审查制度实施情况的实证分析——以国家发展和改革委员会公布的 59 个审查案例为样本》，载《竞争政策研究》2018 年第 4 期。

［67］刘继峰：《论公平竞争审查制度中的问题与解决》，载《价格理论与实践》2016 年第 11 期。

［68］黄进喜：《反垄断法适用除外与豁免制度的研究》，厦门大学出版社 2014 年版。

［69］叶光亮：《公平竞争审查制度：统一政府调控与市场规律的润滑剂》，载《中国价格监管与反垄断》2016 年第 9 期。

［70］张婉苏：《地方政府举债层级化合理配置研究》，载《政治与法律》2017 年第 2 期。

［71］丁茂中：《公平竞争审查的激励机制研究》，载《法学杂志》2018 年第 6 期。

［72］丰霏：《法律治理中的激励模式》，载《法制与社会发展》2012 年第 2 期。

［73］石达：《公平竞争审查视角下产业政策与竞争政策的协调机制研究》，载《市场周刊》2019 年第 8 期。

［74］王竹青：《产业政策的竞争法审查途径——公平竞争审查制度的实施

与完善》，载《河北企业》2020 年第 1 期。

[75] 徐士英：《政府干预与市场运行之间的防火墙——反垄断法对滥用行政权力限制竞争的规制》，载《法治研究》2008 年第 5 期。

[76] 孙晋、徐则林：《竞争中立在中国自由贸易港的法律实现——以海南自贸港为中心展开》，载《法律适用》（法学核心扩展版）2019 年第 17 期。

[77] 孙晋：《确立和强化竞争政策基础性地位需要法治保障》，载《法制日报》2019 年 10 月 9 日“法学院栏目”。

[78] 孙晋：《我国反垄断法规制行政性垄断的最新立法发展》，载《市场监督管理》2019 年第 18 期。

[79] 孙晋：《中国竞争法 70 年：没有市场经济体制，就不可能有竞争法》，载《深圳特区报》2019 年 11 月 12 日，第 C04 版。

[80] 孙晋、卫才旺：《自贸区政府采购中公平竞争审查的理论检视和制度匡正》，载《河南财经政法大学学报》2019 年第 6 期。

后　记

本书是主编孙晋教授主持的国家社科基金重点项目“现代市场体系建设的竞争法问题研究（19AFX019）”和武汉大学抗击新冠肺炎疫情人文社会科学应急研究专项“湖北省及武汉市疫情后期及重建过程中经济政策法治化研究（2020YJ044）”两项重要课题的主要成果，也是全体编者在共同关注、同心推进我国竞争法和公平竞争事业发展过程中共同智慧的结晶，共同友谊的见证。各位作者分工如下：

阿力木江·阿布都克尤木：第一章第四节，第三章第四节和第五节；

胡超、张亚卿：第四章第四节和第五节；

黄俊：第四章第二节；

孙晋、谈立群：第一章第二节和第三节，第五章；

汪改丽：第一章第一节，第二章第三节和第七节；

王帅：第二章第二节、第五节、第六节，第三章第二节和第三节；

王涛：第三章第一节；

姚勤：第四章第三节；

翟巍：第一章第五节，第二章第一节和第四节；

钟瑛嫦：第四章第一节。

张亚卿和翟巍两位副主编联合进行了第一次统稿，之后主编孙晋和副主编张亚卿又进行了两次统稿。

写作和统稿过程中，虽然我们全体作者尽力而为，但囿于学识有限，时间紧张，错漏之处在所难免，恳请读者不吝指正，以利再版时改正。孙晋联系邮箱：

sunjinlaw@ 163. com，微信号：sunjinlaw710718；张亚卿联系邮箱：yaqing. zhang @ dentons. cn，微信号：zyqlawyerdc。

鉴于《中华人民共和国反垄断法》《公平竞争审查制度实施细则（暂行）》在本书编写出版时正在修订中，书中部分内容将以修订后的为准。

最后，感谢经济科学出版社的大力支持和编辑同志的辛勤编校。

本书编委会

2020 年 12 月 15 日